海德格尔文集

孙周兴　王庆节　主编

讨　论　班

王志宏　石 磊　译

孙周兴　杨 光　校译

商务印书馆
创于1897　The Commercial Press

2018 年 · 北京

Martin Heidegger
Seminare
2., durchgesehene Auflage 2005
Gesamtausgabe Band 15
Herausgegeben von Curd Ochwadt

本书根据德国维多里奥·克劳斯特曼出版社 2005 年全集版第 15 卷译出。

国家社会科学基金重大项目成果

中文版前言

德文版《海德格尔全集》于 1975 年启动，迄今已出版了 80 余卷（按计划将编成 102 卷）。已出版者包含了海德格尔著作（含讲座、手稿等）的基本部分（即全集第 1—3 部分），余下未出版者多为书信、札记等（全集第 4 部分，第 82 卷始）。随着德文版《海德格尔全集》出版工作的顺利推进，世界范围内的海德格尔翻译和研究已呈蓬勃之势，目前至少已有英、法、意、日四种文字的全集版翻译，据说西班牙文和阿拉伯文的全集版翻译也已经启动。相比之下，汉语的海德格尔翻译仍然处于起步阶段，甚至不能与亚洲邻居的日、韩两国比较，严肃的译著至今只有十几种而已。这种状况是令人羞愧的。

为让中文世界更完整、更深入地理解海德格尔思想，经反复酝酿，我们计划根据《海德格尔全集》版，编辑出版中文版《海德格尔文集》，收录海德格尔的代表性著作 30 卷，其中前 16 卷为海德格尔生前出版的全部著作（我们依然认为这一部分是《海德格尔全集》中最值得关注的，包含了作者已经稳定下来的思想），而其余 14 卷为海德格尔的重要讲座稿和手稿。我们假定，这 30 卷属于海德格尔的“基本著作”，基本上已能呈现海德格尔思想的总体面貌。当然，我们也并不因此否认其他卷本（讲座稿和手稿）的意义，而且我们也愿意认为，中文世界对海德格尔思想的深入研究和完整理解，仍然要基于对《海德格尔全集》的系统译介。但我们选译的 30 卷至少已经走出了第一步，也或可为将来可能的中文版《海德格尔全集》的工作奠定一个基础。

所选 30 种著作中，约半数已有成熟的或比较成熟的中文译本，少数几种已经译出了初稿，其余约十余种则有待新译。已出版的译著在编入《海德格尔文集》时，将根据德文全集版重新校订，因为其中有几种原先只是根据单行本译出的，也有几种在译文品质上是稍有欠缺的。

由于是多人参与的多卷本（30 卷）译事，又由于众所周知的海德格尔语文表达方面的奇异性，中文版《海德格尔文集》在译文风格上是难求统一的，甚至在基本词语的译名方面也不可能强行规范划一。这是令人遗憾的，不过也可能为进一步的义理辨析和讨论留下空间。我们唯希望能够尽量做到体例方面的统一，以便至少让人有一套书的整体感。

按照我们的计划，中文版《海德格尔文集》每年出版 5 种左右，约五六年内完成全部 30 卷的翻译和出版工作。我们希望借此为中国的海德格尔研究事业提供一个基础性的讨论平台，也愿学术界有识之士为我们的工作提供批评、建议，帮助我们做好这项大型的学术翻译事业。

孙周兴　王庆节

2011 年 12 月 8 日

目　录

马丁·海德格尔—欧根·芬克:赫拉克利特

第一次:[讨论班的]推进方式。——从残篇 64 开始(相关残篇:41,1,50,47)。 …… 3

第二次:解释学的循环。——ἕν[一]与πάντα[一切]之间的关系(相关残篇:1,7,80,10,29,30,41,53,90,100,102,108,144)。 …… 27

第三次:πάντα-ὅλον[一切－整体],πάντα-ὄντα[一切－存在者]。——对于残篇 7 的不同解释(相关残篇 67)。——πᾶν ἑρπετόν[一切爬行者](残篇 11)。——季节的到时特征(残篇 100)。 …… 53

第四次:῞Ηλιος[太阳],日光－黑夜,μέτρα[尺度]－τέρματα[界限]。(相关残篇:94,120,99,3,6,57,106,123)。 …… 74

第五次:一种思辨解释的难题。——πῦρ ἀείζωον[永远的活火]和时间?(残篇 30)。 …… 98

第六次:πῦρ[火]和πάντα[一切](相关残篇:30,124,66,76,31)。 …… 121

第七次:阐释者的差异:存在的真理(残篇 16)或者宇宙学的

视角（残篇 64）。——赫拉克利特和思想之实事。——尚未形而上学和不再形而上学。——黑格尔与古希腊的关系。——πυρὸς τροπαί[火的转变]和破晓（相关残篇：31，76）。 …… 140
第八次：生与死的交错（相关残篇：76，36，77）。——凡人和诸神的关系（相关残篇：62，67，88）。 …… 167
第九次：不死者：终有一死者（残篇 62）。——ἓν τὸ σοφόν[唯一智慧]（相关残篇：32，90）。 …… 191
第十次：诸神和凡人之间的持久敞开性（残篇 62）。黑格尔的“思辨”。——黑格尔和赫拉克利特的关系。——生－死（相关残篇：88，62）。 …… 210
第十一次：黑格尔的“逻辑”。——“意识”和“此在”。——人之本质在光明和黑夜之间的位置（相关残篇：26，10）。 …… 236
第十二次：睡与梦。——ἅπτεσθαι[点燃、触动]的模棱两可（相关残篇：26，99，55）。 …… 267
第十三次：死亡关联，等待－希望（相关残篇：27，28）。——各种“对立”及其“转变”（相关残篇：111，126，8，48，51）。——结尾的问题：希腊人之为挑战。 …… 291

编者后记（弗里德里希－威廉姆·冯·海尔曼）…… 315
译后记（王志宏）…… 318

四个讨论班

1966 年勒·托尔讨论班 …………………………………………… 325
1968 年勒·托尔讨论班 …………………………………………… 346
1969 年勒·托尔讨论班 …………………………………………… 393
1973 年策林根讨论班 ……………………………………………… 449

补遗
思想的来源………………………………………………………… 483
巴门尼德：'Αληθείης εὐκυκλέος ἀτρεμὲς ἦτορ[浑圆的、不跳动的真理之心脏] ………………………………… 485

德译者后记(1977 年) ……………………………………………… 493

附录
苏黎世讨论班

1951 年 11 月 6 日的谈话 ………………………………………… 509

本卷编者后记(库尔特·奥赫瓦特)…………………………… 529
译后记(石磊)……………………………………………………… 537
中文版校者说明…………………………………………………… 539

马丁·海德格尔—欧根·芬克：赫拉克利特

1966/1967 年冬季学期讨论班

王志宏　译

孙周兴　校译

10 1966/1967年冬季学期，在布莱斯高的弗莱堡大学举办了由马丁·海德格尔和欧根·芬克共同主持的“赫拉克利特讨论班”，呈现给大家面前的就是这次讨论班的记录稿。最初打算的是，这种阐释将接续进行好几个学期，但是很可惜，这个计划没有能够实现。目前付梓的只是一个未完成的作品，一个关于残篇的残篇。

欧根·芬克

布莱斯高的弗莱堡 1970年4月

11

第一次：[讨论班的]推进方式。——从残篇64开始（相关残篇：41，1，50，47）。

芬克：在讨论班开始之际，请允许我衷心感谢海德格尔教授先生，因为在我们共同努力挺进赫拉克利特这位伟大的而又在历史上极其重要的思想家的领域时，他已经做了精心准备，以接受从精神上引导我们的工作。赫拉克利特的声音，就像皮提亚[①]的声音，到达我们已经达千年之久。尽管这位思想家生活在西方的本源处，而且就此而言已经过去太久了，但是，即使现在我们也还没有追上他。从海德格尔在许多文章中和这位希腊人进行的对话中，我们能够学到，最遥远之物如何变成切近的，最熟悉之物如何变成陌生的，以及我们如何不能走向平静，我们如何不能依赖对于希腊语所作的某种确定的阐释。对我们来说，希腊人意味着巨大的挑战。

我们的讨论班应该是思想的练习，也就是说，练习再思(Nachdenken)由赫拉克利特先行思考过的思想。当我们面对他

① 德尔斐神谕(Delphic Oracle)是古希腊非常有名的预言，在德尔斐城的阿波罗神庙里，女祭司皮提亚(Pythia)在进入一种类似昏迷的催眠通神状态后，由别人提问题，而她做出对未来事件的预测。《柏拉图对话录》记载了苏格拉底的一位朋友前往德尔斐向预言女神皮提亚询问谁是最有智慧的人。——译注

那仅仅作为残篇而遗留给我们的文本时,我们并不特别关注语文学的问题,虽然也许它也很重要。[①] 我们的目标在于向前推进到实事本身(zu der Sache selbst)之中,也就是说,推进到也许站立在赫拉克利特的精神之眼面前的实事之中。实事并不是诸如结果或者任何一种语言的流传物一样的单纯现成在手的东西,相反,它恰好既能够通过语言的流传物被打开,又能够通过它而被遮掩。正如海德格尔已经指出过的,把哲学的实事,尤其是思想的实事,看作是一种现成的实事,这一定是一种错误的想法。思想的实事
12 并不存在于像一个真理王国那样存在于我们面前的某个地方,任何人都能够进入其中。它绝非我们能够发现和掩盖的实事。对我们来说,它的实事性以及分派给它的通达方式依旧是晦暗不明的。首先,我们依旧要寻求赫拉克利特这位思想家的思想之实事,因此,我们多多少少和那个已经忘记了这条道路到底通向何方的人一样。我们的讨论班并不是关注某件引起轰动的事件,而是一个严肃认真的工作会议。我们共同的再思努力不免会出现某种失望和缺陷。但是我们还是要通过解读这位古代思想家的文本,尝试进入到某个精神性的运动之中,这一运动把我们释放到实事当中,而此实事理当被命名为思想之实事。

海德格尔教授先生已经同意,首先由我来提出关于赫拉克利特的诸箴言(Sprüche)的先行阐释,我的阐释将给我们共同的对话提供一个讨论基础和一个出发的位置,以供某种批判性的超越甚

---

① 讨论班参与者的论述,主要是语文学的形式,由于版权的原因将不在一起发表。——原注

或捣毁之用,我的阐释能够使我们建立起某种与我们的探究话语相适应的共同基础。在我们逐条地解读和阐释这些箴言之前,也许对于赫拉克利特箴言的特殊语言做一番展望是不合时宜的。赫拉克利特的语言有一种内在的多义性和多维性,因此我们不能给它指派任何单义的指涉。它在从格言般的、警句式的、听起来意义含混的表达到思想的极端夸张之间摇摆不定。

我们采用赫尔曼·第尔斯(Hermann Diels)编辑的《前苏格拉底哲学家残篇》(*Fragmente der Vorsokratiker*)作为我们这个讨论班指定的练习文本。对我们来说,由他编辑的赫拉克利特残篇的顺序并不具有约束力。我们出于自己的意图选择了另外一种排列顺序,这种顺序应该可以阐明残篇的某种内在的意义关联,并且不会因此而提出重新建构赫拉克利特早就亡佚的著作 Περὶ φύσεως[《论自然》]的本来面目的要求。我们尝试着通过他的箴言的多重性拉出一条主线,以期某一确定的征兆自行显示出 13
来。依照我们的意图而对残篇进行的顺序排列是否比第尔斯采纳的顺序更加优越,这里可以存而不论。

不作任何进一步的先行考虑,让我们直奔主题(in medias res)。我们从残篇 64:τὰ δὲ πάντα οἰακίζει Κεραυνός[雷霆支配着一切]开始我们的阐释。就它的表面意思而言,显然这个句子对任何人来说都是可以理解的。但就这种意义究竟关涉什么而言,它是否还是可理解的,这就是另一个问题了。然而首先我们要问,这个句子是什么意思。一旦我们沉思关于这个句子的更多东西,我们就立即偏离了对此句子的那种简单理解以及表面上的熟悉。第尔斯的译文是："闪电支配着一切。"[①]但是，一切[②]是τὰ πάντα的合适的翻译吗？稍加思索，人们的确能够得到把τὰ πάντα和一切相等同的结果。可是首先，τὰ πάντα意思是"一切"(alles)，意味着：一切物，一切存在者。赫拉克利特是在和Κεραυνός[闪电]相对立的情形下提到τὰ πάντα[一切、万物]的。在这样做时，他说出了物的多和闪电的一之间的关联。在电闪雷鸣之际，在"一切物"的意义上的许多事物闪闪发光，在这里，"一切物"是一个复数。如果我们首先素朴地追问τὰ πάντα[一切、万物]，那么，我们在这里处理一个总体的关联。如果我们把τὰ πάντα[一切、万物]翻译为"一切物"，那么，我们就必须首先提出这样一个问题，有什么样的物？一开始，我们选择一条确定的策略性的素朴的道路。一方面，我们在一种更加宽泛的意义上把握物的概念，用物来指一切存在着的东西；另一方面，我们在一种更狭窄的意义上来使用它。如果我们在更加狭窄的意义上来意谓物，那么我们可以在下列二者之间做出区分，一是出自自然的物(φύσει ὄντα[自然存在者])，一是由于人的技艺而产生的物(τέχνῃ ὄντα[技艺存在者][③])。我们用所有出自自然的物，用诸如石头这样的无生命的物和像植物、动物和人——就我们可以把人当作一
14 个物来谈论而言——仅仅是指这样的东西，它们被统一在一起，而

① 北京大学哲学系外国哲学专业史教研室编译的《西方古典哲学原著选辑·古希腊罗马哲学》中这句话译作："雷霆支配着一切"。参见该书，生活·读书·新知三联书店，1957年，第24页。——译注

② 此处"一切"德语原文为Weltall，字面上可直译为"世界一切"，也可译为"万物"或"宇宙"。——校注

③ 或可译为"人工存在者"。——校注

且有一个确定的轮廓。我们把确定的单一物收入眼帘,这个单一物作为以某种确定的方式存在的单一物在自身之中具有特定的、一般的特征。我们做了一个默然的假定,τὰ πάντα[一切、万物]在总体的多的意义上形成了有限的受到限制的物的整体。比如,一块石头是一座山上的石头。我们也可以说山也是一个物吗,还是,我们把一个具有确定轮廓的东西称作一物,这只是一个语言的惯用形式?石头作为卵石出现在山上,这座山属于这个山脉,这个山脉属于地壳,而地球是一个更大的物,它作为重力中心属于我们的太阳系。

海德格尔:一开始就去追问,赫拉克利特是否在别的残篇中也谈到过τὰ πάντα[一切、万物],以便从它那里获得关于他到底把τὰ πάντα[一切、万物]理解成什么的确定内容,是不是也许不太合适?通过这种方式,我们更接近赫拉克利特了。这是一个问题。我们想要进行讨论的第二个问题是,闪电和τὰ πάντα[一切、万物]到底有什么关系。我们必须具体地问,在赫拉克利特说"闪电支配着一切"时,它可能意味着什么。闪电能够从根本上支配一切吗?

参与者:如果我们首先仅仅把闪电命名为一种现象收入眼帘,那么我们必定感到好奇的是,它可以支配一切,因为闪电自身作为现象性的存在者,作为一种感官可以知觉的发光现象,和所有其他存在者一道属于一切。

海德格尔:如果我们以希腊的方式来理解它的话,我们必须把闪电带入到与自然现象的关联之中。

芬克:闪电作为可以观察到的自然现象意味着在夜晚的黑暗中突
15 然出现一道耀眼的亮光。就像闪电在深夜里突如其来地发出闪光,在一道光的光亮中,物显示出其相互勾连的轮廓,闪电也在一种更加深刻的意义上把许多物以相互勾连的方式聚集在一起,并显露出来。

海德格尔:我回忆起我在爱琴海逗留的一个下午。突然间,我感觉到唯一一次电闪雷鸣,接下来没有发生任何事情。我顿时冒出一个念头:宙斯(Zeus)。——现在我们的任务是,和赫拉克利特一道来寻找,τὰ πάντα[一切、万物]是什么。在他那里,在何种程度上在凑集在一起的个体物意义上的"一切"(alles)和意味着无所不包的统一性的"一切"之间的区分是可能的,这是一个悬而未决的问题。通过残篇 64 而向我们首先提出来的另一个任务是在τὰ πάντα[一切、万物]和闪电之间的关联。我们必须和赫拉克利特一道把闪电置入与火(πῦρ)之间的关联中。并非无关紧要的是,我们要注意到是谁为我们流传下来了残篇 64。他是教父希波利特(Hyppolyt),大概卒于公元 236/237 年。从赫拉克利特的时代算起,到我们这条残篇为希波利特所引用,已经过去大约 800 年了。在上下文中,这句话是在谈论 πῦρ[火]和 κόσμος[世界、宇宙]。但是在这里,我并不想深入到这个由于残篇和希波利特的语境而形成的语文学问题之中。1941 年,在卡尔·莱因哈特(Karl

Reinhardt)路经弗莱堡时，我和他有过一场对话，在对话中，我和他谈论起在那种意味着用语文学的手艺发现正确的赫拉克利特的纯粹哲学和另一种方式的哲思之间的中间地带(Zwischenfeld)，这种哲思就在于既可以天马行空地思考，又可以思接千载无边无际。在这两种极端之间，还有一个中间地带，这个中间地带关乎流传下来的理解、意义以及阐释的作用。在希波利特那里，我们不仅发现了πῦρ[火]，而且发现了ἐκπύρωσις[大火]，这个词在他那里有世界毁灭的意思。如果我们问，残篇 64 中的τὰ πάντα[一切、万物]、闪电和支配是什么意思，那么，我们同时就必须在说明这个词 16
的含义时尝试着使我们自己置身于希腊世界之中。为了能够以正确的方式理解残篇 64，我想建议，把残篇 41 加进来一道进行解释：εἶναι γὰρ ἓν τὸ σοφόν，ἐπίστασθαι γνώμην，ὁτέη ἐκυβέρνησε πάντα διὰ πάντων。第尔斯把它翻译为："唯一的智慧，就是理解那知道以一切方式支配一切的思想。"如果逐字逐句地翻译，πάντα διὰ πάντων的意思是：一切通过一切。这句话的重点，一方面在于ἓν τὸ σοφόν[唯一智慧]，另一方面在于πάντα διὰ πάντων[一切通过一切]。在这里，我们首先必须把这个句子的开头和末尾收入眼帘。

芬克：一方面，在闪电耀眼的统一性和τὰ πάντα[一切、万物]之间，与另一方面，在σοφόν[智慧]的统一性和πάντα διὰ πάντων[一切通过一切]之间，存在着一种类似的关联，而在闪电的光亮中，多在它们的轮廓和它们的勾连中显示自己。就像Κεραυνός[闪电]和τὰ πάντα[一切、万物]发生关联一样，ἓν τὸ σοφόν[唯一智慧]和πάντα διὰ πάντων[一切通过一切]也发生了类似的关联。

海德格尔:虽然我承认,闪电与ἓν τὸ σοφόν[唯一智慧]彼此处于一种关联之中,但是在残篇41中还有些东西值得注意。在残篇64中,赫拉克利特谈到τὰ πάντα[一切、万物],而在残篇41中,他谈到的是πάντα διὰ πάντων[一切通过一切]。我们在巴门尼德的残篇1/32中也发现一个类似的短语:διὰ παντὸς πάντα περῶντα。在这个短语中,首先要追问的是διά的意义。首先,它的意思是“通过”[①]。我们应该如何来理解这个“通过”,是从方位上、空间上、因果关系上还是别的什么方式?

芬克:出自残篇64的τὰ πάντα[一切、万物]不是指一个安静的、静止的存在者的多数性(Vielfalt),而是指处于动态中的存在者的多数性。在τὰ πάντα[一切、万物]中,恰好在与闪电的回溯性关联中,某种方式的运动被连带思考着。在光亮中,也就是说,在闪电撕开的澄明(Lichtung)中,τὰ πάντα[一切、万物]闪烁着光芒,从而进入显现之中。τὰ πάντα[一切、万物]的运动状态是在闪电的澄明中的存在者的闪耀之中连带被思考的。

17 **海德格尔**:首先我们暂且把诸如澄明(Lichtung)和光亮(Helle)这

---

① 希腊文διά相当于德语的介词“通过”(durch)。——校注

样的词放在一边。

芬克:如果我们现在已经谈论了运动,那么,我们必须区分以下两种运动:一种运动,在闪电的闪光中,存在于光亮的突现中,另一种运动是在τὰ πάντα[一切、万物]中,在物中的运动。闪电之光亮的运动相应于这种运动,它从ἓν τὸ σοφόν[唯一智慧]出发,而继续前行到聚合在一起的许多物之中。许多物绝不是静止的块状物,而是运动着的多重的物。

海德格尔:τὰ πάντα[一切、万物]也不是现成在手的放置在我们对面的整体,而是处于运动之中的存在者。另一方面,在赫拉克利特那里,作为κίνησις的运动并没有出现。

芬克:尽管运动不属于赫拉克利特的基本词语,但它却一直处于他的思想的问题视域之中。

海德格尔:我们现在用残篇 1 来补充残篇 64 和残篇 41:τοῦ δὲ λόγου τοῦδ' ἐόντος ἀεὶ ἀξύνετοι γίνονται ἄνθρωποι καὶ πρόσθεν ἢ ἀκοῦσαι καὶ ἀκούσαντες τὸ πρῶτον· γινομένων γὰρ πάντων κατὰ τὸν λόγον τόνδε ἀπείροισιν ἐοίκασι, πειρώμενοι καὶ ἐπέων καὶ ἔργων τοιούτων, ὁκοίωνἐγὼ διηγεῦμαι κατὰ φύσιν διαιρέων ἕκαστον καὶ φράζων ὅκως ἔχει. τοὺς δὲ ἄλλους ἀνθρώπους λανθάνει ὁκόσα ἐγερθέντες πο-

ιοῦσιν，ὅκωσπερ ὁκόσα εὕδοντες ἐπιλανθάνονται。[①] 首先引发我们的兴趣的只是：γινομένων γὰρ πάντων κατὰ τὸν
18 λόγον τόνδε，我们把它翻译为：因为尽管一切根据λόγος[逻各斯]而生成。如果赫拉克利特在这里谈论的是γινομένων[生成]，那么，在他那里，这也是在谈论运动。

芬克：在γινομένων γὰρ πάντων[因为一切……生成]中，它处理的是宇宙内的诸物的运动，而不是从λόγος[逻各斯]出发的那个运动。

海德格尔：γινομένων[生成]属于γένεσις[起源、发生]。在《圣经》谈论γένεσις[起源、发生]时，它以此指的是创世，诸物在创世中产生。但是γένεσις[起源、发生]在希腊人那里是什么意思呢？

参与者：γένεσις[起源、发生]在赫拉克利特那里也不是一个概念。

海德格尔：究竟从什么时候起有了概念？

参与者：首先是在柏拉图和亚里士多德那里。在亚里士多德那里，

---

① 现有中译本译为："对那永恒存在着的逻各斯，人们总是不理解，无论是在听到之前还是最初听到之时；因为尽管万物根据这逻各斯生成，他们却像是对此全无经验的人一般，甚至在他们经验了我所讲过的那样一些话和事情时，而我已按照自然分别了每一个东西并且指明了这是如何。至于其余的人，他们醒来后所做的觉不到，正像他们不觉到睡时所做的一般。"参看基尔克等：《前苏格拉底哲学家》，聂敏里译，上海：华东师范大学出版社，2014 年，第 279 页。——校注

我们甚至有了第一部哲学辞典。

海德格尔：如果说柏拉图和概念打交道时还困难重重的话，我们可以看到，在亚里士多德那里，和概念打交道就是一件轻而易举的事情了。——在残篇1中，γινομένων[生成]这个词处在一个根本的位置上。

芬克：也许我们自己可以对此提出一个异议。从现象的角度看，我们可以以一种很容易理解的方式在有生物那里发现γένεσις[起源、发生]。植物是从种子中形成的，动物是从雌雄动物的成双配对而来的，而人是来自于男人和女人的性的结合。γένεσις[起源、发生]是本源地生长在植物–动物的现象领域的。产生(γίγνεσθαι)在这个领域中是同时与消逝(φθείρεσθαι)结合在一起的。如果我们现在也把γένεσις[起源、发生]和无生命物的领域联系在一起，那么我们就是在更为宽广、更为一般的意义上使用这个词。因为如果我们把γένεσις[起源、发生]和τὰ πάντα[一切、万物]联系 19
在一起，那么，我们就拓宽了γένεσις[起源、发生]的意义，使它超越于它本来属于其中的生成–现象之上。

海德格尔：您在γένεσις[起源、发生]这个词的现象性意义下所理解的东西，我们把它标识为存在者状态。

芬克：我们是在大众语言(Vulgärsprache)中遇到γένεσις[起源、发生]的原本的现象性意义之拓宽的，例如，在我们谈论世界的形成时。我们会在我们的表象中使用特定的图像和特定的观念领域。在残篇 1 中，我们关心的是在γινομένων[生成]那里γένεσις[起源、发生]的更为一般的意义。因为τὰ πάντα[一切、万物]不像那种依照狭窄意义上的γένεσις[起源、发生]而形成的存在者一样产生，也不像生物那样产生。它是某种别的东西，在这些物的形成过程中，制作和生产（τέχνη和ποίησις）是被连带想到的。但是，现象的ποίησις[制作]也不同于γένεσις[起源、发生]。壶不是通过制陶工人的手而产生的，就像人不是通过人而生产的。

海德格尔：我们再一次澄清一下，现在我们的任务究竟是什么。我们要追问的是，残篇 64 中的τὰ πάντα[一切、万物]，残篇 41 中的 πάντα διὰ πάντων[一切通过一切]，以及残篇 1 中的γινομένων γὰρ πάντων[因为一切……生成]，到底是什么意思？残篇 1 中的κατὰ τὸν λόγον[根据逻各斯]相应于残篇 41 中的ἓν τὸ σοφόν[唯一智慧]以及残篇 64 中的 Κεραυνός[闪电]。

芬克：在γινομένων[生成]中，γένεσις[起源、发生]的意义是以拓宽了的方式使用的。

海德格尔：但是在这里我们实际上能够谈论某种拓宽吗？我认为，我们应该想方设法在真正的希腊语的意义上再理解（nachzuverstehen）“支配”，“一切通过一切”，以及现在在γινομένων[生成]中
20 思考的运动。我承认，我们不能在狭隘的意义上采纳γινομένων[生成]中的γένεσις[起源、发生]的意义，毋宁说，在那里，它关涉

的是一种普遍的陈述。残篇1被看作是赫拉克利特文本的开始。在残篇1中已经说出了根本的东西。我们现在可不可以把在更广阔的意义上思考的γινομένων[生成]中的γένεσις[起源、发生]和出现(Hervorkommen)联系起来？在先行把握中，我们可以说，我们把希腊人命名为存在的那个东西的基本特征收入眼帘。尽管我不再乐意使用这个词，但是我们仍然接纳它了。当赫拉克利特在γινομένων[生成]中思考γένεσις[起源、发生]的意义之时，他还没有把它看作现代意义上的生成(Werden)，也不是在过程(Vorgang)的意义上理解它，毋宁说，在希腊语中思考，它的意思是：进入到存在之中，出现在在场状态之中。如果我们想要真正弄清楚τὰ πάντα[一切、万物]的含义，我们现在拥有我们必须持有的三种不同的关注方式，它们分别是我们从残篇64、41和1提取出来的。在这里我们可能还要附加上残篇50：οὐκ ἐμοῦ, ἀλλὰ τοῦ λόγον ἀκούσαντας ὁμολογεῖν σοφόν ἐστιν ἓν πάντα εἶναι。[①] 第尔斯的翻译读作："如果你不听从我本人而听从意义(λόγος[逻各斯])，那么智慧之事就是，遵从逻各斯而说一切是一。"在这条箴言中重要的是ἓν[一]，πάντα[一切、万物]和ὁμολογεῖν[说]。

芬克：如果我们从出现，进入显现(Zum-Vorschein-Kommen)出发，在这里我们可以看到在γινομένων[生成]之中思考的γένεσις[起源、发生]的意义，那么，我们就因此而获得了和闪电的光亮性

① 现有中译本译作："不听从我而听从这逻各斯，同意一切是一，这就是智慧"。参看基尔克等：《前苏格拉底哲学家》，聂敏里译，上海：华东师范大学出版社，2014年，第279页。——校注

与光之闪耀的一种关联，在闪电中，个别物挺立着并且闪烁着光芒。于是我们就有了下面这种类比关系：正如在无光的黑夜里闪电可以让我们看见在它的确定轮廓中的一切个别物，在残篇 30 所谓的πῦρ ἀείζωον[永远的活火]中发生的东西，也一样可以在很短的时间内被看到。在光亮性的时刻，得到思考的是存在者进入到它的规定性之中。τὰ πάντα[一切、万物]出自残篇 64，πάντα διὰ πάντων[一切通过一切]出自残篇 41 和残篇 1：γινομένων πάντων κατὰ τὸν λόγον[一切根据逻各斯而生成]。前面我们
21 曾经尝试着区分闪电的闪电运动。现在我们可以说，它是一种带向显现的运动（Zum-Vorschein-Bringen）。但是，闪电在存在者那儿完成的带向显现，也是一种支配着的进入物本身之运动状态中的侵入。物是以涌现和毁灭、增大和缩小、位置移动和变化的方式自我运动着的。闪电的运动相应于ἓν τὸ σοφόν[唯一智慧]的运动。支配着的运动不能被认为是指向闪电或者指向ἓν τὸ σοφόν[唯一智慧]，而应该被认为是指向闪电和ἓν τὸ σοφόν[唯一智慧]所发生的作用，这种产生效果在带向显现中起作用，并在物中进一步起作用。支配着进入物之运动状态中的侵入的运动依照逻各斯而发生。在闪电的光亮中持存之物的运动有一种智慧式的本性，但是它必须和从σοφόν[智慧]自身出发的运动区别开来。在残篇 41 中，它不仅是涉及一和多的关系，多如何在一中显现这个问题，而且涉及和在πάντα διὰ πάντων[一切通过一切]中得到表达的τὰ πάντα[一切、万物]相关联的“一”所发生的作用。情况可能是，残篇 1 中的λόγος[逻各斯]是残篇 41 中的σοφόν[智慧]、残篇 64 中的Κεραυνός[闪电]的另一个词，就好像它也是πῦρ

[火]和πόλεμος[战争]的另外一个词一样。πόλεμος[战争]是πάντων βασιλεύς[万物之王]，战争规定了在显现领域中持存的物的相互对立的运动。

海德格尔：您是不是想说，γινομένων γὰρ πάντων[因为一切……而发生]中的γένεσις[起源、发生]所意指的东西，有助于更进一步规定残篇 41 中的διά[通过]？您因此而把διά [通过]理解为因果性的吗？

芬克：绝非如此。我只是想说，那个撕开了夜晚之黑暗并且在它的光之闪耀中使一切个别化之物闪烁并且被看见的闪电，同时也是通过διά[通过]的方式使得γένεσις[起源、发生]运动的东西，这种运动继续进入到物的运动之中。和闪电一样，残篇 1 中这个λόγος
[逻各斯]和τὰ πάντα[一切、万物]发生关联。建立、支配和规定 22
一切的λόγος[逻各斯]的带出产生的(hervorbringenden)运动，相应于闪电的带入产生的运动。

参与者：闪电的运动和存在者的运动状态之间的关联绝不是一种作用关联(Wirkverhältnis)。如果说闪电的带入显现的运动继续进入到物的运动之中，那么，这绝不是指一种在带入产生的运动和被带入产生之物的运动状态之间的因果关联，而倒是说，这里处于问题视域中的东西，乃是在存在中的运动和在存在者之中的运动的差异，确切地说，在去除遮蔽的运动和除去遮蔽者的运动状态之间的差异。

芬克:我们区分作为带出产生的运动的闪电性质的光的突然出现和每一个被规定者在它的运动状态中的出现。闪电的即刻性暗示着一种非持久性。我们必须把闪电理解为最短的时间,理解为即刻性,它是那个自身不在时间之中却允许时间的带来产生的运动的象征。

海德格尔:难道时间不是一种永恒的而不仅仅是瞬间性的东西吗?

芬克:带出产生的运动和被带出产生者的运动之间的关联问题,我们必须放在与闪电、太阳、火以及季节的关系中来思考,时间也要在这个基础上思考。赫拉克利特那里的火似物必须在好几个方面得到思考,比如,可以看作是太阳中的火也可以看作是火的转变(πυρὸς τροπαί)。为一切奠定基础的火是那种带出产生,它在它的作为被带出产生者的转变中隐匿自身。我把残篇 41 中的πάντα διὰ πάντων[一切通过一切]带入到与πυρὸς τροπαί[火的转
23 变]的关联之中。闪电是光在夜晚的黑暗中的突如其来的突然出现。如果我们把闪电永恒化,那么,它就是带出产生的运动的象征。

海德格尔:那您肯定反对把闪电、火和战争同一化咯?

芬克:不,但同一化在这里是一种同一性与非同一性的同一性[①]。

---

① 此处"同一化"原文为 Identifizierung,"同一性"原文为 Identität,"非同一性"原文为 Nichtidentität。——校注

海德格尔:那么,我们必须把同一性理解为共属(Zusammengehören)。

芬克:闪电、火、太阳、战争、λόγος[逻各斯]与σοφόν[智慧]都是通往同一个根据的不同的思想视线。一切物的根据都是在πυρὸς τροπαί[火的转变]中被思考的,这个根据以颠倒的方式错置于水与土之中。

海德格尔:您指的也是物在一个根据之上的变形。

芬克:这里所意指的根据并不是某种实体或者绝对之类的东西,而是指光与时间。

海德格尔:如果我们现停留在作为出发点的文本之上,确切地说,首先停留在对残篇 41 中的διά[通过]的追问之上,那么,我们能够不从支配(οἰακίζειν)出发来规定这个διά[通过]吗? 支配是什么意思?

芬克:人们也可能会把支配归属于运动之下。但是在赫拉克利特那里,闪电的支配就是与存在者的一切运动相对立的东西,就如在它的光之闪耀中显示自我之物的闪电。它并不具有像存在者那样的被运动存在的特征,而是具有带出产生存在者的运动的特征。此外,与τὰ πάντα[一切、万物]相关涉的支配,绝非对于个别物 24
的支配,而是对于存在者的整全的整体性的支配。支配或驾驶一艘船的现象仅仅是思想弹跳的基础,思想在分环勾连的总体嵌合中思考存在者的总体性之带出产生。正如船长在航船遭受的海和风的运动中把一个航向带给船的运动,他给船的运动带来一条路线,闪电的支配着的带出显现不仅给与一切存在者以它们的轮廓,而且也给与它们以动力。支配着的带出显现是更具有开端性的运动,它在存在者的多重运动状态中把存在者的整体性带入显现之中,并且同时在它之中隐匿自身。

海德格尔:我们能够把残篇 64 中的支配(οἰακίζει)和残篇 41 中的支配(ἐκυβέρνησε)带入到与διά[通过]的关联之中吗?如果可以的话,那么,διά[通过]的意义显示为什么呢?

芬克:在这个διά[通过]中,被思的是一种及物运动。

海德格尔:现在"一切通过一切"具有什么样的意义呢?

芬克:我想要把πάντα διὰ πάντων[一切通过一切]带入到与πυρὸς τροπαί[火的转变]的关联之中。那么,火的转变说的是,一切过渡到一切之中,确切地说,并非被规定者保留在它的形成中,而是依照不可认识的智慧而深入到对立之中运动。

海德格尔:但为什么赫拉克利特这时要谈支配?

芬克:火的转变依照某种确定的方式是一种圆圈运动,它由闪电或者说σοφόν[智慧]支配着。一切通过一切深入到对立面之中运动发生在其中的那个运动会被操纵。

海德格尔：但是我们在这里竟可以谈论对立面或者甚至是辩证法 25
吗？赫拉克利特既不知道对立，也不知道辩证法。

芬克：尽管在赫拉克利特那里对立没有成为一个主题，但另一方面，无可辩驳的是，它显示出了现象的对立。一切通过一切而自我变形发生在其中的那种运动，是一种被支配的运动。对于柏拉图来说，支配就是为了表达在世界上的理性物的权力的一个譬喻。

海德格尔：您可以通过以下这点说明支配是什么，即您把支配者命名为λόγος[逻各斯]。但作为现象的支配又是什么呢？

芬克：作为现象的支配是人的运动，比如一个人把船带入所期望的方向。它是一个理性的人所追求的为一项运动定下方向。

海德格尔：在我们所从事的实验中，它主要不是处理赫拉克利特想要使其突如其来地出现的东西。毋宁说，他在和我们交谈，而我们也在和他交谈。在眼下，我们在对支配现象进行再思。恰好今天在控制论的时代，这个现象变得如此基本，以至于它占据和决定了全部自然科学和人的行止。因此，我们有必要赢得这个问题的更大的清晰性。首先您刚才说，支配叫作“把某物带入一个所期望的方向”。我们尝试对这一现象进行更准确的描述。

芬克:支配就是把一个运动带入到一种控制之中。一艘船没有船舵和舵手就是一个波浪与气流的游戏。只有通过支配,它才会由
26 于暴力而被带入到期望的方向。支配是一种侵入性的、改造性的运动,它强行把船推入某个确定的路线。它自在地就有暴力性的因素。亚里士多德区分了出自物之本性的运动和由于暴力而加诸物之上的运动。

海德格尔:难道就没有一种无暴力的支配吗?暴力性的因素本质地属于支配现象吗?支配现象和赫拉克利特与我们今天的困窘处境之间的关联一直没有得到澄清。今天,自然科学和我们的生活在越来越大的规模上受到控制论的统治,这不是偶然的,而毋宁说,它已经在近代科学与技术的发展史中得到先行规定了。

芬克:人的控制现象是通过暴力的和可预先计算的管理而得到规定的。它和计算性的知识与暴力性的侵入关联在一起。宙斯的支配是另外一回事。如果说他在支配着,那么,他并没有计算,而是不费吹灰之力地统治着。也许在诸神的领域,而不是在人的领域,存在着一种无暴力的支配。

海德格尔:在支配与暴力之间真的存在着一种必然的关联吗?

芬克:一艘船的舵手是一个训练有素的人。在遇见潮汐和风暴时,他知道自己该如何行事。他必须以正确的方式利用风暴和潮汐这些运动的原动力。通过他的支配,他以暴力的方式把船从波浪与

气流的游戏中拽出。在这种程度上,我们在支配现象中也必须连带看见和连带设置暴力性的因素。

海德格尔:难道今天的控制论自身不也是被支配着的吗?

芬克:如果我们在这里想到的是εἱμαρμένη[命运]甚或天命(Ge- 27
schick)。

海德格尔:这种支配难道不是无暴力的吗?我们必须把不同的支配现象收入眼帘。支配可能一方面是把暴力性的东西置入它的方向之中,另一方面也是诸神的无暴力的支配。但是希腊的诸神和宗教没有什么关系。希腊人并不信仰他们的诸神。根本没有一个希腊的信仰这回事——可以回忆一下维拉莫维奇[①]。

芬克:但是希腊人有神话(Mythos)。

海德格尔:神话是一种完全不同于信仰的东西。——但是为了能够回溯到无暴力的支配,我们可以追问,这在遗传学那里到底是什么情形?您在那儿也会谈论一种暴力性的支配吗?

芬克:在这里,我们必须区分两个方面,一方面是基因的自然行为,

---

① 维拉莫维奇(Ulrich von Wilamowitz-Moellendorff,1848 - 1931 年):德国古典学者、语文学家。——校注

它本身可能会在控制论上得到解释,另一方面是对于遗传因素的操控。

海德格尔:那您在这里也要谈论暴力咯?

芬克:即使暴力没有被施暴对象感受到,它也永远是暴力。人们今天能够凭借暴力侵入到基因的行为之中并且改变它,基于这个理由,就存在着这种可能性:终有一日,药剂师将统治这个世界。

海德格尔:关于基因,遗传学家谈论一种字母表,谈论信息档案,后者于自身中储存着一定量的信息。这种信息观想到过暴力吗?

28 **芬克**:我们发现的基因是一种生物学的发明。但只要人们生出这个念头,想要通过支配并改变基因来改善人的种族,那么,其中的关键就不是一种给人带来痛苦的强制,而很可能是暴力问题。

海德格尔:我们必须区分一个双重的东西:一方面是对生物学的信息理论解释,另一方面是建基于这个解释之上的积极控制的尝试。受到追问的是,在控制论的生物学中,暴力性的控制这个概念是否适当?

芬克:严格地说,人们在这里也不能谈论支配。

海德格尔:问题是,在信息概念中是否存在着一种模棱两可?

芬克:基因显示了某种确定的印记,并因此具有长久储存的特征。人通过基因的调控过着他的生活,似乎他作为一个自由的存在度过他的一生。在这里,每一个人都被他的先祖决定了。人们也谈论基因的学习能力,它们能够像计算机一样学习。

海德格尔:但信息的情形如何呢?

芬克:所谓信息,人们一方面把它理解为告知(informare)、留下印痕和压入形式,另一方面把它理解为通讯技术。

海德格尔:如果基因决定了人的行为,那么,是基因把自己身上的消息(Nachrichten)展开出来的吗?

芬克:在某种程度上是这样。在这里,在消息中重要的不是人所接受的消息。意思就是说,它如此行为,就好像它得到一个从基因储 29
存而来的命令。由此出发来看,自由变成了被规划的自由。

海德格尔:所以,信息一方面说的是留下印痕,另一方面说的是给予消息,而获得消息者对此做出反应。通过这种控制论的生物学,人的行为方式被形式化了,而总体的因果性也被转变了。我们不需要任何自然哲学,相反,如果我们已经为我们自己澄清了控制论来自何处,它将去往哪里,就足够了。普遍的指责是,哲学对于自然科学什么也理解不了,总是对科学亦步亦趋,唯科学马首是瞻,我们可以平静地接受这一指责。对我们来说,重要的是,告诉科学家们他们自己到底在做什么。——现在我们已经看到支配现象中的多重面相。Κεραυνός[闪电],ἕν[一],σοφόν[智慧],λόγος[逻各斯],πῦρ[火],Ἥλιος[太阳]和πόλεμος[斗争]本非同一个东西,我们也不能对它们等量齐观,一律视之,而毋宁说,在它们之间有一些确定的关联起着支配作用,当我们澄清这些现象时,我们就是想看到这些关联。赫拉克利特没有描述任何现象,而是简单地观看它们。最后,我还想来回忆一下残篇47:μὴ εἰκῆ περὶ τῶν μεγίστων συμβαλλώμεθα。译文如下:关于至高之物,我们不可不假思索地胡扯。这个箴言或许可以成为我们这个讨论班的座右铭。

第二次：解释学的循环。——ἕν[一]与πάντα[一切]之间的关系（相关残篇：1,7,80,10,29,30,41,53,90,100,102,108,144）。 30

芬克：从残篇 64 出发，我们在解说词组τὰ πάντα[一切、万物]时陷入困境中了。我有意不谈论τὰ πάντα[一切、万物]概念，为的是避免出现关于一种赫拉克利特术语的想法和看法。在残篇 64 中，τὰ πάντα[一切、万物]这个词组已经向我们显示为闪电支配性地关联着的东西。闪电作为撕裂的光，作为即时性的火，把τὰ πάντα[一切、万物]带向显现，勾画出每一物的形式，并且驾驭一切属于πάντα[一切、万物]的东西的运动、变形和进程。为了更加尖锐地提出这个问题，τὰ πάντα[一切、万物]是什么或是谁，它是个别物、要素，还是相互关联，我们一开始就先行考察了其他一些也提到πάντα[一切、万物]的残篇。如果我们撇开已经被我们带入与残篇 64 的关联之中的东西，那么，接下来我们想要考察的全部 15 处文本就会显示出来，在这些残篇中，τὰ πάντα[一切、万物]是在何种程度上亦即在哪些方面被提及的。在残篇 64 中已经表明，闪电是支配者。在此事关宏旨的并不是πάντα[一切、万物]的内在的自我管理。我们必须区分作为一(das Eine)的闪电和πάντα[一切、万物]的总集之多。

参与者:所以,如果支配原则并不在全体之内,那么,它必定处于全体之外,或者超越于全体之上。但是它又如何可能在全体之外呢?

芬克:如果我们强行推出全体(das Ganze)概念,那么,它指的是一
31 个无所不包的总体(Inbegriff),所以表面上似乎也不是指您以支配原则所命名的东西。但是赫拉克利特所讨论的是眼下对我们来说还不可确定的相互关系(Gegenbezug),即闪电的ἕν[一]和被闪电撕裂、支配和驾驭的τὰ πάντα[一切、万物]之间的相互关系。作为形式逻辑上的总体,τὰ πάντα[一切、万物]指的是不允许自身之外存在任何东西的"一切"(alles)概念。可是,同样有疑问的是,支配者究竟是不是在τὰ πάντα[一切、万物]之外的某个东西。在这里存在着一种十分独特的关联,这种关联绝对不能用流行的关系范畴来把握。在驾驭τὰ πάντα[一切、万物]的闪电和τὰ πάντα[一切、万物]自身之间的值得追问的关系是一(Eins)和多(Vieles)的关系,但不是单数和多数的关系,而是一个尚未得到澄清的一和一中之多的关系,因此,多是在总体意义上被意指的。

海德格尔:您何以拒不接受第尔斯把τὰ πάντα[一切、万物]翻译为一切呢?

芬克:如果在残篇 64 中τὸ πᾶν[一切]取代了τὰ πάντα[一切、

万物]的位置，那么，用“一切、万物”（Weltall）来翻译它就名正言顺了。τὰ πάντα[一切、万物]并不构成一切，而是构成世界内的东西的总体。τὰ πάντα[一切、万物]不是一切，而闪电自身是构成一切者（Weltall-Bildende），在它的光之闪耀中，聚集在一起的杂多之物进入有差异的显现之中。τὰ πάντα[一切、万物]是差异的王国。作为ἕν[一]的闪电并不像两个人比邻而居或者像冷和热相对立那样被设立为与τὰ πάντα[一切、万物]相对立。

海德格尔：依照您的阐释，闪电和一切是同一回事咯？

芬克：我想换种方式来表述它。闪电不是一切，而毋宁说，它作为一切的构成者而存在。它只作为世界之构成而存在。这里所理解的世界之构成，必须得到更细致的阐释。

海德格尔：我自己想要给我上次（讨论班上）关于控制论的论述附 32
加一个补充说明。当我在关于何谓支配（Steuern）的问题的讨论过程中提到现代控制论的时候，我并不想因此而招致误解，似乎在这里仅仅基于残篇 64 和 61 关于支配所说的东西，就能够在赫拉克利特和控制论之间建立起一种关联。这种关联是深深隐藏着的，并不能轻而易举地把捉到。它转向了另一条道路，在目前关于赫拉克利特的沉思中，我们还不能探讨这条道路。尽管如此，控制论的意义在于以下这个东西的来源，就是在赫拉克利特的ἕν[一]和τὰ πάντα[一切]的关系中酝酿的东西的来源。——

芬克:如果我们现在尝试着来看看在其他残篇中τὰ πάντα[一切]是如何说出来的,我们就不会期望对个别残篇的解释。

海德格尔:如果我现在把几位参与者提出的问题搁置一旁,那么,这是因为我受制于我们现在所处的根本困难。这个困难在何处呢?

参与者:只有在我们已经赢得了关于我们迄今为止的沉思所指涉之物时,我们谈及的问题才能得到回答。但首先:我们无论是在一开始还是在考察某一残篇之后,都应该知道τὰ πάντα[一切、万物]是什么。但是,我们只有在所有提到τὰ πάντα[一切、万物]的残篇的语境中,才能理解τὰ πάντα[一切、万物]的意义。另一方面,我们只有通过一步一步地跨越个别的残篇,才能弄懂整体关联,而这已经预设了一种对于τὰ πάντα[一切、万物]的意思的前理解。所以,我们现在所面对的这个根本困难就是解释学的循环。

33 **海德格尔**:我们能够走出这个循环吗?

芬克:我们不是必须宁愿要进入这个循环吗?

海德格尔:维特根斯坦对此有过下面的说法。思想所面临的困境,就好比一个人在房间里,他想从这个房间里出去。首先,他想要从窗户爬出去,但窗户于他来说太高了。然后他想从烟囱里钻出去,可烟囱对他来说又太窄了。如果他现在转过身来,他会发现门一直是开着的。——至于解释学循环,我们总是在其中运动,陷于其中。现在我们的困难在于,我们寻求一个关于赫拉克利特的核心残篇中的τὰ πάντα[一切、万物]的意义的线索,却没有让我们自己进入到对于这个残篇的深入阐释之中。有鉴于此,我们关于赫拉克利特的τὰ πάντα[一切、万物]的意义的探究必定也还是暂时的。

参与者:如果我们尝试从某一残篇出发来澄清τὰ πάντα[一切、万物]的意义,难道我们不能追溯到那个说"一是一切"(eins ist alles)的残篇50吗?

海德格尔:但是我们从赫拉克利特残篇中获得的一切,并不是全体,不是全部的赫拉克利特。

芬克:我不认为,我们可以把赫拉克利特的晦涩箴言看作阐释原则。同样地,我们也不能求助于残篇60(这个残篇说上山的路和下山的路是同一条路)来理解何谓道路,无论是一条通向哲学的道路,还是通向赫拉克利特全部残篇的道路。即便在这里,赫拉克利特也绝没有表达出关于道路的惯常理解。我们提到过的解释学困难也意味着:每一条残篇在其解释中都是残断无倚的,即便与所有 34
其他残篇联系起来,也不会得出赫拉克利特思想的整体。尽管赫拉克利特在残篇中涉及日常用语,例如在残篇60中就有,但它们却在许多维度上摇摆不定。

海德格尔:在我们的讨论班进程中,我们必须想方设法通过阐释进入到一个为赫拉克利特所要求的维度中。而在此就出现了这样一个问题,即:我们的阐释隐含地或者公开地能够走到多远,也就是说,在多大程度上我们能够从我们的思想出发使得赫拉克利特的诸维度得以显现。哲学只能言说和道说,但是不能描画。

芬克:也许它从来都不能显示。

海德格尔:中国有一句古老的谚语,叫作:说一百次,不如指给他看一次①。与此相反,哲学只能通过道说来显示。

芬克:让我们来看看那些谈论πάντα[一切、万物]的段落,旨在探查πάντα[一切、万物]是如何被说出的。让我们从我们已经思考过的残篇1开始。现在唯一让我们感兴趣的文字是:γινομένων γὰρ πάντων κατὰ τὸν λόγον[因为一切根据逻各斯而生成]。我们要问自己,在这里πάντα[一切、万物]是从哪个角度被说出来的。它们被描画为γινόμενα[生成者]。但这是什么意思呢?如果我们狭义地把握γίγνεσθαι[生成],那么它指的是出现,指的是一个生命物从另一个生命物中的形成。但是为了理解在残篇1中πάντα[一切、万物]在何等程度上是γινόμενα[生成者],我们必须考虑到κατὰ τὸν λόγον[根据逻各斯]。πάντα[一切、万物]是依照λόγος[逻各斯]而运动的。同时,γινόμενα πάντα[一切生成者]处于与人的关联中,而人却变得缺乏理解力(ἀξύνετοι

① 或译为:"百闻不如一见"。——译注

γίνονται ἄνθρωποι),人不理解λόγος[逻各斯],而πάντα[一切、万物]却是依照λόγος[逻各斯]而发生和运动的。

海德格尔:让我们另外为κατὰ τὸν λόγον[根据逻各斯]加上τόνδε[据此]。

芬克:这个说明性的τόνδε[据此]意味着:依照这个λόγος[逻各 35
斯],下文我们将会对之进行探讨。

参与者:这样做是不是更合适些,不用"变成缺乏理解力",而用"证明为缺乏理解力的"来翻译ἀξύνετοι γίνονται?

芬克:如果我们用"变成"(werden)翻译γίνονται[生成],而且把它置于一种与γινομένων γὰρ πάντων[因为一切生成者]的关联中,那么,我就仅仅把它理解为苍白无力的变成(Werden)。

海德格尔:我们沉思的起点是残篇64,我们在这个残篇中注意到支配着的闪电和τὰ πάντα[一切、万物]的关系,也就是ἕν[一]和πάντα[一切、万物]之间的关联。其他残篇当能向我们显示,这种关联是以何种方式和在哪些方面被谈论的。

芬克:在残篇1中,πάντα[一切、万物]被说成是运动着的,而且它们的运动存在和λόγος[逻各斯]联系在一起;在同一个残篇中,人和λόγος[逻各斯]的关联也得到了命名,就人们并不把它理解为处于与受动的πάντα[一切、万物]之间的运动关联而言,我从残篇1转到残篇7:εἰ πάντα τὰ ὄντα καπνὸς γένοιτο, ῥῖνες ἂν διαγνοῖεν。[①] 在这里,πάντα 是以何种方式说出的?是ὄντα[存在者]阐明了πάντα[一切、万物],还是πάντα[一切、万物]意味着某种总计方式的不确定数目,以至于我们必须把它翻译为:所有的ὄντα[存在者]?我认为,在这里πάντα[一切、万物]被理解为有差别的东西了。

海德格尔:万物是有差异的,这一点起于διαγνοῖεν[区别]。

芬克:在残篇7中指出了一种掩盖诸种差异的熟悉现象,即烟。在
36 烟中很可能诸种差异变得难以捉摸,但是烟并没有消灭那些在διαγνοῖεν[区别]中显示自身的差异。在这个词语组合πάντα τὰ ὄντα[一切存在者]中,首先要注意的是有差异存在的因素。

海德格尔:那么在这里如何理解πάντα[一切、万物]呢?

芬克:πάντα τὰ ὄντα[一切存在者]不是指对于ὄντα[存在者]的一一点数,它也不是指"所有的存在者",而是指存在着的πάντα[一切、万物],相互区别开来的πάντα[一切、万物],有差异的πάντα[一切、万物]。πάντα[一切、万物],总合起来作为ὄντα[存在

① 第尔斯的译文后面还有这段话:"如果一切都变成了烟,那么我们就可以用鼻子区分它们。"——原注

者],是某种διάγνωσις[决定、裁决]的关联物。鉴于烟作为遮盖现象的区别,差异的分类区别性质变得愈加严重了。因此,πάντα[一切、万物]在残篇7中是被看作有差异之物的。

海德格尔:与在残篇1中相比,在残篇7中给与我们的,是何种关于πάντα[一切、万物]的信息呢?

芬克:在残篇7中,重点放在πάντα[一切、万物]的差异性上,πάντα[一切、万物]的个体性上,而在残篇1中,πάντα[一切、万物]是被作为被运动者而说出来的,确切地说,是依照λόγος[逻各斯]运动着的。

海德格尔:依照残篇7的总体意义,πάντα[一切、万物]因此也是和γνῶσις[生成]联系在一起的,是和觉知着的人联系在一起的。

芬克:但是,与πάντα[一切、万物]关联在一起的γνῶσις[生成]之所以是可能的,只是因为πάντα[一切、万物]在自身之中是有差异的。πάντα[一切、万物]是依照λόγος[逻各斯]而运动的。在它的运动中,在它的变化和进展中,闪电支配着这一切,而它同时又在它自身之中是有差异的。在闪电中突然迸发的光之闪耀的运动使得πάντα[一切、万物]作为在自身之中有差异之物出现。

海德格尔:但这样一来,在关于赫拉克利特谈到πάντα[一切、万物]的方式方面,您已经把一种整全的哲学放置到关于它的先行定向之中了。

37 **芬克**:我起初也想要坚持一点,即残篇 7 中本质的东西乃是πάντα[一切、万物]对于γνῶσις[生成]和διάγνωσις[决定、裁决]的回溯性关联。

海德格尔:如果说在残篇 1 中πάντα[一切、万物]可以看作是处于与λόγος[逻各斯]的关联之中,而λόγος[逻各斯]绝不是属人的,那么,在残篇 7 中提到πάντα[一切、万物]时,它们是与人的认识相关的。就后者而言,διανοεῖσθαι[考虑、打算]和διαλέγεσθαι[交谈、辩论]是从διαγιγνώσκειν[区分、决定]中发展而来的。διαγνοῖεν[区别]是一种提示,表明πάντα[一切、万物]的根本特征在于它是可区别之物,而不是已经有差异之物。

参与者:如果说在残篇 1 讨论的是λόγος[逻各斯],而残篇 7 中讨论的是διάγνωσις[决定、裁决],那么,难道我们不能把πάντα[一切、万物]的γνῶσις[生成]和λόγος [逻各斯]联系在一起吗?

海德格尔:这样您已经想得太多了。您想要谋求人的γνῶσις[生成]和λόγος[逻各斯]之间的关联。但是我们首先想要的仅仅是认识赫拉克利特谈论τὰ πάντα[一切、万物]的不同方式。

参与者:但在ὄντα[存在者]中被带向语言的那个πάντα[一切、万物]的存在性[①],难道不就是πάντα[一切、万物]的一种质性吗,对于διάγνωσις[决定、裁决]来说,这种质性是一个必要的前提?

芬克:我承认,πάντα[一切、万物]的存在性对于人的具有区分作用的认识而言是一个必要的前提。只不过,ὄντα[存在者]绝非πάντα[一切、万物]的一种质性。但是我们必须牢牢记住,ὄντα[存在者]是附加在残篇7中的πάντα[一切、万物]迄今为止的规定性内容上的。

海德格尔:可是我们真的知道τὰ ὄντα[存在者]的意思到底是什么吗?只有当我们关注于我们的鼻子,我们的眼睛和我们的听觉时,我们才能更接近于实事。

芬克:现在,在我们的语境中,残篇80讲的καὶ γινόμενα πάντα κατ' ἔριν καὶ χρεών[②]引发了我们的兴趣。在这里也提到πάντα 38
γινόμενα[一切生成者],但不是像在残篇1中那样的κατὰ τὸν λόγον τόνδε[根据逻各斯],而是κατ' ἔριν[根据纷争]。我们先把καὶ χρεών[和责任]这个词组放在一边不予考虑。现在,πάντα[一切、万物]和它们的运动方式并不与λόγος[逻各斯]发生关联,而是与纷争(Streit)发生关联。在残篇80中πάντα[一切、万物]进入到和纷争相关的意义组合(Sinnfügung)中。它让人回忆起

① 此处"存在性"原文为das Seiendsein,似也可译为"存在者状态"。——校注

② 第尔斯的译文作:"一切都是通过纷争和责任而发生的。"——原注

πόλεμος[斗争]——残篇53，我们还要来讨论它。——从残篇10当中，我们特别突出了这个词语组合：ἐκ πάντων ἓν καὶ ἐξ ἑνὸς πάντα.[①] 即便在这里，我们碰到的也是一种生成，但不是个体的运动意义上的生成，而是总体生成(Gesamtwerden)。

海德格尔：如果我们单纯地看待它，那么，ἐκ πάντων ἓν[从一切中产生一]可能如何被理解呢？

参与者：单纯地看，这个说法意味着，一个全体从由所有的部分集结在一起。于是，这个ἕν[一]是一个作为总和的全体。

海德格尔：但是这第二个词语组合 ἐξ ἑνὸς πάντα[从一中产生一切]已经向我们指出，它并不处理部分和由部分组合在一起的全体之间的关系。

芬克：在残篇1和残篇80中，都提到πάντα γινόμενα[一切生成者]。它的受动状态一方面与λόγος[逻各斯]相关联，另一方面和纷争相关联。依照λόγος[逻各斯]和纷争意味着：依照λόγος[逻各斯]和纷争的运动。我们已经把这种运动和πάντα[一切、万物]的受动状态区分开来了。它不是πάντα[一切、万物]自身如何运动的方式。在残篇10当中，它被带向语言，而且是在这种意义上，一出自一切而且一切出自一是如何可能的。

---

① 第尔斯的译文作："从一切中产生一，从一中产生一切。"——原注

海德格尔:您在这里指的哪一种运动?

芬克:世界运动。但由此,也许现在我们已经说得太多了。我们注 39
意到,人们可以素朴地把ἐκ πάντων ἓν[从一切中产生一]理解为部分与全体之间的关系。一来自于多,这是一种众所周知的现象。但是同一件事情不允许以颠倒的方式表达。多不是从一来的,如果多来自于一,那么,我们就仅仅是在复数性和集合的意义上指有限的总体(Allheit)。但是τὰ πάντα[一切、万物]绝非有限的总体概念,绝非集合概念,而是一个总合(Inbegriff)。我们必须区分比如在τὰ πάντα[一切、万物]之中给出的总合意义上的总体概念和数值意义上或者类别意义上的总体概念,也就是说相对的总体概念。

海德格尔:在这个房间里排列整齐的所有的书就构成一个图书馆吗?

参与者:图书馆概念是多义的。一方面,它意指在这里现成的图书的总量,而另一方面,它指的是图书之外的设备,也就是房间、书架,等等。图书馆并不限于属于它的图书的整体数量。甚至当它的一部分书被借出之后,它仍然是一个图书馆。

海德格尔:如果把书一本又一本地从中取出,那么它在多长时间内仍然是一个图书馆呢?但是我们已经看到,并不是一切单本的书聚拢在一起就造成了一个图书馆。在加和意义上被理解的"一切"

是完全不同于在本己类型的统一性意义上的“总体”的，后者首先并不容易得到规定。

芬克：在残篇10中，在总集之多的意义上的πάντα[一切、万物]和一之间的关系以及一和总集性的多之间的关联已经得到阐述，在那里，一绝没有部分的意义。

海德格尔：我们德语用一(Eins)来表示古希腊语中的ἓν[一]，这是令人讨厌的。何以这么说呢？

40 **芬克**：ἕν[一]和πάντα[一切、万物]之间的关联不仅仅事关一种反对关系，而且事关一种统一。

参与者：我想把ἕν[一]理解为与一种数值的把握相对立的某种复合物(etwas Komplexes)。在ἕν[一]和πάντα[一切、万物]之间的紧张状态具有一个复合物的特征。

芬克：这个ἕν[一]是闪电和火。如果人们想要在这里谈论复合物，那么人们只能在这种情况下这样做，即人们可以把它理解为无所不包的统一性，这个统一性把总集性的多聚集在自身之中。

海德格尔：ἕν[一]即一，我们必须把它思为统一者。的确，一(das Eine)能够具有一体(eins)和唯一的(einzig)意义，但是在这里，它有统一者的特征。如果人们这样翻译残篇10中那个疑而未决的段落："一出自一切，一切出自一"，那么，这是一种无所用心的翻译。这个ἕν[一]不是和πάντα[一切、万物]没有任何干系的自为的一体，毋宁说，这个一是统一者。

芬克：为了澄清这个ἕν[一]的统一着的统一性，人们可以把元素的统一性看作比喻。但是我们不可停留在这里，毋宁说，我们必须把统一着的统一性回溯到闪电的一，闪电在它的光之闪耀中聚拢在差异性中的聚合起来的多，并把它们统一起来。

海德格尔：这个ἕν[一]贯穿全部哲学，一直抵达康德的先验统觉。您现在说，人们必须把处在与πάντα[一切、万物]的关联中的ἕν[一]和处在与残篇10中的ἓν[一]的关联中的πάντα[一切、万物]，和与残篇1和残篇80中的πάντα[一切、万物]联系在一起的λόγος[逻各斯]和争执(Streit)综合在一起思考。但是，这只有在下列情况下才是可能的，即如果我们同时把λόγος[逻各斯]理解为聚集(Versammeln)，把ἔρις[纷争]理解为拆散。残篇10开始于 συνάψιες[聚拢、联合]一词。我们应该如何翻译它呢？

参与者：我建议把它译为：聚拢在一起。 41

海德格尔：在这里，我们可能会关注"一起"(das Zusammen)。与之相应，ἕν[一]就是统一者。

芬克：残篇29乍看一眼似乎首先并不属于那样一个残篇系列，这些残篇主要是关于πάντα[一切、万物]的:αἱρεῦνται γὰρ ἓν ἀντὶ ἁπάντων οἱ ἄριστοι, κλέος ἀέναον θνητῶν·。[①] 因为这里并没有在某个特定视角中谈论πάντα[一切、万物],而毋宁是在谈论一个人的现象:高贵的人宁取一件事物也不要一切其他的事物,也就是说,宁取持久存在的荣誉,也不取消逝的事物。高贵的人的行止和πολλοί即大多数人的行止相对立,大多数人像饫甘餍肥的牲畜一样躺在那里。因此在这里,我们又可以看到ἕν[一]和πάντα[一切、万物]之间那种值得追问的关联。依照这种匆匆一瞥得到的陈述内容,在这里ἕν[一]是持久存在的荣誉,它占据一个和所有其他人相对立的特殊位置。但这个残篇表达的不仅仅是和荣誉相关的高贵的人的行止。荣誉置身于夺目的光辉之中。这种光辉让我们回忆起闪电和火的光。荣誉和一切其他事物发生关联,就像光辉和无光辉的事物之间的关联。残篇 90 也属于这个系列,因为它谈论的是金子和货物之间的关联。金子和货物之间的关联犹如光辉和无光辉之物之间的关联。

海德格尔:残篇 29 除了命名ἄριστοι[高贵者、最优秀者],还命名了πολλοί[大多数人]。在残篇 1 中,πολλοί[大多数人]被比作ἀπείροισιν[无经验者],比作与ἐγώ[我]也即赫拉克利特本人相对立的未经考验者。但是我们不能像尼采那样把这种对立理解为高傲者和畜群之间的分离。赫拉克利特还提到希腊七贤之一,生于

① 第尔斯的译文作:"(因为)有一些人宁愿取最好的东西,而不要其他的一切:亦即,宁取永恒的光荣而不要变灭的事物。"——原注

普里内的比阿斯[①],说他的名声比所有其他贤人都要大(残篇 39)。 42
比阿斯曾经说过,οἱ πλεῖστοι ἄνθρωποι κακοί,大多数人都是坏人。大多数人并不像高贵的人那样努力追求荣誉的光辉,他们宁愿沉溺于变灭的事物之中,因此,他们也看不到一。

芬克:在残篇 29 中,我们必须鉴于光辉来思考荣誉。熠熠生辉者就是火状物,它和多数人及坏人优先选择的东西相对立。奋起追求荣誉先于一切其他事物的高贵者,与思想家并驾齐驱,他们的目光不仅指向πάντα[一切、万物],而毋宁更指向与πάντα[一切、万物]处于关联之中的ἕν[一]。

海德格尔:在品达那里也一样,金子,也就是熠熠生辉者,是与火和闪电放在一起讨论的。前面关于残篇 29 的思考已经向我们表明,在此残篇中首先谈论的是一种确定的人的行止。

芬克:在高贵者这种人的行止中,ἕν[一]和πάντα[一切、万物]之间的基本关联以某种确定的方式映照在持久存在的荣誉中。在残篇 7 中,也出现了与人的行止处于某种关联之中的πάντα[一切、万物]。在那里,它是一种有差异的认识。在残篇 29 中,πάντα[一切、万物]又在它与人的行止的回溯性关联中被收入眼帘,但是

① 普里内的比阿斯,古希腊律师、辩论家、哲学家,"古希腊七贤"之一。他是一个能言善辩、仗义执言、机智过人的人,经常为受欺压的穷人打抱不平,从不为为富不仁者说话,因此名声很好。——译注

在这里它关心的不是认识关系,而是一对于所有其他物的优先性的关系。荣誉和其他财富之间的区别并非在程度意义上的,毋宁说,它具有和其他所有事物相对立的鹤立鸡群的特征。它关涉的不是与其他事物相比具有优先性的问题,而是和所有其他事物相比具有唯一重要性的问题。正如高贵者喜欢唯一重要之物,荣誉的光辉,而不是所有其他物,思想家也思量闪电的统一着的一,在闪电的光中,πάντα[一切、万物]走向显现,而不是仅仅思量这个
43 πάντα[一切、万物]。正如多数人更喜欢变灭之物甚于荣誉的光辉,人,大多数人,并不理解统一着的ἕν[一],它在它的差异性中把πάντα[一切、万物]包含在内,而是仅仅理解πάντα[一切、万物],多数的物。——在残篇 30 中,思之目光指向的是πάντα[一切、万物]和κόσμος[世界、宇宙]之间的关联。我们现在特别感兴趣的文本段落是,κόσμον τόνδε, τὸν αὐτὸν ἁπάντων,第尔斯的译文作:“这个世界秩序对于一切存在都是同一的。”显然他把存在(Wesen)理解为生命体(Lebenswesen)。但我们宁愿把ἁπάντων[①]翻译为:对于πάντα[一切、万物]之整体性。

海德格尔:τὸν αὐτὸν ἁπάντων[对于一切存在都是同一的]只出现在克莱芒斯那里,而在普鲁塔克和辛普里丘那里都是缺失的。卡尔·莱因哈特对此轻轻一笔勾销。我想要再次提及他,首先因为我想提及他的论文《赫拉克利特的火的学说》(首次发表于《赫尔墨斯》,第 77 期,1942 年,第 1—27 页),它在方法论方面具有特别

---

① 即上句中被第尔斯译为“一切存在”(Wesen)的ἁπάντων。——校注

的重要性。大概在三十年前,也就是我做了三场关于艺术作品的本源的报告的那个时代,我和卡尔·莱因哈特在他的阁楼间里就赫拉克利特进行了一次长谈。当时,他向我讲述了他的研究计划,他要写本书,从流传史的角度评论赫拉克利特。如果他实现了这个计划,那么今天很多事情对于我们来说就会轻而易举了。莱因哈特在我们前面提及的那篇论文中发现,在残篇 64 的语境中出现的πῦρ φρόνιμον[明智的火]是真正赫拉克利特式的,因此可以看作是其残篇。新的赫拉克利特残篇之发现意味着什么,他说:"从中可以得出一种并非全然令人愉快的结果:以下这种情况并非不可能,即由于克莱芒斯和某些教父哲学家,一些赫拉克利特全然陌生的词就像一股洪流汹涌而出,如果我们不被从另外的角度指引到它们身上,我们绝无可能成功地把握到它的含义。认识到一个非常重要的词是非常重要的,并非总是轻而易举的。"卡尔·莱因哈特已经不在了,但他依然活着。

芬克:在残篇 30 中,πάντα[一切、万物]和κόσμος[世界、宇宙] 44
的关联得到了思考。在这里,我们现在且让κόσμος[世界、宇宙]在赫拉克利特那里意味着什么这个问题保持悬而未决。我们再次把我们的目光投向我们已经讨论过的残篇 41:ἓν τὸ σοφόν, ἐπίστασθαι γνώμην, ὁτέη ἐκυβέρνησε πάντα διὰ πάντων。[①]在这里,ἕν[一]旁加上了σοφόν[智慧],我们已经满怀期待地等候着残篇中ἕν[一]与πάντα[一切、万物]的关联。我们必须追问的

① 第尔斯的译文作:唯一智慧,就是理解那善于支配一切的思想。——原注

是，是否σοφόν[智慧]只是作为统一着的统一性的ἕν[一]的一个属性，抑或它是否并非ἕν[一]的本质。

海德格尔：那么，我们可以在ἕν[一]和σοφόν[智慧]之间设置一个冒号：ἓν：τὸ σοφόν[一：智慧]。

芬克：作为统一着的ἕν[一]的本质的σοφόν[智慧]在它完全的意义充实中抓住了ἕν[一]。如果这个ἕν[一]迄今为止似乎对我们还是自我隐匿着的，那么，我们在残篇41中就已经拥有它作为某种ἕνωσις[统一、一体]的第一个更加精确的特征，尽管这个概念带有太多的新柏拉图主义的意味。

海德格尔：这个ἕν[一]贯穿整个形而上学，如果没有这个ἕν[一]，辩证法是不可思议的。

芬克：在我们已经在与残篇80的联系中提到的残篇53中，πάντα[一切、万物]被置入与πόλεμος[斗争、战争]的关联之中。这个残篇文本顺序如下：Πόλεμος πάντων μὲν πατήρ ἐστι, πάντων δὲ βασιλεύς, καὶ τοὺς μὲν θεοὺς ἔδειξε τοὺς δὲ ἀνθρώπους, τοὺς μὲν δούλους ἐποίησε τοὺς δὲ ἐλευθέρους。第尔斯的译文作："战争是万物之父，也是万物之王。它使一些人成为神，使一些人成为人，使一些人成为奴隶，使另外一些人成为自由人。"残篇80中的πάντα[一切、万物]和πόλεμος[斗争、战争]的关联已经向我们指出，在何处有关于ἔρις[斗争]的话语。现在，战争，也就是

说争执，被命名为万物的父亲和国王。正如父亲是孩子的本源，我 45
们把它和作为闪电与火的ἕν[一]放在一起来思考的冲突也是万物的本源。作为父亲的πόλεμος[斗争、战争]和πάντα[一切、万物]的关系在作为君主的πόλεμος[斗争、战争]和πάντα[一切、万物]的关系中以某种确定的方式重演了一遍。我们必须把βασιλεύς[王]带入到和闪电的支配和驾驭的联系之中。闪电如何撕裂πάντα[一切、万物]的场域，以及在那里作为驱动者和统治者发生作用，战争也就如何作为主人驾驭和统治πάντα[一切、万物]。

海德格尔：当赫拉克利特谈论父亲和主人时，他是以一种近乎诗的语言把握住了运动的ἀρχή［本原、起源］的意义：πρῶτον ὅθεν ἡ ἀρχὴ τῆς κινήσεως。运动的第一本源也是统治和驾驭的第一本源。

芬克：词组 πόλεμος πάντων πατήρ[战争是万物之父]和πάντων βασιλεύς[万物之王]不仅仅是两个新的形象，而且在它们之中，ἕν[一]和πάντα[一切、万物]关联中的一种新因素得到了表达。战争是万物之父的方式在 ἔδειξε[被带入光亮]中得到命名，而战争是万物之王的方式在ἐποίησε[被制作]中被说出来了[①]。——残篇 90 命名了πάντα[一切、万物]和火的交易之间的关联：πυρός τε ἀνταμοιβὴ τὰ πάντα καὶ πῦρ ἁπάντων。[②]

---

① 此句中的两个希腊文 ἔδειξε和 ἐποίησε在第尔斯的译文均被译为“使……”。——校注

② 第尔斯译文作：“一切物都换成火，火也换成一切物。”——原注

在这里,ἓν[一]以命名为火的方式被说出,就像此前它已经被刻画为闪电一样。火和πάντα[一切、万物]之间的关联在这里不具有单纯的γένεσις[生成、起源]、证明或者带出产生(制作)的特征,而是具有交易的特征。

海德格尔:关于作为方式的交易的话语,就好像作为ἕν[一]的火和πάντα[一切、万物]发生关联一样,具有某种敉平的假象。

46 **芬克**:这种假象也许是有意为之的。——我们现在来首先考察一下残篇100。原文是:ὥρας αἳ πάντα φέρουσι:"季节,它带来πάντα[一切、万物]。"迄今为止,我们已经倾听过支配和驾驭,指示和制作,而现在赫拉克利特要谈论一种带来。时刻(Stunden),也就是说,时间(Zeiten)带来了πάντα[一切、万物]。因此,时间以某种明确的方式进入ἓν[一]之中,它也已经在闪电中以某种被遮蔽的形式被命名,此外,它在火的季节性时间中以及在太阳中被连带思考了。πάντα[一切、万物]就是由时间带来的东西。

海德格尔:您是把重点放在时间之上呢,还是放在带来之上?

芬克:我所关心的恰恰是时间和带来之间的关系。因此,我现在还不得不让在这里时间与带来必须如何来思考这个问题保持悬而不定。

海德格尔:带来是一个重要的因素,以后我们追问残篇10中συμφερόμενον[聚拢之物]和διαφερόμενον[离析之物]中的辩证法时，这个因素必须加以注意。

芬克：在残篇102中，πάντα[一切、万物]被以双重的看的方式纳入眼帘。原文作：τῷ μὲν θεῷ καλὰ πάντα καὶ ἀγαθὰ καὶ δίκαια，ἄνθρωποι δὲ ἃ μὲν ἄδικα ὑπειλήφασιν ἃ δὲ δίκαια。第尔斯的译文作："对于神来说，一切都是美的、善的和公正的；人则认为一些东西公正，而另一些东西则不公正。"在残篇7中，πάντα[一切、万物]被与人的觉知联系在了一起。现在，赫拉克利特不仅仅谈论人与πάντα[一切、万物]的关联，也谈论神与πάντα[一切、万物]的关联。对于神来说，一切都是美的、善的和公正的。只有人才在正义和不正义之间做出区分。对于πάντα[一切、万物]和ἕν[一]的本己的和真正的观看是神的观看，而人的观看则是非本己的和有缺失的。在残篇29之中，我们看到一种类似的与πάντα
[一切、万物]和ἕν[一]之间的双重关联。在那里，高贵者宁愿要荣 47
誉的光辉而不愿意要所有其他的物，而多数人则投身于变灭的物之中，而不是发奋追求荣誉。在这里，存在着神的观看方式和人的观看方式，它们是相互对立的。——残篇108把σοφόν[智慧]命名为和一切物相分离之物：σοφόν ἐστι πάντων κεχωρισμένον。[①]在这里，σοφόν智慧不仅仅是ἕν[一]的一种规定，就像在残篇41中那样，而毋宁说，作为ἕν[一]，它是和πάντα[一切、万物]相分离之物。这个σοφόν[智慧]是和πάντα[一切、万物]相分离的自身

① 第尔斯译文作："智慧是与一切事物有别之物"。——原注

持守者,因此也就是涵括πάντα[一切、万物]者。这个πάντα[一切、万物]也就从ἕν[一]的分离存在而得到思考。

海德格尔:κεχωρισμένον[离析]是赫拉克利特那里最为困难的问题。关于赫拉克利特的这个词,卡尔·雅斯贝斯曾说过:"在这里达到了关于作为绝对他者的超越性的思想,确切地说是在对于这个闻所未闻者的完全意识中达到的。"(《大哲学家》,第一卷,第634页)这种把κεχωρισμένον解释为超越性(Transzendenz)的做法完全是牛头不对马嘴的。

芬克:残篇114也提供了审视τὰ πάντα[一切、万物]的另一种方式:ξὺν νόῳ λέγοντας ἰσχυρίζεσθαι χρὴ τῷ ξυνῷ πάντων, ὅκωσπερ νόμῳ πόλις, καὶ πολὺ ἰσχυροτέρως. τρέφονται γὰρ πάντες οἱ ἀνθρώπειοι νόμοι ὑπὸ ἑνὸς τοῦ θείου。为我们当前的思考计,最后一句我们必须暂时忽略不计。第尔斯的译文作:"如果一个人想要理智地说话,他就应当用这个人人共有的东西武装起来,就像是一个城邦用法律武装起来一样,而且还要武装得更坚固些。然而人类的一切法律都因那唯一的神的法律而存在。"在这里,πάντα[一切、万物]也是从一种特定的人的行止的角度收入眼帘的。城邦的κοινόν[公共性、共同性]是否是指一切事物共有的东西,或者它是否也和πάντα[一切、万物]联系在一起,乍一眼看来,还是无从判定的。在后面这种情况中,ἕν[一]和πάντα[一切、万物]的基本关联将会反射在人类的领域之中。正
48 如一个有理智的人想要谈话,他必须使他自己有实力拥有一切事

物共有的东西，一个明智的人也必须使自己有实力在更深的意义上拥有与πάντα[一切、万物]如影随形般的ἕν[一]。

海德格尔：我们必须把一个大问号放在ξυνόν[共同、公共]之后，如同要在 κεχωρισμένον[离析]之后放一个问号。但是，这个问号的意思是，我们必须追问和再思（nachdenken）并且把所有流行的表象弃置一旁。这个ξυνόν[共同、公共]就是一个独立的、复杂的问题，因为在这里ξὺν νόῳ[理智地]参与到游戏之中。

芬克：现在我们已经就τὰ πάντα[一切、万物]是在哪个方面被提及的问题审查了一系列的残篇。但是就此我们尚未给出任何阐释。在对许多引文进行细致考察之后，对于τὰ πάντα[一切、万物]究竟是什么意思这个问题，我们并没有变得更加清楚，相反，τὰ πάντα[一切、万物]这个词组在牵涉已经显示的关联时变得更成问题了。对我们来说变得更加成问题的是，πάντα[一切、万物]是什么，它们的带向显露是什么，πάντα[一切、万物]和ἕν[一]的关联是如何被思考的，以及这种思考属于何处。在我们说“成问题的”之时，它的意思是，浮现出来的问题是值得我们去追问的。

参与者：残篇 50 和 66 也应该列入到刚才一一列举过的那些处理πάντα[一切、万物]的残篇系列中。

海德格尔：克莱芒斯曾经就残篇 66 提出过商榷意见，而卡尔·莱因哈特认为这个残篇是典型的希腊人的《以赛亚书》。因为克莱芒斯以末世论的方式看待赫拉克利特。我再强调一次,它具有不可估量的价值,如果我们能够有幸从卡尔·莱因哈特那里得到他的那本关于赫拉克利特的流传历史的评论。尽管莱因哈特不是专业哲学家,但是他能思考与观看。

第三次：
πάντα-ὅλον[一切－整体]，
πάντα-ὄντα[一切－存在者]。
——对于残篇 7 的不同解释
（相关残篇 67）。
——πᾶν ἑρπετόν[一切爬行者]
（残篇 11）。
——季节的到时特征（残篇 100）。

海德格尔：让我们把目光投回到上次讨论班会议的主题。

参与者：在细致考察那些主要关乎τὰ πάντα[一切、万物]的残篇时，我们曾尝试洞察赫拉克利特的词组τὰ πάντα[一切、万物]是从什么方面被说出的。这些方面是τὰ πάντα[一切、万物]和λόγος[逻各斯]，和争执，和作为πάντα[一切、万物]的父与王的战争，和统一着的ἕν[一]，和κόσμος[世界、宇宙]，和火的兑换，和σοφόν[智慧]，和κεχωρισμένον[离析]，和季节的关联，除此之外，还有和有差异的认识的人的行止、宁愿选择某一物而不是一切其他物的人的行止、使自己更有实力具有一切共有之物的人的行止等之间的关联，以及神和人与πάντα[一切、万物]之间的不同关联。

海德格尔：我们已经从这种多重的关联之中提取出了τὰ πάντα[一切、万物]在赫拉克利特那里所具有的意思吗？

参与者：我们已经暂时把τὰ πάντα[一切、万物]阐释为个别物的总合。

海德格尔：但您是从哪里提取出这种个别物的？

参与者：在所有的残篇中，目光都指向了个别物，而个别物在它的总合τὰ πάντα[一切、万物]之中被聚集在一起。

海德格尔：在希腊语中，“个别”是怎么说的？

50 **参与者**：ἕκαστον [每一个]。

海德格尔：在细致考察一系列残篇时，我们已经把τὰ πάντα[一切、万物]之间的关系和ἕν[一]以及属于这种关系的东西收入眼帘。但是，在密切注视τὰ πάντα[一切、万物]在其中被说出的那些多重关联时，我们并没有成功地做到更为切近地描绘出τὰ πάντα[一切、万物]这个词组的特征。τὰ πάντα[一切、万物]也被说成是有着内在差异之物。该如何来理解这一点呢？

参与者：我们可以把πάντα[一切、万物]的整体说成是τὸ ὅλον[整体]。这种整体性是自在地有差异的πάντα[一切、万物]的总合。

海德格尔:但总合又是什么?难道它不是全体的意思吗?

参与者:总合(Inbegriff)是把一切都涵括其中的东西。

海德格尔:在赫拉克利特那里有像涵括一切的总合这样的东西吗?显然没有!总合,涵括,把握和理解(Inbegriff,Einbegreifen,Greifen,Begreifen)本身已经是非希腊的了①。在赫拉克利特那里没有概念(Begriff),即使在亚里士多德那里也还没有真正意义上的概念。概念第一次浮出水面是在什么时候呢?

参与者:是在λόγος[逻各斯],确切地说,是在斯多葛学派的κατάληψις[直接把握]被翻译和理解为 conceptus[概念]之时吧。

海德格尔:谈论概念是非希腊的。它和我们在下一次讨论班上将要处理的东西之间不能协调一致。因此,我们必须小心翼翼地对待"总合"(Inbegriff)这个词。

芬克:如果我们谈论总合,我想要把重点放在συνέχον[保持在一起]之上。当讨论班参与者说,我已经把τὰ πάντα[一切、万物] 51
解释为个别物的总合,他已经因此而断言了比我所说的更多的东

---

① 请注意 Inbegriff,Einbegreifen, Greifen,Begreifen 和 Begriff 之间的词源上的关联,它们都出自德语 Begreifen,这一点很难在汉语翻译中显示出来。——译注

西。我恰好没有决定，τὰ πάντα[一切、万物]是指个别物的整体态势呢，还是这个词组并不首先和要素与反对关系建立起关联。我首先把τὰ πάντα[一切、万物]仅仅理解为整体的领域，对它来说什么也不缺少，但是也因此有某物和它相对立。和πάντα[一切、万物]相对立之物并不是和它并列而立，毋宁说，它更可能是πάντα[一切、万物]存在于其中的东西。如此看来，Κεραυνός[闪电]就不再是在τὰ πάντα[一切、万物]的整体性中的其他事物中的一个光现象。毋庸置辩的是，在存在者的整体性之中，就可能以一种突出的方式有(es gibt)闪电，它指明了一个 summum ens[最高存在者]的方向。但是也许赫拉克利特所思考的Κεραυνός[闪电]根本就不是什么属于τὰ πάντα[一切、万物]的存在者，也不是什么赫然醒目的存在者，而是和τὰ πάντα[一切、万物]处于一种我们尚不明了的关联之中的某物。我们首先把这种关联表述为一个譬喻。正如把光撕裂开来的闪电在它的光之闪耀中赋予物以可见性，某种更深意义上的光在它的澄明中让πάντα[一切、万物]进入到显现之中。进入显现的πάντα[一切、万物]在闪电的光亮之中聚集在一起。因为闪电并非πάντα[一切、万物]的整体性之内的一种光现象，而毋宁说，是它把πάντα[一切、万物]带入到显现之中，所以，它以某种确定的方式同它们相分离，它就是Κεραυνός πάντων κεχωρισμένος[闪电离析一切]。但是作为如是而被分离者，它又以某种确定的方式是与πάντα[一切、万物]处于关联之中的连接者和离析者。τὰ πάντα[一切、万物]不仅仅意味着个别物的整体性。恰恰是在人们从πυρὸς τροπαί[火的转变]出发思考的时候，它更可能是贯穿在多数要素中的火的转变。个别物是μικτά[混合物]，亦即由元素混合而成之物。

海德格尔：您从哪里看到在整体性（Gesamtheit）和全体性（Ganzheit）之间的这种区别呢？

芬克：我们是从诸物的结构全体性的方面来谈论全体性的，我们可 52
以把这种结构全体性称为ὅλα[整体]。我们谈论过的物的整体性，谈论过的ὅλον[整体]，在其中，一切有差异之物聚集在一起，并且以某种特定的安排相互隔离开来。

海德格尔：您把整体性也理解为ὅλον[整体]或者καθόλον [总体]？

芬克：但是ὅλον[整体]，πάντα[一切、万物]的整体性，是从ἕν[一]当中派生出来的，这一种完全不同类型的全体性是物的结构全体性，或者是凑集类型的全体性，而且它也不能被理解为《蒂迈欧篇》中的κόσμος[世界、宇宙]，柏拉图走向内在的颠覆性的极端而连带把κόσμος[世界、宇宙]规定为生命物。ἕν[一]的全体性意指一种我们必须毋宁把它思为Σφαῖρος[地球]的总体性（Totalität）。我们还必须区分物和要素的多重性，πάντα[一切、万物]的总合的整体性，和在ἕν[一]中思考的总体性，这种总体性让πάντα[一切、万物]的整体性进入显现并且包含这种整体性。

海德格尔：您所说的整体性是什么意思呢？如果人们在思想中获得全体性，那么可能就会出现这种意见，即人会结束了思想。这是您所看到的那个危险吗？

芬克：在这点上，我想谈论一种双重发光的思想。我们必须区分关于全体的物的思想和思考宇宙、总体性和ἓν[一]的思想。因此，我想要避免以下这种状况，即把与作为闪电的ἕν[一]有着回溯性关联的πάντα[一切、万物]理解为锁闭在自身之中的宇宙。

海德格尔：我们是在与τὰ πάντα[一切、万物]之间的关联中来谈论全体性的，因此就存在着一种危险，即ἕν[一]变成了表面的。因
53 此，我们必须联系着τὰ πάντα[一切、万物]来谈论整体性而不是全体性。我们用"整体性"(Gesamtheit)这个词要说的是，处于整体性中πάντα[一切、万物]并不像处于箱子之中，而是以彻头彻尾的个别化的方式。我们选择"整体性"这个词出于两个理由：一方面，为了不冒用全体说出最终定论的危险；另一方面，为了不仅仅在ἕκαστα[每一个]的意义上理解τὰ πάντα[一切、万物]。

芬克：τὰ πάντα[一切、万物]以某种确定的方式是多，但是，不是逐一计数的数量的多，而是一种总合的整体性。

海德格尔："总合"这个词一方面是过于静态的，另一方面也是非希腊的，因为它和把握(Greifen)相关。在希腊的意义上，我们可能会谈论περιέχον[一般、普遍]。但是ἔχειν[具有]并不是指抓取和紧握。在这里发生作用的东西，我们将会从下面的残篇中看出来。——现在为了回溯到上次讨论班讨论过的那些残篇，我们已经看到，它们以一种有差异的方式谈论τὰ πάντα[一切、万物]。例如，在赫拉克利特那里，残篇7是唯一一个在其中πάντα[一切、

万物]作为ὄντα[存在者]被说出,并且ὄντα[存在者]根本上得到命名的残篇。它可以准确地译作:如果一切存在者都变成了烟,那么,鼻孔就会把它们分辨出来。在这里这段话是关于διαγιγνώσκειν[区分、决定]的。我们也谈论一种诊断。诊断是否就是区分呢?

参与者:诊断区分出,什么是健康,什么是疾病,什么是和疾病相关的明显的东西和什么是和疾病相关的不明显的东西。

参与者:用医生的术语来说,就是:医生寻找疾病的病症。诊断就是对于身体的彻底检查和对于病症的确切的、有差异的认识。

海德格尔:诊断建立在本源地理解的διά[通过]的基础之上,并且 54
首先指的是对于整个身体的检查与熟悉,以便能够做出区分和做出决断。由此我们可以看出,这个διαγιγνώσκειν[区分、决定]不仅仅是一种区分。因此我们必须说,如果一切存在者都变成了烟,那么鼻子就有检查出它的可能性。

参与者:那么,存在者的区分是通过嗅觉而发生的。

海德格尔:然而,感官能够从根本上做区分吗?这个问题会让我们后面继续关注赫拉克利特。但是,赫拉克利特是如何理解烟的?要回答这个问题并不难:哪里有火,哪里也就有烟。

芬克：如果说赫拉克利特在残篇 7 中谈论烟，那么它在那里指的是，烟使得与πάντα τὰ ὄντα[一切存在者]相关联的ὄψις[眼睛、视力]变得困难了，但是尽管如此，在穿透这种遮蔽性的烟时，一种借助于ῥῖνες[鼻子]的διαγιγνώσκειν[区分、决定]就是可能的。我还必须注意到，赫拉克利特没有说过这样的话：如果一切存在者都变成了烟，而毋宁说，他说的是：倘若一切存在者都会变成烟。[①]

海德格尔：我们必须把这个在γένοιτο[会变成]中的γίνεσθαι[变成、生成]理解为“走出来”。倘若一切存在者都会作为烟而走出来……。在残篇中，πάντα τὰ ὄντα[一切存在者]是直接和διάγνωσις[辨别、决定]连接在一起的。在背景中，它是在与火有着关联的某种特征的方面被说出的。

芬克：您把烟置于与火的某种联系之中。烟处于与鼻子的某种关系之中。这将意味着，鼻子也通过烟而处于与火的关联之中。但是难道ὄψις[眼睛、视力]不正是最具有火性的感官吗？我想要说
55 的是，观看的似太阳的本性比鼻子更能够感知火样物。除此之外，烟是某种从火那里派生出来的东西。烟是——姑且这么说——火的阴影。人们必定会说，如果一切存在者都会变成源出于火的烟，那么，鼻子也就能够穿过抵抗而认识存在者。但是，我会认为，ὄψις[眼睛、视力]（而不是鼻子）被分派给火。

① 前一句“如果……”用的是现在时直陈式，后一句“倘若……”用的是虚拟式。——校注

海德格尔：尽管如此，我仍然相信，鼻子和烟所意指的是另外一些东西。我们不妨把目光投向残篇 67。其中一句是：ἀλλοιοῦται δὲ ὅκωσπερ 〈πῦρ〉，ὁπόταν συμμιγῇ θυώμασιν，ὀνομάζεται καθ' ἡδονὴν ἑκάστου。第尔斯的译文作："他变换着形相，和火一样。当火混合着香料时，便按照每个人的气味而得到各种名称。"在这个意义关联中，我们关心的这个词是θύωμα[香料]，即烟制品（Räucherwerk）。由于这种和火混合在一起的烟制品，一种气味便扩散了，它就是依照这种气味而得到命名的。在这里重要的是，火的烟可能有不同的气味。这就意味着，烟本身在自身中就有多重的差异，以至于它能够作为这种或那种确定的气味而为鼻子所认识。

芬克：我把烟理解为现象，它遮蔽了πάντα[一切、万物]的差异，但却不是差异完全消失。因为鼻子是这样一种东西，它通过穿透遮蔽而有差异地认识πάντα[一切、万物]。

海德格尔：您也可以把διά[通过]看作是"穿过烟"。与此相反，我把διά[通过]理解为"顺着烟"。在这里，διαγιγνώσκειν[区分、决定]指的是，它对于烟来说的内在的多重可能性是可检查的和可认识的。

芬克：依照我对于烟的先行阐释，烟遮蔽了某种多重性，而按照您的解释，烟自身就是多重性的维度。对于τὰ ὄντα[存在者]的追问依赖于我们如何理解烟的方式。这个在区分和决断意义上的 56

διαγιγνώσκειν[区分、决定]预设了"穿过"(搅碎)意义上διά[通过]。

参与者：如果一切物都变成了烟，那么一切不都是没有差异的一体了吗？

海德格尔：那么，鼻子也就无所事事了，而也就不会有什么διά[通过]了。残篇 7 恰好说的不是，一切存在者都变成了同质性的烟。如果这是这一残篇的观点，那么，也就不需要διαγνοῖεν[辨别、决定]跟随其后了。我们之所以考虑到残篇 67，正是因为它包含着对于下列事实的某种指引，烟自在地具有多重性。

芬克：我们对于赫拉克利特残篇的阐释之尝试是从残篇 64 开始的。如果说我们已经讨论了一系列的其他残篇，那么我们之所以这样做，首先是因为我们想要知道τὰ πάντα [一切、万物]是在什么方面说出的。我们现在从我们从其开始讨论了一系列残篇的残篇 64 转到残篇 11。该残篇原文作：πᾶν γὰρ ἑρπετόν πληγῇ νέμεται。第尔斯的译文作："凡是[在地上]爬行的东西，都被[神的]鞭子赶到牧场上去。"是什么引发了这样一种冲动，把这个残篇放置于那个关于Κεραυνός[闪电]的残篇之后，而这个残篇陈述的是，所有爬行的动物都被(鞭子)鞭打着赶到牧场？从另外一种观点来看，这里陈说的也是闪电如何支配，或者它如何驾驭πάντα[一切、万物]吗，或者在它之中有完全不同的另外一种旨归吗？我们在解释这个残篇时，从πληγῇ[鞭打、打击]这个词出发。第尔斯译作：用上帝的鞭打。的确，关于神的话题出现在这个语境中，但是没有出现在这条残篇自身之中。我们试图给出关于这段箴言的解释，而不把它置入到这个语境当中。

海德格尔：您想要不把神置入其中。但是，在埃斯库罗斯和索福克勒斯那里，我们都可以看到πληγῇ[鞭打、打击]和神联系在一起（《阿伽门农》，第367行，《埃阿斯》，第137行）。

芬克：在πληγῇ[鞭打、打击]中我看到了闪电的另一个基本词。它 57
意味着电闪雷鸣。我就是从这里获得动力，而从关于Κεραυνός[闪电]的残篇转向残篇11的。但是让我们首先停留在赫拉克利特之箴言的直接的话语当中：一切爬行物，将会在鞭打之下放牧和驱赶到牧场。鞭打驱赶着羊群向前走，并且在牧场上放牧它们。显然，在字面上所谈到的是正在放牧的羊群，它由于鞭子的击打而往前走。如果我们现在把击打（Schlag）和电闪雷鸣（Blitzschlag）联系在一起，那么击打就是打雷，它响彻整个空间，就是闪电的声音，它驱动着和驾驭着所有的爬行物。νέμειν[分配、分发]一方面指驱赶向牧场，放牧和喂养，另一方面指分派和分配。那么，我们可以说，所有的爬行物通过作为闪电的声音的打击而被分配。

海德格尔：νέμεται [分配、分派]也指向Νέμεσις [复仇女神]。

芬克：但是Νέμεσις[复仇女神]并不只有分派和委派的意思。

参与者：νέμεται[分配、分派]同样指向νόμος[礼法]。

芬克：νόμος[礼法]为所有的城邦的公民管理对于他们来说命运性的东西的分派。——这幅绝非什么寓言的直观性图像说的是，一切爬行之物因为鞭打而走向它们被分派到那里的牧场。在νέμεται[分配、分派]中，某种遭遇的暴力性（被鞭子驱赶到向前）和牧场的和平状态联系在一起。我们必须在νέμεται[分配、分派]中倾听到与之共振谐响的多重性之物：击打的驾驭，狩猎，支配和被驱赶。后者既是一种被放牧状态，也是一种被支配状态。分派也属于和平意义上的放牧。作为分派的放牧既是一种保护，也是施加暴力意义上的被支配状态。

58 **海德格尔**：在这里我想应景朗诵荷尔德林的诗《和平》中的几句：

> 哦，你这坚强不屈的和不可战胜的
> 撞击着那些胆怯的和弱小的，
> 由于打击，他的那些可怜的后裔
> 直到最终的一代，还在颤抖，
> 你持有鞭策和制止的秘密力量
> 因为刺棒和缰绳都在你的手上，噢，复仇女神！
> （斯图加特版著作集，第二卷，第6页，第13—18行）

芬克：荷尔德林的诗《人民的声音》（第一稿）中的一个诗节也与这里的语境若合符节：

而且就像雄鹰把它的幼子推倒
并把它们从巢里扔出,
以让它们在野地里寻找猎物,同样
诸神也微笑着把我们赶出家门
(斯图加特版著作集,第二卷, 第 50 页,第 33—36 行)

诸神微笑着的驱赶在自身之中统一了仁慈和暴力,而这是我们在残篇 11 的νέμεται[分配、分派]中必须听出的东西。借此,关于πληγῇ[鞭打、打击]和νέμεται[分配、分派]意指什么,我们就有了一种先行的定向。但是由于它而被驾驭和分派的打击自身是从根本上与τὰ πάντα[一切、万物]相关联着吗? 在箴言本身中并没有提到τὰ πάντα[一切、万物],取而代之的东西是:πᾶν ἑρπετόν[一切爬行物]。看起来似乎是,从τὰ πάντα[一切、万物]中限定出了一个确定的领域。πᾶν ἑρπετόν意指一切爬行物。在这里它涉及的不仅仅是一个简单的单数,而是涉及某种单数,这种单数意指一切爬行物。在这里,爬行的陆生动物的领域是与栖息在空中或者水中的动物相对立而被划定界限了吗? 爬行的陆生动物的运动方式的基本特征,是在与飞鸟的快速飞行或者水生动物的快速游行相对立的吗? 我想要对这个问题做出否定的回答。我个人的猜想是,πᾶν ἑρπετόν[一切爬行物]并不涉及一个被限定的 59
领域,而是涉及τὰ πάντα[一切、万物]的整体领域。确切地说,出于一种把 πάντα[一切、万物]整体地规定为爬行着的特定观点。因此,πᾶν ἑρπετόν[一切爬行物]必需被读作:τὰ πάντα ὡς ἑρπετά[爬行着的一切]。那么,残篇 11 谈论的是 πάντα[一切、万物]，就它们是爬行着的而言。在何种程度上？爬行是一种特别缓慢的运动，这种运动是根据一种更快的运动来计算的。它关涉一种什么样的快速运动？如果我们把πᾶν ἑρπετόν[一切爬行物]或者πάντα ὡς ἑρπετά[爬行着的一切]带入到与πληγή[鞭打、打击]的关联之中，那么，它就是电闪雷鸣这种不可超越的快速运动，而作为爬行物的πάντα[一切、万物]的运动必须通过与这种运动相比较而得到规定。

海德格尔：如果我们现在不再仅仅把电闪雷鸣理解为现象性的，而是在一种更深的意义上来理解它，那么，我们就可以不再说，它是与πάντα[一切、万物]的运动同样快的，或者比它更快。因此，"快"是仅仅与τὰ πάντα[一切、万物]的运动相适宜的速度特征。

芬克：与电闪雷鸣相关联的关于"快"的话语是不合适的。与闪电的突如其来相比较，一切在闪电的光亮的领域中进入显现并有其进程与变形的东西，都是爬行着的。这样看来，πᾶν ἑρπετόν[一切爬行物]也是一种关于τὰ πάντα[一切、万物]的陈述。但是，现在它是从闪电出发在回看中被看见的。πάντα[一切、万物]的爬行就是一种特征(Zug)，我们不能直接把它像一种属性的规定那样接收到它身上。τὰ πάντα[一切、万物]总计地经历过的多重运动，和电闪雷鸣的那种把光之空间撕裂开来的运动相比，简直就是瘸腿的运动。

海德格尔：为了再一次记起刚才给出的关于残篇 11 的阐释进程，

我们自问，这个残篇在此是如何被解读的？

参与者：这个旨在把 πᾶν ἑρπετόν[一切爬行物]和τὰ πάντα[一切、万物]关联在一起的解释，不是从πᾶν ἑρπετόν[一切爬行物]，而是从πληγῇ[鞭打、打击]和νέμεται[分配、分派]开始的。 60

海德格尔：这就意味着，这句箴言要从后面开始解读。我们能够把πᾶν ἑρπετόν[一切爬行物]读作πάνταώς ἑρπετά[爬行着的一切]，是如何可能的，这一点是从πληγῇ[鞭打、打击]和νέμεται[分配、分派]出发发展而来的。仅仅从πᾶν ἑρπετόν[一切爬行物]来看，我们还看不出，在多大程度上，πάντα[一切、万物]是在和πᾶν ἑρπετόν[一切爬行物]一起提及的。但是，通过回溯到闪电残篇的πληγῇ[鞭打、打击]和νέμεται[分配、分派]，以下这点就变得可以理解了，即在多大程度上，πᾶν ἑρπετόν[一切爬行物]可以被理解为τὰ πάντα[一切、万物]。

参与者：我想提一个愚蠢的问题。人们真的能够把πᾶν ἑρπετόν[一切爬行物]理解为τὰ πάντα[一切、万物]吗？因为在πᾶν ἑρπετόν[一切爬行物]中提及的只有有生命的东西，但是τὰ πάντα[一切、万物]也包含无生命的东西啊。

海德格尔：我们对残篇 11 的解释开始于πληγῇ[鞭打、打出]这个词，这个词被联系于在残篇 64 中所说的、支配着τὰ πάντα[一切、万物]的电闪雷鸣。这种解释的目光指向那个ἕν[一]。从ἕν[一]出发而以电闪雷鸣的某种特定的方式所要说明的是，πᾶν ἑρπετόν[一切爬行物]可以以及如何被把握为τὰ πάντα[一切、万物]。您关于同样属于这个πάντα[一切、万物]的无生命物的追问，实际上是一个愚蠢的问题，因为由此，一个和另一个领域相对立的特定领域就被限定了，但以上关于残篇 11 所作的解释已经指出，πᾶν ἑρπετόν[一切爬行物]处理的不是一个画地为牢的领域，而是某种贯穿一切的东西。

芬克：我们必须把πᾶν ἑρπετόν[一切爬行物]读作πάντα ὡς ἑρπετά[爬行着的一切]。爬行在这里并不是指某种特定的物的属性，也就是说大地上的生物的属性，而是指πάντα[一切、万物]整体上具有的特征，这种特征并不是直接自行显示的，而只是从电
61 闪雷鸣的突如其来性角度来看的，电闪雷鸣在它的光亮中让τὰ πάντα[一切、万物]进入显现。与这种撕裂着的电闪雷鸣的突如其来性相比，在闪电的光亮中聚集起来的πάντα[一切、万物]的运动就是一种爬行运动了。在闪电的突如其来性和τὰ πάντα[一切、万物]的爬行之间，并不存在超时间之物和时间内事物之间的关联。另一方面，它所处理的也不是阿喀琉斯和乌龟的关联[①]。一切在闪电的光亮性之中来回折腾之物，都是被雷鸣驱动起来的。在这种被驱动存在中，πάντα[一切、万物]在回看闪电之际赢得了爬行物的特征。残篇 11 谈论的并不是把羊群驱赶到牧场并驾驭它们的牧羊人。关于驾驭者，它没有说出任何东西，毋宁说，它

① 阿喀琉斯和乌龟赛跑。——译注

提到的是与电闪雷鸣相对立的、具有受惊吓和被臣服的特征的πάντα[一切、万物]。残篇 11 和残篇 64 之间的关联并不像部分领域和πάντα[一切、万物]的整体性之间的关联。此外,它就πάντα[一切、万物]和驱动与驾驭它的暂未解决的权力之间的关联说出了一些东西。

海德格尔:对于残篇 11 的解释向我们提出了一个问题,即:πληγῇ[鞭打、打击]与 νέμεται[分配、分派]实际上是否允许和电闪雷鸣之间存在一种关联,以至于πᾶν ἑρπετόν[一切爬行物]不能被区域性地理解为πάντα[一切、万物]的整体性内部的个别领域,而应该被理解为πάντα[一切、万物]的整体性本身。

芬克:让我们转向残篇 100:ὥρας αἳ πάντα φέρουσι。第尔斯的译文作:"季节带来一切"。在此语境中,这话是关于"Ηλιος[太阳]的,而"Ηλιος[太阳]是火的别名,正如它也是闪电的别名。在这个残篇中,存在着"Ηλιος[太阳]、光和时间的一种关联。我们可以自问,闪电是否不只是和"Ηλιος[太阳]处于对立之中的瞬间性的火,甚至也不是一种具有更大的持存性的火,尽管它并非永久保持着,而是既会燃烧也会熄灭。如果现在在长久持续着的闪电雷鸣的意义上的"Ηλιος[太阳]替代了闪电的位置,那么,我们就必须
同时想起,这种火不仅仅是照亮着,而且也测度着时间。"Ηλιος 62
[太阳]是世界的钟表,是世界钟,它不是一种显示不同时间的工具,而是使带来一切的季节得以可能之物。我们不能在固定的时间轮替的意义上来理解季节,而且也不能把它理解为同质的时间

意义上的时间延展,而要把它理解为日子和年岁的时间。这种年岁的时间不是逗留,而是带来者(die Bringenden)。πάντα[一切、万物]不是这样被聚集在一起的,就好像它们是同时间的,它们之被聚集在一起是以这种方式,即它们κατ' ἔριν[根据斗争]和κατὰ τὸν λόγον[根据逻各斯]而划分自己,自我涌现和自我沉没,由这种带来着的、完成着的以及带出的季节支配着。

海德格尔:让我们尝试来澄清,残篇100在何种程度上是关于时间的谈论。什么是季节?除了三个赫西俄德意义上的季节,Εὐνομία[好秩序]、Δίκη[正义]和Εἰρήνη[和平],还有Θαλλώ[春季],Αὐξώ[夏季]和Καρπώ[秋季]。Θαλλώ是春天,它带来万物萌蘖和百花吐艳。Αὐξώ指的是夏季,它带来万物成熟和果实丰硕。Καρπώ指的是秋天,它带来采摘成熟的果实。这三个季节并不就是三个时间段,毋宁说,我们必须把它们理解为全体的成熟过程。如果我们想要谈论运动,那么,成为问题的是哪种亚里士多德的运动形式?首先,亚里士多德的四种运动形式是什么?

参与者:αὔξησις[生长]和φθίσις[消逝],γένεσις[生成]和φθορά[腐败],φορά[生产]和作为第四种运动形式的ἀλλοίωσις[变异、奇异]。

海德格尔:哪些运动形式最适合于季节呢?

参与者:αὔξησις[生长]和φθίσις[消逝],以及γένεσις[生成]和φθορά[腐败]。

海德格尔：ἀλλοίωσις[变异、奇异]包含在这些运动形式中。春天、夏天和秋天都不是中止，而是某种连续不断之物。它们的成熟 63 过程有连续不断的特征，而ἀλλοίωσις[变异、奇异]包含在这种特征之中。

芬克：生命的运动在本性上同时既是一种上升的运动也是一种下落的运动。第一部分是一种上升到顶点的运动，第二部分是下落的运动。

海德格尔：您把果实也理解为一个衰败的阶段吗？

芬克：生命物的生命形成了一张上升着的和下降着的弓。人的生命在它的前后相继的生命变化中是一种持续不断的，且有拱顶的运动。

海德格尔：老年对应着变得成熟意义上的果实，我把这种变得成熟不是理解为一种衰败，而是理解为某种自我充实。如果时间和季节一道发生作用，那么我们必须略去计算性的时间。我们必须尝试着从另外一些现象去理解时间在这里所指的东西。我们不可以把时间内容和时间形式分离开来。属于时间的是带来的特征。在我们自己的语言中，我们也会说：时间和它自身一起带来，也就是说，时间将会带来它。只要我们把时间理解为纯粹的前后相继，那么带来就没有任何位置。

芬克:为了赢得对于季节的成熟过程的特征的理解,我们必须忽略同质的时间,这种时间被表象为一条直线和纯粹的前后相继,在这种时间中,时间内容都被抽空了。在季节中,这样一种抽象是不可能的。

海德格尔:残篇 100 在我们面前放置了许多不同的问题。在多大程度上人们可以把季节和πάντα[一切、万物]联系在一起,如果人们在这里谈论时间,尤其是当人们说它带来了什么时,时间必须被如何思考。我们必须合乎实情地弄清楚,在何种意义上时间带来。

64 **芬克**:在这里,就有必要不把时间当作任何内容都在其中游来游去的一种毫无色彩的媒质来思考。而毋宁说,我们必须寻求着眼于πάντα[一切、万物]的γίιγνεσθαι[生成]来理解时间。

海德格尔:我们必须把时间和φύσις[自然、涌现]联系在一起来思考。

芬克:现在,我们站在这样一个问题面前,即:残篇 100 是否首先能够把我们指引到我们现在正在尝试思考的更远的实事之中,或者是否它并非更适合于首先过渡到残篇 94 那儿。

海德格尔:把我们同赫拉克利特分隔开来的2500年是一件危险的事情。在我们关于赫拉克利特残篇的解释中,为了能够在此看到点什么,需要一种最强烈的自我批判。另一方面,这也需要一种冒险精神。我们要冒点风险,因为人们手上空空如也。因此,对于一种思辨的阐释,是提不出任何异议的。我们在此必须预设,当我们亲自思考时我们只能揣度赫拉克利特。我们是否能够胜任这项任务,这很可能还是一个问题。

65

第四次：Ἥλιος[太阳]，日光－黑夜，μέτρα[尺度]－τέρματα[界限]。（相关残篇：94，120，99，3，6，57，106，123）。

芬克：在上次讨论班上，我们让好几个问题处于脱缰野马之势。我们今天也尚未处于这样一种情境中，即把解释处境的敞开状态带向一个决断。在探讨了关于Ἥλιος[太阳]的残篇之后，我们尝试着回溯到残篇 11 和残篇 100，这两个残篇都是谈论πᾶν ἑρπετόν[一切爬行物]和ὧραι[时间、季节]的。——我们已经看到，ὧραι[时间、季节]，时刻和时间，不应该被看作是时间流或者时间关系，后者受制于度量衡的敉平作用，因而是可测量的和可计算的，而且也不能被看作是与时间内容有别的空虚形式，而应该被看作是充实了的时间，它在到时（zeitigend）之际带来和完成每一个东西。这个ὧραι[时间、季节]绝不是空洞的形式，而毋宁说是日子和季节这样的时间，很明显，它处于与火的某种关联之中，火不像闪电突如其来地撕裂，并且把一切放入其轮廓的烙印之中，相反，它作为天空中的火持续存在，并且在这种持续中，经历了一天所有的时刻和和一年的所有时段。这种天空中的火带来了生长，哺育着它并保持着它。῞Ηλιος[太阳]的这种光火(Lichtfeuer)持之以恒地——不同于闪电——撕裂着,它打开了白天的光亮,在这种光亮中,它把时间和生长让给每一个事物。这种太阳之火,῞Ηλιος[太阳]的天空光辉,并不固定不变地在某一个地方逗留,而是沿着天空的拱顶向上延伸,而在这途程中,在天空拱顶上的太阳之火就是分配光和生命的东西以及度量时间的东西。在这里提到的太阳行程的度量衡(Metrik)存在于所有人所制作的和计算的度量衡之前。——如果我们现在转向残篇 94,这个残篇明确地提到了这种天空之火,那么,我们现在就停留在关于Κεραυνός[闪电]的残篇 66
已经涉足过的火的痕迹上。残篇 94 全文如下:῞Ηλιος γὰρ οὐχ ὑπερβήσεται μέτρα· εἰ δὲ μή, Ἐρινύες μιν Δίκης ἐπίκουροι ἐξευρήσουσιν。第尔斯的译文作:“(因为)赫利俄斯不会越出它的尺度,否则那些爱林尼神——正义之神的女使——就会把他找出来。”如果我们没有特别充足的准备就让该残篇对我们发生作用,并且预设了,我们可以根据一种主题化的陈述的模型来看待赫拉克利特之箴言,那么,这个残篇陈述出来的内容是什么呢?在这里首先成为问题的是μέτρα[尺度、适度]这个词。太阳具有或者设定了什么样的尺度?太阳自身就具有它据以在天空的拱顶缓缓向前移动的尺度吗?如果它设定了尺度,那么,这些尺度是什么?我们能够在属于太阳自身的尺度和太阳设定的尺度之间的区分做出进一步规定吗?首先,我们能够通过与太阳的途程和路线的关联来理解μέτρα[尺度、适度]。῞Ηλιος[太阳],作为在天空漫游的火,在它的途程中有一定的尺度,比如晨曦的尺度,中午的炎热的尺度,以及黄昏逐渐黯淡下去的光亮的尺度。如果我们仅仅注视着太阳的路线这一现象，那么我们会看到，Ἥλιος[太阳]绝不会显示出同等尺度的同质的辐射，而是以成为发出光辉者的方式显示出时间性的差异。然而同时，依照太阳穿越它的途程的尺度，提供营养的火以不同的方式被分配到在太阳的光亮下可以发现的土的生长之中。μέτρα[尺度、适度]的第二个意义在这里：光和暖的尺度，太阳把这个尺度分配给生长。我们可以区分，一是和太阳的途程自身相关的尺度，二是太阳以下列方式为它照耀于其上之物而设定的尺度，即，太阳把火性之物分配给它。μέτρα[尺度、适度]还可以以这样一种双重的方式得到理解：太阳途程的μέτρα[尺度、适度]，和从太阳的途程向下作用到由太阳光提供营养者的尺度。但是，太阳还有一种完全不同的意义上的μέτρα[尺度、适度]吗？Ἥλιος[太阳]紧紧束缚于它的路线的尺度，并且从那里出发把提供营养之火分配给所有在阳光中现身之物，这样一种Ἥλιος
67 [太阳]会被挤进一种完全不同的意义上的尺度吗？是否可能存在着这样一种尺度，光的领域全部的双重领地是通过这些尺度而被确定的？如果赫拉克利特说：因为Ἥλιος[太阳]不能超越它的尺度，所以在这里就不会以任何方式形成Ἥλιος[太阳]的一种自然法规。它处理的不是这样一种洞见，太阳之途程受制于任何一种牢不可破的自然法则；因为那样的话，第二个句子就没有任何意义了。在这个句子中它说，在这种情况下，如果Ἥλιος[太阳]应该超越它的尺度，那么，爱林尼，即正义的使者，就会觅到它的踪迹并且把它带入计算之中。但是，什么是Ἥλιος[太阳]的尺度之限制和保持呢？Ἥλιος[太阳]将不能跨越它的尺度。我们能够一般地思考它能够跨越它的尺度吗？我们要牢牢记住它不能在天空之拱顶选取正确的道路的两种方式。人们可以想象,它突然停止不动,也许是出于耶和华的命令,因为这时,耶和华正在发动一场针对亚摩利人的战争。这可能会出现μέτρα[尺度、适度]跨越它自己的本性的情况。在这样一种情况中,它将不再符合它自己的火性的力量的本性。太阳可能会改变它自己的本质,如果它以不同于符合本性的方式在天空的拱顶逐渐移动。它可能跨越它的本性,如果它不再是从东往西运动,而是从北往南运动。一种全然不同的方式的界限之跨越就会被给出,如果῞Ηλιος[太阳]挤进我们目前关于它没有什么可以多说的一个领域,因为这个领域处于῞Ηλιος[太阳]的光亮之外,而多聚集在῞Ηλιος[太阳]的光亮之中。那么,῞Ηλιος[太阳]走出了聚集在一起而又有差异的诸物的太阳领域,而转入到在其中在另外一种意义上多就是一的一个领域。这将又会是太阳的一次误入歧途,但不是以偏离太阳的轨迹的方式,而是以挤进并不属于῞Ηλιος[太阳]的某种黑夜的深渊的方式。为了让我们和这种思想靠得更近些,我们可以把提到τέρματα[界限、终
点]而不是μέτρα[尺度、适度]的残篇 120 也涵括进来:ἠοῦς καὶ 68
ἑσπέρας τέρματα ἡ ἄρκτος καὶ ἀντίον τῆς ἄρκτου οὖρος αἰθρίου Διός。第尔斯的译文作:"黎明与黄昏的界限是大熊星,大熊星的对面是闪耀光辉的宙斯的界石。"现在我的问题是,是否通过τέρματα[界限、终点](它和τερματίζειν＝限制联系在一起),太阳物的领域可以得到界定,确切地说,一方面通过黎明与黄昏,另一方面通过大熊星和通过矗立在大熊星对面的闪耀着光辉的宙斯的界石(Grenzstein)。我把大熊星等同于北极星,因此与大熊星对峙而立的那个闪耀着光辉的宙斯的界石,就处于天穹的南极。

残篇 120 表明,从黎明到黄昏一直在天穹移动的Ἥλιος[太阳],就被大熊星和界石限制在朝北和南的偏离的可能性中,而闪耀着光辉的宙斯的界石又和大熊星两相对峙。因此,我们必须把闪耀着光辉的宙斯和作为照亮着τὰ πάντα[一切、万物]之整体性的白天之力量的Ἥλιος[太阳]连接在一起思考。整个的太阳领域就被限定在天空的四个方向中,在这种情况下,我们必须把τέρματα[界限、终点]理解为与我们熟悉的太阳轨迹上确定的位置意义上的μέτρα[尺度、适度]有区别的光的领域的外在边界。

海德格尔:您如何解读这个属格:ἠοῦς καὶ ἑσπέρας? 第尔斯译作:黎明与黄昏的界限,它被理解为:就黎明和黄昏而言的界限。但是您好像希望解读成:构成黎明与黄昏的界限?

芬克:我坚持后一种解读方式,但我自问,是否通过这种差异,或者通过这种解读方式:就黎明和黄昏而言的界限,意义将会发生彻底的改变。如果我们把τέρματα[界限、终点]理解为界限位置,确切地说,黎明作为东方界限,黄昏作为西方界限,大熊星作为北方界限,而与大熊星两相对峙的界石作为北方界限,那么,我们就仿佛
69 有了世界的四个角作为太阳领域的领地。这样看来,τέρματα[界限、终点]就不能与我们刚才提到的两种意义相提并论。和τέρματα[界限、终点]相关联的残篇 120 所说的东西,就是μέτρα[尺度、适度]的第三种意义,我们必须把它添加到其余两种意义之上,以便我们能够把残篇 94 中μέτρα[尺度、适度]的全部意义范围都收入眼帘,在这里——正如在一个对于这个残篇的深入解释中显

示的那样——正是这第三种意义起了非常突出的作用。我们强调过的μέτρα[尺度、适度]的第一种意义涉及诸位置与诸片刻(Weilen),太阳从早晨经过中午直到傍晚从头到尾测量(穿越)了这些位置和片刻。在第二种意义上,μέτρα[尺度、适度]意味着由太阳所发送的诸物之尺度。对于这种被发送的尺度的偏离对于生长和生命物就意味着,太阳太热,太近或者太远。我们从残篇 120 中所提取的μέτρα[尺度、适度]的第三种意义指的是τέρματα[界限、终点],太阳的整个光的领域都限定在其中了。如果"Ηλιος[太阳]跨域了被世界的四个角所固定起来的界限,那么,爱林尼,即正义的使者,就会把他找出来。一种这样的跨越在此就不仅是对于熟悉的轨道的偏离,而意味着挤进一种不属于太阳领域的黑夜般的深渊之中。

海德格尔:如果您把ἠοῦς καὶ ἑσπέρας[黎明和黄昏的界限]理解为主语属格(subjective genitive),那么您就接近μέτρα[尺度、适度]的第三种意义了。

芬克:首先我并不想主题性地主张任何东西,我只是致力于显示出μέτρα[尺度、适度]的三种可能的意义,在这里,第三种意义就是残篇 120 关于τέρματα[界限、终点]所说的东西。

海德格尔:在通常的语言使用之中,我们会与μέτρα[尺度、适度]相联系而区分尺度与被测量者。

芬克:我们可以在一种拓扑学的和时间性(chronoshaften)的意义 70

上来把握尺度。μέτρα[尺度、适度]第一种意义指的是太阳不会跨越的尺度,是在太阳在天穹上的途程的诸位置和诸片刻意义上的尺度。在这里,尺度不是指自然法则,毋宁说,它切中了Ἥλιος[太阳]的φύσις[自然、涌现]。太阳日复一日年复一年持续不断地停留在它的轨道上,这来自于它的φύσις[自然、涌现](自然)。Ἥλιος[太阳]出于他自己的本质保持在它的轨道的尺度之中。μέτρα[尺度、适度]的第二种意义指的是与太阳领地的生长相关而又依赖于太阳轨道的尺度之尺度。在这里,生长和衰败都是可能的,首先是在人们思考εκπύρωσις[火灾]学说的时候,思考跨越消耗一切的太阳尺度的时候。太阳自身停留在合乎他的自然的轨道上,因此,由它照耀着的生长就具有它的繁盛期以及它合适的时间。μέτρα[尺度、适度]的第三种意义就存在于通过黎明、黄昏、大熊星和与大熊星对峙并立的界石这四个角而限定的太阳领域之中。在这个被限定的领域之中,Ἥλιος[太阳]漫游着并统治着。它的统治区域是通过四个τέρματα[界限、终点]来限定的。

海德格尔:那么,我们必须把第尔斯译文中属格的"von"划掉。它不可以叫作:黎明与黄昏的界限,而应该叫作:构成黎明与黄昏的界限。

芬克:然而它的意义并不会因此而在本质上受到触动。

参与者:在第尔斯-克兰茨版的评注部分提到,这个译文应该如何来理解。那里的说法是:"此处选录了克兰茨《柏林会议报道》

(Berl. Sitz. Ber.,1916年)第1161页上的解说:黎明与黄昏是通过北极星和太阳轨道(每日)的最高点的联系线而分离开来的,赫利俄斯(Helios)(～Ζεὺς αἴθριος[晴朗的宙斯],参看22 C1 Z.4,斐瑞库得斯(Pherekyd.)A 9,恩培多克勒斯(Emped). B 6,2 u. ö.)不能超越这个最高点(B94)。"①

芬克:但这样一来,τέρματα[界限、终点]就不再具有构成黎明和黄昏之界限的意义。在这样一种观点中,黎明和黄昏几乎成为了对我们来说似乎值得追问的一种地带规定。 71

参与者:这种翻译是以关于黎明与黄昏的表象为定向的,它们通过北极星和太阳轨道的最高点的连接线而分离开来。我本人不想遵从这样一种阐释,因为对于赫拉克利特来说压根还不存在黎明与黄昏的表象,它首先是从希罗多德开始使用的。

芬克:克兰茨的阐释消灭了黎明和黄昏的界限特征。如果人们谈论在北极星和太阳轨道的每日最高点之间的一条线,那么,这个复数的τέρματα[界限、终点]就不再能够得到正确的理解。尽管克兰茨给出的这个解释是残篇120提出的这个疑难问题的一个可能的回答,但是在我看来,似乎由此排除了lectio difficilior[更难的

---

① 参看第尔斯－克兰茨:《前苏格拉底哲学家残篇》,第一卷,希－德文,苏黎世1996年,第177页。——校注

读法]①。——我们已经记住了和残篇 94 与 120 相关的῞Ηλιος[太阳]的μέτρα[尺度、适度]的多义性。那首先只是一个尝试。现在我们必须考虑其他的关于太阳的残篇以及关于白天和黑夜的残篇。

海德格尔：在细致讨论῞Ηλιος[太阳]的μέτρα[尺度、适度]的三种不同含义之时，您首先想要突出您在讨论残篇 120 之初就隐约提及的第三种意义可能性。在残篇 94 中，这第三种含义是通过第二个句子给出的，这个句子是这样开头的：εἰ δὲ μή[否则的话]，而且这个句子是谈论狄克(Dike)和爱林尼(Erinyen)的。

芬克：也许这个分配一切事物的῞Ηλιος[太阳]自身会受到另外一
72 种权力的限制。发现它处于超越界限的状况之中，并且要追究它的责任的那个法院(Instanz)是正义之神和她的助手。狄克是司正义的女神，女神守望着下面两者之间的界限：一是太阳光亮的领域与在光亮中现身者的领域，二是对我们来说隐匿不见的黑夜的深渊的领域。这个界限的守卫者就是她的助手们。她们对于以下之事保持警觉，即῞Ηλιος[太阳]不要跨越它自己的权力领域而试图挤进黑暗的深渊。

---

① 拉丁文 lectio difficilior 为简写，其全名作 lectio difficilior potior，它是一种文本校勘法(κρίνω)；其中译为“宁取较难阅读法则”。意思是：较顺的读法很可能是经生根据自己的理解所修正后的结果，所以在文本校勘中，如果有一个“易读”、一个“难读”的，通常应选取那个“较难阅读”的，因为它更近于母本。——译注

海德格尔:您援引残篇 120 作为μέτρα[尺度、适度]的第三种意义可能性的佐证。

芬克:如果我们现在回到现象,那么,我们就会发现一个关于日光(Tageshelle)的咄咄怪事,日光穿透进无法量度的事物之中。我们没有日光的界限。如果我们谈论天穹,我们绝不是借此来指封闭隔绝的圆屋顶,而是指日光的太阳领域,它穿透进无限敞开域之中。但是我们也认识敞开的天空的封闭性,乌云密布的天空。不过仍然还有一个不同的光领域的界限,这就是我们游走于其上的地面(Erdboden)。光作为火性物的要素,和气要素一起,沉积在大地上,并以某种特定的方式也沉积在海洋中。就连海洋也形成了光领域的一个界限,尽管它可以让光潜入到一定的深度。它的穿透性是受到限制的。大地的不可穿透性导向敞开的光领域的受限性,这是一种特有的现象,却几乎完全没有引起我们的注意。我们身处不可穿透的大地之上,光领域在这里有它的界限。但是,光的权力在我们之上领域延伸至无限的－敞开域之中。大地的不可穿透性对于太阳的轨道具有某种意义。根据这种直接的现象,῞Ηλιος[太阳]在黎明从大地的母腹中升起,整个白天,它沿着天穹移动,而在傍晚又重新沉落到大地的封闭的地面之中。这里所说的是对于直接现象的一种朴实无华的描述,不掺杂任何神秘的象 73
征主义。现在让我们转向残篇 99,它将澄清一般的结构:εἰ μὴ ἥλιος ἦν, ἕνεκα τῶν ἄλλων ἄστρων εὐφρόνη ἂν ἦν。第尔斯的译文作:"如果没有太阳,纵然有星辰,也还是黑夜。"῞Ηλιος[太阳]是唯一带来光亮的星辰。现在,它不仅仅在它的力量中,在它超过其他星辰的优越性中被显示，毋宁说，我们在῞Ηλιος[太阳]自身之中看不到的那个结构在其他的星辰中就变得昭然若揭了。其他的星星是黑夜中的发光者。在这里，我们注意到，光性之物在他那被发射出的光空间中耗尽自身，而在黑夜之黑暗中被改变。其他的星辰是在夜空中的发光点。月亮可以以比其他星辰更强烈的方式照亮黑夜，但它不能像῞Ηλιος[太阳]一样单凭自己就可以把它们一笔勾销。现在我们能够受到黑夜的其他星辰的激励而提出下列问题。如果῞Ηλιος[太阳]把自身显示为不可穿透的地面上沉积的光领域，它似乎可以进入敞开的无尽的领域，那么，我们能否不从对于其他星辰的理解出发而把῞Ηλιος[太阳]和τὰ πάντα[一切、万物]的结构理解为黑夜的黑暗中的发光者，也就是说，我们能否不把全体的太阳世界理解为黑夜中的光，而这个世界中的一切事物不能在现象中得到证实？这时候我们必须说，正如星辰是黑夜中的光，以及正如太阳的光领域在大地的锁闭状态中有它的界限，在一种更深的意义上，πάντα[一切、万物]的整体性也属于它的那个῞Ηλιος[太阳]的全体世界被某种黑夜般的深渊包围着，这个深渊限定了῞Ηλιος[太阳]的权力领域的范围。正义女神狄克的助手们注视着在῞Ηλιος[太阳]的光领域和黑暗的深渊之间的边界。我们并不像看见黑夜中的星星一样看见太阳自身，而是仅仅在它自己的光亮中看见它。残篇3谈到这一点：εὖρος ποδὸς ἀνθρωπείου[像人的脚那么宽]。从现象角度出发来看，太阳有人的脚那么宽。

74 **海德格尔**：您说到“现象”时，指的是直接显示自身之物，而不是现象学意义上的现象。

芬克:残篇3也以某种方式谈论比喻。该残篇一开始说,只有一个细小的、微不足道的位置属于在它自己的光亮中作为光的源泉的太阳,以至于Ἥλιος[太阳]在被敞开的太阳光空间自身之中的敞开权力似乎仅只是琐屑不足道之事。敞开者以某种特定的方式把自身遮蔽在被它敞开之物中,并且把自身放置在被作为光权力的它所限定的物之下。假使太阳在天空中看起来只有人的脚的宽度,它升起、沉落和消失,那么,它每天都是新的,就像残篇6所说的:νέος ἐφ᾽ ἡμέρῃ ἐστίν[太阳每天都是新的]。赫拉克利特给出的绝不是什么博物学的规定,太阳每一天都全新地升起。我们必须把这个思想确定为对于作为πῦρ ἀείζωον[永远的活火]的一种形态的太阳的追问,这个活火一直存在着,但是它——正如残篇30所言——依照一定的尺度燃烧和熄灭,而由此,持续不断的新异性自身得到表现。如果我们来看看残篇30,那么,μέτρα[尺度、适度]的概念就会允许它自身得到更细致的规定。——我们从残篇6转到残篇57:διδάσκαλος δὲ πλείστων Ἡσίοδος· τοῦτον ἐπίστανται πλεῖστα εἰδέναι, ὅστις ἡμέρην καὶ εὐφρόνην οὐκ ἐγίνωσκεν· ἔστι γὰρ ἕν。第尔斯的译文作:“赫西俄德是多数人的老师。人们深信,他知道得最多,但他却不知道日和夜。其实这是一回事。”大家所谓的赫西俄德的智慧在哪呢?在何种程度上,这个曾经写下《工作与时日》的人却不认识白天和黑夜呢?白天和黑夜是太阳领地的轮替着的状态,在这领地中,它以韵律变化的方式一会儿明亮,一会儿黑暗。太阳领域中黑夜的黑暗状态是

75 某种不同于地壳的锁闭状态的东西，在后者中，没有任何光能够挤进去。黑夜的黑暗被闪闪发光的星星辉耀着。与大地的锁闭状态不同，它自身之中有一种根本的可照耀性。我们必须把这条处理白天和黑夜的残篇和太阳残篇放在一起来思考。残篇57属于关于黑夜和白天的残篇。这个残篇中最难的词组是：ἔστι γὰρ ἕν［其实这是一回事］。如果白天和黑夜应该是一回事，那么，就不必用复数的εἰσί［是］代替单数的ἔστι［是］了吗？[①] 在这里，它指的是白天与黑夜的无区别性呢，还是指完全不同的东西，乍一眼看去根本不显示自身的东西？我们的问题是：从ἕν［一］的角度说出的残篇57包含了一个关于白天和黑夜的陈述吗？是白天和黑夜在ἕν［一］之中，还是它们就是ἕν［一］？显然赫西俄德已经最大程度地理解了白天和黑夜，可是还是受到了赫拉克利特的指责，因为他把白天和黑夜看作是两种不同的东西。在他的《神谱》中，白天和黑夜的对立不同于透明的空间中两种状态之间的对立，在这种空间中，光能够在场，也能够不在场。也许我们过于大胆了，如果我们在这种关联中来思考奥林匹斯山上诸神和泰坦诸神之间的争执。在这里，有一个贯穿这个整体性的基本裂缝(Grundriss)，对于赫拉克利特来说，它会自我闭合，如果不是在看得见的和谐之中，那么就是在看不见的和谐之中。人们可以在这种意义上解读ἔστι γὰρ ἕν［其实这是一回事］。白天和黑夜并不形成任何任意的差异，而只是差异的原始形态。同样，在巴门尼德那里，白天和黑夜的

---

① 此句中的希腊文系动词εἰσί是复数，ἔστι是单数，分别相当于英文的 are 和 is。——校注

对立也扮演了一个角色(μορφὰς γὰρ κατέθεντο δύο γνώμας ὀνομάξειν.[因为他们下定决心命名这两种形式])，尽管是在终有一死者的意见之中。如果人们在以下意义上理解 ἔστι γὰρ ἕν[其实这是一回事]，即白天和黑夜在ἕν[一]之中是一体的，那么，复数εἰσί[是]就绝不能代替ἔστι[是] 吗？从语言的角度来看，在这里复数根本上是可能的吗？对我而言，问题在于是否人们不能读作：白天和黑夜是某个ἕν[一]，或者在某个ἕν[一]之中，而必须读作：有这个ἕν[一]。在这种情况下，差异的崩溃就会得到另外一种意义。赫西俄德自是无所不通，但是他并不熟悉ἕν[一]之所是。因为有一个ἕν[一]：这样解读的话，ἕν[一]不是谓词，而要被把握 76
为句子的主语。

海德格尔：这样的话，ἔστι γὰρ ἕν[其实这是一回事]就被绝对地对待了。以不同的方式来把握它，并且认为赫西俄德不认识白天和黑夜，这是一个无理要求。

芬克：如果赫拉克利特说，赫西俄德不认识白天和黑夜，那么这就是一个存心挑衅的句子。

海德格尔：人们为了区分白天和黑夜，并不需要赫西俄德。如果说他讨论过白天和黑夜，那么，他是在一种比我们每个人都会进行的纯粹的区分方式更深的意义上这样做的。赫拉克利特也不是想说，赫西俄德区分了白天和黑夜，他在这里犯了错误，因为白天和黑夜是一回事。我们不能接受第尔斯的译文：但其实是一回事。

芬克:但其实是一回事,这听起来就像:其实是一式的(einerlei)。我不能把任何的意义与这个翻译联系起来。白天和黑夜,我们都非常熟悉,就是两种变化的状态,就是生命的原始节奏,就是敞开领域中的太阳及其光的在场存在和不在场存在。敞开领域能够是日光的(taghell)和夜黑的(nachtdunkel)。我们在它的有节奏的轮替中很熟悉这种区别。以这种轮替被遵循的方式,Ἥλιος[太阳]显示了对于尺度的遵循,Ἥλιος[太阳]具有这些尺度,而且是正义女神狄克从外部对这些尺度进行保护。如果赫拉克利特现在说,赫西俄德不认识白天和黑夜,那么,他并非借此主张,赫西俄德忽略了一点,即白天和黑夜压根儿没有形成任何区别,而毋宁说,在回溯性地思考到ἕν[一]之时,白天和黑夜是一回事,而且在作为反对关系的ἕν[一]之中是相互并列的,就好像残篇 67 所说的,神是日又是夜,是冬又是夏,是战又是和,是饱又是饿。他在这里更关心的是以完全不同的方式存在的ἕν[一]。

77 **参与者**:我们不必把残篇 57 和谈论μία φύσις ἡμέρας[每个白天的同一个本性]的残篇 106 放在一起来讨论吗?

海德格尔:您想要如何把这两个残篇带入到一种关联之中?

参与者:我会把 μία φύσις[同一个本性]和ἔστι γὰρ ἕν[其实这是一回事]放在一起思考。

芬克:但是,白天的 μία φύσις[同一个本性]是与好和坏的日子的设定，也就说，和吉利与不吉利的日子的设定背道而驰的。和日子的这样一种无差异性相对立的，是日子的本性的统一性。但是，这不能和与白天和黑夜相关联的ἔστι γὰρ ἕν[其实这是一回事]等量齐观。好日子与坏日子的差异并不具有与白天和黑夜的差异的重要性相同的重要性。顺理成章的是，ἕν[一]在每一种情况下都是不同的。

海德格尔：那么，您把残篇 57 和残篇 106 放在一起，就有一定的道理了。在这两个残篇中，都谈到了与赫西俄德相关的无知。一次是，他错认了白天和黑夜方面的ἕν[一]，另一次是，他错认了每一天的同一个φύσις[本性、自然]。在这个意义上，ἕν[一]和μία φύσις[同一个本性]是相互配合的。

芬克：毋宁说残篇 106 是和残篇 57 平行的。在后一个残篇中，赫西俄德作为大多数人的导师被认为是不值得信赖的。这个对白天和黑夜的基本差异谙熟于胸的人却没有注意到，有这个ἕν[一]。

海德格尔：对于赫拉克利特而言，大多数人是那种并不知道发生了什么的人。πλεῖστοι[绝大多数人]和πολλοί[多数人]是相同的。我们不能用"本质"(Wesen)来翻译残篇 106 中的 φύσις[本性、自然][①]。

① 希腊文的φύσις意为"自然、本性"，海德格尔也把它解为动态的"涌现"(Aufgehen)，而德语的"本质"(Wesen)则有"普遍性、共相"的含义。——校注

78 **芬克**:当我们说 Wesen 时,我们不是在 essentia[本质]的意义上说的。

海德格尔:如果我们加上残篇 123:φύσις κρύπτεσθαι φιλεῖ[自然喜欢躲藏自己],那么,在这里该如何理解φύσις[本性、自然]呢?

参与者:在涌现(Aufgehen)的意义上。

海德格尔:我们还要到后面才能深入研究 φύσις[本性、自然、涌现]和ἕν[一]的关联问题。

芬克:对我来说,残篇 57 中谜一般的词是:ἔστι γὰρ ἕν。我们已经把它翻译为:因为有ἕν[一]①。但在这里讨论的是什么样的一个ἕν[一]呢? 它是在τὰ πάντα[一切、万物]的反义词意义上的ἕν[一]吗,以及因此是闪电的ἕν[一],雷击的ἕν[一],太阳和火的ἕν[一],或者它在这里指的是一个完全不同的ἕν[一]吗? 我个人倾向于认为,这里涉及以下两个领域的统一性的意义上的ἕν[一]:一是Ἥλιος[太阳]的领域,二是正义女神和她的助手守护着的夜晚的领域。这种新的意义上的ἕν[一]首先对我来说会变得更加清晰,如果我们把关于生命的残篇和关于死亡的残篇也考虑在内的话。这里所指的夜晚是所有的黑夜般的深渊,太阳领域由于它而在四个τέρματα[界限、终点]上受到限定,就像它在残篇 120 中所

① 通译为"其实这是一回事"。——校注

命名的那样。如果不考虑这种阐释,人们也可以作如下论证。如果残篇 57 是关乎与白天和黑夜处于关联之中的ἕν[一]的话,那么,其中涉及的就是太阳王国的ἕν[一],在这个王国之中,太阳或在场或不在场,有节律地轮替着,确切地说,是以以下这种方式,即在白天和黑夜的轮替中,太阳在其中在场和不在场的那个领域继续保持着。只要太阳在其上运行的拱顶结构,以及与太阳底下的王国的反对关系,都保持不变——即便太阳暂时不在场而又每天都是新的,那么就有这个ἕν[一]。这样看来,这个ἕν[一]就是天穹。但是对我本人而言,这种解释是不可接受的。我不在这种意义上理解"有这个ἕν[一]"。

海德格尔:您为什么拒绝这种阐释呢?　79

芬克:因为在我看来,白天和黑夜在天穹之下结为一体是一种太轻而易举的解读方式。当赫拉克利特关于白天和黑夜说:有这个ἕν[一],这时候,他用白天指的是太阳王国,而用黑夜指的是黑暗的深渊,这个深渊限定出并且围绕着太阳王国。太阳王国和黑夜的深渊共同构成这个ἕν[一]。

海德格尔:您现在收入眼帘的这个ἕν[一]是某种超越了存在的、类似于超存在的东西吗?我设想,您想要用您关于ἕν[一]的阐释超越存在,而您的阐释偏离了迄今为止关于闪电的ἕν[一]的解说。

参与者:我不相信,作为太阳王国和黑夜的深渊的双重领域的ἕν

[一]会超越于存在之上。如果此前从Κεραυνός[闪电]出发的阐释已经首先把存在中的光性之物的结构因素，亦即去蔽(Entbergung)，收入眼帘，那么，如果这是关乎黑夜般的深渊的话语，这种阐释现在看到的就是存在的锁闭状态中的结构因素，是本质上属于去蔽的遮蔽状态。因此，解释就没有超越存在，毋宁说，它比先前的沉思更深地潜入到了存在之中，因为，它把存在的完全的维度性收入了眼帘。

芬克：我们的赫拉克利特解释开始于我想要说明闪电和τὰ πάντα[一切、万物]之间的关联。闪电撕裂了光亮，让τὰ πάντα[一切、万物]进入显现，并且为所有的事物安排了它的固定不变的轮廓。这个ἕν[一]的另一个名字就是太阳。太阳光超越我们延伸到无限的敞开域之中，在地面的锁闭状态中发现了它的界限。在本己的光领地之中，Ἥλιος[太阳]只有人的脚那么宽。它以固定的尺度
80 在天穹上来回移动。通过它自己的尺度，被阳光所照耀的生长和生命物也有它们特定的尺度。在太阳领域之内有一个主要的差异，它存在于白天和黑夜之间，随着太阳的在场和不在场而被设定。这个通过四个τέρματα[界限、终点]而被限定的区域还保留着，即使太阳似乎沉落下去了。ἕν[一]的结构从太阳暂时的在场转移到了οὐρανός[天空]之上。人们可能会说，因为白天和黑夜在οὐρανός[天空]之下轮替，而天穹与多的关系在其下继续保持着，所以白天和黑夜的差异就不会被看得那么重要了。赫西俄德区分了白天和黑夜，而且因此没有想到，白天和黑夜仅仅是在一个οὐρανός[天空]之内的差异。这种阐释并不能吸引我。正是

在我们顾及死与生的残篇时,锁闭状态的其他维度才会在我们非常熟稔的光性物和敞开域的维度之外向我们显示自身。赫拉克利特在残篇 57 中试图思考的这个ἕν[一],就是双重领域的统一性。

海德格尔:但是这两个领域是如何相互配合的呢?

芬克:在闪电的或者说Ἥλιος[太阳]的光空间中,πάντα[一切、万物]进入显现之中,并且进驻其轮廓之中,这个光空间是由黑暗的深渊划定界限的。Ἥλιος[太阳]不能跨越自己的权力领域为它设定的界限,进入到黑夜般的地面之中,因为否则,它就会被注视着双重领域的界限的爱林尼们带向法庭。

海德格尔:这里涉及的是两个领域,还是在自身之中存在差异的一个唯一的领域?让我们暂时把这个问题放在一边。后面我们将会重新回到这个问题上来。我想要再次深入到 ἔστι γὰρ ἕν[其实这是一回事][1]之中。人们在这里能够使用复数的εἰσί[是]吗?第 81
尔斯在 ἔστι γὰρ ἕν[其实这是一回事]之前打了一个分号。纯粹从文体上来看,依照赫拉克利特的语言,该打上一个句号,而不是一个分号。也许第尔斯之使用分号,是受到了接下来的这个 γὰρ[因为、其实]的误导。因此,需要的是一个句号,因为在ἔστι γὰρ

① 或如前文改译为"因为有ἕν[一]"。——校注

ἕν[其实这是一回事]中，有某种不同寻常的东西紧跟其后，而这个东西必定是与之前的东西尖锐地对立的。

芬克：大多数人都很熟悉白天和黑夜的差异。这个论及白天和黑夜关系问题的赫西俄德也属于其中之一。但是他不认识白天和黑夜，因为他不认识 ξυνόν[共同、共性]。这个 ἔστι γὰρ ἕν[其实这是一回事]就像一个晴天霹雳一般发生作用。它被有意识地主题化了，而且像一个命令一样被说出。

海德格尔：因为赫西俄德并不认识ξυνόν[共同、共性]，赫拉克利特就不能引他为同道中人。他们俩说的是不同的语言。

芬克：赫拉克利特在 ἔστι γὰρ ἕν[其实这是一回事]之中并不是在思考差异之消失，而是思考双重领域之ἕν[一]。有这个ἕν[一]：在这里，ἕν[一]是句子的主语。为了超越多数人，人们必须走进作为双重领域的ἕν[一]的维度。赫拉克利特不会说，赫西俄德是一个笨蛋。如果他要责备他，那也只是因为他是一个思辨的笨蛋。这个ἔστι γὰρ ἕν[其实这是一回事]对于这个οὐκ ἐγίνωσκεν[不知道]来说是有奠基作用的。

海德格尔：但是赫拉克利特没有规定这个基础，而只是说，赫西俄德不认识这个基础。

芬克：赫西俄德的无知是通过ἔστι γὰρ ἕν[其实这是一回事]才褫

其华衮,露其本相的。

参与者:在我看来,这里一直存在着一个困难,即在何种程度上ἔστι γὰρ ἕν[其实这是一回事]可以说明,在关于白天和黑夜的思考中显示自身的赫西俄德的无知到底在于什么地方。因此,ἔστι γὰρ 82
ἕν[其实这是一回事]和赫西俄德关于白天和黑夜的认识之间存在着什么关系,这必定是由我们所规定的。

芬克:您把这个γὰρ[因为、其实]直接和赫西俄德与白天和黑夜相关联的误解联系在一起了。赫西俄德对于白天和黑夜的阐释绝非仅仅与赫拉克利特不同。并不存在着另一种关于白天和黑夜的观点,以代替赫西俄德关于白天和黑夜的差异。而毋宁说,当赫拉克利特说,白天和黑夜的分配与存在的基本特征正好对立之时,赫拉克利特说出了关于ἕν[一]的认识。

海德格尔:赫西俄德属于在残篇 72 中被命名的那一群人:καὶ οἷς καθ' ἡμέραν ἐγκυροῦσι, ταῦτα αὐτοῖς ξένα φαίνεται:"对于他们每天都要遇到的那些东西,他们显得都很生疏"。赫西俄德每天都要遇见白天和黑夜的差异。

芬克:对于他而言,白天和黑夜是最日常和最夜常的东西了,

海德格尔:但在从ἕν[一]出发来思考的本己存在的事物方面,这对他来说还是陌异的。

芬克:如果我们最终把关于赫利俄斯①的残篇和关于白天/黑夜的残篇放在一起来看待的话,那么我们就能说如下的话了。太阳的天空之火以相似的方式和一切通过太阳的途程而获得持存的东西发生关联,就像闪电和πάντα[一切、万物]之间发生的关联一样。太阳给予阳光、轮廓和生长,并且为一切生长着的物带来时间。太阳是在其途程中通过它必须遵循的μέτρα[尺度、适度]而得到规定的,因为否则,它就要向正义之神的助手们作出说明。它也要为物的生长和增长规定μέτρα[尺度、适度]。它不能跨越这个μέτρα[尺度、适度],而是要保持在她的权力领域之内,而她的权力领域
83 是由四个τέρματα[界限、终点]限定的。正义女神狄克(Dike)的更深意义对我们来说仍然晦暗不明。迄今为止,只有作为一种权力的正义是清晰可见的,这种权力要优越于Ἥλιος[太阳]的权力。尽管Ἥλιος[太阳]和宙斯是大地上的最高权力,但是Ἥλιος[太阳]在大地上有一种权力可以制服光亮。Ἥλιος[太阳]的μέτρα[尺度、适度]已经分别向我们展示了三重意义。我们区分了三项:一是太阳运行的μέτρα[尺度、适度],二是受制于太阳运行的μέτρα[尺度、适度],三是为太阳光亮的整体区域划定界限的μέτρα[尺度、适度]。对于残篇3的考察已经向我们显示,Ἥλιος[太阳]的结构被设定在对他来说本己的光亮之中。残篇6把日常的新异存在(Neusein)和总是保持为等同放在一起进行思考。白天的这一种φύσις[自然、涌现]是同一种φύσις[自然、涌现],它与我们司空

---

① 赫利俄斯(Helios):希腊神话中的日神,传说他每日乘着四匹火马所拉的日辇在天空中驰骋,从东至西,晨出晚没,令光明普照世界。在后世神话中,他与阿波罗被逐渐混为一体。——校注

见惯的好日子和坏日子、吉利的日子和不吉利的日子之间的差异处于对立状态。我们必须合并这一切思想主旨,而不是率尔把它们同一化。然而,对我们来说,要把这些关联的多重性收入眼帘,仍然困难重重。这种困难在我们审视那些直接获得现象的差异以及因此而得到规定的视线时就已经显示自身了。

第五次：一种思辨解释的难题。——πῦρ ἀείζωον[永远的活火]和时间?(残篇 30)。

海德格尔:当芬克教授阐释残篇 11 中的πᾶν ἑρπετόν[一切爬行物]时,我问他究竟在做什么。我想要意指的问题是,这种尝试以何种方式实行与赫拉克利特一起思考。进而是关于以某种方式引起的思辨的跳跃的评论,因为在开始解读文本时,我们从直接说出的内容出发,而在深思熟虑的路途中,我们得到这样一个不能通过直接的直观而得到证实的言说(Sagen)。如果人们以图式的方式思考,那么人们就可能会说,我们从一个合乎知觉的陈述过渡到一个非感性的陈述了。但是,什么叫作“思辨的”?

参与者:“思辨”(speculativ)来源于 spuculum(镜子)和 speculari(通过或者在镜子中观看)。那么,思辨显然就是一种映射(Spiegeln)关系。

海德格尔:也许镜子扮演了某种角色。但是在通常的术语使用中,“思辨”这个词是什么意思?在哲学中,它是在什么地方被用拉丁语写下和说出的?

参与者:在中世纪。

海德格尔:在那里,existimatio speculativa[思辨的判断]是作为与existimatio practica[实践的判断]或者 operativa[操作]的判断有别的东西而被提到的。existimatio speculativa[思辨的判断]是existimatio theoretica[理论的判断]的同义词,而后者是以 specis[种]为指向的。specis[种]是拉丁文对于εἶδος[爱多斯]的翻译。所以这里意指的是一种观看(Sehen),一种θεωρεῖν[理论],亦即一种理论性的观察(Betrachten)。连康德也曾在理论理性的意义上 85
谈到思辨。而在黑格尔那里情况又如何呢?对黑格尔来说,思辨和辩证法是什么意思?

参与者:思辨和辩证法表明了黑格尔的思想方法。

参与者:黑格尔试图用思辨来超越有限而达到无限。

海德格尔:黑格尔并不是首先从有限出发,得以进而达到无限,而不如说,他就是从无限开始的。从一开始,他就已经在无限中了。通过我对于思辨的追问,我只是想要澄清,在这里尝试反思赫拉克利特,目的不是考察在黑格尔使之完善的那个意义上的思辨或者在理论意义上的思辨。我们必须从根本上放弃以任何方式谈论赫拉克利特据以思考的方法。另一方面,我们不能放弃——就像芬克教授迄今为止一直实行的那样——，本己地澄清某些东西，目的在于使讨论班的参与者有能力更加清晰和更加准确地追随我们在解读和讨论时所迈出的以及接下来将会继续迈出的脚步。我们能够澄清，在芬克教授给我们做示范时背后存在着哪些问题。

芬克：我们解读和推进方式的基本特征在于，我们是从在赫拉克利特的箴言中所命名的实事的当前化出发的，就好像这些实事直接呈现在我们眼前。赫拉克利特在他的残篇中没有以任何遮遮掩掩的方式说话，就像德尔斐神庙里的神那样，关于这位神，赫拉克利特说道：οὔτε λέγει οὔτε κρύπτει ἀλλὰ σημαίνει。① 他的谈话
86 方式不能被等同于德尔斐神庙中的神的谈话方式。在解读残篇时，我们首先要接受所发现的现象，然后试图澄清它们。然而，我们并不是在它们的全部范围内澄清发现的现象，而毋宁说，我们的澄清已经被选择性地支配了。

海德格尔：它们是通过什么而被选择性地规定呢？

芬克：选择是这样被规定的，即：我们总是已经从赫拉克利特的箴言回到直接的现象，并且在直接的现象中寻找在残篇中提到的每一个特征。一种关于太阳的经验现象学总会产生大量的现象特征，但是对于关于太阳的残篇的意义而言，这些特征是无意义的。

① 第尔斯的译文作："那位在德尔斐发神谶的大神不说话，也不掩饰，只是暗示。"（残篇 93）——原注

我们首先以某种特定的素朴性来解读残篇,试图着眼于本身依然是我们的感性感知的相关项的实事来强调某些特征,以便进而在第二步上,针对这样抽取出来的那些特征和指示而提出如下问题,即它们如何可能在某种更深的意义上得到思考?我们从对于感性现象的直接观看过渡到一种非感性的,但并非超感性的领域。在这里我们不可以运用现象的,亦即可感知的和可理解的世界这种在形而上学之中根深蒂固的图式,也不可以操弄形而上学的两个世界的学说。这种关于可感世界和可知世界的领域的话语是极其危险和可疑的。

海德格尔:或许比较合适的是,我们把现象领域描述为存在者状态上的(ontisch)

芬克:并且把非感性领域归于存在。但令人惊诧的是,我们能够以某种素朴的方式把握赫拉克利特的残篇,并且总是把它们和一种深刻的意义系缚在一起,以至于我们甚至不能把真正哲学的意义称为深刻的意义。

海德格尔:人们能够在根本上谈论一种哲学的意义吗? 87

芬克:可以肯定的是,我们不能谈论赫拉克利特之箴言的意义。因为我们自己拥有的是形而上学的语言,所以我们必须尝试,努力避免存在于形而上学那业已蔚为大观的思想道路中的误导。为了现在显示我们向前推进的方式,我们再一次进入到残篇11。经过翻译后，这个残篇作：凡是在地上爬行的东西，都被鞭子驱赶到或者放牧到牧场上去。在这里提供的这幅图像，我们可以从我们的现象的周围世界中认识到，我们也可以轻而易举地将之记在心间。在一个乡间地带或者在一个农业国家里，畜群在鞭子的击打之下被驱赶着走向牧场。于是我们可以把πᾶν ἑρπετόν［一切爬行物］解读为放牧的动物。赫拉克利特提供的这幅图像暗示了，牧场的动物在牧羊人的鞭打之下被驱赶着走向牧场，确切地说，它们不时地变换着牧场基地。

海德格尔：放牧既是一种驱赶，也是一种引导。

芬克：对于我们有关νέμεται［放牧、分发］的解释而言富有意义的意义要素乃是驱赶和引导。如果我们现在把νέμεται［放牧、分发］中的Νέμεσις［报复女神］听成了一种分派和命运性地规定的权力，那么，我们就已经离开了放牧这种直接现象，而在思想上进入了非感性领域。如果我们不再在分派和分配适合每一种牧场动物的东西的意义上把νέμεται［放牧、分发］理解为畜群的驱赶和引导，而是把它理解为一种分配和分派的支配作用，那么就有一个问题显露出来了：在残篇中零星细微地说出来的东西是不是也能够被宏大地说出来？微观宇宙和宏观宇宙的关系也许作为一个最无害处的表达显示自身。但是，这种通过思想把现象的结构移置入另一种维度之中的做法，会同时带来我们最初从它出发的那个结构的变形。

海德格尔：然而，这种思想移置包含了某种特定的思想种类，只是 88
我们对此还不自知而已，就好像它看起来那样。

芬克：如果我谈论思想移置入另外一个维度之中，那么这首先只是一种尝试，试图改写我们的推进方式，因为我们还不知道，过渡到另外一个维度意味着什么。如果我们想要在这种关联之中谈论某种类比，我们就必须以某种特定的方式来思考它。在这种类比之中，被给予我们的只是一个方面，亦即现象性的方面。由于我们选择性地确定特定的现象结构，我们就在一种冒险的尝试中把它们翻译成宏大。在残篇 11 中，我们把畜群在鞭打下被驱赶到牧场的方式，翻译成整体现实性之宏大，一种对于物和要素的看护的和分派的支配就发生在这种整体现实性之中。一个特殊的个体现象扩大为全体的过程也许就是一种形式，我们能够在这种形式之下谈论我们和赫拉克利特一起思考这样一种尝试的方式。

海德格尔：我认为您这种对您的推进方式的表述是危险的。也许我们能说，赫拉克利特并不是小中见大，而是恰恰相反，是大中见小。我们必须区分以下两者：一是我们再思赫拉克利特残篇的尝试，另是赫拉克利特自己思考的方式。

芬克：但赫拉克利特也只能把他宏大地思考的东西细微地道说出来。

海德格尔：思想和道说(Sagen)有自己特殊的困难。这里关涉的是两个不同的事情吗?道说只是思想的表达吗?

89 **芬克**:关于内在的思想与思想在语言中的表达的区分,是一个我们从哲学史上获得的观念。有这样一种看法,即认为哲学思想根本不能说出它思考的一切,以至于它以某种方式留在语言表达的后面。这样的话,最深刻的思想就是ἄρρητον[无法说出的]。这种模型并不适合赫拉克利特。他的箴言绝不是关于语言上高深莫测的神秘(Geheimnis)所做的祭司般的(hierophantisch)、有所拒绝的言说(Sprechen)。赫拉克利特不知道语言上被开启的东西与不可穿透的神秘之间的对立,这种神秘被思为 refugium bzw. Asylum ignorantiae[无知的避难所]。如果我们以一种完全不同的方式思考神秘,那么它就是某种不同的东西了。赫拉克利特以一种不知道内在思想与外在道说之间的整个差异的语言说话。

海德格尔:但思想与道说的情形如何呢?即便对赫拉克利特来说,我们也不得不说,包含于道说中的始终是他的未被道说者,而不是不可道说者。而未被道说者并不是道说的缺陷,也不是道说的障碍。

芬克:在赫拉克利特那里,我们必须时时把多维度的言说收入眼帘,我们不能把这种言说固定在某一个维度上。首先从直接的陈述出发来看,在πᾶν ἑρπετόν[一切爬行物]中,只有牧场动物的运动方式得到了命名。但是现在我们必须尝试把πᾶν ἑρπετόν[一切爬行物]解读和阐释为与电闪雷鸣相关联的πάντα ὡς ἑρπετά

[爬行着的一切]和 πληγή[鞭打、打击]。向非现象性领域之跃入就在于此。依照这种阴森的、突如其来的运动来衡量，一切处于这种光之闪耀的闪电之下并且被带入到它的印记之中的东西，都有这种动物性的，亦即缓缓运动的特征。但可以追问的是，这里是否涉及两个层次，以至于我们可以说：正如在感性的领域里，动物畜群通过鞭打而被驱赶到牧场，同样地一切物全都被闪电支配着。我愿意认为，我们不可突出这两个层面之间的相互对立，势不相 90
容。如果我们谈论的是两个阶段，那么，就会存在这种危险，我们从现象的层面出发来做比较，而我们自己跨进了没有任何限制的类比之中。如果我相信可以认识这两个判若天渊的层面，那么我们恰恰就错失了它们的相互作用。赫拉克利特不知道什么固定不变的层面，我们必须在阐释他的残篇时恰如其分地注意到，它们相互作用以及如何相互作用。赫拉克利特的箴言的力量就在于，他能够从大处着手，同时又着眼于日常之物。

海德格尔：也许您已经说得太多了。

芬克：但我们在阐释这些残篇时必须采取的出发点，就是这些现象那儿或多或少为人所知的特征。我试图以另一条我们已经讨论过的残篇来解说这一点。残篇 99 的译文作："如果没有太阳，纵然有别的星辰，也还是黑夜。"在这里说出的不只是对于驱逐黑暗的Ἥλιος[太阳]的力量的权势的颂扬，相反，我们在其他星辰那里也看到了一种在黑暗中发光的可能性。光在黑暗中闪烁。这意味着，光的晕圈为黑夜所包围。星辰和月亮显示了发光者在夜之黑暗中被嵌入的可能性。在这里我们的问题就跳出来了：就像星星被嵌入到黑夜之中，无限敞开的太阳领域被嵌入到非现象的黑夜之中，难道是不可能的吗？

海德格尔：您刚才说到“无限”，那绝不是一个希腊的观念。

芬克：我用“无限敞开的”这个表达仅仅是指一种现象特征，即，我
91 们绝不会在仰望星空时看到墙壁，而只是看到向外延伸和无边无际的特征。在残篇 99 中提到的现象事态，即发光者能够被嵌入到夜之黑暗中，向我们提出了一个问题，是否太阳领域，也就是与τὰ πάντα[一切、万物]有关联的῞Ηλιος[太阳]，本身就可能有一个我们不能直接看到的μέτρα[尺度]。在黑夜中星辰的现象式嵌入的跳跃中，我们尝试过，通过一个非现象的黑夜非现象学的太阳领域收入眼帘。至于太阳的μέτρα[尺度]，我们曾尝试以三种方式来加以解说：一是运行中的太阳的μέτρα[尺度]，二是通过太阳而被归于太阳下面一切物的μέτρα[尺度]，最后是在残篇 120 中被命名的τέρματα[界限、终点]的意义上的μέτρα[尺度]，后者划定了太阳领域、太阳光亮的领域和在它之中现身的πάντα[一切、万物]的领域。

海德格尔：您是在这种关联之中谈论黑夜的。但是您如何理解黑夜？

芬克：这四个τέρματα[界限、终点]在它们的四个终点限定了阳光

世界。这个被限定的领域是通过太阳暂时的在场和不在场而被确定的,因此,白天与黑夜的问题也是在那里出现的。从现象上看,我们所有人都持有赫西俄德的意见。在直接的观看中显示出来的是,白天和黑夜相互轮替。与此相反,赫拉克利特构想出一个具有挑衅性的句子说,尽管赫西俄德看起来最大程度上理解了人的工作与时日,但是他不知道,白天与黑夜是一回事。我们从我们自身的角度提出的问题是,一回事是否应该被直接解读为就像它所说的那样,或者是我们决不能求助于一种更难的解读方式。在后一种情况下,我们必须说,赫西俄德认为白天与黑夜是有区别的,但是有这个ἕν[一]。这样来理解的话,白天与黑夜就不会重合,而毋宁说从对ἕν[一]的认识出发,白天与黑夜这种最赫然醒目的差别 92
最终就不会如其自身那样被承认。有这个一(das Eine),而且,如果能够成功地进入到关于这个一的知识(ὁμολογεῖν[协调一致、同意]),那么,那个在坚固的相互关系中被撕扯得四分五裂的东西,就会弥漫着ἕν[一]的唯一的统一性。只要赫拉克利特是从ἕν[一]出发来思考的,他就不允许那个最渊博的导师[按:指赫西俄德]在白天和黑夜之间的划界有效。

海德格尔:所以您也区分了黑夜的多重本质。一方面,您区分了黑夜和日复一日的白天,然后您又把黑夜理解为大地的锁闭状态,

芬克:在此,大地的锁闭状态就是太阳领域的界限。处于与τὰ πάντα[一切、万物]之间的关联之中的太阳的领域就是敞开的领域,在其中,白天和黑夜是轮替出现的,

海德格尔:在这种交替出现之中的白天和黑夜仍是在另一个黑夜之中吗?

芬克:也许是吧。

海德格尔:通过我的追问,我只想达到一点,即:您是从哪里出发来谈论另一个黑夜的。

芬克:如果我已经谈论了另一个、更加本源性的黑夜,在解释关于太阳的残篇时的黑夜般的深渊,那么,它是在关于生—死的残篇的先行视见中发生的。从那里出发,我已经把大地的锁闭状态这种现象的更深意义以及在某种意义上作为太阳领域的大海收入眼帘。只有在我们开始考察生和死之间的关系的时候,我们才会看见,太阳领域的生命王国是如何存在的,以及一个和死亡相关联的新维度如何破卵而出,这个新的维度不是敞开的领域,而且也不只
93 是大地的锁闭状态,尽管对于更加本源的黑夜的维度而言,大地是一个赫然醒目的象征。黑格尔谈论大地时把它当作死者回归于其中的基本个体(Individuum)。更加本源性的黑夜的维度是通过死亡而显示出来的。它是死者的王国,但它不是一块国土,也不会进行任何扩张,这块无人居住的国土,

海德格尔:它不能被穿越,也没有任何维度。困难就在于,如何称呼这个通过死亡而被显示的领域。

芬克：在其分环表述中，语言也许就定居在这个自身被分环表述的领域中，在这个太阳领域中，某物被和他物分离开来，并且因此而相互突出出来，而个别物具有确定的轮廓。但是，如果我们现在不仅仅在敞开、闪电的光亮和在其中现身的πάντα[一切、万物]的维度的意义上理解ἕν[一]，而是把它理解为更加本源性的黑夜，理解为没有任何领土、没有任何名称和不可言说的存在之山脉（das Gebirg des Seins）——甚至也不是在语言界限的意义上——，那么，我们必须把ἕν[一]之中第二个维度，以及太阳领域的维度一道收入眼帘，因为光亮的维度就根植于这个维度之中，死亡也指向这个维度。但是，死亡所指向的那个维度是这样一个领域，任何人都不能在有生之年发现它。我们越是解读更多的残篇，问号也就越像幽灵一般挥之不去，萦绕在怀。

海德格尔：在与关于语言所说出的东西之间的关联中，我想要提一提特拉西布罗斯·格奥吉亚德斯（Thrasybulos Georgiades）的演讲"作为节奏的语言"，他是在巴伐利亚美术学院和柏林艺术研究院举办的"语言"系列讲座中做这个讲座的，同时我还要提一提他的大作《希腊的音乐与节奏》。在这两项工作中，他对语言进行了无与伦比的阐述。除了别的之外，他还提出了节奏的问题，指出ῥυσμός[节奏、韵律]和ῥέω（流动）之间没有任何关系，而应该被理解为印记（Gepräge）。通过借助于维尔纳·耶格尔，他引用了阿尔基洛科斯[①]残篇67a的一句诗来证明，在这句诗里，ῥυσμός[节 94

① 阿尔基洛科斯（Archilochos）：公元前7世纪中叶的希腊抒情和讽刺诗人，对古希腊的诗歌、悲剧有重大影响。——校注

奏、韵律]具有这一意义。这句诗作：γίγνωσκε δ' οἷος ῥυσμὸς ἀνθρώπους ἔχει,“认识哪种节奏抓住了人们”。除此之外，他还引用了埃斯库罗斯的《被缚的普罗米修斯》的一个段落，而维尔纳·耶格尔也同样提到过这个段落，而在这里，ῥυσμόσ[节奏、韵律]或者ῥυθμίζω[使合节奏、使合节拍]具有和阿尔基洛科斯残篇中同样的意义：ὧδ' ἐρρύθμισμαι[如此合拍](《普罗米修斯》，第241行)。在这里普罗米修斯谈到他自己：在这种节奏中我被牢牢迷住了。他被固定在囚禁他的铁索之中，动弹不得，他被有一定节奏地靠在岩石上，也就是说，他被连接在岩石上。格奥吉亚德斯指出，人不能制造节奏，毋宁说，对于希腊人而言，ῥυθμός[节奏、韵律]是语言的基底，是向我们走来的语言的基底。格奥吉亚德斯以这种方式理解古风时代的语言。我们必须也把前五世纪古风时代的语言收入眼帘，以便我们能够以更加切近的方式理解赫拉克利特。这种语言还不知道句子，

芬克：有一种确定意义的句子。

海德格尔：在古风时代的语言的句子中，说话的是实事，而不是意义。

芬克：我们是从闪电残篇开始我们对于赫拉克利特的解释的，从那里出发，我们过渡到残篇11，这个残篇说的是，一切爬行物都由于鞭打而被驱赶，因此，我们就把这种鞭打和电闪雷鸣联系在一起，而然后又顺理成章地把关于太阳的残篇和关于白天-黑夜的残篇

收入眼帘。在这里,它首先是μέτρα[尺度、适度]的三重意义,太阳和时间的关联,和太阳领域根植于本源的黑夜之中。在太阳领域和黑夜般的深渊之间的界限是四个τέρματα[界限、终点]。我 95
们在太阳之中看到一种规定时间的权力,它安排时间的尺度。在我们的讨论系列中的第二个残篇是残篇 30:κόσμον τόνδε, τὸν αὐτὸν ἁπάντων, οὔτε τις θεῶν οὔτε ἀνθρώπων ἐποίησεν, ἀλλ' ἦν ἀεὶ καὶ ἔστιν καὶ ἔσται πῦρ ἀείζωον, ἁπτόμενον μέτρα καὶ ἀποσβεννύμενον μέτρα。第尔斯译作:"这个世界秩序对一切存在物都是同一的,它不是任何神所创造的,也不是任何人所创造的;它过去、现在和将来永远是一团永远的活火,在一定的尺度上燃烧,在一定的尺度上熄灭"。我们先阐释这个残篇的后半部分。我们可以这么说,闪电就是突如其来的火,太阳是时间进程中有序通道中的火,但是这个 πῦρ ἀείζωον[永远的活火]是我们在现象中不能发现的像闪电和太阳一样的东西。

海德格尔:您想怎样来翻译κόσμος [世界、宇宙]呢?

芬克:我想先跳过残篇 30 的前半部分而只尝试阐释它的后半部分。如果我们用"世界秩序"(Weltordnung)或者"装饰"(Schmuck)来翻译κόσμος[世界、宇宙],那么我们必须把它和残篇 124 联系在一起,这个残篇谈论的是作为垃圾堆的最美丽的世界。如果我们现在从背后来解读并且尝试阐释残篇 30,我们就必须现在又回到那种素朴性之中。现象性的火在燃烧中经久不熄。火之燃烧(Der Brand der Feuer)是在时间中的进程。火昨天存在,今天存在，明天还将继续存在。但是，现在我的问题是，ἦν ἀεὶ[过去一直存在]、ἔστιν[现在存在]和ἔσται [将来存在]是着眼于πῦρ ἀείζωον[永远的活火][1]、火在时间之中的存在方式这个规定吗？火的ἀείζωον[永远活着]是通过曾经一直存在、现在存在和将来存在而被思考的吗？我们必须通过我们如何规定持续不停这种众所周知的方式来思考这里所命名的火吗，它和通常的火的唯一区别在于，通常的火是被点燃的，持续了一会就会重新熄灭，因此不
96 是曾经存在、现在存在和将要一直存在着的？ 这个ἀείζωον[永远活着]要如何理解？它是指火自始至终存在于全部的时间之中吗？如果我们假定，它与众不同的特征在于，它过去一直存在着，它现在存在着和它将来存在着，那么，我们是不是太天真地思考了赫拉克利特在这里所指的火？我想要说的是，我们毋宁必须颠倒过来思考。不是火在过去、现在和将来一直存在着，而是火是这样一种东西，它首先撕裂曾经存在、现在存在和将来存在。

海德格尔：但是依照您的阐释，后面半句的主语是什么？在第尔斯看来，主语是κόσμος[世界、宇宙]，关于κόσμος[世界、宇宙]，他说，它既不是诸神之一也不是凡人[2]所带来的，相反，它过去是、现在是而且将来是永远的活火。

---

① 过去我国学术界通常把这个词组译作“永恒的活火”，鉴于海德格尔认为前苏格拉底哲学中，尤其是赫拉克利特的思想中没有“永恒”的思想，权且把它译作“永远的活火”。——译注

② 德文 der Mensch 单独出现时译作“人”，在与 Goetter 对举时译作“凡人”。——译注

芬克：我拒绝这样一种翻译。以我的理解，πῦρ[火]是这个后半句的主语。

海德格尔：您在ἀλλ'[但是]之前断句，以至于接下来的句子和前面的部分毫无关系吗？

芬克：作为πάντα[一切、万物]的美丽结合的κόσμος[世界、宇宙]，是在火的闪耀中闪闪发光的东西。在这个意义上，前半句和后半句相互之间关系密切，不可分割。火是一种制作性的（poietisch）、生产性的权力。连诸神和人都是被带向闪耀的、去蔽的存在者，但之所以会这样，只是因为存在着火，诸神和人与火有着一种突出的关联。

海德格尔：那么，我们必须用这个"永远的活火"来替代第尔斯的翻译"它"（亦即世界秩序），作为后半句的主语。

芬克：如果现在赫拉克利特谈论"永远的活火"说，它在一定的尺度上燃烧，又在一定的尺度上熄灭，那么它看起来就和ἀεί[永远]互 97
相矛盾，而在我们听起来就像是一个令人震惊的规定。

海德格尔：让我们暂时先把这个问题放在一边。为了停留在您先前说过的东西之上，您拒绝了火是世界秩序这样一个说法，是吗？

芬克：世界秩序绝不是诸神和凡人的作品，而是永远的活火的作品，但并不是过去、现在和将来一直存在的那个火的作品，因为永远的活火首先撕裂了曾经存在、现在存在和将来存在的三个时间维度。赫拉克利特首先出于防御而在残篇30中说，κόσμος[世界、宇宙]不是诸神或者凡人生产出来的[第尔斯的译文"创造"(schuf)与之格格不入]。我们也可以说：它不是由诸神之一或者凡人带向显现的。作为πάντα[一切、万物]的美丽结合的κόσμος[世界、宇宙]在火的闪耀中进入显现之中。作为结合在一起的美的秩序的κόσμος[世界、宇宙]不是由诸神之一或者凡人带向显现，这首先只能被理解为，厕身κόσμος[世界、宇宙]的存在者之列的诸神与凡人分有了火的权力，他们也是制作性的，但不是以生产出πῦρ ἀείζωον[永远的活火]的本源性的ποίησις[制作、创作]的方式。在对残篇30的解释中，我首先想要提出的问题是，时间是否可以被说成是πῦρ ἀείζωον[永远的活火]的基本特征。这个πῦρ ἀείζωον[永远的活火]既不是时间之中的内时间的进程，也不可以比作康德所谓的作为永远持存的时间的基底的世界质料。赫拉克利特所提出的火不是在时间之中，而毋宁是允许时间的时间本身，它首先和主要让ἦν[过去存在]、ἔστι[现在存在]和ἔσται[将来存在]突然发生，而不是自己置身于其下。如果我们尝试性地把它设定为让时间的、开启时间的东西，那么，这个ἀεί[永远]就处于与ἦν[过去存在]、ἔστι[现在存在]和ἔσται[将来存在]的紧张
98 关系之中，而且更进一步，处于与在残篇30的最后的词组所关切的东西的紧张关系之中，处于与依照一定的尺度燃烧和熄灭之物的紧张关系之中。

海德格尔：现在对我而言核心问题是，你从哪里开始。你是从ἦν［过去存在］、ἔστι［现在存在］和ἔσται［将来存在］出发呢，还是从πῦρ ἀείζωον［永远的活火］出发？

芬克：我是从πῦρ ἀείζωον［永远的活火］出发，而且从它开始过渡到ἦν［过去存在］、ἔστι［现在存在］和ἔσται［将来存在］。如果人们一个字一个字解读的话，时间的三重性就是关于ἀείζωον［永远活着的］的。

海德格尔：这就是说，关于一种永远存在者，我们可以说过去存在、现在存在和将来存在。

芬克：这种想法很难贯彻到底。只要我们素朴地解读这个残篇，我就必须说，这段话是关于过去存在、现在存在和将来存在的永远的活火的。

海德格尔：ἦν［过去存在］和ἔσται［将来存在］不具有任何与ἀείζωον［永远活着］相关的意义。

芬克：ἦν［过去存在］指的是已经逝去之物，而ἔσται［将来存在］指的是尚未存在之物。不是火已经消失了并且将继续存在，而是它首先和主要为时间内的涌现、时间内的逗留和时间内的沉没开启了轨道。火作为让时间（Zeitlassen）的时间首先和主要开启了过去、当前和将来这三个时间维度。

海德格尔:对于过去来说存在着这样一种可能性,即它自己不可能一直存在。但是如果您谈论让时间,你是在哪种意义上说的呢?

芬克:在时间的分配的意义上。

海德格尔:您把这个"让"(Lassen)理解为分配。但是,在让时间中,时间又是何种意义呢?

99 **芬克**:我们必须区分让时间和物所拥有的被分配的时间,这种被分配的时间以这样一种方式存在,它曾经存在过一段时间,当前正在存在着,以及将来将会存在一段时间。在时间之中存在的这种方式只属于物,而不属于首先并且主要让这三种时间绽出状态裂开的永远的活火。πῦρ ἀείζωον[永远的活火]就是曾经存在、现在存在和将来存在的图样(Aufriss)。由于这种本源的时间涌现,在火之闪耀中存在的东西获得了分配给它的逗留的时间。火设置了尺度。如果人们认为,πῦρ ἀείζωον[永远的活火]是由在时间之中存在(In-der-Zeit-Seins)的时间陈述(Zeitaussage)所规定的,那么,问题的尖锐性就会消失。然而问题是,是否可以认为,火过去存在、现在存在和将来存在,或者是否可以思考一种在火与ἦν[过去存在]、ἔστι[现在存在]和 ἔσται[将来存在]之间存在着的生产性关系。

海德格尔:如果您谈论πῦρ ἀείζωον[永远的活火]的让时间,那么,您指的并不是一种流俗意义上的让时间,就好像我们有时会说，某人让给别人时间，是吗？

芬克：火所让的时间，因为它分配给物以时间，所以绝不是空虚的时间形式，绝不是和内容相分离的媒质，而是一定程度上有内容的时间。

海德格尔：关于如此这般给出的时间，人们或许必须说，它逗留着。它不是一个存储室，物在其中以被分派的方式登场，相反，作为被分配者的时间已经和逗留者建立了关联。

芬克：和个别化了的物建立了关联。

海德格尔：我们把个别化之物按下不表。但您是不是想要说，由于您关于时间和让时间的阐释，我们超越了流俗的时间理解？

芬克：我首先从这样一种陌生性出发，即残篇 30 中的πῦρ ἀείζωον
[永远的活火]被提到时就像是一个时间中的过程，而它恰恰不在 100
时间之中，而毋宁说，它是在把时间分配给一切内时间之物的意义上的时间形成(Zeitbildung)。这种时间的分配，我们以前在驱赶着的闪电雷鸣和Ἥλιος[太阳]的火中思考过。我们不可以在从在时间中存在向本源的时间这种非常棘手的概念回溯中，规定火的时间，而火的时间形成τὰ πάντα[一切、万物]的诸时间。这种轻巧的解读方式就是：火在过去、现在和将来一直存在着。如果这样理解的话，火就是某种一直持存着的、现成在手之物，它通过时间

的推移而自我维持着。这种保持的基本特征就是曾经存在、现在存在和将来存在的时间维度。但这样一来,人们就已经拥有时间,并把时间概念运用到形成时间的火之中。与此相反,这种更加困难的解读方式是:ἦν[过去存在]、ἔστι[现在存在]和ἔσται[将来存在]首先和主要来源于火的让时间。

海德格尔:因此,火就不只是发光,而是作为光、闪耀(Schein)和温暖

芬克:而且因此被理解为养育者。

海德格尔:但对于πῦρ ἀείζωον[永远的活火]而言,首先重要的是闪耀的因素。

芬克:火是带向显现者(Das zum Vorshein-Bringende)。

海德格尔:如果我们仅仅把火理解为点燃的旺火,那就不会产生闪耀。

芬克:我们必须从闪耀出发回溯性地思考κόσμος[世界、宇宙]。它是在火的闪耀中闪烁着的东西(das im Feuerschein Aufscheinende)。首先我们必须问自己:如何可能通过πῦρ ἀείζωον[永远的活火]的内时间的特征而被指引到这种 πῦρ ἀείζωον[永远的活火]上,它首先从自身之中释放出过去、当前和将来?

海德格尔：您谈到释放。如何能更切近地理解这个词的使用？黑格尔释放出自然。πῦρ ἀείζωον[永远的活火]如何释放出过去、当前和将来？对我来说，问题就在于，紧随而来之物是否以某种方式支持您的阐释，或者将来者是否使您的阐释成为可能。 101

芬克：让我困惑不安的东西是在 ἀείζωον[永远活着]和 ἦν[过去存在]、ἔστι[现在存在]和 ἔσται[将来存在]之间的紧张关系。πῦρ[火]的 ἀεί[永远]和三个时间维度在我看来不会如此轻而易举地配合在一起。曾经、现在和将来自身并不和火发生关联，毋宁说，我们必须从火出发来理解 τὰ πάντα[一切、万物]的曾经存在、现在存在和将来存在的向上跃起。

海德格尔：我只想获得您的阐释的这一步骤的一个线索。只要我没有看到这个线索，人们就可以说，从παν ἑσπετόν[一切爬行物]迈向πάντα ὡς ἑρπετά[爬行的一切]、从包围星辰和月亮的黑夜到为太阳领域划定界限的更加本源的黑夜这一步，的确是有待完成的，因为已经被给出的是这样一个线索，即从πῦρ ἀείζωον[永远的活火]和三个规定迈向πῦρ ἀείζωον[永远的活火]的时间形成（在让过去存在、当前存在和将来存在跃起这个意义上）这一步没有任何线索，因此它就不能正当地得到贯彻执行。

芬克：在我看来，这个线索就是，在时间之内谈论 πῦρ ἀείζωον[永远的活火]是不可能的。否则，它就会变成在世界中出现一个实事，也许会成为最高的实事，成为 summus ens[最高存在者]，但它是物之中的一个 ens[存在者]。这样看来，它就会从属于时间。不过我的问题是，是否在时间之中存在的诸规定不从属于 πῦρ ἀείζωον[永远的活火]。

海德格尔：就我所见，也就只有这样一条线索，即 πῦρ ἀείζωον[永远的活火]绝不是一个物，因此，关于它，绝不能说什么"过去存在"、"现在存在"和"将来存在"，

102 **芬克**：而且也绝不能在流俗的意义上说永远存在。

海德格尔：我们站在这样一个问题面前，πῦρ ἀείζωον[永远的活火]是如何与时间发生关联的。人们不能走下去了。1923 年夏季学期，我在马堡草拟《存在与时间》之时，做了一个关于时间概念史的讲座。在我借助品达和索福克勒斯深入研究古风时代的时间观念时，有一点特别引起了我的注意，没有一个地方是在前后相续意义上谈论时间的，相反在那里，时间是作为首先保证前后相续之物——这和《存在与时间》的最后几节有点相似，尽管在那里，这个问题是从此在(Dasein)出发而被收入眼帘的。——我看着我的手表，并且确认现在是 18 点 57 分。时间在哪里呢？请您尝试着去寻找它。

第六次：πῦρ[火]和πάντα[一切]（相关残篇：30，124，66，76，31）。

（本次讨论班一开始由一位参与者做关于赫尔曼·弗伦克尔《早期希腊文献中的时间观念》[刊于《早期希腊思想的道路与形式》，1960 年第二版]的评论。）

芬克：这位评论者已经表明，在荷马那里，χρόνος[时间]意味着长久地持续的时间，在期望中得到理解的时间之持续，或者是对为痛苦所折磨的终有一死者来说仍旧继续存在的时间。两者都是时间的特定形式。

海德格尔：对我们来说重要的是，在荷马和赫西俄德那里根本不存在一种关于时间之为时间的理论化的概念规定，毋宁说，在他们二者那里，时间都仅仅是出于经验而被提及的。

芬克：海德格尔教授先生的问题是从弗伦克尔关于白天是一个体验统一体（Erlebniseinheit）的表述出发的，亦即是从关于时间的由体验得到的被给与方式的观念出发的。问题是，时间是否和体验着的主体相关,或者,时间是否可以在不同于下面这种方式的意义上被理解为具体的时间,即我们在时间之中,但我们却没有体验时间。谈论时间之体验是危险的,因为那样它就和意识关联在一起。那么,我们必须进入到两种不同时间的差异之中,一方面是我们在其中获得体验的意识时间,另一方面是和主观的体验时间有别的客观时间。问题在于,什么是被规定的时间,时间的规定性是从体验特征而来得到把握的,还是从另外一个存在于主观时间和客观时间的差异之外的前提而来得到把握的。

104 **海德格尔**:我对于"体验统一体"这个表述有不同看法。当讨论班参与者中有人说,荷马提出了某种特定的时间观念,而这种规定性建基于等待的长时间逗留的体验,那么有一点是正确的,即我只是反对这种表述。因为希腊人并不体验。我们打断接着评论的讨论,因为否则我们就会失去太多时间。但是如果我们说我们会失去时间,这是什么意思呢?在何种前提之下我们可能根本上失去时间?

参与者:只有在对我们来说时间有限制的情况下,我们可能失去时间。

海德格尔:这种有限制的情况并不是决定性的因素,毋宁说,我们必须拥有什么,才可能失去它。只有当我拥有时间时,我才能失去时间。如果我说,我没有时间,那么时间的特征是如何被刻画的呢?

参与者:我在这里预设了,时间是可供我支配的。

海德格尔:和时间相关,这就意味着:时间的基本特征是对……而言的时间。

参与者:作为对此而言的时间,时间是对一个它者而言的非时间(Unzeit)。是完成此而不是彼的时候了。

海德格尔:时间作为非时间,乃是关于时间的褫夺性特征刻画。我们已经强调过的时间的这个特征就是时间之为对……而言的时间。我想指出的时间的另一个特征,在我看着手表说"现在是17点45分"时显示出来了。但现在我要问的是:时间在哪里?

参与者:时间由此显示自身为钟表时间或者说度量时间。

海德格尔:如果我看着钟表说"现在是17点45分",并且提问"时 105
间在哪里",那么,这个问题根本上对头吗?

参与者:人们是否可以问时间在哪里,这是一个难题。

海德格尔:因此我问您:人们根本上能够问时间在哪里吗?

参与者:1962年,您在您的报告"时间与存在"中已经说过,时间是前空间性的。这或许意味着:人们不能追问时间在哪里。

海德格尔:另一方面,您从钟表中读出了时间。我看着钟表,读出上面的数目:现在是 17 点 45 分。显然这里没有什么不对头的。依照黑格尔,我们必须把它写在黑板上。但那又如何呢?我们必须写:现在是 17 点 45 分。所以在现在(Jetzt)中,我们有了时间。我们其实是用现在来意指时间。如果我们深入残篇 30,而且察觉到存在于关于与πῦρ ἀείζωον[永远的活火]相关的ἦν[过去存在]、ἔστι[现在存在]和 ἔσται[将来存在]的说法中的困难,我们便又回到了这个问题。在我看来,这里要思考的是,在残篇 30 中是否真的有关于时间的谈论。

芬克:然而赫拉克利特确实谈论过ἀεὶ ἦν[永远过去存在]、ἔστι[现在存在]和 ἔσται[将来存在]。

海德格尔:如果我们说残篇 30 谈论的是时间,那么,难道我们不是摆脱了这个文本吗?

芬克:可是,赫拉克利特明显使用了时间规定啊。

海德格尔:这也就意味着,他没有专题性地谈论时间。这个论断是
106 重要的,有此论断,方能够跟上您在阐释残篇 30 时所遵循的步伐,在您的阐释中,您确定了πῦρ ἀείζωον[永远的活火]和κόσμος[世界、宇宙]之间的关联。我们也可能把这个残篇解读得过于琐屑了,如果我们说,ἦν[过去存在]、ἔστι[现在存在]和 ἔσται[将来存在]是对于ἀείζωον[永远活着]的先行阐释。在这种情况下,这个

ἀεί[永远]会是什么意思呢？

参与者：ἀεί[永远]或许被理解为εἶναι[是、存在]、ἔσεσθαι[将是、将存在]和 γενέσθαι[已发生、已成为]的“共同”(Zusammen)。

海德格尔：那是一种什么样的共同？如果我们把残篇 30 解读得过于琐屑，把ἦν[过去存在]、ἔστι[现在存在]和 ἔσται[将来存在]理解为对于ἀεί[永远]的先行阐释，那么，这个ἀεί[永远]又是什么呢？在这个“永远”中已经预设了时间吗？

参与者：“永远”可能是一种内时间的规定。

海德格尔：那么，“永远”就被理解为“在任何时候”，“持恒地”了。在拉丁文中，人们会说 sempiternitas[总是、一直]。我们在此没有取得任何进步，这是基于这样一个事实，即此残篇并没有专题化地讨论时间；但尽管如此，阐释的尝试是要在一种决定性的意义上把时间收入眼帘。我相信，只有这样，我们自己才能澄清您的阐释的道路。如果依照那种琐屑的解读方式，该残篇的前半句说的是，κόσμος[世界、宇宙]既不是诸神之一也不是凡人所生产的，而从ἀλλά[但是]开始的后半句说的是，κόσμος[世界、宇宙]过去是、现在是和将来是永远的活火，那么，依照您的阐释，后半句的主语就不是κόσμος [世界、宇宙]，而是πῦρ[火]了。

芬克：依照这种四平八稳的解释，就像第尔斯建议的那样，火之存

在(Feuersein)便是κόσμος[世界、宇宙]的一个述谓规定。然而，前
107 置句已经能够让我们警觉起来了。如果我们译作：这个κόσμος[世界、宇宙]既不是诸神之一也不是凡人带向显现的，那么，κόσμος[世界、宇宙]——尽管是出于防御地说出的——便挪移入被生产者的视线之中。因此，与火的联系也就作为生产者而被给出了。我们并不把火理解为κόσμος[世界、宇宙]的述谓性规定，而是从火出发把κόσμος[世界、宇宙]理解为τὰ πάντα[一切、万物]的美丽结合——它既不是由诸神之一也不是由凡人带向显现的。它过去是、现在是和将来是永远的活火，在它的光之闪耀中，τὰ πάντα[一切、万物]的美丽结合进入闪耀之中。这个"它过去存在，现在存在和将来存在"，我们必须在"有"(es gibt)的意义上来理解。这样来看，κόσμος[世界、宇宙]应该从火出发来理解，而不是从κόσμος[世界、宇宙]出发来理解火。这种解读方式和我们阐释闪电和太阳与τὰ πάντα[一切、万物]的关联的足迹若合符节。πῦρ[火]和κόσμος[世界、宇宙]的关联是一种特殊的ἕν[一]和τὰ πάντα[一切、万物]之间的关系，依照这种关系，τὰ πάντα[一切、万物]置身于火的光之闪耀中。这种四平八稳的解读方式有一个优点，在这两个半句中，主语保持相同，以至于火变成了κόσμος[世界、宇宙]的规定，而不是倒过来，κόσμος[世界、宇宙]是在火的闪耀中被带向显现。只有在后半句的主语不是κόσμος[世界、宇宙]的时候，才存在着火相对于κόσμος[世界、宇宙]而言的优先性。在这里我们可以指向残篇124：ὥσπερ σάρμα εἰκῆ κεχυμένωνό κάλλιστος [ὁ] κόσμος[世界、宇宙]。第尔斯的译文作："最美丽的世界[秩序]也好像一堆马马虎虎地堆积起来的物。"在

这里说的是，最美丽的世界秩序也等同于一个垃圾堆。

海德格尔：人们可以把κάλλιστος κόσμος[最美丽的世界]译作：如其根本上只能是那样的κόσμος[世界、宇宙]。

芬克：最美丽的κόσμος[世界、宇宙]，所有πάντα[一切、万物]的最美丽的整体秩序，在火之闪耀中走向显现。如果这个世界等同于一个垃圾堆，那么，我们就拥有了一个在与κόσμος[世界、宇宙] 108
相关的κάλλιστος[最美丽]和关于σάρμα[垃圾、废物]的贬义谈论方式之间的尖锐对立。在何种程度上这个最美丽的κόσμος[世界、宇宙]等同于一个由随手乱扔的东西组成的垃圾堆？是在这种程度上，即我们把它比作生产性的πῦρ[火]。在与带向显现的火相比较，这个最美丽的κόσμος[世界、宇宙]显现为一堆随手乱扔之物。如果我们以这种方式解读残篇 124，那它就可以支撑我们对残篇 30 的阐释，而这依赖于火相对于κόσμος[世界、宇宙]而言的优先性。

海德格尔：最美丽的κόσμος[世界、宇宙]仍然需要一种规定，这对我来说是难以把握的。

芬克：我是这样来理解这个残篇的，即：最美丽的κόσμος[世界、宇宙]仅仅着眼于πῦρ[火]的ἕν[一]而接受了一堆随手乱扔之物的否定性特征。

海德格尔:因此,问题就是,残篇 124 是否能够用作残篇 30 的解释的支撑。

芬克:这个κάλλιστος κόσμος[最美丽的世界]的基本特征或许是乱糟糟的一堆,这不仅是着眼于πῦρ[火]的ἕν[一],而且是着眼于另一个ἕν[一],这个ἕν[一]首先和死亡的维度一道被收入眼帘。

海德格尔:我首先关心的是向参与者澄清您向前推进的方式。您首先脱离那种素朴的、四平八稳的解读方式,而偏爱更加困难的解读方式。让我们平稳地解读残篇 30,那么,它处理的是一个关于κόσμος[世界、宇宙]的陈述,它既不是由诸神之一也不是凡人所生产的,相反,它过去是、现在是和将来一直是一团永远的活火。那么,这个κόσμος[世界、宇宙]就是某种存在之物。那么这个陈述,就像您想要说的那样,就压根儿不是一个哲学的陈述。

109 **芬克**:那么,某种特定的哲学要素就只存在于ἀεί[永远]之中,存在于世界的永恒性(Ewigkeit)之中。

海德格尔:但您是在赫拉克利特是一个哲学家这个预设之下说这些的。然而,在赫拉克利特的时代还没有哲学家。

芬克:赫拉克利特很可能不是一个哲学家,但他毕竟是一个φίλος τοῦ σοφοῦ[智慧之友],一个σοφόν[智慧]的朋友。

海德格尔:这也意味着,您没有形而上学地阐释赫拉克利特。与这种素朴的解读方式相对立,您需要一种哲学的,但却不是形而上学的解读方式。您想要从何种解释学的立场出发进行探索呢?

芬克:令我百思不得其解的是,πῦρ ἀείζωον[永远的活火]应该作为κόσμος[世界、宇宙]的本质述谓而被说出,而κόσμος[世界、宇宙]作为πάντα[一切、万物]的结合——根据出自迄今为止所有残篇,在其中πάντα[一切、万物]由闪电支配着,并置身于Ἥλιος[太阳]的光之闪耀中——,本身不可能是火,而只是火的作品。在前置句中说的是,这个κόσμος[世界、宇宙]既不是由诸神之一也不是由凡人带向显现的。我们首先必须怀着好奇追问,在何种程度上根本上可以说,绝没有任何凡人生产出物的这个整体秩序。这种否认之所以是可能的,是因为凡人通过一种制作的权力而变得出类拔萃。但首先,这种防御说法听起来是自相矛盾的,因为其实没有人会轻易地说,凡人生产出了πάντα[一切、万物]的整体秩序。凡人没有在πάντα[一切、万物]的整体结合的意义上生产这个κόσμος[世界、宇宙],但凡人可能生产出了πόλις[城邦]意义上的κόσμος[世界、宇宙],而诸神生产出了世界统治意义上的κόσμος[世界、宇宙],尽管是以一种受到限制的方式,因为他不能干涉Μοῖρα[命运女神]的权力。凡人和诸神都是有生产力量的,因为他们以某种出类拔萃的方式分有火的生产性权力。凡人只能制 110
作小的κόσμος[世界、宇宙],而不能制作大的κόσμος[世界、宇宙],但他之只能如此,是因为他分有πῦρ[火]的ποίησις[制作、创作]。诸神和凡人是κόσμος[世界、宇宙]之中出类拔萃的存在者,在那里,诸神由于更接近πῦρ ἀείζωον[永远的活火]而得到规定。由于分有了火的制作性权力,人就有了τέχνη[技艺]和建立国家的能力。诸神并不会生产国家,而只是会生产世界统治。火拥有高出诸神和人的制作性强力,它授予诸神和人他们自己的制作性权力作为采邑,而仅仅因为这一点,关于他们,我们可以以否定性的方式说,他们没有生产大的κόσμος[世界、宇宙]。我在残篇30中的ἀλλά[但是]之前打了一个分号,把它们翻译如下:但是它过去是、现在是和将来是一团永远的活火。火的ποίησις[制作、创作]就是διακόσμησις[安排]。先前被称为οἰακίζει[驾驶、控制]和ἐκυβέρνησε[掌管、统治]的东西,现在就是κόσμος[世界、宇宙]之火的制作性权力。

海德格尔:您不是在形而上学意义上思考权力。您不再形而上学地思考了。赫拉克利特也不是形而上学地思考的。这是同一回事吗?这里涉及的是思想的同一种境遇吗?

芬克:可能不是。因为和赫拉克利特不同的是,我们已经深深打上了形而上学概念语言的烙印。也许借助于形而上学的基本表象,我们几乎难以摆脱形而上学。

海德格尔:对于阐释而言,同样对于尚未形而上学和不再形而上学之间的联系而言,值得注意的是,它是一种特殊的历史性的联系。"非形而上学的"这个表达是不充分的。我们不再形而上学地阐释一个还不是形而上学的文本。这背后隐藏着一个现在尚未得到探

讨的问题,但为了要澄清您的阐释之途程,这将是必不可少的。 111

芬克:现在我们也可以把这个并不四平八稳的解释与后置从句(Nachsatz)联系起来:ἁπτόμενον μέτρα καὶ ἀποσβεννύμενον μέτρα[在一定的尺度上燃烧,在一定的尺度上熄灭]。如果火是永远活着的,那么它自身就不会熄灭,毋宁说,它是着眼于κόσμος[世界、宇宙]才会燃烧和熄灭的,并且为白天和黑夜以及置身于白天和黑夜的轮替之敞开域中的一切物设置了尺度。这个ἁπτόμενον μέτρα καὶ ἀποσβεννύμενον μέτρα[在一定的尺度上燃烧,在一定的尺度上熄灭]绝不是火的规定性,也不是由于火而发生的东西;毋宁说,依照一定的尺度燃烧和熄灭是着眼于置身并且走向火之闪耀中的某物而发生的。ἦν[过去存在]、ἔστι[现在存在]和ἔσται[将来存在]也适合于在火的闪耀之下出现的东西。我们不是把这三种时间规定理解为πῦρ ἀείζωον[永远的活火]的时间性标志,而是反过来,我们出于πῦρ[火]的ἀεί[永远]来理解在火的闪耀之中走向显现的物的曾在、现在和将来。物在形成、逗留和消失的方式中有它们的在时间之中存在(In-der-Zeit-sein)。在物逗留之际,它们在现在、曾在和将来之中伸展自身。

海德格尔:在残篇中说到"过去是"(war)、"现在是"(ist)和"将来是"(wird)。但您说的是曾经存在(Gewesensein)、当前存在(Gegenwärtigensein)和将要存在(Künftigensein)。显然这里讨论的是不同的东西。尽管残篇中使用的是时间规定,您在您的阐释中却把时间本身一道带入论题之中。

芬克：时间的永远活的源泉只能借助于那些采自τὰ πάντα[一切、万物]的名称而被说出来。

海德格尔：我同意这一点，但我现在关心的是这样一个提示，即：ἦν[过去存在]不是指作为曾经存在本身。

112 **芬克**：使我惊奇的是πῦρ ἀείζωον[永远的活火]和ἦν[过去存在]、ἔστι[现在存在]和ἔσται[将来存在]之间的牢不可破的纽带。也许我们可以说：我们不可以以某种方式说πῦρ ἀείζωον[永远的活火]，说它只是现在存在着，因为它不是永恒存在的。毋宁说，我们必须说：正如闪电和太阳的光亮把πάντα[一切、万物]带入显现以及其形态的轮廓之中，πῦρ[火]的ἀεί[永远]就是使得那个置身于火光的闪耀之中的πάντα[一切、万物]得以过去存在、现在存在和将来存在的东西。不过，困难在于，πάντα[一切、万物]的在时间之中存在的基本特征把自身放回到作为在时间之中存在这种方式的源泉的πῦρ ἀείζωον[永远的活火]之上。但关于πῦρ ἀείζωον[永远的活火]人们不可以说，它过去存在、现在存在和将来存在。因为那样的话，人们就把它把握为一种类似于持存物的东西。说πῦρ ἀείζωον[永远的活火]现在存在，这是什么意思呢？是说它有一个特定的年纪，以至于它在每一个瞬间都变得更老？而说它过去存在和将来存在又该是什么意思呢？一直曾经存在意味着，它在背后有已经逝去的过去，就像将来存在意味着，它在前面有一个将来。关于πῦρ ἀείζωον[永远的活火]，人们可以说在它背后有已经逝去的过去，它现在正处于在场状态，而且在将来它有一个即将到来的在场状态吗？在这里πῦρ ἀείζωον[永远的活火]是以物在时间之中存在、形成、逗留和消失的方式，以及物具有过去、当前和将来的方式而被提及的，而πῦρ ἀείζωον[永远的活火]本身首先让曾在、当前和未来涌流出来。我们必须当心，切勿把πῦρ ἀείζωον[永远的活火]理解为一种连绵不断的持存物。

海德格尔：对我而言问题是，这种颠倒的阐释步伐的理由存在于何处。对您而言，ἀεί[永远]变成了ἦν[过去存在]、ἔστι[现在存在]和 ἔσται[将来存在]的源泉。

芬克：变成了三种时间维度的源泉。我这种颠倒的阐释步伐的理由在于，πῦρ ἀείζωον[永远的活火]自身并不在时间之内存在，它是通过首先由它而得以可能的东西被说出的。在这里存在着派生物对于本源之物的遮蔽。如果我们想要通过残篇的直接的原文让 113
我们自己平静下来，并且偏爱那种四平八稳的解读方式，那么，πῦρ ἀείζωον[永远的活火]就有过去和将来，而现在不再是它过去所是的东西，也还不是它将要成为的东西。

海德格尔：我们已经说过，我们不再形而上学地阐释一个尚不是形而上学的文本。不再形而上学是不是已经包含在尚未形而上学之中呢？

芬克：这就是海德格尔阐释的赫拉克利特了！

海德格尔：我所关心的，并不是通过海德格尔来阐释赫拉克利特，而是把您的阐释理由精心阐发出来。我们俩在下面这一点上是一致的：如果我们和一位思想家说话，我们就必须关注已被道说者之中未被道说者。问题只是，哪一条道路将会通达此处，这种阐释步伐的奠基是何种类型的。在我看来，要着眼于残篇 30 的阐释来回答这个问题，是非常困难的。因此，我想追问这个“总是”（immer）。我们应该如何理解它？在您的阐释框架中，“总是”是什么意思？如果我问您，它是 nunc stans[停顿的现在]吗，您用“不”来回答，那么，我就要问：它是什么呢？在这里我们面对一个问号。

芬克：这个特殊的困难在于，那个作为时间的源泉而位于前面的东西，根本就不可能以任何合适的方式被道说出来。与时间的源泉相关联，我们置身于一种特殊的困境之中。

海德格尔：您有权利强调我们置身于其中的这个困境。我们面临的困难不仅仅在于思考步伐之中，而更在于我们的设身处地的领会之中。为了能够以正确的方式倾听赫拉克利特，我们对于我们
114 的思考对象必须有足够清楚的观念。但是我们还不能依据一条残篇来解决要思考的对象，相反，我们必须——正如您已经说过的那样——为了阐释一条残篇而把所有残篇收入眼帘。我一次又一次关心的是，澄清您的阐释的一系列步骤。因此，我已经表明，在您的阐释步骤中，时间是专题化的，而在残篇 30 中，时间只是作为时间理解而被收入眼帘，赫拉克利特没有把它专题化。

芬克：关于ἦν ἀεὶ καὶ ἔστιν καὶ ἔσται πῦρ ἀείζωον[它过去、现在和将来一直是一团永远的活火]，我并不想断言，我们可以十分方便地占有一种陈述可能性，即能够谈论被时间内的规定所遮蔽，但却没有时间内的规定的时间之源泉。因为这就等于说，我们已经有能力重新取得前形而上学的语言了。——在这种关联中，让我们把眼光投向残篇66，我们现在之所以仅仅求助于这条残篇，是为了显示πῦρ[火]相对于κόσμος[世界、宇宙]和τὰ πάντα[一切、万物]的优先性。这条残篇作：πάντα γὰρ τὸ πῦρ ἐπελθὸν κρινεῖ καὶ καταλήψεται。第尔斯的译文作："因为一切变成火，火烧上来，将要执行审判和处罚。"这个翻译中成问题的是，是否κρινεῖ必须被译作某种终结意义上的"将要审判"(wird richten)，或者它绝对不可能译作"将要划分"(wird scheiden)，以及是否καταλήψεται必须被理解为"将被击入其印记中"。那么，我们必须说，火在把πάντα[一切、万物]带入显现之际，将要划分πάντα[一切、万物]，并且把它们的每一个击入其印记中。因此，火相对于τὰ πάντα[一切、万物]的优先性也在这里得到显示，而在残篇30中，火是以κόσμος[世界、宇宙]或者说πάντα[一切、万物]的整体秩序的名义而被提及的。我所提出的对于残篇30的这种更加困难的解读方式，要求前半句和后半句的主语是不同的。依照那种四平八稳的解读方式，前置句的主语，即κόσμος[世界、宇宙]，也保持为后半句的主语。从语言的角度来看，这种解读方式是更加简单明了的，但从思想的角度来看，在我看来，它是有失体统的。这种更加困难的解读方式蕴含着，κόσμος[世界、宇宙]进入到人 115
们的眼帘之中，并且被命名为被生产之物，但是它跟诸神和凡人的生产性的权力没有多大干系。既不是源自诸神的ποίησις[制作、创作]，也不是源自凡人的ποίησις[制作、创作]的κόσμος[世界、宇宙]，作为被生产之物，指向火的带向显现。因此，在后半句之中，主语不再是κόσμος[世界、宇宙]。因为否则的话，[永远的活火]就会变成κόσμος[世界、宇宙]的述谓性规定，而κόσμος[世界、宇宙]是火的被生产之物。我们必须这样来解读：既非诸神之一也非凡人把κόσμος[世界、宇宙]带向显现，相反，它过去、现在和将来一直是一团永远的活火，——这团活火把κόσμος[世界、宇宙]带向显现。我们庶几可以在"有"(es gibt)的意义上来理解"过去、现在和将来一直存在"。但是，有πῦρ ἀείζωον[永远的活火]的方式是这样一种方式，πῦρ ἀείζωον[永远的活火]赋予(gibt)πάντα[一切、万物]以三种在时间之中存在的方式。如果我们这样来解读残篇30，那么，火对于κόσμος[世界、宇宙]而言的决定性优势就出现了，而这种优势也得到了残篇66的支撑。尽管如此，问题是，我们是否可以如此解读残篇30，以至于在它之中，决定性的东西是在这三种时间规定中说出的πῦρ ἀείζωον[永远的活火]。因此，我们可以一言以蔽之地追问，我们是否可以从残篇31中推断出——尽管它包含了新的思想主旨——火的优先性。

参与者：我们在这里不也必须把残篇76包括进来：ζῇ πυρ τὸν γῆς θάνατος καὶ ἀὴρ ζῇ τὸν πνρὸς θάνατον, ὕδωρ ζῇ τὸν ἀέρος θάνατον, γῆ τὸν ὕδατος。第尔斯译文作："火生于土之死，气生于火之死，水生于气之死，土生于水之死。"

芬克：在这个残篇中，运动是在一个词组中被提及的：火生于土之死。这意味着，在这里讨论的不是某种单纯的转变，而是生和死的交叉重叠，——这个问题，我们还将单独予以关注。——至于残篇 116
31，我们在这里也只以赫拉克利特本人的话作为我们的沉思的基础：πυρὸς τροπαί πρῶτον θάλασσα，θαλάσσης δὲ τὸ μὲν ἥμισυ γῆ，τὸ δὲ ἥμισυ πρηστήρ.〈γῆ〉 θάλασσα διαχέεται，καὶ μετρέεται εἰς τὸν αὐτὸν λόγον，ὁκοῖος πρόσθεν ἦν ἢ γενέσθαι γῆ。第尔斯译作："火的转化是，首先成为海，海的一半成为土，另一半成为旋风。土化为海，并且遵照着以前海化为土时所遵照的尺度。"

海德格尔：在此我要请大家注意布鲁诺·斯奈尔发表于《赫尔墨斯》1926 年第 61 期上的一篇关于τροπή［转变、转化］的论文。

芬克：第尔斯将之译作"火的转化"，而赫拉克利特是以复数的形式谈论τροπαί[转变]即变化、转变的。可是在这里，我们应该如何来理解火向海和海向火的过渡，就像土向海和海向火的过渡一样？这里讨论的是一种物态向另一种物态的过渡这样一种众所周知的现象吗？还是在这里指的是任何一种要素转化和变形为另一种要素？赫拉克利特谈论的是元素之转化吗，就像我们看见的物态相互转化，物态由水转化为气，或者由火转化为烟一样？τροπαί[转变、转化]是什么？赫拉克利特是因为火同时转变成了一系列各式各样的东西，还是因为火先后转变为了互不相同的东西而谈论多数？首先它看起来像是一个前后相随的系列：火变成了海，海的一半变成了土，另一半变成了旋风。我们在这里能够根本上依照大家司空见惯、众所周知的发生方式进行追问吗？从这种现象中，我们只能认识物态之转变。但我们不是这种宇宙学过程的目击者。非常难以看到的是火变成海，因为海，也就是水，是最能够把火熄灭的东西。根本上问题在于，我们是不是对路，如果我们如此看待
117 火的转化，就好像一切首先都是火，好像那样的话，水就会把自身分成两半，从水的一半中生成土，而从另一半中生成旋风。很可能，这里讨论的压根儿不是这样一种前后相随的系列中的混合关系，不是在πάντα[一切、万物]的层面的混合关系。我倒宁愿指出，火是和海、土和旋风相对立的，火与海、土和旋风之间有一种对立的关联，就像Κεραυνός[闪电]和῞Ηλιος[太阳]与πάντα[一切、万物]之间的对立关系。作为ἕν[一]的火以不同的方式自我变形，犹如πάντα[一切、万物]所显示的那样。这种阐释首先只应作为问题而得到表述。如果我们仅仅把τροπαί[转变、转化]理解为位置运动中的变化，那么残篇 31 就是绝对不可理解的。我们当然不能说，火在某种位置运动中变成了水，变成了土和旋风。如果τροπαί[转变、转化]的意思是位置运动中的变化，那么火的转化是什么意思？赫拉克利特倒是说，火首先变成了海。显然，这里其实没有想到一种位置运动。火是这样运动的吗，即它首先变成了水，而水又以这种方式运动，即它一半变成了土，而另一半变成了旋风？如果我们在这种意义上理解τροπαί[转变、转化]，那么我们就把火当作一种原始实体（Ursubstanz），它以前后相继的方式表现出不同的现象形式。但我的问题是，是否人们能够通过我们司空见惯的物态的转换来澄清πυρὸς τροπαί[火的转变]。

海德格尔:您是想要说,在一切背后都有火吗?但成问题的是,在这里"在背后"是什么意思,首要地,是否火以某种原始实体的方式藏在一切背后,

芬克:或者是否人们在这里也不必设定ἕν[一]和πάντα[一切、万物]之间的关系,并且必须放弃关于一种基本质料的观念。即便在这里,我们的任务又将是,使我们那种更为困难的解读方式得以明确。

第七次：
阐释者的差异：存在的真理（残篇 16）或者宇宙学的视角（残篇 64）。——赫拉克利特和思想之实事。——尚未形而上学和不再形而上学。——黑格尔与古希腊的关系。——πυρὸς τροπαί［火的转变］和破晓（相关残篇：31，76）。

海德格尔：因为我们的讨论班由于圣诞节中断了三周之久，所以，简短地回顾一下我们这项任务迄今为止的进程可能是有所裨益的。如果有一个局外人问您，我们在这个讨论班上做些什么，您会如何回答这样一个问题呢？

参与者：在圣诞节前的最后几个小时中，处于核心地位的是依据残篇 30 来探讨时间问题。

海德格尔：可见您已经被芬克先生给出的关于残篇 30 的解释带上贼船了。因为——我们已经三番五次地强调过了——在赫拉克利特那里，时间压根儿还没有显露出来。

参与者：但是残篇30提出了时间规定啊，而且我们的问题是，应该如何来理解这些规定。

海德格尔：您因此而进入了一个特殊的问题。但如果有人问您，我们在这个赫拉克利特讨论班上做些什么，如果他不想听到关于某个个别问题的回答，而是关于讨论班全部问题的回答，如果他问，我们是从何处开始的，那么，您会怎样回答他呢？

参与者：我们是从方法论的初步思考开始的，亦即是从要如何理解 119
赫拉克利特这样一个问题开始的。

海德格尔：芬克先生在他阐释伊始做了些什么？

参与者：他是从对τὰ πάντα［一切、万物］的沉思开始的。

海德格尔：但他是如何抵达τὰ πάντα［一切、万物］的呢？——当我现在同您谈话时，我是跟所有人在谈话。

参与者：通过残篇64：τὰ δὲ πάντα οἰακίζει Κεραυνός［闪电支配着一切］。

海德格尔：我们在解释中是从τὰ πάντα［一切、万物］开始的，还是从闪电开始的？因为做此区分是重要的。

参与者：首先我们问自己，如何翻译τὰ πάντα[一切、万物]，然后我们过渡到闪电，接下来我们就考察了所有谈及τὰ πάντα[一切、万物]的残篇。

海德格尔：所以芬克先生是从闪电开始关于赫拉克利特的解释的。这种开端是理所当然的吗？难道它不是出人意料的吗？

参与者：如果人们来考虑一下通常采取的哪些起点，那么，这种开端就是异乎寻常的。

海德格尔：从闪电开始的芬克先生仿佛被雷电击中了。海德格尔是从何处开始的呢？

参与者：从λόγος [逻各斯]开始

海德格尔：此外还有

120 **参与者**：从’Αλήθεια[无蔽、真理]开始。

海德格尔：但海德格尔是如何抵达’Αλήθεια[无蔽、真理]的呢？

参与者:通过残篇 16:τὸ μὴ δῦνόν ποτε πῶς ἄν τις λάθοι[1];

海德格尔:在这个残篇被用作赫拉克利特解释之基础的地方,也有这样一种情况,即:人们必须把它解读为第一个残篇。但是,残篇 64 和残篇 16 是如何联系在一起的,或者说,残篇 64 又如何与残篇 16 区别开来?这两个开端的区别在于何处?

参与者:在残篇 16 中,关键点是τὸ μὴ δῦνόν ποτε[永远不息的东西],而在残篇 64 中,关键点是Κεραυνός[闪电]。

海德格尔:这两个残篇、因而这两个开端是同一的吗?

参与者:不是。

海德格尔:请您取完整的残篇 16,并将之与残篇 64 进行比较。

参与者:这两个残篇之间的区别在于,残篇 64 只谈到τὰ πάντα[一切、万物],而在残篇 16 中,人发挥作用了。

海德格尔:可见这里涉及一个大差别。问题是,分别从残篇 64 开始和从残篇 16 开始的不同开端意味着什么,在这里是否存在着某种对立。我们必须明确地提出这个问题。但是,如果说在残篇 16 121

---

① 第尔斯译作:"人怎么能躲得过那永远不息的东西呢?"——原注

中人成了论题,而在残篇 64 中人没有被提及,那么,人们能够就此回答些什么呢?

参与者:如果τὰ πάντα[一切、万物]包括了一切存在者,那么其中也包括了作为一个存在者的人。

参与者:我原则上同意这种说法。但在残篇 64 中并没有说,与一切非人的πάντα[一切、万物]相区别的人是如何存在的,又是如何与闪电处于关联中的。与此相对,残篇 16 以自己的方式命名了人如何与τὸ μὴ δῦνόν ποτε[永远不息的东西]发生关系的方式。

海德格尔:在残篇 64 中人也连带被命名了,因为人存在并且作为一个存在者归属于τὰ πάντα[一切、万物]。但问题是,我们是否已经思考了人,如果我们把人设定为与所有其他存在者一样归属于τὰ πάντα[一切、万物]的一个存在者,我们是否绝不能把它思作不同于归于πάντα[一切、万物]之下的某个存在者。我坚持认为,芬克先生的赫拉克利特解释的开端是令人奇怪的。这个始于闪电的开端进而导致了,

参与者:导致我们把闪电和τὰ πάντα[一切、万物]之间的关联收入眼帘。

海德格尔:接下来是什么呢?

参与者：对于残篇11的解释。

海德格尔：可我们是如何抵达这个残篇的呢？把我们从残篇64引向残篇11的实际动因是什么？

参与者：给予我们这种过渡以依据的，是赫拉克利特本人所说的东西：他在残篇64谈到τὰ πάντα[一切、万物]，而在残篇11谈到πᾶν ἑρπετόν[一切爬行物]，我们把它理解为πάντα ὡς ἑρπετά[爬行的一切]。

海德格尔：但是这样一种做法的实际依据在哪里呢？

参与者：是闪电（电闪雷鸣）把我们引向πληγή（击打）。 122

海德格尔：除此之外，我们还在支配（οἰακίζει）和驱赶（νέμεται）之间看到一种实际的联系。我们必须首先把闪电与τὰ πάντα[一切、万物]之间的关联，然后接着把πληγή[击打]和 πᾶν ἑρπετόν[一切爬行物]的关联纳入眼帘。然后我们过渡到

参与者：过渡到那些关于太阳的残篇。

海德格尔：解释始于闪电，准确地说，始于电闪雷鸣，然后过渡到太阳，并由此过渡到πῦρ ἀείζωον[永远的活火]。闪电、太阳和火的关联，我们必须在稍后再细致地加以勘定。现在首先有一点已经

得到了澄清,即我们迄今为止专题讨论了什么。但芬克先生是如何推进关于残篇的解释的呢?

参与者:解释对我们来说成了难题。

海德格尔:在何种意义上这种解释是一个难题?您会如何刻画芬克先生的做法的特征?他的解释的方式绝不是不言而喻的,而倒是堪称大胆冒进的。

参与者:在对残篇的阐释中,已经道说的东西多于其中存在的。

海德格尔:阐释是大胆冒险的。但是芬克先生也不是随心所欲地进行阐释,相反,当他偏爱这种困难重重的解读方式以及问题的艰难时,他是有其根据的。这里所涉及的是一个什么样的难题呢?他有何权利偏爱这种困难重重的解读方式?我们且以残篇 30 为例证。

参与者:总是偏爱这种困难重重的解读方式,为的是让实事显露出来。

123 **海德格尔**:那是何种实事呀?

参与者:这个实事已经在某种多样性中流露出来,也许最明确地鉴于时间问题。

海德格尔:现在我不允许您谈论时间。我们现在把存在与时间放进括号里。我们现在讨论的是何种应当走向显现的实事呢?在此请您回想一下芬克先生的导论式报告。

参与者:思想的实事(Sache)。

海德格尔:思想的实事存在吗?我们必须说:思想的实事是我们正在寻找之物,我们现在对之还一无所知。同一个局外人,在他听到你就他的问题而给出的回答之后,可能会答复你说,在我们致力于赫拉克利特研究之时,我们仿佛坐在象牙塔里。因为我们正在从事之事与技术和工业社会毫无干系,而毋宁说,它无非是一段衰朽了的历史。在这里又该如何回答呢?

参与者:说我们这里涉及已经衰朽的历史,这是大可怀疑的。因为我们不是把赫拉克利特当作过去的思想家,我们的意图毋宁是,在同他的争执之中把某些完全可能不同的或者完全同一的东西带向显现。我们所关注的争执并不是致力于一种过去了的实事的争执。

海德格尔:那么我们就对赫拉克利特研究毫无贡献可言了?

参与者:我不会这样说,因为我们的问题也可能对于研究有所助益吧。

124 **海德格尔**：我们尝试着在与赫拉克利特的对话中来规定思想之实事。在此，我们无意于对于赫拉克利特研究有一种专题性的贡献。我们对于这个方向毫无兴趣。也许我们正在做的事情对于赫拉克利特研究而言，是不可通达的。我们和残篇之间对话以及倾听残篇的道路与方式不是直接的日常的道路与方法，就像我们阅读报纸那样。芬克先生迫使您以另外一种方式思考。这种困难重重的解读方式中更大的困难不仅仅在一定程度上与我们的接受能力相关。在这里看起来像是一种语言比较，也许是另一种差异。

参与者：一种语言比较预设了，有某种处于某种关联之中的东西可资比较。在这种直接的日常的思考和理解与被命名为困难重重的解读方式之间，明显存在着一道不可逾越的鸿沟，它值得特别加以强调。

海德格尔：我们现在已经把τὰ πάντα[一切、万物]与闪电、τὰ πάντα[一切、万物]与太阳以及τὰ πάντα[一切、万物]与火之间的关联收入眼帘。残篇 7 谈论的是πάντα τὰ ὄντα[一切存在者]。在τὰ πάντα[一切、万物]和与我们相遭遇的闪电、太阳、火与ἕν[一]的关联之中，与朴素的解读方式有差异的困难重重的解读方式之中尤为困难者是什么？

参与者：问题是，πάντα[一切、万物]与闪电、太阳、火、ἕν[一]以及与πόλεμος[斗争、战争]或者λόγος[逻各斯]之间的关联性是否总是不同的，或者，与πάντα[一切、万物]相联系的东西的所谓多重性是否只是根据名称来看是多样的?

海德格尔:我们所面对的困难,是闪电、太阳、火、ἕν[一]、战争和λόγος[逻各斯]在它们与τὰ πάντα[一切、万物]或者与τὰ ὄντα[存在者]之间发生关联时的多样性。这种多样性不属于πάντα[一切、万物]或者ὄντα[存在者]。那么,它属于什么呢?

参与者:我在以下事实中看到了困难,即一方面,τὰ πάντα[一 125
切、万物]形成了总体性,而另一方面,τὰ πάντα[一切、万物]和不属于这个总体性的另外一些东西之间处于一种关联之中。

海德格尔:您想要说,由于这种总体性,我们拥有了一切,由于这种总体性,我们处在思想的终结之处。另一方面,我们谈论的是一种超越于总体性之外的多样性。如果τὰ πάντα[一切、万物]是ὄντα[存在者]的总体性,即全体存在者,那么,还会有某种超越于其上和其外的东西吗?

参与者:尽管您说过,"存在"这个词应该加上括号,但我们现在不得不把存在命名为超越于存在者整体之上的东西。

海德格尔:直到现在,我们还没有谈论过存在。存在是这样一个东西,它不是存在者,也不属于存在者。这种困难重重的解读方式就在于,我们没有在存在者层次上(ontisch)解读残篇,就像我们阅读报纸那样;在解读残篇时,事关宏旨的不是可以轻而易举地深入其中的物，毋宁说，这里重要的显然是一种思想方式，这种思想方式让它自身进入到在直接的表象和思考中不可通达之物之中：这是真正的背景。另一个困难如下所示。那种着眼于它与存在的关联来思考存在者整体的思想方式是形而上学的思想方式。但现在，我们在上次讨论班上说过，赫拉克利特尚未形而上学地思考，而我们在尝试着不再形而上学地思考。那么，这个"尚未形而上学"与形而上学完全没有关联吗？人们可能会认为，"尚未"是与随之而来之物，即形而上学，一刀两断、了无关系的。不过，它也可能是一种"已经"，一种特定的"准备"，这一点只有我们看到，而且我们必须看到，而赫拉克利特本人却不能看到。但它是如何与"不再形而上学"发生关系的呢？

126 **参与者**：这种对我们的思想的标识暂时是不可避免的，因为我们不可能轻而易举地把我们所源出的形而上学历史弃置一旁。至于与此相对立的"尚未形而上学"，有了这种特性刻画，也许已经说得太多了。

海德格尔：如果赫拉克利特不可能说他的思想尚不是形而上学的，因为他尚不能预见到将来的形而上学，那么，关于我们自己，我们必须说，我们尝试不再形而上学地思考，而且是因为我们来自形而上学。

参与者：在"不再"中存在着一种模棱两可：一方面，它是在某种外在的－时间性的规定意义上被把握的。那么这就是说，形而上学存在于我们背后。而另一方面，它也可以这样理解，即：与形而上学的关联依旧保持着，尽管不是以一种在形而上学内部与形而上学分庭抗礼的方式。

海德格尔：您是想说，“不再形而上学”并不意味着我们和形而上学分道扬镳了，而是蕴含着，形而上学仍然与我们如影随形，我们并没有摆脱它。在西方哲学内部诸时代之间的相互关联是在何处以决定性的方式得到思考的？

参与者：在黑格尔那里。

海德格尔：如果我们说，我们尝试不再形而上学地思想，但是仍旧和形而上学保持着关联，那么，我就可以把以黑格尔的方式说出的关联描画为形而上学的扬弃。形而上学是否会东山再起，我们无人知会。在任何情况下，“不再形而上学”比“尚未形而上学”更难 127
加以规定。——但黑格尔是如何对待希腊人的？难道他没有在一定程度上给他们带来一种激发吗？

参与者：在黑格尔那里存在着另一种关于何为开端的理解。

海德格尔：对于开端的追问，现在对我们来说是太困难了。我所意愿的回答是比较简单的。在黑格尔那里，对哲学来说，希腊思想具有何种特征呢？

参与者：一种期备性的特征。

海德格尔：这个回答太一般了，更确定地说：

参与者：在《精神现象学》的"序言"中，黑格尔说，一切的关键在于，不仅把真理理解和表述为实体，而且同样也理解和表述为主体。

海德格尔：如何来理解这句话呢？但首先还是：这个所谓的序言是现象学[1]的"序言"吗？

参与者：它是科学体系的序言，而导言才是现象学的真正序言。

海德格尔：这个序言对于逻辑学也同样有效，而不仅仅是对精神现象学有效。在这个序言中，黑格尔说出了哲学的基本原理，即，哲学不仅应该把真理思为实体，也应该把它思为主体。实体在希腊语中叫作：

参与者：ὑποκείμενον[基体、实体]，就是在下奠基者。

128 **海德格尔**：黑格尔是如何思考实体的呢？如果我说，这幢房子很大或者很高，那么，那种只思考实体的思想方式的基本特征是什么？在这里未得到思考的东西是什么？

---

① 指黑格尔的精神现象学。——校注

参与者:在房子和高(Hochsein)之间的运动。

海德格尔:依照黑格尔,只思考实体即ὑποκείμενον[基体、实体]的希腊人,是用范畴来表示这种运动的。

参与者:只有当另一个奠立基础者,即主体,被考虑进来时,这种运动才能被收入眼帘。

海德格尔:如果我们说这房子是高的,那么,其中没有得到思考的是什么?

参与者:思考者。

海德格尔:那么,那种径直考察ὑποκείμενον[基体、实体]而不考察主体的思想是什么样的思想?

参与者:我犹豫不决,要不要说出这些已被滥用了的词语。

海德格尔:在哲学中,没有什么词语或者概念是被滥用了的。我们每天都必须重新思考概念。——比如,我们有这样一个陈述:这个杯子是满的。我们因此而就放置在我们面前的东西说出了些什么,但是它和某一个"我"之间的关联没有得到思考。如果这种关系成了思想的课题,成了自我(das Ich)的课题,那么,这个放置在我面前之物就变成了一个与我对立而置者,亦即变成了一个客体。

在希腊世界中没有什么客体。在中世纪什么叫客体？这个词字面上的意思是什么？

129 **参与者**：是抛投在对面之物（das Entgegengeworfene）。

海德格尔：客体是对谁而言的抛投在对面之物？您能够把杯子抛投在对面吗？我们如何能够把某物抛投在对面，而没有什么事情发生？中世纪的 subiectum[主体]是什么意思？它在字面上是什么意思？

参与者：抛投在底下者（das Daruntergeworfene）。

海德格尔：对于中世纪思想而言，杯子是一个 subiectum[主体]，后者是对ὑποκείμενον[基体、实体]的翻译。相反，中世纪的 obiectum[客体]仅仅指的是被表象者。一座金山是一个客体。所以在那里，客体是恰恰并不客观的东西。它是主观的东西。我曾经问过，依照黑格尔的阐释，希腊人是如何思考的？我们说过，在希腊人的思想中，和主体的关联还没有被专题化。但希腊人却是思想者吗？可是在黑格尔看来，他们的思想是朝向放置在面前之物和放置在底下之物的，黑格尔称之为直接之物的思想。直接之物就是没有任何东西加塞于其间的东西。黑格尔认为全部希腊思想的基本特征就是这种直接性阶段。在他看来，首先随着笛卡尔把我设置为开端，哲学第一次踏上了坚实的陆地。

参与者：但是黑格尔也在苏格拉底那里看到一种断裂，一种朝向和伦理相关联的主体性的转折——只要这种伦理变成了道德。

海德格尔：黑格尔在苏格拉底那里看到一种断裂，这一点还有一个更简单的根据。如果他把希腊思想的特征从整体上描述为直接性阶段，那么，他就没有敉平那些内在的差异，比如在阿那克萨戈拉和亚里士多德之间的内在差异。他在这个直接性阶段看到了一种划分，他又以同一种三段论的图式即直接性——中介性——统一性来把握这种划分。因此，他没有运用一种任意的图式，毋宁说， 130
他是从以下这点开始思考的，即对他来说，真理是在绝对精神的绝对确定性意义上的某物。但对我们来说，要对形而上学和古希腊思想进行分类并非轻而易举之事，因为关于希腊思想的规定性的问题，是我们首先要将之变成问题并且作为问题而唤醒之物。——根据前面倒数第二次的讨论班，在黑格尔那里思辨是什么，依然保持为未曾回答的问题。

参与者：对黑格尔来说，思辨是指对于永恒真理的直观。

海德格尔：这个回答太大而化之了，只是约莫对头的。对于这种有着严格规定的问题，人们不能求助于目录（Index），而是要求助于百科全书[①]。在那里，思辨是逻辑的规定。那里有多少规定，而哪些规定是多余的？

---

① 应指黑格尔的《哲学百科全书》。——校注

参与者：总共有三个逻辑的规定，它们对应于直接性、中介性和统一性这三个所谓的规定。

海德格尔：这三个逻辑的规定和三种实情是相互并列的吗？显然不是。第一个环节相应于直接性，是抽象。在黑格尔那里，抽象是什么意思？

参与者：被分离和被孤立之物。

海德格尔：更好地是说：片面性的思想，它只是从某一方面出发来思考的。奇特的是，直接物应该是抽象物，而对我们来说，直接物毋宁是具体物。但黑格尔之所以把直接物当作抽象物，是因为我只是看到被给与者的方面而不是自我的方面。逻辑的第二个环节
131 是辩证的环节，第三个环节是思辨的环节。黑格尔的思辨规定对我们来说意义重大，因为我们在讨论班的某个重要的位置关注过从κεραυνός[闪电]和从τὸ μὴ δῦνόν ποτε πῶς ἄν τις λάθοι[人怎么能躲得过那永远不息的东西呢？]开端的表面对立。——但现在，芬克先生，我仍然想向您提一个与残篇 30 相关的问题。如果您依照您的阐释把κόσμος[世界、宇宙]理解为与τὰ πάντα[一切、万物]同一的，我正确地理解了您吗？

芬克：κόσμος[世界、宇宙]与τὰ πάντα[一切、万物]不是同一的，很可能κόσμος[世界、宇宙]是指τὰ πάντα[一切、万物]的整体连接，并非固定不变的，而是不断运动着的整体印记。赫拉克利特谈

论过运动的多重方式,诸如在争执中或者在战争之中。

海德格尔:那么,κόσμος[世界、宇宙]属于闪电、太阳和火的系列咯?

芬克:断然不是!只有当κόσμος[世界、宇宙]不被思为由火而生产的秩序,而是被思为安排秩序的火时,才能这样说。倘若κόσμος[世界、宇宙]具有διακόσμησις[安排]的功能,那么,它就也跻身于基本词语之列了。

海德格尔:在残篇 30 中谈论的是 κόσμον τόνδε[这个世界、这个宇宙]。如果我们把它和κατὰ τὸν λόγον τόνδε[根据这个逻各斯]联系在一起,那么,相应于κόσμον τόνδε[这个世界、这个宇宙]的λόγον τόνδε[这个逻各斯]就不能具有和我正在讨论的、我们正在把它专题化的κόσμος[世界、宇宙]一样的意义吗?

芬克:首先,指示代词τόνδε不是指一个个别的这个,不是指和所有其他κόσμος[世界、宇宙]相对立的现在存在的这个κόσμος[世界、宇宙]。如果说作为秩序之结合的κόσμος[世界、宇宙]是被生产出来的,那么,这并不是指属于复数的κόσμος[世界、宇宙]的单数的κόσμος[世界、宇宙]。关于这种κόσμος[世界、宇宙],可以说:τὸν αὐτὸν ἁπάντων[对于一切存在者都是相同的]。这个词组是否是赫拉克利特的这个问题,我们现在可以暂且抛在一边。第尔斯把ἁπάντων译作"一切有生命物"。我拒绝这个翻译。我也 132

拒绝那种把这个词组和残篇 89 放在一起思考的阐释,残篇 89 说,醒着的人有唯一的、共同的世界,而每一个睡梦中的人折回他们自己的世界。我不把τὸν αὐτὸν ἁπάντων[对于一切存在者都是相同的]理解为这同一个世界,也即醒着的人的一个共同的世界(κοινὸς κόσμος),它和睡着的人的自己的世界(ἴδιος κόσμος)相对立。我是在τὰ πάντα[一切、万物]的意义上阐释ἅπαντα[一切、众生]的。尽管ἅπαντες[一切、众生]在通常的用法中是和人与有生命物相关联的,但在这里ἁπάντων[一切、众生]的意思和πάντων[一切、万物]一样,只不过赫拉克利特出于语言风格的原因,不说πάντων[一切、万物]而说ἁπάντων[一切、众生]。

海德格尔:那么πάντα[一切、万物]是什么意思呢?

芬克:Πάντα[一切、万物]形成了一个结合,并且在火之闪耀中出现在它自己的规定性和特征中。

海德格尔:人们不也能设定一个复数吗,在那里κόσμοι[世界、宇宙]是πάντα[一切、万物]某个整体秩序的多种状态?那么,κόσμον τόνδε[这个世界、这个宇宙]就是和其他状态有别的这一种状态了。

芬克:但是在赫拉克利特的文本中找不到谈论许多κόσμοι[世界、宇宙]的地方啊。

海德格尔:可是τόνδε[这个]标示某个东西开始专题化的地方。依据您的阐释,κόσμος[世界、宇宙]既要在存在者状态上来理解,也要在存在学上来理解。

芬克:他既不是站在πάντα[一切、万物]的一边,也不是站在火的一边,相反,他采取了一种奇怪的中间立场。

海德格尔:借此我们现在回到残篇31上来。

芬克:首先我尝试阐明这种思想,它包含着对于残篇31的一个阐 133
释的建议。在上次讨论班上,我们表达了对于以下这一点的怀疑,即τροπαί[转变、转化]是指转化还是翻转。如果它指的是转化,那么我们就会想起某种基本实体的ἀλλοίωσις[变异、奇异]。如果我们用翻转来翻译τροπαί[转变、转化],那么——我们可以问——这是指对时间进行测量的那个天上的太阳火的途程之中的转折点吗?

海德格尔:πυρὸς τροπαί[火的转变]是genitivus subiectivus[主语属格]还是genitivus obiectivus[宾语属格]?

芬克:τροπαί[转变、转化]是关于火的陈述。但有一个困难在于,我们从形而上学的历史中获得了许多习以为常的和流行的观念,以及制订出来的一般思想路径,我们总是已经活动于这种思想路径中,首先会倾向于从这种思维路径出发阐释残篇31。这样一种由形而上学为我们预先确定的观念是关于奠基性的实体的观念，它以许多种伪装的形式显示自身。

海德格尔：那么，πυρὸς[火]就是 genitivus obiectivus[宾语属格]。

芬克：既是 genitivus obiectivus[宾语属格]又是 genitivus subiectivus[主语属格]。另一种来自古代的元素思辨的图式离我们更近些，在此思辨中总是设定了一个原始元素。火也具有那种通过从它之中流溢出来的东西而发生转化的基本元素的功能吗？我们借以尝试阐释πυρὸς τροπαί[火的转变]的这两种流行图式是一种奠基性的实体的ἀλλοίωσις[变异、奇异]和某种原始元素的流溢。但是我相信，我们必须爱护对于这种把握的极端不信任。文本中的说法是：火首先转化为海。火自身转化为海，也就是说，转
134 化为被我们理解为火的相反势力的东西。首先我们可能会认为，这里讨论的是水火之间我们司空见惯的存在者状态上的尖锐对立。在人的周围世界的狭小领域内就有这种现象，水熄灭了火，而火能使水蒸发。但是，这样一种往复的否定和消灭只有在土地上才是可能的。显然，这个残篇并不涉及这种狭小领域，而是涉及世界的广大领域。在这里，我们直观到天空中的火、海和土，——海围绕着土。在世界的广大领域（这个领域在世界直观之中向我们呈现）中，火和水并不互相消灭。在这里，世界－直观不是在意识形态上被理解的[1]，而是指对于天空中的星辰和存在于它之下的

---

① 此处"世界－直观"(Welt-Anschauung)在日常德语中有"世界观"之义。——校注

大海与大地的广大关系的直接直观。当赫拉克利特说火首先转化为海时,我们要暂时悬搁起ἀλλοίωσις[变异、奇异]和流溢图式,尽管我们还不能思考"翻转"(Umwende)意味着什么。海一半转变为土,一半转变为旋风。那么这就是说,土变成了海,并且按照以前海变成土时的尺度溶化了。旋风是否会以及如何进一步转化,残篇中没有任何进一步的说法。在旋风中,这种转化结束了。它只是提到火转化成海,海一半转化成土,一半转化为旋风,最终土又转化成为海。火转化为海,海以分叉的形式转变为土和旋风,而土的一半又折回转化为海。表面上只谈到水和土的相互交换,液体和固体的相互交换。对我们来说习以为常的对立面的差异在这里消融了。关于旋风,再也没有说明任何进一步的转变,也没有说明重新转化为火。海、土和旋风的差异并不能回溯到一个一步一步设定的共同的起源上,共同的生成上,但是,我们仍然不能认识生成的特征。如果我现在不能使用那种众所周知的ἀλλοίωσις 135
[变异、奇异]图式,也就是说,具有它自己的状态和模式的原始实体和流溢的图式,那么,我们就会陷入某种困难之中。那么,我们应该如何阐释πυρὸς τροπαί[火的转变]呢?我们必须追问,赫拉克利特以思的方式经验到了和观看到了什么。我现在尝试着给出一种——如果人们要这样说的话——不切实际的关于πυρὸς τροπαί[火的转变]的释义,把它思考为对于赫拉克利特以思想方式观看到了什么这个问题的一个可能的回答。我们可以从白天的涌现的现象、伊奥尼亚海岸的黎明的现象出发来使得火的转化得以理解。黎明时,火从黑夜破晓而出并把黑夜驱散,从火中生成的海的广阔闪闪发光;与海相对立,海岸和陆地以及在大海和陆地之上

的充满着旋风的天穹的区域也闪闪发光。如果我们现在不是纯粹地把火与海、土与旋风的关系,作为火的基本发生的带入到显现之中,思考为已经如此存在和如此被规定之物的被光照和让看;另一方面,如果我们不是在制作着的完成或者创造性的生产的意义上理解生产,而是尝试在思想中推进到在技术的和创造的带来状态和被光照者的意义上带向显现的两种变形背后,那么,在我们司空见惯的太阳升起中就存在着某种更深的意义。为了赢得对于白昼之升起的某种更加深刻的意义,关键在于避免在实在的转化的意义上的技术生产的图式和创造性生产的图式,此外是要从火光的让闪耀之中接受软弱无能(Ohnmacht)的基本特征。如果我们能够成功地回思到我们司空见惯的制作、生产和被光照者或者让看的图式背后,那么,我们就能在一种更深的意义上理解白昼之升起。那么,我们可以说:在世界白昼的升起中,世界地区的基本差
136 异:海、土、天穹第一次走向显现了。对于这些更深的想法而言,我们在白昼的破晓中拥有直接的现象。但是无论在哪里,我们都没有与土变成海的回程相应的现象。

海德格尔:在您自己所谓不切实际的筹划中,您如何翻译τροπαί[转变、转化]呢?——这个筹划完全不是不切实际的嘛,因为它包含与直接现象的关联。

芬克:我们已经看到火的涌现,而在火的涌现中,τροπαί[转变、转化]由火变成在火中自我显示之物。τροπαί [转变、转化]绝不意味着质料的转换,

海德格尔:也绝不意味着纯粹的照明。

芬克:在对于更深意义上的πυρὸς τροπαί[火的转变]的显示中,对我来说重要的是,表明对于存在者状态上的关联完全陌生的、带入透明性之中的生产和φύσις[自然、涌现]意义上的让涌现两者之间的某种共性。这种尝试就是为了避免这种图式,火像一种原始元素一样转变为诸如水和土一样的其他元素。我尝试通过在照亮世界的火的光之闪耀中的分环勾连的世界之涌现的比喻,在πάντα[一切、万物]的地带的拆分中,来思考这一点。

海德格尔:这样一来,您就把黎明现象当作您的阐释之基础了,

芬克:为了避免翻转现象。

海德格尔:您在此指的是世界的白昼,而不是指某个特定的白昼,就好像您把世界之火而不是太阳收入眼帘一样。

芬克:但在现象性的太阳之中,我们可以思考火。 137

海德格尔:我们应该如何思考火呢? 为了能够突出这个困难,我还是想提示在其中出现了ἀφανής[不可见的、隐晦的]这个词的残篇 54。火是不可见的;这就是不显现的火。

芬克:我们在一开始就说过:火就是在τὰ πάντα[一切、万物]中

并不存在的东西。

海德格尔：如果您从白昼过渡到世界白昼，那么我们也能直接从太阳思考到火了。

芬克：无论在哪里我们都发现不了作为存在者状态上现象的火刹那间变成海。

参与者：那么θαλάσσης[海、大海]与什么相关联呢？

芬克：与τροπαί[转变、转化]。因为海转化为土和旋风就是τροπαί[转变、转化]的延续。

海德格尔：我提一个建议，我们把残篇 31 放入括号之中。我们现在身陷其中的困难在于，关于πῦρ[火]，我们已经说出的还不足够清晰，我们必须弥补所需。我既不理解由化学观念引导的阐释，我也不能设身处地地理解把白昼和世界白昼对应起来的尝试。在我看来，这里有一个漏洞。

芬克：如果我们来看看残篇 76，在这个残篇里，火、海和土出现在多重系列中，也许这个困难就解决了。在那里，最重要的是τροπαί[转变、转化]被赋予基本特征的方式。在残篇 31 中只被命名为转
138 化的东西，在这里被当作"生于另一物之死"。因此，我们遭遇了一个新的、令人惊奇的思想。首先，我们听起来必定觉得值得注意的

是,首先在有生命物领域里对我们变得清楚的死亡的黑暗措辞与这样的存在者关联在一起,这种存在者既不活着也不死去,比如水和土。在人周边的狭小领域中,我们很可能认识这种现象,火让水蒸发以及水熄灭火。在这里,我们可以说,火活着水的毁灭,而水活着火的毁灭。

海德格尔:“活着”在这里意味着“比……活得长”,

芬克:比他物的毁灭活得更长,在他物的消灭中继续存活。但是我们因此只获得一个诗意的比喻。为了能够理解τροπή[转变、转化]的特征,我们必须摆脱化学变化的观念。从关于生死的残篇出发,我们必须向我们自己说明,赫拉克利特用生死来思考的是什么。从这里出发,我们还可以理解ἀνταμοιβή[交易、交换],也就是说,πάντα[一切、万物]和火的交易以及火和πάντα[一切、万物]的交易,我还可以理解一种有如黄金和货物之间的关系是什么,在这里,对于这种关系来说,重要的与其说是货币的价值,倒不如说是光性之物(Lichthafte)。火转变为那些不是火的东西,我们不是在一种化学变化的意义上或者一种原始实体或者原始元素的意义上理解的,原始实体只是在它的状态上发生变化(ἀλλοίωσις[变异、奇异]),而原始元素会通过流溢而掩盖自身;而毋宁说,我们要把将火、海、土和旋风连接在一起的紧张状态(Spannungsbogen)在与生与死的关联中收入眼帘。显然,我们因此而回溯性地把握到了与宇宙学残篇相对立的人类学残篇。但是事实上,这里所讨论的并不局限于人的现象,而毋宁说,诸如生与死这样的人的现象是在一种赫然醒目的意义上成为我们理解ἕν[一]和πάντα[一切、万物]之间的对立关系之整体性的钥匙。

第八次：
生与死的交错（相关残篇：76，36，77）。——凡人和诸神的关系（相关残篇：62，67，88）。

芬克：由于多重原因，残篇 31 对我们来说还紧闭着大门，这首先是因为，复数的τροπαί［转变、转化］被证明是聚讼纷纭、莫衷一是的，而且一方面作为一个 terminus technicus［技术性的术语］，另一方面又作为先后发生的诸种转化的复数；其次是因为出现了这样一个问题，即变化概念是在流行的关于原始质料之转化（ἀλλοίωσις［变异、奇异］）的观念圈里，还是在关于一个原始元素之流溢的观念圈里被思考的——这个原始元素在它的多重显现中作为异化形态（Entfremdungsgestalten）而遮蔽自己。我的看法是，我们必须调动起对于一切流行的思想图式的不信任，这些来自形而上学思想的概念传统是我们所熟悉的。在这里，它们首先是ἀλλοίωσις［变异、奇异］和流溢这两种图式。从伊奥尼亚海岸的黎明现象来澄清残篇 31 的尝试，在对于这里要思考的世界地带即海、土、天和旋风的让涌现和闪耀的特性描述中，仍然保持在这个任务的背后，即既不能把它思作某种原始实体的实在的转变，也不能把它思作某种原始元素的流溢，也不能把它思作技术或者创造意义上的生产,也不能把它思作通过火的光之闪耀而对于已经存在之物的无能为力的光照。如果我们想要思考存在者在闪电、太阳和永远的活火的无所不包的闪烁中的闪耀的话,也许就有必要追溯到某种实际的制造和创造性的生产与某种纯粹的光照和照亮之间的差异之背后。

海德格尔:您说,存在者之走向显露(das Zum-Vorchein-Kom-
140 men)绝不是实际的制作,绝不是创造性的生产,也绝不是单纯的照亮。在这种联系中,您曾经一度指明,在胡塞尔的构成概念中隐藏着一个类似的困境。

芬克:胡塞尔现象学中的构成问题在主体－客体关联之中有其位置。在被给与性方式的多重性中的对象之统一性的觉知(Gewahren)在诸方面的相互作用中构成对象。一开始,胡塞尔尝试借助于构成概念来避免一种坚固的实在论和观念论。这种坚固的实在论认为,觉知只是一种对于独立于意识而存在之物的合乎意识的把握。与此相反,坚固的观念论则主张,主体制作了物。在胡塞尔那里总是会呈现出这样一种困境,就是要发现一种概念,它不是指制造,不是指创造,也不是指单纯的表象。近代哲学区别于古代哲学之处在于,它并不是主要从普遍在场的敞开域之中存在者的出现而来思考显现(Erscheinen),而只是把显现思考为对一个主体而言的对象生成和自行呈现。但在普遍的显现概念之中,自行呈现却属于每个存在者。然而,每个存在者都把自身呈现给所有存在者,此外也呈现给通过认识而获得基本特征的那个存在者。那么,呈现就是存在者相互之间的一种冲突,或者说是表象者对存在者的一种表象,但是这种表象是不能借助于引力和斥力的范畴而得到理解的。

海德格尔:解释表象的另一种方式,是着眼于接受性和自发性而发生的。

芬克:康德是在与感性材料的关联中以及以某种方式与空间和时间这两种纯粹直观形式的关联中谈论接受性的。自发性则建基于先验统觉的范畴综合。

海德格尔:您现在在胡塞尔的构成学说中看到了什么要素呢? 141

芬克:胡塞尔在他的构成概念中既不意指对独立于意识之物的制作,也不意指对独立于意识之物的单纯觉知。但对构成概念的肯定性的特征刻画依然是困难的。如果说胡塞尔努力回溯性地思考到制作和纯粹觉知的背后,那么,这个困难就会保持在认识道路上,也就是说,保持在主体和从一开始就被设定为对象的存在者之间的关系上。但是先行的问题是,存在者之存在是否……

海德格尔:必然包含着对象性,

芬克:或者在近代哲学中,对象性是否首先成为一种普遍的观察方式,通过这种方式,另一种更加本源的观察方式被掩盖了。

海德格尔:从这种沉思中,对我们而言,重新出现了这一事实,即我们不可以从后来的时代出发阐释赫拉克利特。

芬克:一切在关于实在论和观念论的争论中浮现出来的概念都不足以标画存在者的显露、存在者走向显露的基本特征。在我看来,谈论显露(Vorscheinen)要比谈论闪耀(Aufscheinen)更加合适些。因为在闪耀中,我们会轻而易举地被表象(Vorstellung)所引导,就好像存在者已经存在,然后才被照亮。于是,ἀλήθεια[无蔽、真理]就只是把已然存在者引诱入一种光亮之中。但是,光亮作为ἀλήθεια[无蔽、真理]和火,在某种对于我们还不熟悉的意义上是生产性的。我们只知道这么多,即火的"生产性"既不是一种制作,也不是一种生成性的生产,也不是无能为力的光照。

142 **海德格尔**:那么,人们可以说,走向显露既不是 creatio[创造],也不是 illuminatio[照亮],也不是构成,

芬克:也不是τέχνη[技艺]的生产。因为τέχνη[技艺]是在某个可利用,但又不可制作的材料的基质之上的某种特定形态的生产,

海德格尔:有别于 creatio[创造],

芬克:有别于生产出生命物的创造。所以,我们必须把登载在册的全部流行的思想方式加入括号之中,方不至于以不恰当的方式思考这种走向显露。但是这样一种推进方式只具有 via negationis

[否定性道路]的特征,而且绝不会更加走近一种理解,即对在火、太阳或者λόγος[逻各斯]的ἕν[一]之中的τὰ πάντα[一切、万物]亦即ὄντα[存在者]的显露意味着什么的理解。

海德格尔:走向显露涉及一般的关联,

芬克:就是ἕν[一]与πάντα[一切、万物]之间谜一般的关联。这种关联是谜一般的,因为ἕν[一]并不出现在τὰ πάντα[一切、万物]之中。τὰ πάντα[一切、万物]指一切存在者。但这是怎么样的一种全体(Allheit)呢?我们认识诸如类别和种类的全体这种相对的、片面的全体。例如我们在"一切生命体"这一概念之中思考某种类别全体。但是τὰ πάντα[一切、万物]形成的绝不是相对的全体,而是一切存在者的全体。然而,ἕν[一]不能归入τὰ πάντα[一切、万物]的全体的类之下,而毋宁说相反地,τὰ πάντα[一切、万物]被安放在ἕν[一]之中,但不是——像您曾经在一次讲座中说的那样——像麻袋里的马铃薯,而是以在存在中的存在者的方式。

海德格尔:我们必须更加更准确地追问τὰ πάντα[一切、万物]和ὄντα[存在者]。我们应该如何阐释ὄντα[存在者]? τὰ πάντα[一切、万物]是什么?

芬克:一方面,我们可以尝试着说明存在着(es gibt)的一切是什 143
么。存在者绝不只是自然人其事物。我们可以从元素开始来一一枚举:海、土、天。

海德格尔:诸神也是存在者。

芬克:但您以此来命名的是那些非现象性的已然存在者。让我们首先停留在现象性的存在者那里。我们可以根据元素来命名那些由元素混合起来的事物。但是,不仅有自然物,而且还有我们在自然中发现不了,并且自然中没有原型的人造物。人分有了生产的能力。亚里士多德说,人制造人。他的意思是,人分有了自然的创造性权力。除此之外,人把人工的对象带出来。亚里士多德借助于四因说图式而对通过τέχνη[技艺]制作的物的分析是不是关于人造物的充足规定,这是一个悬而未决的问题。成问题的是,是否这种人造物具有偶然的特征,或者它们是不是必然的事物。您曾经追问过,是不是因为有鞋匠才有鞋,或者是不是因为鞋是必需的才有鞋。这种与此在的存在方式系缚在一起的存在者(而且它们就是必然的事物)属于人的此在。此外还存在着奢侈品。属于存在者的还有政治秩序,比如国家、城市、居住点、法律,但也包括幻觉与观念。这种粗糙的概观命名了大量的存在者。但是我并不会立刻知道,我们所提到的这一切物是如何符合存在者的基本特征的,以及什么使得它们千姿百态,各各不同。不过,对于一切存在者的某种十分完整的概观绝不会导致一点,即与πάντα[一切、万物]一起或者在其旁边发现ἓν[一],而毋宁说,为了理解与τὰ πάντα[一切、万物]有别而具有自己独特特征的ἓν[一],就必须依赖于我们的精神的某种τροπή[转变]。

海德格尔：如果我们谈论τὰ πάντα[一切、万物]，那么我们必须从一开始就假定τὰ ὄντα[存在者]，或者在这两者之间存在着差异吗？ 144

芬克：如果我们在谈论τὰ πάντα[一切、万物]，那么我们就在以一种不明确的方式思考存在者之存在（Seiendsein）。如果存在者之存在被本己地命名，如果τὰ πάντα[一切、万物]被描画为ὄντα[存在者]，那么这就意味着，它们处于值得追问的状态的视域中，亦即值得追问：它们是现实的存在者，抑或只是假定的存在者？比如通过εἰκασία[通过幻觉的把握]被觉知到的图像也是存在者，但它们不是它们所呈现的存在者。在物范围内有存在者之存在的程度。有把自身显示为不同于它们自身存在的物之显像（Schein）[①]的多种可能性，但这种显像却不能从主观的欺骗出发来看待。比如，水上的镜面反射也是这样一种显像之现象。但是描述镜面反射的存在方式却殊非易事。如果τὰ πάντα[一切、万物]被描画为ὄντα[存在者]，那么它可能一方面在意指，它们在它们的现实存在中证实自己，另一方面也可能是意指，存在者之存在应该被明确地命名。

海德格尔：在我看来，在这背后还隐藏着一个问题：πάντα[一切、万物]是就其是ὄντα[存在者]而言的τὰ πάντα[一切、万物]吗，或者ὄντα[存在者]是就其是τὰ πάντα[一切、万物]而言的ὄντα

① 或译为“假象”。——校注

［存在者］吗？

芬克：借此，一个决定性的问题被提了出来，在这个问题中显示出哲学思考的两条道路。如果我们从τὰ πάντα［一切、万物］出发来思考ὄντα［存在者］，那么，我们就在一种很明确的世界关联之中运动，而不必已经思考过世界。但是，如果我们从ὄντα［存在者］出发来理解τὰ πάντα［一切、万物］，那么，我们就在一种存在理解中运动，直接思考其全体性。思考的这两种可能的出发点都因此而被收入眼帘了。

海德格尔：您触及了镜面反射的问题，以及与之联系在一起的显像
145 问题。对我而言，我至今尚不清楚的另一个问题是对日落的知觉和哥白尼的革命。问题是，日落是不是一个必然的表象，抑或一种观看（对它而言太阳是不落的）是否可能。

芬克：对日落的知觉是素朴地被体验的世界相对于科学的世界阐释的权利。通过教育和间接的知识，人们能够认识到，他再也看不到在他眼前存在之物，举例说，他再也不能把日落看作直接展示在他的目光之前的东西，相反地，他只能以科学说明的观看方式来看日落了。

海德格尔：由于科学的世界阐释，直接的世界经验的真理消失了。

芬克：在早先的世界里，大概200年以前，生活仍然是以近处为核

心的。那时生活的信息出自于切近的世界。今天,在世界范围的消息传播的时代里,这一切已经发生了天翻地覆的变化。汉斯·福瑞尔(Hans Freyer)在他的《当前时代的理论》一书中把技术世界描述为一个代用品的周围世界。对他来说,关于周围世界的科学知识就是一个代用品。我把这种描述看作是一种不适当的观点,因为此间技术物已经变成了人类体验的新源泉。今天,人类生存于地球整体信息的无所不在之中。今天,世界不再被划分为附近的地区、遥远的地区和更远的地区,相反,这个一度被如此划分的世界已经被技术遮盖起来了,技术通过它训练有素的通讯设施,使得人们有可能生活在一切信息的无所不在中。

海德格尔:难以理解的是,这个被划分为附近地区和遥远地区的世界是如何通过技术的周围世界被遮盖起来的。在我看来,这里有一个断裂。

芬克:现代人在某种意义上是精神分裂地生活着的。 146

海德格尔:倘若我们只知道这种精神分裂症意味着什么。但是为了看到在这里我们没有谈论非常可怪之事,那么,我们前面的东西已经足够了。——对我们而言,问题是ἕν[一]与πάντα[一切、万物]之间的关联。从何处出发,我们可以经验这种关联,是从πάντα[一切、万物],还是从ἕν[一],还是从黑格尔意义上的来回往复(Hin und Her)?您如何着眼于赫拉克利特来回答这个问题?

芬克:赫拉克利特之阐释从闪电开始,这就应该提示了存在着对于全体的裂缝(Aufbruch)的基本经验。在日常的生活方式中,这种经验是隐藏着的。在日常生活中,我们不会对这样一种经验感兴趣。在日常的生活实行中,我们自己不会明确地和全体之间产生关系,在我们以认识的方式侵入遥远的银河系时,我也不会与之发生关系。但是人总有一种可能性,使得那种晦暗不明的与全体的关系变得昭然若揭,就好像他一直已经存在于这种关系之中。人作为和存在、和全体的关系合乎本质地生存着,但这种关系多半是停滞不变的。在和思想家赫拉克利特打交道时,人们也许可以抵达这样一种经验,在此经验中,我们向来总是隐隐约约地与之发生关系的全体,瞬间大放异彩。

海德格尔:在此我们把我们追问的目光转向ἕν[一]与它的许多形态的关联以及它和πάντα[一切、万物]的内在关联。对我而言,有一个困难一直存在,即在赫拉克利特的文本中,关于τὰ πάντα[一切、万物]说得太少了。我们被迫要为我们自己从希腊世界出发补充我们没有从赫拉克利特那里经验到的关于τὰ πάντα[一切、万物]的东西,并也许通过诗人让τὰ πάντα[一切、万物]说话。

芬克:我曾说,我们仍然没有可能确定,在永远的活火之中τὰ πάντα[一切、万物]的走向显现是什么。为了更进一步探索这个问题,我们引用残篇 76,这个残篇似乎是最不确定的残篇之一。这
147 个残篇有很多种不同版本,思考的都是转变(τροπή)问题。由马

克西姆·提留乌斯[①]流传下来的希腊文本如下：ζῆ πῦρ τὸν γῆς θάνατον καὶ ἀὴρ ζῆ τὸν πυρὸς θάνατον，ὕδωρ ζῆ τὸν ἀέρος θάνατον，γῆ τὸν ὕδατος。第尔斯译作："火生于土之死，气生于火之死，水生于气之死，土生于水之死（?）。"这条残篇令人惊奇之处在于，土转变成火是以这种形式来表达的：生于其他某物之死。令人困惑不解的，不是它谈论某种生产与形成，而是它宣告火生于土之死，气生于火之死，水生于气之死，土生于水之死。在我看来，这里最重要的是，前者的消灭是紧随其后者的形成和涌现。后继者出现，是因为后继者活着[②]前行者的死。前行者的没落似乎变成新的其他物在其上出现的轨道。因此，它所处理的就不是消灭对于形成者的优先性。这一点具有重要意义，为了以后如果我们更加详细地考察"生于其他某物之死"这个表述时不能说，它讨论的是一个循环过程。因为生过渡到死，但是死并不过渡到生。在残篇76中说前行者之死是后继者之生。塔克（Tocoo）（《意大利研究》第四卷，第五期）对于马克西姆·提留乌斯流传下来的文本所作的改进使这种关系变得模棱两可，这种改进是：火生于气之死，气生于火之死。水生于土之死，土生于水之死。在这里，火－气的关系和水－土的关系被设定为相互的关系。我们在第尔斯－克兰茨的评注中读到，ἀήρ［气］极有可能是斯多葛派夹带进来的私货。作为该残篇的进一步变形而给出来的样子是：火生于水之死，水生于火之死或者土之死，土生于水之死。我们没有 148

① 马克西姆·提留乌斯（Maximus Tyrius）：公元二世纪的古希腊修辞学家和哲学家，新柏拉图主义的先驱。——译注

② 此处"活着"为动词 leben，作者在此把它用作及物动词。——校注

众所周知的元素突变的现象。如果谈论的是海和土,那么,就是在大尺度地处理元素,处理世界地带。如果谈论的是水,那么,尚未澄清的是,所谓水是不是也意指海。残篇 76 也许谈论的是火、气、水和土的圆周运动。我们尚不能设身处地地正确理解这里所命名的翻转。让我们也在这种关联中看一看残篇 36:ψυχῇσιν θάνατος ὕδωρ γενέσθαι, ὕδατι δὲ θάνατος γῆν γενέσθαι, ἐκ γῆς δὲ ὕδωρ γίνεται, ἐξ ὕδατος δὲ ψυχή。第尔斯的译文作:"对于灵魂来说,死就是变成水;对于水来说,死就是变成土。然而水是从土而来,灵魂是从水而来的。"在这里,翻转是用这个艰涩而晦暗的词γένεσις[产生、起源]来命名的。由灵魂到水,由水到土,由土到水,由水到灵魂的起点和艰涩的翻转不允许这样的观念,即存在于它们的转变背后的是同一个原始实体。这里所谈论的是γενέσθαι[产生、发生]和γίνεται[产生、发生],以及这个艰涩的词ἐκ[出自、由]。我们必须问自己,这个在某某事物的起点的意义上的ἐκ[出自]是否也可以在从何而来(Woher)的意义上得到理解,或者在亚里士多德的作为奠定基础之物的和在某种μεταβολή[变化]之中翻转之物的ἐξ οὗ[出于自身]的意义上来理解。但首先令我们惊奇的是,在残篇 36 中不再清楚无误地提及四个元素,而是谈论ψυχαί[灵魂]。ψυχαί[灵魂]可能是什么?通过ψυχαί[灵魂],什么得到了思考?如果现在ψυχαί[灵魂]这个题目在起点和过渡中出现,那么,我们是不是抛弃了元素的相互转换这条明显的道路?我持有的观点是,ψυχαί[灵魂]首先不是指人类心灵意义上的灵魂。和ψυχαί[灵魂]一起,一个有意识能力的元素进入到元素的活动之中。我们也许可以着眼于残篇 77 来确定这一点:ψυχῇσι

τέρψιν ἢ θάνατον ὑγρῇσι γενέσθαι。第二部分作：ζῆν ἡμᾶς τὸν ἐκείνων θάνατον καὶ ζῆν ἐκείνας τὸν ἡμέτερον θάνατον。第尔斯的译文作："对于灵魂来说，变湿乃是快乐或者（?）死亡。我 149
们生于灵魂的死，灵魂生于我们的死。"如果这意思是说，我生于灵魂的死，而灵魂生于我们的死，如果灵魂处于与我们的这种关系之中，即它们生于我们的死，而反之亦然，那么，它们就不会立刻让它自身等同于人。但是，我们首先也没有任何可以规定ψυχαί［灵魂］的动机。我们首先只能说，和灵魂一起，一种新的思想动机进入了火的转变之中。

海德格尔：困难在于，人们不知道此处所命名的实事属于哪里，对于赫拉克利特来说，它在哪里具有自己的位置。

芬克：我已经抓住了这个残篇，因为"生于某物之死"这个表达形式也正是出现在这个残篇中，尽管我们还不知道谁或者什么作为灵魂生于死。如果我们想要和火的转化的纯粹的化学变化的观念、ἀλλοίωσις［变异、奇异］的观念和流溢的观念保持距离的话，那么，这个陌生的、对我们来说极其奇怪的表达形式必须被我们明确地加以思考。——让我们转向对于残篇 62 的第一次沉思：ἀθάνατοι θνητοί，θνητοὶ ἀθάνατοι，ζῶντες τὸν ἐκείνων θάνατον，τὸν δὲ ἐκείνων βίον τεθνεῶτες。第尔斯的译文作："不死的是有死的，有死的是不死的：后者死则前者生，前者死则后者生。"赫拉克利特在这里以短促的、语言上极其浓缩的形式说话。在这里，我们有了"生于他者之死"这个措辞的特殊形式。第尔斯－克兰茨通过一个冒号分别把"不死者是有死的"和"有死者是不死的"这两个词组分离开来。人们首先可能会认为，在一种情况下关涉到θνητοί[有死者、凡人]的规定，而在另一种情况下说的是ἀθάνατοι[不死者]的规定。在第一种情况下，ἀθάνατοι[不死者]是主语，而θνητοὶ[有死者、凡人]是谓语，在第二种情况下，θνητοί[有死者、凡人]是主语，而ἀθάνατοι[不死者]是谓语。这意思是有不死
150 的有死者和有死的不死者吗？这个词组不是自相矛盾吗？或者，这里思考的是通过把不死者和有死者放置在一起而固定下来的两者之间的一种关系吗？

海德格尔：值得注意的是，θνητοί[有死者、凡人]处于ἀθάνατοι[不死者]之间。

芬克：您想把ἀθάνατοι[不死者]当作句子的主语吗？人们可能会问：在ἀθάνατοι[不死者]和θνητοί[有死者、凡人]中被思考的到底是一种什么样的差异？一个简单的回答是，ἀθανατίζειν[使不死、使永生]是θάνατος[死、死亡]的否定。

海德格尔：θάνατος[死、死亡]是如何着眼于我们前面的讨论而得到规定的？

芬克：我们仍然尚不能给出这样一个规定，因为我们迄今为止已经着眼于πῦρ ἀείζωον[永远的活火]而活动在τὰ πάντα[一切、万物]的领域之中。如果人们面对一切有生命物都是有限的这种经

验,把它思为永远的有生命物,那么,也许人们可以从ἀείζωον[永远活的]出发,把死亡纳入眼帘。但要思考ἀείζωον[永远活的]却是困难的。

海德格尔:难道我们不是从残篇 76 中了解到,θάνατος [死、死亡]有别于γένεσις[产生、起源]吗?

芬克:在那里谈论的是,由于某个东西的死,另一东西出现了。

海德格尔:θάνατος[死、死亡]指的是φθορά[毁灭、死亡]吗?

芬克:我认为这个等式是值得怀疑的。死和生并不是以通常的方式和火、气、水和土联系在一起的,只要人们不是在赫拉克利特的意义上来理解火,情形就如这样。从现象出发来看,我们只是在有生命物的领域之中谈论生和死。至于无生命物领域,我们只能在 151
转喻的意义上谈论死和生。但让我们首先停留在残篇 62 上,在这里谈论的是ἀθάνατοι[不死者]和θνητοί[有死者、凡人]。我们可以说:不死者是诸神,终有一死者是凡人。诸神不是在α的褫夺(α-privativum)[①]的意义上是不死的,他们不是和死亡的命运无关的,而毋宁说,他们以某种特定的方式回溯性地关联到死亡,他们摆脱了赠予终有一死者的死亡。作为共同观看者,他们与死亡处于一种我们只可意会不可言传的关联之中。他们这种与死亡的回

---

① 此处希腊文ἀθάνατοι的前缀ἀ-有否定性的意义。——校注

溯性关联不仅具有被排除在外(Ausgrenzung)的特征。作为ἀθάνατοι[不死者],他们和终有一死者也存在着一种关联,这种关联以这样一种形式出现,即不死者的生就是终有一死者的死。我们已经习以为常地把生和死看作势不两立、不共戴天的,这种激烈程度是不可能超越的。生和死的势不两立并不像温暖和寒冷或者年少和衰老的对立。在这些我们众所周知的对立中,存在着过渡的道路,例如温暖过渡到寒冷,年少过渡到年老。但严格说来,并不存在从温暖向寒冷的过渡,而是那个首先分有了温暖的东西包含着对寒冷的分有。严格地说,年少也不是过渡到年老,而是起初年少之物过渡到了老年,变老了。这样的过渡部分地是可逆的,以至于它们能够返回到自身中,部分地是单向的、不可逆的。温暖-寒冷的对立是可逆的。首先分有温暖的东西接下来可以过渡到寒冷,又可以重新回到温暖。但是一个首先年少然后变老了的东西是不能重又变得年少的。残篇67是这样说的:"神是日又是夜,是冬又是夏,是战又是和,是饱又是饿",赫拉克利特这样命名我们人尽皆知的不同对立,但一切对立都有和生与死的对立完全不同的特征。生和死的对立是可以以任何方式进行测量,并且和我们人
152 尽皆知的对立可以相提并论的吗? 在现象界,生命物坠入到死亡之中是无可挽回的和不可更改的。诚然,在神话中和在宗教中,人们会期望死后一种新的生活等待着我们,死亡只不过是通往它的通道之门。这种死后的生命不是一种与死前的生命、这里的生命同样类型的生命。但成问题的是,关于"其后""之前"的话语在这里是否根本上还有一种意义。显然,在这里所表达的只是这样一种人的视野,他们活着,而且用他们所期望的某种生活的观念来填

充死亡的无人地带。在我们司空见惯的、相互之间可以过渡的这些流行的对立中，我们发现某一方消失在另一方之中，诸如温暖从寒冷中形成，寒冷从温暖中形成。但是我们在现象中发现过有生命物是从死亡中形成的吗？显然没有。生命物的形成是来自两性的结合的生产。从生命物的这样一种特殊的激情（Intensität）中形成了新的生命。在此我们不需要和亚里士多德分享同样的观点，即新的生命已经预先作为种子在父母之中形成了，而出生只不过是仍然处在胚胎状态的此在方式的ἀλλοίωσις［变异、奇异］形成为某种充分发展了的此在方式。然而我们是不是能想象，生和死是如何互相交织在一起，而且不是以生过渡到死的方式，而是这样，即这种过渡被思为“生于他者之死”？这并不意味着：出自于死而进入生。让我们从语言的形式开始。我们习惯于说：生生，死死[①]。这不是在一种堆砌辞藻的意义上说的。因为我们可以说：个体死着他的死或者一个陌生人的死，或者却是：个体在与每一个人都能在习俗、制度和社会状况中经验到的异化的分离中生着他的生。在这样一种表述中，不及物动词和内在第四格之间的关联是我们真实就熟悉了的。

海德格尔：为了澄清您所谓的内在第四格，我们可以回忆一下黑格尔的思辨句子。黑格尔举过一个例子：上帝是存在（Gott ist das Sein）。这个句子首先像是一个规范的陈述句，在这个陈述句中， 153

---

① 此处“生生，死死”原文为：das Leben leben， den Tod sterben，两个动词 leben 和 sterben 都是及物动词。——校注

上帝是主语，而“存在”是谓语。但如果这个句子被把握为思辨的句子，那么，主语和谓语之间的差异就被扬弃了，因为主语就转变成谓语了。上帝消失在存在中，存在就是上帝之所是。在这个思辨的句子“上帝是存在”中，“是”(ist)具有及物的特征：ipsum esse est deus[上帝是存在本身]。可是，这个思辨句子的这样一种关系对于我们现在正在探讨的难题只是一个遥远的、冒险的类比。

芬克：不过，从思辨的角度来思考，上帝是存在只是“生生”这种措辞的某种类比，但它不能和另一种表达方式“生于他者之死”进行类比。在这里，“生”(leben)不是和“生命”相关联，而是和看起来是其对立面的东西相关联。

海德格尔：可问题是，在这里死是什么意思。我们不知道在这里得到思考的是生死之间的何种对立。

芬克：这取决于这样一种理解，即：死亡(Tod)是不是赴死(Sterben)的过程，变成死亡的过程，抑或是完成了的死亡。这种区分使得问题变得更加困难了。

海德格尔：令人惊奇的是，这个让我们如此陌生的事情似乎是赫拉克利特轻而易举地随便说出来的。

芬克：赫拉克利特在这里关于生和死所说的东西，根本上是最令人诧异的。如果我们来系统地设想事态，我们就不仅能说，不死者生于终有一死者的死，而且也会追问，是否存在着及于某物的赴死。生和死的交织缠绕只是在生命的始终不变的基础上才有其位置。154
这就排除了一种动词性的（verbales）赴死。

海德格尔：如果τεθνεῶτες［赴死］要现在得到理解的话，那么赫拉克利特将会说：他们死着他们的生。

芬克：如此看来，我们要思考的事情变得更加复杂了。事情不仅关乎某种"生于他者之死"，而且也关涉到某种及物的赴死中的反向运动。ζῶντες［生、生活］的意思是：生于他者之死，而τεθνεῶτες［赴死］指的是死亡存在（das Todsein）。如果我们从生与死过渡到有生命存在和死亡存在，那么我们就必须问，"存在"（Sein）着眼于死亡存在真正意味着什么？在死亡存在中关涉到的是某种存在方式吗？在ζῶντες［生、生活］中说的是一种行动：生于他们之死。这和残篇 76 中的措辞相呼应：火生于土之死。

海德格尔：为了澄清主动地理解的τεθνεῶτες［赴死］，我们可以回想起里尔克的说法"实现死亡"（den Tod leisten）。但问题是，τεθνεῶτες［赴死］是不是指一个主动的、正在进行的赴死，抑或是指一个完成的死亡状态（结束状态）。

芬克：正在进行的赴死是生命的终结阶段。成问题的是，谁或者什么活着和赴死。在这个词组ἀθάνατοι θνητοί［不死的是有死的］中未确定的是，ἀθάνατοι［不死者］是不是θνητοί［有死者、凡人］

的谓语规定，抑或相反，θνητοί[有死者、凡人]是ἀθάνατοι[不死者]的谓语规定。首先不死者和终有一死者相互面对、紧密结合，

海德格尔：接着而来的是解释。

芬克：这个词组ἀθάνατοι θνητοί[不死的是有死的]并不是在一一列举。因为否则的话，相反的表述就是不可能的。我们看到，不
155 死者和终有一死者处于一种关联之中。诸神概念首先与死亡无关，但也许我们可以猜度一种死亡关联性。那就是说：由于诸神生于彼之死。第尔斯的译文作：因为此之生就是彼之死。这个句子成分和什么相关呢？什么是ζῶντες[生、生活]的主语：是不死者还是终有一死者？还有，什么是τεθνεῶτες[赴死]的主语？诸神生于凡人之死。他们是把凡人的死亡当作圣餐礼来接受的观看者和目击者。

海德格尔：而凡人死于诸神之生。

芬克：让我们也把残篇88加进来：ταὐτό τ᾽ ἔνι ζῶν καὶ τεθνηκὸς καὶ [τὸ]ἐγρηγορὸς καὶ καθεῦδον καὶ νέον καὶ γηραιόν· τάδε γὰρ μεταπεσόντα ἐκεῖνά ἐστι κἀκεῖνα πάλιν μεταπεσόντα ταῦτα。第尔斯的译文作："在我们身上(?)，生与死，醒与梦，少与老，都始终是同一的东西。后者变化了，就成为前者，前者再变化，又变为后者。"如果赫拉克利特说：ταὐτό τ᾽ ἔνι ζῶν καὶ τεθνηκός[生与死都始终是同一的东西]，那么，他指的就是生与死

或者死亡存在

海德格尔：或者是指死亡存在之可能性？

芬克：如果说生和死与醒与梦、少年与老年是平行的，那就不是指任何一种能力。人们可以以下列方式来描画这三种对立面的相互关系的基本特征。生是凡人拥有并且在死亡中终结的整个生命时间。醒和睡作为相互轮替的状态是人的生命历程中最频繁地交换的形式。年少状态和年老状态形成了凡人生命历程的开端和终结时间。醒和梦以及少和老的关系与生和死的关系是特定的平行关系。通过它们，生和死的关系变得更加复杂了，

海德格尔：因为这三种差异的方式是截然不同的。 156

芬克：生和死是同一的；醒和睡是同一的；少年和老年是同一的。赫拉克利特是从这些看起来不同的东西出发来谈论同一性的。但在这里，应该怎样来理解ταὐτό[同一者]呢？

海德格尔：我们可以把它理解为"共属一体的"(zusammengehörig)。

芬克：生和死，醒和睡，少年和老年很可能总是共属一体的。但举例说来，生和死共属某个"相同者"吗？

海德格尔：关乎一个同一者。

芬克：如果生命存在和死亡存在是同一的，那么，它们就会形成一种隐藏自身的相同性。生与死的差异性，如果被设定为与另外两种关系类似的，那就是极其清楚的。醒和睡，就如同少年和老年一样，是我们再熟悉不过的区别性，也是与我们的生命历程相关的。少年和老年是我们生命历程中两个突出的阶段。与此相反，生和死却是整体性的生命时间与给它投下阴影并且不会在它之上出现之物的关系。思想家赫拉克利特之箴言是给流行的意见掴了一掌吗，这些流行意见坚持生和死的差异性就像醒和睡、少年和年老的差异一样？难道关键在于，着眼于一种相同性，把逆潮流而动的思想冲撞引向被划分为各种差异的世界吗？——这并不意味着诸现象失去了它们的区别，而很可能意味着，和ἕν[一]相关的诸现象是一种ταὐτό[同一者]。赫拉克利特说，生与死，醒与睡和少年与老
157 年是同一的。但他没有说，就像第尔斯－克兰茨翻译、因而阐释的那样：居住在我们之中的同一者。ἡμῖν[我们]是第尔斯用来补充ἔνι[在内部]的。造成问题的是，我们是否就是生和死的伟大对力的同一性的位置，抑或是否同一性的位置毋宁一定要在ἕν[一]中寻找——人与此位置发生关系，并且在一定程度上类似于这个ἕν[一]。可以肯定，这里首先关涉到一种命令式的主张，即生者和死者，醒者和睡者，年少者与年老者，是同一的。并不是说这三种对立的对子是同一的，毋宁说，赫拉克利特命名了处于一种特定的对应之中的三种对立，并着眼于三组对立的每一组而思考了ταὐτό[同一者]。这种三重对立的共同基础是由生命时间构成的。整个生命时间是由死亡限定的。在生命之内，睡可以和死亡相类比，老年和死之间有某种特定的关联，而醒和少年就与生命存在联系最

紧密。不过,残篇 88 所谈论的并不是生与死,而是生者和死者。但"生者"和"死者"这样的表述该如何理解呢?如果我们说:正义(τὸ δίκαιον)和美(τὸ καλόν),那么,我们指的是正义之物或者正义存在,以及美的事物或者美之存在吗?

海德格尔:您的阐释尝试因此朝向一点,即不把这三种差异理解为某个类别之下的三种情况,而是着眼于时间现象而把它们归类

芬克:以及因而建构一种类比关联。这里不是要讨论固定不变的差异。然则重要的还在于构成一种区别性的种种差异。生命存在和死亡存在相互之间并不处于某种程度关系之中,因为死亡存在是不能提高的。与此相反,我们习惯于提高生命存在(das Lebendigsein
zu steigern),区分惰性的和崇高的生命形式。而醒和睡的相互过渡 158
几乎不为人所察觉。生和死根本就不构成美和丑那样的对立,也没有程度上的差异。千差万别的自然是一个难题。一旦我们尝试从最为流行的辩证的相互渗透出发去搞清楚这一点,文本的值得追问性就消失了。如果我们从下面这一点出发,即每一种类比都是不同中的相同,那么,我们就可以说,睡和醒,以及老年和青年,以某种方式就如同死亡存在和生命存在的关系。可是,如果我们把睡眠称作死亡的兄弟,并把它当作一个中间现象,那么,这也许是一种含有人们过多期望的隐喻语言。即便就对于"生于他者之死"这个表述形式的意义之追问而言,生与死的共同张力在"生"[①]

① 此处用了动词的 leben(生、生活)。——校注

的这种及物用法中也是一件奇怪的事情。这只是一个阐释问题:是否能够应用这种流行的模式,以至于我们不仅可以说:生于死,而且可以说,死于生。[①] ——我们没有得到任何结果,也许根本上我们就得不到任何最终的后果。但是在"生于他者之死"这个措辞的陌生性和黑暗性之中,那过于司空见惯的关于τροπή[转变]的解释已经发生了转换。也许我们宁可根据生与死的关联来思考火与土、气和水之间的关系,以至于我们能够着眼于生与死之间这种困难的紧张关系,得到一把人类学的钥匙,解开ἕν[一]和πάντα[一切、万物]之间的非人类学基本关系。

① 此处"生于死"(den Tod leben)和"死于生"(das Leben sterben)中的动词leben和sterben都做及物动词用。——校注

第九次：不死者：终有一死者（残篇 62）。——ἓν τὸ σοφόν[唯一智慧]（相关残篇：32，90）。

芬克：海德格尔教授先生今天不能来了，因为一次重要的旅行把他阻滞在外。但他要求我们继续我们的文本阐释，以便我们能够在残篇阐释上再向前推进一步。他将会借助讨论班记录知悉这次讨论班的进度，以便到时候表达他的看法。——让我们回想一下上次讨论班上引导我们的思路，更好地说，是那些开放的问题的要旨。我们是从火的转变问题出发的，连同这样一个问题，即原始质料的变化是否因此而得到思考，或者它是否以ἕν[一]和πάντα[一切、万物]之间的关系为目标。最后，我们在残篇 76 中抵达这个令人百思不得其解、一团漆黑的措辞，即某物生于他物之死。这个表达方式在残篇 62 中被我们用作对于不死者和终有一死者或者终有一死者和不死者之间的关系的描画。这里关涉的只是就这个大成问题的表达方式“生于他者之死”的使用而言的另外一个领域吗？即便在这里，这个措辞在基本的广度上所指，也就如同我们在残篇 76 中火、气、水和土这些元素的关系中对它的了解吗？这里所涉及的是宇宙的关联还是宇宙学的相互关系呢？——只要在这里，这个措辞被应用于以某种特殊的方式对全体保持开放之物、亦即诸神和凡人之上。在这里，这种措辞是被用于宇宙学的生命物吗？之所以会发生这些，也许是因为不死者和终有一死者之间的关系可以类比于以闪电、太阳和火的形态出现的ἕν[一]和πάντα[一切、万物]之间的关联。在ἕν[一]与πάντα[一切、万
160 物]之间的、三番五次把我们带入歧途的基本关系更能从它的反射(Spiegelung)出发而成为可言说的吗？ἕν[一]和πάντα[一切、万物]之间的世界关系毋宁是从存在理解的诸神和凡人之间的关系出发而成为可说的吗？借此，我们提出问题的道路首先得到了显示。现在让我们尝试着澄清残篇62的结构。因为我们不能说，这个残篇的结构已经赢得了清晰性和规定性。——残篇原文作：ἀθάνατοι θνητοί, θνητοὶ ἀθάνατοι, ζῶντες τὸν ἐκείνων θάνατον, τὸν δὲ ἐκείνων βίον τεθνεῶτες。我们可以把它翻译为："不死者：终有一死者，终有一死者：不死者"。通过这种译法，第尔斯把不死者带入到了与终有一死者之间的某种关系之中，也把终有一死者带入到了与不死者之间的某种关联之中。与此相联系，这种关系通过晦暗不明的问题表达方式而得到说明，就像第尔斯接下来翻译的那样："因为此之生就是彼之死，彼之生就是此之死。"在我看来，这种翻译是过于信马由缰不知节制了。因为它说的是：ζῶντες τὸν ἐκείνων θάνατον, τὸν δὲ ἐκείνων βίον τεθνεῶτες："因为它们生于那些的死，也因为它们死于那些的生"。如果我们在众所周知的意义上把ἀθάνατοι[不死者]解释为诸神，并把θνητοί[有死者]解释为凡人，那么，其中就只涉及一个我们没有绝对的把握能够断言的解释步骤问题。虽然在希腊神话中，不

死者就是诸神。但还有中间者,即英雄,他们生为终有一死者,是可以升格为不死者的半神。不死者和终有一死者的周边区域以可靠性和确定性而为人所熟悉吗? ἀθάνατοι[不死者]和θνητοί[有死者、凡人]是指什么,这是一个问题。首先我们接受神话学的意义,把不死者当作是诸神,而把终有一死者当作凡人。在残篇62中,连诸神也是从死亡的角度被刻画的。不死者固然脱离了死亡,不会落入死亡之手,但他们却是由死亡决定的。作为不死者,他们必定知道自己是在对有死的存在物的否定中赢获他们本己的自我理解的。他们知道自己是向死亡敞开的,但不是遭受死亡的存在
者,这种存在者看到凡人之死,并在目击稍纵即逝的凡人逝去时逐 161
渐认识到他们自己的不可消逝性。终有一死者是凡人,他们单单着眼于永远存在的、远离死亡的诸神就知道自己的死亡归宿。θνητοί[有死者、凡人]不是什么对于从某种超越于人的角度出发而说出的客观的命名,而是指向凡人在意识到自己的死亡归宿时的自我理解,因为他们知道自己是 morituri[有死者、终有一死者]。凡人仰望着和着眼于永远存在的、远离死亡的诸神而知道自己是朝生暮死的。由于不死者和终有一死者,在世界内的存在者之间存在的最大的世界之内的距离被命名为在诸神与凡人之间的绷紧的弓,但是在他们的自我理解和存在理解之中,他们是相互关联着的。终有一死者在仰望和审视诸神的永远持续的存在时认识了他们自己的即将消失的存在,而诸神在与在时间之中不断消逝的凡人的对照和直面时赢得了永远存在。不死者和终有一死者的差异是从死亡角度被刻画的。但是这种差异并不是像生与死之间的差异本身一样的差异。因为不死者和终有一死者生着,并在他

们本己的自我理解之中生着地与他者的存在发生关联。诸神与凡人的关联并不能和生与死的关联等量齐观，然而，ἀθάνατοι-θνητοί[不死者－有死者]和θνητοὶ-ἀθάνατοι[有死者－不死者]之间绷紧的弓要从生与死之间的关联来思考。在诸神和凡人、不死者和终有一死者之间伸展得最宽的差异交织缠绕在一起，并且和它的对立的极端紧紧结合在一起——也许这类似于ἕν[一]和πάντα[一切、万物]之间的关系。引导着我们的问题是，是否由于接纳了不死者和终有一死者之间的诸种关系，被发现的就不仅仅是人类学的钥匙，以显示出如下这种关系，即火、太阳、闪电作为ἕν[一]的诸形态是如何与πάντα[一切、万物]发生关系的。并不存在相互
162 并立的ἕν[一]和τὰ πάντα[一切、万物]，它们并不存在于同一个平面上，并不存在于通常意义上的比较平面上，而毋宁说，它们在它们的关系中都是独一无二的。它们的关系是无法用大家司空见惯的关系来显示的。ἕν[一]不属于τὰ πάντα[一切、万物]，它也不会因为下面这点而得到思考，即我们严格地思考τὰ πάντα[一切、万物]，并且在这种总合（Inbegriff）之中涵括一切根本上存在之物。即使我们把τὰ πάντα[一切、万物]思为总合，它们也不能把ἕν[一]包括在内。它保持着与τὰ πάντα[一切、万物]的分离状态，但是不是以我们司空见惯的那种通过空间和时间的界限或者通过从属于某一类型或者某一类别而分离的方式。所以流行的分离状态的方式都不能应用于ἕν[一]和πάντα[一切、万物]的基本关系。但同时我们也必须说，在ἕν[一]和τὰ πάντα[一切、万物]之间这种独一无二的分离中，另一方面，ἕν[一]和τὰ πάντα[一切、万物]的独一无二的共属一体性，最多地被分离之物的交织

缠绕，是必须被收入眼帘之中的。在它们的交织缠绕之中，ἕν[一]和τὰ πάντα[一切、万物]被紧密结合在一起。迄今为止，我们遇见了多重的譬喻，比如：就像在黑夜中，通过电闪雷鸣，在光之闪耀中现身的物走向闪耀，并显示它们的轮廓，同样地在某种更加本源的意义上，物的整体性在被思为闪电的ἕν[一]的撕裂的光之闪耀中走向显现。或者说：就像在太阳光中，在阳光下站立的物在它们的印记中闪耀，同样地，世界内的物的整体性在作为阳光而得到思考的ἕν[一]之中走向显现。正如在这里物并不是和太阳的阳光相互并列地出现，而是像阳光围绕着事物，并因此和它们相分离，而同时又以包含一切的光的方式和它们系缚在一起，同样地，也存在着许多τὰ πάντα[一切、万物]的整体性，它们不和闪耀的光相互并列，相反，闪耀的光包围着πάντα[一切、万物]的整体性，它以一种难以理解的方式和它们“分离”，又和它们“系缚在一起”，我们能够在无所不包的光的譬喻中最大程度地澄清这种方式。现在， 163
不死者和终有一死者还是相互并列地关联着吗，就像ἕν[一]和τὰ πάντα[一切、万物]处于最大程度地分裂的状态中？在此，我们把不死者理解为这样的东西，他们只是在时间性地消逝的凡人的背景中知道他们自己的永远存在，而把终有一死者理解为凡人，他们只是通过它们和不死者之间的某种关联而知道他们的朝生暮死。我们可以以多种方式来解读ἀθάνατοι θνητοί[不死者有死者]，θνητοὶ ἀθάνατοι[有死者不死者]：要么是以第尔斯的方式，要么是以以下方式：不死的终有一死者；终有一死的不死者。这个艰涩的词组看起来似乎是自相矛盾的。但是借助于所谓不死的终有一死者和终有一死的不死者这样一个背谬的概念，人们不会走得太远。诸神生于终有一死的凡人的死,这就是说,诸神的生就是杀死凡人吗?另一方面,凡人死于诸神之生吗?我们也不能把任何正确的意思和这种解读联系在一起。因此我更宁愿相信,下面的解说更接近真相。诸神生于与经验到死亡的终有一死的凡人的比较中。他们生于终有一死者的死,因为在他们本己的自我理解和存在理解之中,他们认为他们自己与凡人的朝生暮死和他们那种太有限的理解存在者的方式相对立。但如果我们自问,我们应该如何翻译τὸν δὲ ἐκείνων βίον τεθνεῶτες[也因为它们死于那些的生],那么情形是更为困难的。我们可以把τεθνεῶτες[赴死]和ζῶντες[生、生活]平行放置吗?但问题是,在这里完成分词是否具有完成的意义,或者它是否应该被翻译成像ἀποθνήσκοντες[那些正在死的人]那样的现在分词的形式?这个问题只能留待语文学家来决定。不死者的生是终有一死者的死,诸神生于终有一死者的死,以及终有一死者死于诸神的生,或者终有一死者在与诸神的生之关联中渐渐死去。我们也使用这个词组:死死,生生[①]。但在残篇62中却是说:生于他者之死,死于他者之生。如
164 果我们想要澄清诸神生于凡人之死到底说的是什么,那么,我们首先可能要拒绝那种粗暴的阐释形式,依照这种形式,诸神是食人族般的存在者。他们生于凡人之死,并不是以吞食凡人这种方式。因为他们不仅不需要凡人的食物,而且归根结底也不需要凡人的牺牲和祈祷。那么,"诸神生于凡人之死"这个表述是什么意思呢?

---

① 此处"死死"原文为einen Tod sterben,"生生"原文为ein Leben leben。——校注

我只想把一种意义和这个句子联系起来,我的说法是:诸神在他们与终有一死的凡人之间明确的关联之中理解自己处于他们本己的永久的存在之中。在时间之中不断堕落的凡人眼中,诸神的这种不可改变的存在意味着一种持存(Bestehen)。诸神以这种方式生于凡人之死。而且同样地,我把这个句子——"凡人死于诸神之生"或者说他们在与诸神的生之关联中死去——只和一种意义联结在一起,如果我由此说的是,凡人在他们的自身理解中作为最易消逝者总是和不可消逝者之间发生关系,而这个不可消逝者在我们看起来就是诸神之生命。凡人作为朝生暮死者死去,不仅仅是因为他们处于和朝生暮死者的交道中。他们不仅仅是消逝者王国中的最易消逝者,而且同时他们还理解着对诸神的永不消逝性敞开。与从来不会消灭者的基本关联属于凡人与自己、与包围着他们的一切之间发生的关系。所以,我们把"生于凡人之死"和"死于诸神之生"理解为诸神和凡人的存在理解和自身理解的相互交织缠绕的关系。诸神生于凡人之死是以这种方式,即他们只有在终将消逝者的背景中才能在他们的永在中把自己理解为不死者。他们只有在同时和时间中变化的领域发生关联之时,才是永久保持着的。根据残篇62,诸神和凡人恰恰不是像在荷尔德林的诗《许佩里翁的命运之歌》中那样表现行为举止的:"你们在上界的光明中/漫步在柔软的地面上,有福的神明!/神圣的微风闪闪发光,/ 165
轻轻吹拂着你们,/犹如纤纤素指/轻抚着神圣的琴弦。/逍遥于命运之外,天神们/呼吸如熟睡的婴孩,/贞洁地被保存/在简朴的蓓蕾中,/精神为了他们/永远开放,/而他们有福的眼睛/凝望于安静/而永恒的清明之中。/然而,我们却注定/无处可以休憩,/受难的人类/在消逝，在坠落，/盲目地从一个时辰/到另一个时辰，/如水从危岩之上/抛向另一个危岩，/长年落入未知的深渊。”在这里，诸神领域和凡人领域被分离成两个领域，相互之间没有任何重叠，而是互不相干，遥遥两立。在上界的光明中逍遥于命运之外的天神闲来信步，他们的精神如鲜花般永恒地开放，然而凡人过着无休息的生活，在时间的激流之中消逝和坠落。荷尔德林在这里把诸神永恒的生命收入眼帘的方式表明，对于终有一死者的顾看并不必然属于诸神的自我理解。但如果诸神和凡人不是两相分离的，而是构成两个相互朝向对方的领域，那么，我们就能够从那儿出发把交织纠缠的关系应用于残篇 62 的开头，这个残篇以一种艰涩的方式把不死者和终有一死者互相联系在一起。

参与者：诸神的永远存在和凡人的时间性变化的存在之间的链接，可以类比于歌德关于流变中的持久(Dauer im Wechsel)的思想。

芬克：但也有一种持久，是作为时间中的持续不断。比如康德就是以这种方式思考世界质料的持存的。

参与者：歌德关于流变中的持久的思想并非意指时间中的持续不断，而是进入赫拉克利特的思想的方向中了。

芬克：但我们首先必须知道，您指的是歌德的哪段文字。因为也有
166 一种持久者，它经受了流变，就像康德的世界质料，它在一切变化之中保持为相同者，自身既不消逝也不生成，而只是始终不同地显

现。但这样的话，我们就在思考实体及其偶性之间的关系。

参与者：对歌德而言，持久首先和主要是通过流变构成的。

芬克：这对于实体性的持久也同样适用。但赫拉克利特的意思恰恰不是指，某物在时间变化中坚持到底。因为那样的话，我们就只有原始质料和它的诸显现形态之间的关系了。但是问题恰恰是，火、海和土的关系是不是一种持久的原始质料（火）在它的诸状态的流变中或者在它作为外化形态的现象中的关系，或者是否其中涉及一种完全不同的、独一无二的差异。一切世界内的存在者都具有相对持久的实体及其变动不居的状况的结构，或者属于一个作为持久基质的持久的实体，这个基质持久不变，既不消逝，也不生成。如果我们把这种思想图式运用于火的转变，那么，火和海与土的关联就无异于一种原始质料和它的许多显现形态之间的关系了。可是，我们正在探索火和海与土的另外一种关系，这种关系指的是ἕν［一］和πάντα［一切、万物］之间的关系。对于ἕν［一］和πάντα［一切、万物］之间的关系来说，不死的诸神和终有一死的凡人之间的关系接受了一种类似的代表性。在此，我们思考诸神和凡人不仅要着眼于权力和柔弱的对立，而是要这样，即诸神和凡人为了在他们的存在中认识自身，就要相互认识对方。如果ἕν［一］是ἓν τὸ σοφόν［唯一智慧］，那么它只能在它与τὰ πάντα［一切、万物］的最高对立中认识自身，并且同时把自身当作那个支配和驾驭τὰ πάντα［一切、万物］之物。借此，我们就把一种关系纳入眼帘，在这种关系中，某种超时间的存在者领域并不和时间性

167 的物领域发生关系。这里涉及的并不是柏拉图式的两个世界学说,而是一种关于世界、关于ἕν[一]的统一性和在时间进程中现身的个别物的理论。如果说歌德谈到过流变中的持久,那么,他指的也许是和自然显现相对立的自然的持续不断。但是,借此他置身于关于原始质料的思想的近处。

参与者:我不能把我自己和这种见解联系在一起。我的看法是,歌德关于流变中的持久的思想接近于您对于赫拉克利特的阐释。

芬克:在残篇 30 中,ἕν[一]被称为 πῦρ ἀείζωον[永远的活火],它就是一种不死的火。不死的诸神是不死的火的类比意义上的代理。在残篇 100 中的说法是:ὥρας αἳ πάντα φέρουσι[季节带来一切]。据此,πάντα[一切、万物]就是由季节带来的东西,所以恰恰不是永远存在者,而是短暂的东西。因此,ἕν[一]与τὰ πάντα[一切、万物]的关系,就如同πῦρ ἀείζωον[永远的活火]或者说(因为海德格尔教授先生今天不在这里,我们可以大胆说一下)被思为时间的存在自身与在时间中被驱赶的、时间性地被规定的物的关系。我也没有说,ἀθάνατοι[不死者]和θνητοί[有死者、凡人]是可以与ἕν[一]和πάντα[一切、万物]等量齐观的,而是说,它们象征性地代表了ἕν[一]和πάντα[一切、万物]之间的关系。不死者和终有一死者并不是作为ἕν[一]与πάντα[一切、万物]的宇宙的环节自身,他们是相互分离同时又是连接在一起,毋宁说,他们是两种宇宙学上的存在者,他们理解全体:上到诸神,下到凡人。如果我们在这里想要谈论某种类比,我们必须澄清,这里涉及的不是通过某种不相似性而达到相似性，因此，不相似性总是更大的。把凡人作为 imago dei[神的肖像]来谈论并不意味着，凡人是神性的镜像，凡人之于诸神正如镜像之于原像（Urbild）。凡人是通过距离的无限性而成为神的肖像的。我们已经找不到语言来表 168
达ἕν[一]和τὰ πάντα[一切、万物]之间的关系了。ἕν[一]只是在闪电之中、在太阳和季节之中、在火之中照耀着我们。但火并不是现象性的，而是非现象性的，在它的闪耀中τὰ πάντα[一切、万物]走向显露。因为我们找不到语言来刻画ἕν[一]和πάντα[一切、万物]之间的基本关系，因为我们想要使πυρὸς τροπαί[火的转变]远离流传下来的粗暴的思想图式，依照这些思想图式，某种一直存在的原始质料改变它的状态，或者在它的各种显现形态之中伪装自己，所以，我们就从残篇 76 开始，在这条残篇里，ἕν[一]和πάντα[一切、万物]的基本关系是以"生于他者之死"这种措辞而提到的。由此出发，我们可以过渡到残篇 62，在这条残篇里，"生于死"（den Tod leben）和"死于生"（das Leben sterben）这两个表达方式，并不是关于火、气、水和土来说的，而是关于不死者和终有一死者来说的。把这种表达方式运用到诸神和凡人上似乎首先离我们凡人的理解力更近些。在从残篇 76 到残篇 62 的过渡中，似乎没有发生一般的宇宙的关联窄化为某种人类学－神学关系的问题。人类学－神学的关系绝不是两种本质[1]的关联，而是两种不同本质如何理解自身以及存在者的关系。诸神着眼于凡人之死来理解他们

① 此处"本质"原文为 Wesen，似更应译为"有生之物"，在此即诸神与凡人。——校注

本己的永远存在。如果诸神没有在他们面前处于时间中的凡人和πάντα[一切、万物]的跌落，则诸神能够在精神的自我享受中过着他们从不中断的生活吗，他们能够领悟到他们的神性吗？那个由不死者代表的ἓν[一]能够没有πάντα[一切、万物]的观看而在自身之中存在吗，而那个由终有一死者和他们的存在理解所代表的πάντα[一切、万物]能够没有对于πῦρ ἀείζωον[永远的活火]的无限性的认识而存在吗？我还想再重申一遍，不死者和终有一死者之间的关系不可以与πάντα[一切、万物]之间的关联等量齐观。我现在只是致力于指出，人们能够在诸神与凡人之间的交叉
169 缠绕之中，在他们对于对方的认识的自我认识之中，发现一种对ἕν[一]和πάντα[一切、万物]之间关系的暗示。所以，这里既不涉及某种平行关系，也不涉及流行意义上的类比关系。赫拉克利特的所有神学残篇都是这样谈论神的，正如人们只能谈论ἕν[一]一样。一切差异都在神之中消失殆尽了。借此所说出的不仅仅是与其他有生命体相对立的诸神的崇高，而不如说，赫拉克利特关于神所说的必须从神和ἓν τὸ σοφόν[唯一智慧]之间这种特殊的类比关系来思考。在残篇 32 中，赫拉克利特这样说道：ἓν τὸ σοφὸν μοῦνον λέγεσθαι οὐκ ἐθέλει καὶ ἐθέλει Ζηνὸς ὄνομα。“只有一个人是唯一智慧的人，他既不愿意而又愿意接受宙斯的称号。”我们能够以某种方式在宙斯之中思考ἕν[一]，尽管通过宙斯，全体的无所不包的ἕν[一]被伪装为最高的世内存在者了。因此，重要的是，赫拉克利特首先说οὐκ ἐθέλει[不愿意]，然后才说ἐθέλει[愿意]。只有在否定之后，神和ἕν[一]之间某种类似的相应关系才能被说出来。

参与者:为了贯彻您对于ἕν[一]的阐释,人们必须在一种双重的意义上理解ἕν[一]:一方面,ἕν[一]与τὰ πάντα[一切、万物]之间的对立,另一方面,ἕν[一]是ἕν[一]和πάντα[一切、万物]之间的对立的统一性。如果没有预先设定某种调和的统一性的话,人们就不可能设定ἕν[一]和πάντα[一切、万物]之间的对立。也许我可以通过一种对谢林的提示来澄清这一点。谢林说,绝对者不仅仅是统一性,而且也是统一和对立的统一性。这意思是说,在每一种对立背后都有一种调和的统一性。如果我们想要避免两个世界的学说,那么,ἕν[一]就不仅仅和τὰ πάντα[一切、万物]处于对立状态,而且我们必须同时也把ἕν[一]思为调和的统一性。

芬克:ἕν[一]是统一性,在这种统一性之内才有具有多重对立的
πάντα[一切、万物]的整体性。借助从德国观念论那里来的概念 170
图式,您从形式上证明了,绝对者是同一性和非同一性的同一性。这种关系也还可以继续反复。但由此我们却不能走进赫拉克利特的维度。ἕν[一]和πάντα[一切、万物]构成一种独具特色的差异。如果我们在这里谈论的是差异而非对立,或许会更好些,因为不然的话,我们就太容易想起我们熟悉的对立,比如暖－冷、男－女,等等,也就是太容易想起各种可逆的和不可逆的对立。人们在这里可能会筹划一种完整的对立逻辑。我们的问题指向ἕν[一]。在开始谈闪电时,我们发现了它的踪迹。在自然科学的考察中,闪电无非是某种特定的电的现象。但赫拉克利特在闪电中思考的是πάντα[一切、万物]的整体性的非现象性的开端。尽管我们在一一细勘不同残篇时,已经揭示了ἕν[一]－πάντα[一切、万物]关系的

许多难以觉察的细节,但我们尚不能正确地把握这种关系。在我们了解了以闪电和电闪雷鸣、太阳和季节的形态出现的ἕν[一]之后,我们才碰到了ἕν[一]的规定。因为我们不想在一种粗糙的心理学意义上把握πυρὸς τροπαί[火的转变],所以我们必须寻找另外一种见解。在残篇 76 中,我们第一次了解到"生于他者之死"这个措辞。在残篇 62 中,我们再次发现作为不死者和终有一死者之间关系的这个措辞。我们尝试借助于这种具有反对关系的表达方式,即"生于他者之死"和"死于他者之生",来思考诸神和凡人的关系。诸神生于凡人之死,其方式并不是凡人之死属于他们的生。我们把"生于终有一死者之死"解释一种鉴于生命体之存在的诸神之生,这种生命体以有限的时间性的方式理解存在。鉴于这种堕入死亡而不能在永远存在中寻求庇护的凡人,诸神理解了他们的ἀεὶ εἶναι[永远存在],而且仿佛是πῦρ ἀείζωον[永远的活火],即使他们不是在严格意义上是ἀει[永远的],就像πῦρ ἀείζωον[永
171 远的活火]是ἀεί[永远的]一样。与此相反,凡人死于诸神之生。凡人是在对诸神的永远存在的理解中没有分享永远存在,他们没有赢获对不死者的永远存在的分有,但他们着眼于诸神从不堕入死亡而理解了自身和自己的消逝。我尝试着赋予"生于终有一死者之死"和"死于不死者之生"这样的表达方式以某种意义,因为我把它们阐释为诸神和凡人的自我理解和存在理解的交叉缠绕。这种交叉缠绕关系代表了ἕν[一],永活的火和一般πάντα[一切、万物]在时间上有限的、由季节带来的存在之间的相互关系。不死的诸神就是作为ἕν[一]之形态的永远的活火的反射(Widerschein),是其内在世界的代表。在这种阐释中,我看到了一种解读残篇 62

的可能性。没有任何其他理解诸神生于凡人之死的可能性向我显示出来。诸神生于凡人之死，不是在亲身经历（Erleben）的意义上，相反，在经历他们自己的永远存在时，他们和凡人之死相关联。荷尔德林在《记忆女神》[①]的第一稿和第二稿中说："因为天神们/也并非全能。/或可说终有一死者/迟早会趋近深渊，/因此回音将转向，/随着凡人。/时光/漫长，但是/那真实的/将出现。"这就意味着，诸神作为无欲无求者，仍然需要一种东西，就是往前趋入深渊的终有一死者。诸神如何可能在他们的永远存在中不能自足地享受他们的无限性，而是为此需要与终有一死者的相互关联，而被驱赶入时间轨道中的凡人为了知道他们自己的有限性，如何要与永远存在的诸神之间的相互关联——在这一点上，我们有一个关于ἕν[一]和持久地在时间之中被赶来赶去的πάντα[一切、万物]的譬喻。凡人和诸神本就具有共同之处，他们不仅都是世界上的存在者，而且他们都以理解着的存在关系的方式生活着。人以有限的方式理解存在，而诸神以无限的方式理解存在。诸神之超越 172
人，不仅仅是在力量一般上，更是在对于存在者的理解的力量上。πᾶν[一切]是有死地不死的[②]。然而πᾶν[一切]绝不是 coincidentia oppositorum[对立的统一体]，绝不是一切对立都在其中被消解的黑夜。τὸ πᾶν[一切]是这样一个词，我们把ἕν[一]和πάντα[一切、万物]都囊括入其中。我们能够把二律背反的词组单独地应用于它。——现在让我们转向残篇 90：πυρός τε ἀνταμοιβὴ τὰ

① 《记忆女神》（Mnemosyne），或译为"摩涅莫绪涅"。——译注

② 此处"有死地不死的"原文为 sterblich unsterblich，是两个对立的形容词的并置。——校注

πάντα καὶ πῦρ ἁπάντων ὅκωσπερ χρυσοῦ χρήματα καὶ χρημάτων χρυσός。第尔斯译作："一切事物都换成火，火也换成一切事物，就像货物换成黄金，黄金换成货物一样。"以这个残篇，我们似乎打断了阐释路线。在这里得到思考的是交易关系，我们或多或少能够思考这种交易关系，而这与诸神和凡人交互地理解自身和存在的方式似乎没有什么关系。首先这条残篇似乎没有提出什么特殊的困难。它谈论的是以交替方式进行的对换，谈论的是某种相互关系（Gegenverhältnis），在这种关系中，一方为另一方所取代，并取代对方的位置。看起来，在这里，πῦρ［火］和πάντα［一切、万物］的关系是在一个市场事件的譬喻中提到的。我们认识一个自然交换的市场或者它的进化形式，即货币市场，在市场中货物被交换成货币，货币被交换成货物。多样的和不同种类的货物和单一类型的货币之间发生关系，就好像多种类型之物竟与简单的东西发生关系，但尽管如此它却与货物的多样性相对应。这种关系是ἕν［一］和πάντα［一切、万物］之间的基本关系的一种形态吗？ἕν［一］作为最简单之物和把一切连接在一起的东西，处于与τὰ πάντα［一切、万物］之间的基本关系之中。我们在残篇中读到：τὰ πάντα［一切、万物］换成火，火也换成ἅπαντα［总体、全体］。我们在这里也像在残篇30中的πάντα［一切、万物］一样理解ἅπαντα［总体、全体］，在那里，我们不是把ἅπαντα［总体、全体］把握为生命物，而是把握为和πάντα［一切、万物］意
173 义相同之物。赫拉克利特以轮替的方式谈到τὰ πάντα［一切、万物］和火的交换以及火和τὰ πάντα［一切、万物］的交换。我们关于货物和黄金之间的关系能够说的东西，并不以同样的方式对于

τὰ πάντα[一切、万物]和火之间的交换关系有效。在τὰ πάντα[一切、万物]和火的关联之中,我们不能说,在一方存在的地方,另一方也可以进去。市场上的卖方出售货物,因此而获得货币。在从前货物曾经在的地方,现在货币进来了,而反过来,过去货币在的地方,货物进来了。我们可以如此粗糙地把握ἕν[一]和πάντα[一切、万物]之间的关系吗?显然不能。如果我们把货币不仅当作特定的硬币,当作某种形式的货币,而更注意到黄金那作为阳光的象征的金光闪闪,这个譬喻就更清楚了。那么,像太阳光般闪耀的金子和货物之间的关系,就像ἕν[一]和τὰ πάντα[一切、万物]之间的关系,反过来,τὰ πάντα[一切、万物]之于ἕν[一],就像货物之于像太阳光般闪耀的金子。金光闪闪意味着,它关涉的不是一个任意的譬喻问题,在这个譬喻中我们可以鱼目混珠,用货币取代金子。在我们的譬喻中,它与其说关涉的是真实价值和象征价值之间的相互交换,不如说是金光闪闪和货物之间的关系。金子代表着πῦρ ἀείζωον[永远的活火]的火光闪闪,而货物代表τὰ πάντα[一切、万物]。πῦρ ἀείζωον[永远的活火]和τὰ πάντα[一切、万物]在它们的交换关系中是不可能以可理解的方式得到直接地表达的,而处于交换关系中的金子和货物的譬喻最终是失败的。尽管如此,πῦρ ἀείζωον[永远的活火](ἕν[一])和πάντα[一切、万物]的关系在这个失败的譬喻之中指示了一个方向。如果有人在这里想起ἐκπύρωσις[火灾]学说,那么,他必定会赋予这种转化关系以如下基本特征:火取代了πάντα[一切、万物]——这涉及διακόσμησις[安排]——τὰ πάντα[一切、万物]取代了火。在这种情况下,我们将会在与金子和货物之间的关联的严格类比中理解火和τὰ πάντα[一切、万物]的关系。在斯多葛学派死板形式的ἐκπύρωσις[火灾]学说的意义上,人们或许可以说:πάντα[一切、万物]消失在火的ἐκπύρωσις[火灾]中,并且在διακόσμησις[安
174 排]中大火转变为τὰ πάντα[一切、万物]。但进而我们声明,一个永远持续的事件的基本结构乃是一个时间过程。我们在处于交换关系中的黄金与货物这个譬喻中面临的困难是,这个譬喻显示出了πῦρ ἀείζωον[永远的活火]与πάντα[一切、万物]的关系中某种本质的东西,但一旦我们严格地把握它和理解它,它就不再是正确的了。作为ἕν[一]的形态的πῦρ ἀείζωον[永远的活火]处在和τὰ πάντα[一切、万物]之间的一种稳定的关联中,就像诸神和凡人也处于一种稳定的关联中。如果我们想要理解永远的活火和僵硬地把握的ἐκπύρωσις[火灾]学说中的πάντα[一切、万物]之间的关联,这种稳定的关联就消失不见了。第尔斯用"一切"(das All)来翻译τὰ πάντα[一切、万物]和ἁπάντων[总体、全体],是值得疑虑的。这个译文指向ἐκπύρωσις[火灾]的方向。不过,赫拉克利特没有说过τό πᾶν[一切]或者τοῦ παντός[一切、万物][①],而是说τὰ πάντα[一切、万物]和ἁπάντων(πάντων)[总体、全体(一切)][②]。但τὰ πάντα[一切、万物]涉及存在者的整体性。τὰ πάντα[一切、万物]中的火和火中的τὰ πάντα[一切、万物]的交换关系,就类似于货物中闪闪发光的黄金和金子的火光中的货物的相互交换。我们首先必须任其保持开放的问题是,把ἕν[一]

① 此处为单数第二格。——校注

② 此处为复数第二格。——校注

和πάντα[一切、万物]之间关系的基本特征描画为一种转换关系。如果我们试图通过市场的例子来形象地说明ἕν[一]和πάντα[一切、万物]之间的关系,那么,这种成问题的基本关系的某些特征就会显露出来。尽管如此,这种关联在所有的指示它的譬喻中都向我们自行隐匿,它不仅把我们带向可说之物的边界那儿,而且把我们带向可思之物的边界那儿。在残篇 62 中,诸神和凡人的这种交叉缠绕关系代表了ἕν[一]和πάντα[一切、万物]的关系。在诸神和凡人之间的相互关联中,诸神在某种特定意义上就是处于与πάντα[一切、万物]之间的关联之中的ἕν[一]的代表,而且是因为他们最能理解πῦρ ἀείζωον[永远的活火]。最后,我们可以说:不仅我们作为赫拉克利特箴言之阐释者理当具有苦恼意识,它首先还存在于这些箴言本身中。

175

第十次：
诸神和凡人之间的持久敞开性（残篇 62）。黑格尔的“思辨”。——黑格尔和赫拉克利特的关系。——生－死（相关残篇：88，62）。

海德格尔：我没有出席上次讨论班。我应当事后来表达一下我关于讨论班思路的看法。但这毕竟是和亲身参与讨论不同的事情。因为存在一种危险，即我可能是从外部来谈论的。首先我想要提及上次讨论班中最大的困难，就是：对诸神与凡人的关系的规定，是在它和ἕν[一]与πάντα[一切、万物]的关系的关系中进行的。所以这里涉及两种关系之间的关系问题。我现在刻意形式地谈论，旨在让大家看到为上次讨论班的思想奠定基础的结构。如果我们注意迄今为止的讨论班的开端和进程，那么在我看来，这个困难似乎就在于发现一种过渡，即从闪电、太阳、季节和火与τὰ πάντα[一切、万物]之间尚未得到规定的关系，过渡到诸神与凡人的关系——后一种关系处于与ἕν[一]和πάντα[一切、万物]之关系的关系之中。困难就在于看到ἕν[一]如何突如其来地显示另一种特征。就我对于芬克先生心目中讨论班之进程的理解而言，这个困难就是他出于有意识地从关于火的残篇出发，最终把被人们当作逻各斯残篇和赫拉克利特特有说法的一切收入眼帘。我看到的困难在于,通过对独特的事态“生于死,死于生”的阐释——它们针对诸神和凡人来说的——,一种与ἕν[一]和πάντα[一切、万物]的真正在课题上值得追问的关系的相应性(Entsprechung)已经昭然若揭了。如果我们谈论“ἕν[一]与πάντα[一切、万物]之间的关 176
系”,那么,看起来似乎我们在这里思考的是这两者之间的联系,我们已经具体地为这两者确定了位置,进而为它们找到了可以测量它们之间距离的弓。但最后的情形却是这样的:ἕν[一]就是这种关系,它通过让τὰ πάντα[一切、万物]成为它们之所是的方式而与τὰ πάντα[一切、万物]之间发生关系。这样来理解的话,依照我的观点,这种关系就是决定性的东西,我们的规定必须达到这个决定性的东西,并且由此消除两个相关项的观念。正是这种观念将来必须被摈弃,尽管尚未确定的是,属于πάντα[一切、万物]之全体性的一切关联是什么,以及与ἕν[一]自身之间或在ἕν[一]自身之中的一切关联的关联是什么。——从术语的角度看,上次讨论班记录中的某些东西让我眼睛一亮。您,芬克先生,在“宇宙的”和“宇宙学的”之间做了区分,您还提到宇宙的诸环节和宇宙学上的本质。

芬克:在“生于死,死于生”这样晦暗不明的措辞中得到表述的诸神与凡人之间的关联,人们能够粗糙地把握住,并且说,诸神能够由于凡人的死亡而赢获生命的实体,就好像凡人由于他们所吃掉的动物的死亡而赢获他们的生命一样。那么,生于他者之死是一个过程,是生命实行的持久样式。诸神需要终有一死者的生命,就好像在民众宗教中需要终有一死者供奉的牺牲，我们不能把任何意义和这种观念连接在一起。如果人们想要撇开这种粗野的观念，人们就必须从诸神与凡人之间的纯粹宇宙的关系过渡到凡人和诸神之间的宇宙学上的关联。诸神和凡人不仅仅像其他的生命体那样存在，他们还通过与自身之间和相互之间的理解关系而得到规定。这种理解关系不是把诸神密封在自身之中，诸神不仅和
177 他们自身相关联，而且他们只能关乎终有一死者的变化无定和必有一死，才经验到他们自己的永远存在。为了在他们的自身关系（Selbstverhältnis）之中理解他们本己的永远存在，他们必须在理解之际进入凡人的死亡之中。这样一种有所理解的自我参与不能在存在者状态上，而要在存在学上或者宇宙学上来理解。反过来，和他们本己的消逝发生关系的凡人必须在理解之际参与到诸神的永远存在之中。这种存在－逻辑上的[①]理解包含着与ἕν［一］和πάντα［一切、万物］之间原始关系的一种类比。

海德格尔：如果您拒绝作为存在者状态上的关系的宇宙关系，谈论宇宙学上的而非存在学上的关系，那么您是在一种特殊的意义上使用"宇宙学的"这个词。在您对于"宇宙学"这个词的使用中，您不是指作为宇宙学说的宇宙学的通常含义。但这时您看到了什么呢？

① 此处"存在－逻辑上的"原文为onto-logisch，或可译为"存在－论上的"。——校注

芬克:有所作为的ἕν[一],它在自身中包含了所有πάντα[一切、万物],而绝不是作为空间位置之体系的宇宙。

海德格尔:所以您不是在自然科学的意义上使用"宇宙学"这个词的。我唯一关心的是看到您这样谈论宇宙学的动机何在。您为什么不说"存在者状态的"(ontisch)和"存在学的"(ontologisch),而说"宇宙的"和"宇宙学的",自然有您的理由。

芬克:标准就在于,您自己在哪里批判存在学。

海德格尔:您把ἕν[一]和πάντα[一切、万物]的关系称为世界关系。

芬克:在此我并没有把它理解为两个相关项的关系。我把ἕν[一]思为一,它让πάντα[一切、万物]意义上的"多"涌现出来,但也重新把它们收回。

海德格尔:我不想把您和海德格尔系缚在一起,但ἕν[一]-πάντα 178
[一切、万物]作为世界关系的确表示,ἕν[一]作为世界而世界化[①]。

---

① 此处"作为世界而世界化"原文为:als Welt weltet。动词"世界化"(welten)是后期海德格尔常用的一个说法。——校注

芬克：ἕν［一］是聚集着的、让存在的、也消灭着的权力。对我来说，除了聚集和让存在的环节，重新收回和消灭的环节也是重要的。

海德格尔：如果我们现在想到谈论κόσμον τόνδε［这个世界、这个宇宙］的残篇30，那么，这里所谓的κόσμος［世界、宇宙］和您所使用的“宇宙学”一词之间是什么关系？

芬克：κόσμον τόνδε［这个世界、这个宇宙］不是指πάντα［一切、万物］在ἕν［一］中的聚集，而是指πάντα［一切、万物］的整体结合。

海德格尔：所以，您不是在希腊语κόσμος［世界、宇宙］的意义上使用“宇宙学的”。但为什么您这时候会谈论“宇宙学的”？

芬克：我不是从赫拉克利特出发，而是从康德出发，而且是从纯粹理性的二律背反出发来思“宇宙学的”。纯粹理性尝试着思考全体(das Ganze)。全体这个概念首先是以物为定向的。但是以这种方式，我们不可能思考和经验聚集着的全体。康德展示了某种思想实验的疑难(Aporien)，他相信能够以一个空间物为模型来思考全体。因为康德没有成功获得这种开端，所以他把全体主体化为经验过程中的主体性原则，而这种经验由所有现象之总体性的调节性理念而得到了补充。

海德格尔：所以，您使用有别于“存在者状态上的－存在学的”的“宇宙的－宇宙学的”，动因在于总体(Allheit)，

芬克:但它是ἕν[一]的总体,是自行聚集、让涌现和让消失的东西 179
的总体。鉴于让涌现和让消失之间的相互咬合,我想把我自己与尼采那种把建造与破坏、结合与毁灭耦合在一起的动机联系起来,与尼采关于世界支配作用中的否定的动机联系起来。

海德格尔:我也还想提及另一个困难。我同意您对残篇62的阐释。对我来说,以您指明的方式来阐释"生于他者之死,死于他者之生"这个措辞,也是唯一可能的道路。对我来说问题在于,依照最纯粹的源泉,我们在多大程度上认识在希腊人那里与凡人处于关系之中的诸神。人们可能会着眼于您对于诸神与凡人的关系的阐释而直言,您把诸神置于实存论存在学(Existenzialontologie)之下了。依照这种意义,您的解释不仅是在与诸神相关的凡人上,而且反过来在与凡人相关的诸神上,都陷入一种实存论存在学的方向中了。

芬克:在宗教世界中,我们发现诸神与凡人之间存在着严格的界限。但是海德格尔教授先生认为,如果我把实存论存在学强加给诸神,那么这是因为,诸神不仅与凡人区别开来,而且诸神在其自身存在中也是和凡人区别开来的,因为他们和终有一死者的死发生着理解关系,

海德格尔:而且他们在和终有一死者的区别中首先将自身经验为永远存在。

芬克：只是因为诸神看见了终有一死者，他们才能将自身经验为永
180 远存在着的。不死者是不会遭遇死亡者，终有一死者是必有一死者。但是赫拉克利特改变了希腊神话的惯常理解，这种理解让诸神与凡人互不相干，他们只是偶尔朝向对方。他把这种偶然的关系搞成了诸神和凡人在他们的自我理解中构成的关系。诸神的不死存在，只有当他们和凡人的终有一死性发生关系时才是可能的。对于凡人的必有一死的认识构成了对本己的永不消失的存在的理解，而且反过来，对于诸神的永远存在的认识构成了对本己的终有一死存在的理解。诸神和凡人并不构成两个分离的领域。这里的重点不是看到分离（Chorismos），而是诸神和凡人的自身理解和存在理解的交叉缠绕。

海德格尔：重要的不是以一种粗糙的形式谈论作为不同生命体的诸神与凡人，其中一方是不死者，另一方是终有一死者。用《存在与时间》的术语来说，不死性不是范畴，而是一个实存论性质，是诸神与其存在发生关系的方式。

芬克：对凡人之必有一死性的神性认识绝不是一种纯粹的意识，而是一种理解性的关系。在向终有一死者显现为导师、为他们提供帮助的雅典娜那里，也许这里还关涉到另一个主题。诸神的三王朝圣节（Epiphanie）绝不是诸神的真实的终有一死存在，而是一种伪装。当亚里士多德说，θεωρία［沉思］中的生命要高于φρόνησις［实践智慧］，是一种神性的生命，一种 ἀθανατοίζειν［使不朽、使永生］（在此ἀθανατοίζειν［使不朽、使永生］是与ἐλληνίζειν［使成

为希腊人]一样的构成），那就意味着，我们在θεωρία[沉思]中像不死者一样与自己发生关系。在沉思中，终有一死者向上达到了诸神的生命。相应地，关于诸神，我们必须说，他们对于凡人的关系是“θάνατοίζειν”[“使死亡”]，前提是人们能构成这个词。重点 181
在于，凡人和诸神的关系是不能从外部进行描述的，而不如说，他们自身作为他们的交互关系和对立关联而实存，只是诸神在一定程度上具有更有利的实存论存在学，而与此相反，凡人具有更不利的实存论存在学。诸神与凡人的自身理解和存在理解必定在相互的理解中筹划自己。

海德格尔：在诸神和凡人的关系中，事关宏旨的是一个现象，这个现象迄今为止尚未着眼于ἕν[一]与πάντα[一切、万物]的关联而得到讨论，那就是：诸神和凡人之间的持久敞开状态。您把诸神与凡人之间的持久敞开的关系命名为ἕν[一]与πάντα[一切、万物]之间的关系的代表。

芬克：借此已经预示了ἕν[一]的σοφόν[智慧]特征。ἕν[一]是以λόγος[逻各斯]和σοφόν[智慧]的方式存在的聚集着的统一性。我们不可以把ἕν[一]的σοφόν[智慧]特征阐释为认识。其中得到思考的是ἕν[一]和πάντα[一切、万物]的理解关联的环节。在闪电、太阳和火的光特征中，我们首先预示了ἕν[一]的σοφόν[智慧]特征。但在此我们必须警告人们，别把ἓν[一]解释为世界理性和绝对者。

海德格尔：我只想刻画您的道路的特征。您从闪电、太阳、季节、火、光、光辉和闪耀出发，为理解残篇64a中的σοφόν［智慧］或者说πῦρ φρόνιμον［明智的火］做好了准备。在这条道路上，在某种程度上更加困难的是，完成从作为闪电、太阳和火的ἕν［一］和πάντα［一切、万物］之间的物性关联到诸神与凡人相互之间的持久敞开的关联的过渡，后者代表了ἓν τὸ σοφὸν［唯一智慧］与πάντα［一切、万物］之间的关联。您的赫拉克利特阐释的道路从
182 火出发，到达λόγος［逻各斯］，而我的赫拉克利特阐释之路则是从λόγος［逻各斯］出发到达火。这背后隐藏着一个在我们俩这儿都没有得到解决的困难，但我们俩都已经以不同的形式触及到了这个困难。您为了把诸神和凡人阐释为相互关系，还提出荷尔德林——而且首先是《许佩里翁的命运之歌》——作为参照，在这首诗里诸神和凡人是分离的，相互之间不存在关联。

芬克：没有命运，/ 犹如熟睡的婴孩，/ 天神呼吸着。这首诗谈到诸神对于人的漠不关心。

海德格尔：然后您又第二次阐释荷尔德林了，提到了出自《记忆女神》（摩涅莫绪涅）的几行诗句，它所表达的思想完全倒过来了，即不死者需要终有一死者。其实这两首诗在荷尔德林那里靠得很近。“记忆女神”（摩涅莫绪涅）里的思想已经出现在《莱茵颂诗》（第八节）中，其中说到，诸神需要“英雄和凡人 / 以及其他终有一死者”。“需要”这个值得注意的概念在荷尔德林那里仅仅关涉到诸神和凡人之间的关联。“需要”的标题当时在何处作为一个哲学

术语而出现?

芬克:在黑格尔的论文《费希特与谢林哲学体系的差异》(1801年)中,在那里,黑格尔谈到了"哲学的需要"。

海德格尔:所以大约就在荷尔德林逗留在法兰克福的时候。在追问黑格尔和荷尔德林那儿"需要"的意思时,对于他们俩在这种关系中的对话,我们有一份非常重要的档案——不然这场对话就是一个晦暗不明的问题。借助他们两者之间的这场对话,我们触及了一个历史性的(geschichtlich),而不只是一个历史学的(historisch)问题。那么在什么意义上两者都是赫拉克利特主义者,这是另外一个问题。在图宾根,座右铭ἓν καὶ πᾶν[一与一切]把他 183
们与谢林联合起来了。这种在共同的座右铭下存在的关系后来土崩瓦解了。但荷尔德林在哪里第一次提到了赫拉克利特?

参与者:在《许佩里翁》中。在那里,荷尔德林谈到ἓν διαφέρον ἑαυτῷ[于自身中区分自己的一]。

海德格尔:这个于自身中区分自己的一。荷尔德林把它理解为美的本质。但对于当时的他来说,美是存在的代名词。黑格尔在《哲学史讲演录》中对于希腊的阐释是沿着这个方向进行的:作为美的存在。依靠赫拉克利特的词语,荷尔德林并没有命名一个形式主义的-辩证的结构,而是做了一种基本的陈述。这种思想进而在他那里转变为诸神和凡人之间的关系,据此关系,凡人是诸神的实

存条件，

芬克：而且凡人比诸神更接近于深渊。

海德格尔：因此，诸神与凡人之间的关系是一种更高级、更困难的关系，它不能通过通常的形而上学神学的术语而得到规定。

芬克：凡人和诸神的关系也不是一种意象关系(imago-Verhältnis)，因为终有一死者在他们的自身理解中有所理解绽出，进入诸神的另一种存在之中，但又没有经历这种存在。一方面，诸神与凡人之间的一种陌生性占据统治地位，而另一方面，在相互理解中也有一种咬合。

海德格尔：从黑格尔出发来看，他与赫拉克利特之间的亲缘关系何在呢？在《哲学史讲演录》中有一个著名的句子：

184 **参与者**："没有一个赫拉克利特的句子，我没有把它采纳到我的《逻辑学》当中的。"

海德格尔：这个句子是什么意思？

参与者：在这里重要的是黑格尔对赫拉克利特的理解。

海德格尔：从赫拉克利特和黑格尔的关系着眼，这句话说了什么呢？

参与者:赫拉克利特不仅为黑格尔所吸收,而且也为黑格尔所扬弃。

参与者:黑格尔从对立出发辩证地看待赫拉克利特。

海德格尔:但是什么叫作“辩证地”?现在我们可以补上对于前面某次讨论班上提出的关于黑格尔的思辨问题的回答。对于黑格尔而言,何谓“思辨”?

参与者:思辨思想的前提是存在与思想的同一性。

海德格尔:对于黑格尔来说,思辨归属于哪里?

参与者:思辨是逻辑的一个环节。

海德格尔:什么是环节?

参与者:环节来自 movere[置入运动之中]、movimentum[运动状态]。

海德格尔:时刻依赖于“环节”[1]。当黑格尔说思辨是一个环节(ein

---

① 此句中的“时刻”(der Moment)与“环节”(das Moment)只有定冠词之别。——校注

185 Moment)时,他不是指时刻,而是指环节。环节是运动着的某物,它参与了思想的运动,并对之起了关键作用。环节变成动力,而这个动力自身就是瞬间(Augenblick),它在某一个时刻发生。于是环节变成了“时刻”。逻辑的第一个环节是什么呢?

参与者:抽象的或者理智的环节。

海德格尔:那第二个环节呢?

参与者:辩证的环节。

海德格尔:值得注意的是,黑格尔把辩证的环节当作第二个而不是第三个环节。那么,第三个环节叫什么?

参与者:思辨的环节。

海德格尔:出于何种联系,黑格尔把辩证的环节命名为逻辑的第二个环节,而不是第三个环节?黑格尔在《逻辑学》的终尾处谈论实事与方法的同一性,人们便会认为,辩证的环节就是第三个环节。黑格尔也把辩证的环节命名为否定理性的环节。对黑格尔而言,什么是理性的?为了分析赫拉克利特我们需要这一切,即使我们并不是专门讨论这些。

参与者:从《精神现象学》出发来说,理性是对主体和客体之分离的扬弃。

海德格尔:黑格尔的术语来自哪里?

参与者:来自康德。

海德格尔:黑格尔是如何描画康德哲学的特征的?

参与者:称之为反思哲学。 186

海德格尔:那这是什么意思呢?

参与者:就是两个环节的分离。

海德格尔:哪两个环节?在康德那里什么叫理性?

参与者:对康德而言,理性就是与知性(作为范畴之思维)相区别的理念之思维。理念是调节性原则,理性以此思考总体性。

海德格尔:可见在康德那里,理性不是直接与现象相关联的,而是只与知性的规则与基本原理相关联的。理性的基本功能在于思考最高的统一性。当黑格尔说辩证法是否定的-理性的东西时,他的意思是说:抽象的有限的规定扬弃自身,过渡到它对立的规定之中。与此相反,知性的抽象思维固执于这个规定及其与其他规定的差异性。黑格尔的整个思想、想法首先是在主客体关系的基本图式中说话的。抽象的环节就是表象,它被发送到客体身上而没有回溯性地关联于主体。这是直接性的阶段。表象被发送到直接给与的客体身上而没有回溯性地关联于中介。如果现在客体作为客体、也即在与主体的回溯性关联之中得到思考,那么,主体和客体之间的统一性也就得到了思考。但为什么这个统一性是一个否定性的统一性呢?

参与者:因为思想还没有认识到作为统一性的统一性。

海德格尔:您历史地-具体地来思考一下康德的先验统觉的综合
187 统一性。它是和客体性相关的统一性。但对黑格尔来说,这个全体自身,也就是在它们的统一性之中的主体和客体,首先是肯定的统一性,辩证过程的全体寄存于这种统一性之中。发现这种统一性,也就是说,在它们的统一性之中发现抽象的和辩证的环节,就是思辨。思辨作为肯定理性把握到了那些相互对立的规定的统一性。如果黑格尔把赫拉克利特带入他的逻辑学的相互联系之中,那么,他是如何思考赫拉克利特关于对立所说的话的?他又是如何吸收赫拉克利特关于对立所说的东西——有别于我们所做的尝试?他把赫拉克利特那里的对立的联系——从康德出发来讲——当作直接性阶段上的范畴学说,也就是在某种直接的逻辑学的意义上。黑格尔在赫拉克利特那里看到的不是像您所理解的那样的宇宙学关联。

芬克：黑格尔是从中介作用出发来阐释对立面的关系的。

海德格尔：他是从直接性阶段出发来理解全部希腊哲学的，而且是在逻辑学的维度来看待一切。

芬克：人们也可能会说，对黑格尔而言，赫拉克利特关于生成的思想是有意义的。人们也可能会把赫拉克利特命名为流变的哲学家(den Philosophon des Flüssigen)。对黑格尔来说，流变的环节赢得了解决对立的模型特征。

海德格尔：生成是运动，对于这个运动来说，抽象、辩证和思辨这三个环节就是给与动力者。依照黑格尔《逻辑学》的结论，这种运动、这种方法就是实事本身。除了黑格尔和荷尔德林之外，第三个赫拉克利特主义者是尼采。但是为了深入这个问题，我们现在或许走得太远了。我只是粗略触及现在所说的一切，旨在向您表明我 188
们现在停留在哪里。我们的赫拉克利特阐释保持在一个广阔的视野里。它处于与传统的对话之中。一般地我们只能出于对话才能说话，对于思想来说，尤其是对于我们在其中运动的道路而言，对话是基本的。——如果您，芬克先生，现在从关于被标画为“生于他者之死，死于他者之生”这种现象之特征的诸神与凡人交互的持久敞开状态的关联所做的提示出发，勾勒一下你已经成竹在胸的讨论班向前推进的下面几步，以便参与者们知道这条道路终将把我们引向何方，这也许是恰当的做法。

芬克:我相信,人们必须从关于火的学说和 πυρὸς τροπαί[火的转变]继续向前推动到对于ἕν[一]和πάντα[一切、万物]之间的关系的追问上,为此我们必须得到在其中生-死关系得到思考的那些残篇的帮助。诸神与凡人之间的关系并不能与ἕν[一]与πάντα[一切、万物]之间的关系等量齐观。在诸神与凡人相互为对方保持持久敞开状态之际,我们已经有一个制动器,以防止把残篇 90 中所说的东西仅仅思为我们司空见惯的翻转,要么把它思为某种质料以其他形态出现的变形,要么把它思为建立在货物交易模型的基础之上。我们已经指明,在χρυσός[金子]之中,金光闪闪必须被连带得到倾听。在这里得到思考的,是光性的火和它所转变成的事物之间的关系。我们不可以在某种质料变化的意义上来粗糙地思考这种转变。

海德格尔:在κόσμος[世界、宇宙]中,我们必须连带思考闪闪发光者,装饰品和增添光彩者,这对于希腊人来说是一种约定俗成的想法。

芬克:但是如果依照火来衡量,最美的κόσμος[世界、宇宙]也只是
189 一个随手扔弃之物组成的垃圾堆。很可能它自身是一个最美的结合物,但是着眼于ἕν[一],它就类似于一个垃圾堆。

海德格尔:关于诸神与凡人之间的关系,我还想饶舌赘言几句。我已经把这种相互的理解称为长久敞开状态。但是如果诸神在他们与凡人的关系中代表处在与πάντα[一切、万物]之间关系中的ἕν

[一],那么,这个ἕν[一]特征就会消失掉,

芬克:而且是因为作为ἕν[一]之代表的诸神是复数的形式,因而作为外化形态而出现。但在他的神学中(我们后面会转到这个问题上来),赫拉克利特思考的是神之中一切对立面的耦合。——为了现在澄清我们的赫拉克利特阐释的接下来的进程,我们必须着手尝试着从处理生和死的关系以及睡眠这种中间现象的残篇,过渡到对于一切对立和它们在诸神之中的耦合的根本讨论,最后过渡到宙斯,人们不能但又想要以此来命名ἓν τὸ σοφὸν[唯一智慧]。在此之前,或许也还要考虑关于河流和运动的残篇系列,然后才能讨论ἁρμονία ἀφανής[看不见的和谐]问题,在琴和弓之中的生与死,在弓的双重意义中的生与死的真正纠缠,把火解释为φῶς[火光、光明]和解释为制作σαφές[真实、真相]、让它闪耀并将之带入光之中的东西,以及最后σοφόν[智慧]和λόγος[逻各斯]的特征等等。我们的赫拉克利特阐释的轨道是由ἕν[一]和πάντα[一切、万物]之间的关系构成的。我们的解释始于火的显现,然后过渡到生与死之间的关系,进入到对立和耦合的学说,关于运动的残篇和关于神的残篇,从那里再推进到ἓν τὸ σοφὸν μοῦνον[唯一智慧],最后终于到关于λόγος[逻各斯]的残篇。在我看来,重要的是,首先要赢获观念和思想轨道的丰富武器。赫拉克利特操弄 190
了许多关系。如果说他在关于睡眠的残篇中就实施了一种差别化的话,那么,这种差别化不能从丰富语汇的意义上来理解,而是要从理解的轨道意义上来把握。他活动在理解轨道的多重性之中。很可能他的基本思想相对容易阐述,但困难在于如何把他这种基

本思想折射入他所关心的思想和观念的许多轨道之中。赫拉克利特的基本思想被打碎成许多条道路,

海德格尔:这些道路让人观入τὰ πάντα[一切、万物]之中。

芬克:关于一的思考以多重方式发生。就像在巴门尼德那里,ἕν[一]是在大量的σήματα[标记、标志]之中被思及的,同样地,在赫拉克利特那里,ἕν[一]和πάντα[一切、万物]的关系是在大量的理解轨道上被思及的。

海德格尔:诸神与凡人属于哪里?

芬克:一方面是在πάντα[一切、万物]之中,另一方面是在ἕν[一]之中。

海德格尔:这另一方面恰好是使人感兴趣的。

芬克:ἕν[一]与πάντα[一切、万物]的关系映照在诸神与凡人的关系中。因为ἕν[一]绝不是实事性的统一性,而是λόγος[逻各斯]的统一性,诸神与凡人是在λόγος[逻各斯]的闪电中遭遇的东西。他们共属于那个λόγος[逻各斯]事件。

海德格尔:诸神与凡人在他们的交叉缠绕关系中具有与ἕν[一]与πάντα[一切、万物]相关的映照功能。

芬克：我们可以用海德格尔的语言说，凡人与诸神在某一方面共属于存在者，但在更加本质的方面共属于存在。诸神与凡人在一切 191
存在者中占有特殊位置，这个位置不让他们涌现出来

海德格尔：在有着（es gibt）的东西之中，

芬克：是极其难以把握的。诸神和凡人作为存在之理解而实存。诸神的与凡人的存在理解是存在的自行澄明（Selbstlichtung）的方式。

海德格尔：但这没有出现在赫拉克利特那里。

芬克：我们能够取道诸神与凡人的关系发现ἓν[一]的光之本性。

海德格尔：也许这里就是现在转向残篇26的合适位置。

芬克：首先我想要再一次回到残篇88：ταὐτό τ' ἔνι ζῶν καὶ τεθνηκὸς καὶ [τὸ]ἐγρηγορὸς καὶ καθεῦδον καὶ νέον καὶ γηραιόν· τάδε γὰρ μεταπεσόντα ἐκεῖνά ἐστι κἀκεῖνα πάλιν μεταπεσόντα ταῦτα。第尔斯的译文作："在我们身上居住的，生与死，醒与梦，少与老，都始终是同一的东西。后者变化了，就成为前者，前者再变化，又成为后者。"在这里说出了一个ταὐτό[同一者]，但不是一个现成的同一者的同一存在（Selbigsein），不是属于一切有着（es gibt）的东西的空洞同一性，而是和差异相关联的同

一存在。它与看起来和我们差异程度最大之物相关联。这里所谓的差异不是那种在持续的运动中的差异,而是关涉一切生命体的差异。在我们通常的观念中,生命状态、清醒状态和少年具有与死亡状态、睡眠状态和老年相对立的特征。但是这个陈述了同一者
192 的残篇不仅反对流行意见,说出生、醒和少与死、睡和老相比具有优先性,而且它还说出这三组对立的共属一体性。处于中间的睡眠状态有一个赫然醒目的中间位置,从这个位置出发,对于跌落意义上的死亡状态和老年状态而言,理解着的持久敞开状态才是可能的。然而,这条残篇所言不止于此。不仅生与死、醒和睡、少和老是一和同一者,而且前者变化为后者,后者又变化为前者。一种现象性的变化只能在醒与梦的关系中看到。因为从清醒进入睡眠者,也会反过来又从睡眠回到清醒。唯有从清醒到睡眠的翻转是可逆的。与此相反,现象中的由生到死和由少到老的翻转不是可逆的。不过在残篇中说的是:就像清醒状态过渡到睡眠状态,反过来,生也转变成死,死也变成生,少年转变成老年,老年变成少年。它以处理生和死、少和老的差异的方式处理清醒状态和睡眠状态。但这种可逆的转变说的是什么呢?“又转变成”这个表述让人回忆起ἀνταμοιβή[交换、交易],想起金子和货物以及货物和金子的相互交换。在那里,转换的关系关联于ἕν[一]和πάντα[一切、万物]以及πάντα[一切、万物]和ἕν[一]之间的关系。问题是,这些在残篇88中所命名的和生命体相关联的过渡,是否在动物(Animalia)范围内有其位置,或者,它们是否指的是πυρὸς τροπαί[火的转变]意义上的转变。这个ταὐτό[同一者]说的是animalia(动

物),还是πῦρ ἀείζωον[永远的活火]?[①] 关于后者,我们听说过,它是过去、现在和将来一直存在着的(ἦν ἀεὶ καὶ ἔστιν καὶ ἔσται),但它绝不因此就是时间内的持久存在者,而是使πάντα[一切、万物]的曾经存在、当前存在和将来存在得以可能。在残篇88中命名的转变可以被思为关于动物世界中给定的和未给定的现象的纯 193
粹论断吗,还是它关涉的是πῦρ ἀείζωον[永远的活火]呢?关于这个问题,我们想让它作为问题留下来。

海德格尔:出自残篇88的ζῶν καὶ τεθνηκὸς[生与死]和出自残篇62的ζῶντες[生、生活]之间有什么关系?它们在这个残篇是如何被说出来的?在另一残篇中又是如何被说出来的?

芬克:在残篇62中,ζῶντες[生、生活]和τεθνεῶτες[死、赴死]关联到

海德格尔:不死者和终有一死者的存在方式,与此相反,在残篇88中,ζῶν καὶ τεθνηκὸς [生与死]则关联到存在者。

芬克:不是关联到存在者,而是关联到生命状态和死亡状态。ζῶν[生、生命]不是指一个生命体,而是指作为生命状态的期限(Terminus)的生(das Lebende),就如同τεθνηκός[死、赴死]不是指死者,而是指作为死亡状态的期限的死(das Tote)。这种相应也适

---

① 此句原文是陈述句,但依文意,当为疑问句,故做此改动。——译注

用于醒和睡、少与老。醒和睡是清醒状态和睡眠状态的期限,而少与老是少年状态和老年状态的期限。

海德格尔:残篇 88 中的ζῶν[生、生命]仅仅是残篇 62 中ζῶντες[生、生活]这个复数形式的单数形式吗?残篇 88 中的诸神与凡人又是指什么?

芬克:ζῶν καὶ τεθνηκὸς[生与死]不仅仅和诸神与凡人相关联,因为残篇 88 伸展得更远。但是,生命状态与死亡状态,清醒状态与睡眠状态,少年与老年是对谁而言的呢,是关于生命体,还是关于πῦρ ἀείζωον[永远的活火]?

海德格尔:所以,在残篇 88 中所说的东西是某种不同于在残篇 62 中所说的东西。在残篇 88 中是以一种更广阔的方式说出来的。

194 **芬克**:ζῶν[生、生命]和τεθνηκός[死、赴死]可以理解为类似于τὸ καλόν[美],τὸ δίκαιον[正义]的东西。如何理解τὸ ἐγρηγορός[分词]这个词条呢?海德格尔教授先生已经指出,其中涉及的并不是我们能够给与它们一个所有者的关系和相互关联。在这个残篇的第二个句子之中,赫拉克利特说的是复数,但这个复数并不和实事相关联,而是和不同的关系相关联。这个ταὐτό[同一者]可能说的是什么?这里所思及的耦合不仅是某种诸如无差异的无区分(Indifferenz)之中的耦合。它甚至指的是一种相互的翻转。μεταπεσόντα[改变]指向命名了ἀνταμοιβή[交换、交易]的残篇

90，黄金交换为货物，货物交换为黄金。但是在残篇 88 中翻转的东西，不仅仅是和聚集着的统一性相对立的物，而且是生命状态和死亡状态的更加剧烈的对立。在这里所提到的是一种同一性，这种同一性打了日常意见一个耳光，并且和它相对立，因为日常意见固执于生与死的差异。因此，令人困惑的问题是，这种翻转的位置、场所在哪里。

海德格尔：死亡状态(τεθνηκός)和死去指的是同一回事吗？[①]

芬克：是的，如果τεθνηκός[死、赴死]说的是和ζῶν[生、生命]相对立的东西。它不是指矿物意义上的无生命，

海德格尔：也即不是指僵死的自然。例如，一块石头是不死的。

芬克：在残篇 88 中，我们只能在特定领域的现象中认识的生与死被与ἕν[一]和πάντα[一切、万物]的整体关系关联了起来。但我们且让这个问题依然保持悬而未决。因为没有更进一步地证实，就不能说ταὐτό[同一者]是什么。我们首先只能猜度，生与死的同一性与ἕν[一]建立了关联。海德格尔教授先生把这种ἕν[一]与 195
πάντα[一切、万物]的关系标识为事态(Verhalt)，标画为存在事态和世界事态。如果在残篇 88 的ταὐτό[同一者]中说出的是这

① 此处"死亡状态"原文为 Todsein，对应的希腊文为τεθνηκός，"死去"的原文为 Gestorbensein。——校注

种原始事态（Urverhalt），那么，就会有一种现象中的矛盾呈报出来。因为没有任何死者会再次活过来。生和死、醒和睡、少与老都是以某种特定方式意指生命物在时间中的所有逗留的现象。生命是生命物的整体时间，死亡是生命时间的终结。醒和睡构成了生命期间的原始节奏。少年和老年指向在时间的腐蚀性权力中的在之中（Insein），而时间不仅带来一切，也会带走一切。对我而言，问题是ἕν［一］和πάντα［一切、万物］的关系是否是一种到时（zeitigung）的关系。——接下来，我想尝试解释一下残篇 26。原文作：ἄνθρωπος ἐν εὐφρόνῃ φάος ἅπτεται ἑαυτῷ ［ἀποθανὼν］ ἀποσβεσθεὶς ὄψεις，ζῶν δὲ ἅπτεται τεθνεῶτος εὕδων，［ἀποσβεσθεὶς ὄψεις］，ἐγρηγορὼς ἅπτεται εὕδοντος。第尔斯译文作：“人在夜里为自己点上一盏灯，当他的视力消失了的时候。活着的人，他点燃了睡眠中的死着；醒着的人，他点燃了睡眠者。”这个残篇明显是从人开始的。人在黑夜中点燃了一盏灯。残篇 26 开始于人和其能力，即他在他的视力消失的时候能够在黑夜中为自己点燃一盏灯。第尔斯把ἀποσβεσθεὶς ὄψεις 翻译为“当他的视力消失了的时候”。但是这样一来，这种解说就会导致一点，即人能够在梦里看见——他在做梦期间尽管在黑暗中，却又在光明中。我毋宁更愿意把ἀποσβεσθεὶς ὄψεις这个复数形式翻译为“以他看的方式消失了”。在黑夜和光明之间，人有其不安的位置。这个残篇指向的是黑夜和灯光之间的人的不稳固位置。他靠近光明。在他能够点燃黑夜之时，他显示自身。人是一种普罗米修斯类型的盗火者。他有能力在黑夜之中让光涌现，在他的看的
196 方式消失之时，确切地说，不是在他睡着的时候，而是在他和黑暗

发生关联之时。"活着的人，他触动[点燃]了睡眠中的死着；醒着的人，他触动[点燃]了睡眠者。"生和死在这里是通过睡的中间位置而相互连接在一起的。睡是和死有亲缘关系的生的方式，醒是在与死的关联中在光中点燃死的逗留方式。生命状态和清醒状态、睡眠状态和死亡状态不是三种状态，而是人的三种可能的行为方式，人以这些方式来到黑暗的漫漫黑夜(Nächtigen)和光性的敞开域附近。

海德格尔：我们必须澄清，触动(ἁφή[接触、点燃])真正意指什么。后来在亚里士多德《形而上学》第九卷第10章中，"触动"作为θιγεῖν[触摸、触动]而出现。

芬克：我们现在关于残篇26说过的话，只是我们必须在下次讨论班上开始讨论的那个困难的预示。

197 # 第十一次:黑格尔的“逻辑”。——“意识”和“此在”。——人之本质在光明和黑夜之间的位置(相关残篇:26,10)。

海德格尔:首先我必须对上一次的讨论班做一个修正。在荷尔德林联系到赫拉克利特的话ἓν διαφέρον ἑαυτῷ[于自身中区分自己]把存在或者真理阐释为美的地方,出于疏忽,我说过,同样的想法可以在黑格尔《哲学史讲演录》中找到。这个思想并非出自此处,而是出自《世界历史哲学讲演录》,确切地说是在第三卷“希腊和罗马的世界”(拉松版,第570页以下)。“感性仅仅是精神的显现,它摆脱了有限性,而美就存在于感性和自在自为的精神性的这种统一性之中。”(第575页)“这样说来,与基督宗教相对立,希腊宗教的真正不足在于,在它之中,现象构成了最高的方式,从根本上构成了神性的全体,而在基督宗教中,现象只被看作是神性的一个环节。”(第580页)“但是如果现象是一种长久的形式,那么,在它神化了的美中显现的精神就是主观精神的天国,……”(第581页)在这里,黑格尔思考的是现象和美的同一性,而这对早期荷尔德林来说也是典型的和本质性的。我们不能深入到黑格尔的阐述的细节之中,但我建议你们有机会重读《世界历史哲学讲演录》。

那样的话,你们就会赢获关于黑格尔的另一种看法,他对于希腊有着大量的真知灼见,例如,他把阿波罗思为认识着的神,思为知识之神,思为能言善辩、探赜索隐、极往知来,能够把一切秘而不宣之 198
事带到光天化日之下,在一团漆黑之中洞若观火的天神,思为光明之神和把一切带入到显现之中的光。——除此之外,我还要订正一个遗漏。上次讨论班上,我们谈论了黑格尔的逻辑三环节,谈论了抽象－知性的环节、辩证的环节和思辨的环节。但是在这里,我们遗漏了什么呢?

参与者:我们没有继续追问,鉴于我们自己的做法,我们所理解的有别于黑格尔的思辨是什么。因为对于黑格尔的思辨的意义的追问是通过以下这一点而浮现出来的,即:有一个参与者通过思辨的跳跃这个表达刻画了我们以赫拉克利特为出发点的思想试验的特征。

海德格尔:我们后面再谈论这个问题。让我们首先还停留在黑格尔哲学范围内。在阐明逻辑的三个环节时,我们遵循了黑格尔的文本。但如果人们谈论黑格尔的逻辑三环节,还有什么要追问的吗?

参与者:也许人们可以说,辩证的和思辨的环节是作为两个否定性的方面而出现的。

海德格尔:我们不想深入讨论否定和否定性。

参与者:我们忘记了追问这三个环节本身的总体性。

海德格尔:您想要如何规定这三个环节的进程呢?抽象的环节、辩证的环节和思辨的环节不是相互并列的关系。为了澄清这三个环
199 节是如何共属一体的,我们必须回溯到哪儿呢?在我事后反思我们的对话的进程之时,我为我们的疏忽大意吃了一惊。

参与者:我们必须追问,在黑格尔的体系之中逻辑学在哪里有其位置?

海德格尔:我们不用走得太远,而毋宁说,我们必须追问,

参与者:在黑格尔那里逻辑意味着什么。

海德格尔:所以说,我们已经探讨了逻辑三环节,但我们在此没有反思逻辑本身。我们由于粗心大意而没有追问黑格尔说的逻辑是什么。例如,一个人说:这是合乎逻辑的。抑或人们可以听到这样的句子:伟大的国家联盟是合乎逻辑的。在这里什么叫合乎逻辑的?

参与者:在《逻辑学》“导论”中,黑格尔说,逻辑学的内容是“对于上帝的描述,就好像他在创造自然和有限的精神之前存在于他自己的永恒本质之中”。

海德格尔:我们首先停留在这个问题上,即:在通常的意义上,也就是对于熙熙攘攘的芸芸众生而言,“合乎逻辑的”意味着什么。

参与者:它的意思就如同“本身合乎道理的”(in sich schlüssig)。

海德格尔:也就是“一以贯之的”(folgerichtig)。但这是黑格尔谈论逻辑的三个环节之时所指的东西吗?显然不是。可见我们还没有自己澄清,我们在谈论什么。在《哲学百科全书》第19节,黑格尔说:“逻辑学是纯粹理念的科学,亦即,思想的抽象的要素中的理念的科学。”我们不想在黑格尔身上逗留太久。我想要做的工作是,澄清我们在讨论赫拉克利特时把黑格尔和我们分离开来的那 200
个分歧。在黑格尔那里的“纯粹理念的科学”是什么意思,对他而言什么是理念?

参与者:是思想完全的自身理解。

海德格尔:黑格尔的理念概念预设了什么?您回想一下柏拉图的ἰδέα[相、理念]。在柏拉图的理念和黑格尔的理念之间发生了什么?当近代和黑格尔谈论理念时,此间发生了什么?

参与者:此间柏拉图的ἰδέα[相、理念]走上了通往概念的道路。

海德格尔:您必须小心一些的。理念在笛卡尔那里变成了perceptio[知觉]。由此,它是从主体的表象出发,也就是从主体性出发被看待的。进而,黑格尔的绝对理念成了绝对主体的完全自知。它是绝对精神的自我显现的过程特征中的三个环节的内在联系。在这种绝对者中,尽管有主体性,但柏拉图的理念思想,即自行显示,始终还起到一定的作用。为什么现在黑格尔能够说理念是思想?如果人们直接读黑格尔的句子,它必定向我们显示为自相矛盾的。只有当人们注意到,柏拉图的理念在笛卡尔那里成了 perceptio[知觉],这个句子才是可以理解的。在此之前,理念还变成了上帝的观念,并为 creatio[创造]的观念赢得了意义。我们仅仅给出这种关于黑格尔的逻辑的简短规定,是为了看到,当我们指出黑格尔的逻辑三环节时我们在谈论什么。逻辑是黑格尔的一个标题,它具有完全的重要性,并在自身之中隐藏了人们不能迅速和轻易地理解的丰富性。例如在《百科全书》第 19 节中,黑格尔说:"就逻辑是真理的绝对形式,以及更甚于此,就其是纯粹的真理自身而
201 言,它是某种截然不同于有用之物的东西。"在这里什么是真理?如果人们想要理解黑格尔的真理概念,人们必须连带思考什么?您回想一下我们已经说过的东西:理念变成了 clara et distincta perceptio[清楚而明白的知觉],而在笛卡尔那里,这连系于

参与者:certitudo[确定性]。

海德格尔:也即连系于确定性。为了能够理解黑格尔的真理概念,我们必须连带把真理思为确定性,思为作为绝对自知中的位置的确定性。如果我们今后——即使这个学期不再——还要讲到赫拉克利特的逻各斯(Logos),那么,对于黑格尔逻辑的意义的这样一

种提示是非常重要的。——现在我还想做一个澄清。芬克先生，您提到，关于凡人的必有一死性的神性知识绝非纯粹的意识，而是一种理解着的关系。所以，您把我们也将之命名为持久的敞开状态的理解着的关系与纯粹的意识对立起来了。

芬克：关于某物的纯粹意识是被给与的，例如，如果有人说，人作为被赋予生命者认识了无生命的自然。在这里，人们可以谈论纯粹的认识关联，尽管我认为在这里它不仅事关对于……的意识。诸神的自身理解不仅包括不可消逝的存在的存在理解，而且也包括——作为某种隐含的组成部分——必将消逝性的存在理解。神性的存在理解不仅是中性的，而且还回溯性地关联于凡人的必将消逝性。诸神在回溯性地与终有一死者的脆弱性发生关联之际理解了自己的至福存在。

海德格尔：如果您说，诸神与凡人的必有一死性的关联绝不是一种纯粹的意识，那么，您的意思是，它绝不是对于凡人的纯粹表象，凡 202
人如此这般地存在。您说的是，诸神与凡人的关联是一种理解着的关系，您指的是一种自我理解的关系。

芬克：就诸神对终有一死者保持持久敞开状态而言，他们只能有自己的存在。对于终有一死者和他们的终将消逝性而言的持久敞开状态在诸神那里是不可或缺的。但是我们不可以这样来理解它，就像尼采借助于托马斯·阿奎那关于天堂的至福所说的话：灵魂将会看着该死的恶人受到折磨而更适合他们的至福。（《论道德的谱系》第一篇，第15节）毋庸置疑，不死者是θνητοί。他们知道他们永恒的存在，不光是由于观看着的沉思（θεωρία），而且同时回溯性地关联于终有一死者的终将消逝性。他们受到凡人的必有一死性的影响。这里实在难以找到合适的术语。

海德格尔：我想要达到的正是这一点。我们是否能找到合适的术语形式，是另外一个问题。持久敞开状态不是什么像打开的窗户或者像一条通道之类的东西。凡人对于物的持久敞开状态不是指，那里有个洞，凡人可以透过这个洞去观看，毋宁说，对于……的持久敞开状态是物的被关涉存在（Angegangensein）。我之所以谈论这些，是为了澄清某种基本的关联，这种关联在对于《存在与时间》中用"此在"（Dasein）这个词来思考的东西的理解中扮演了某种角色。我们的问题现在指向意识与此在的关系。这种关系如何来说明？如果您仍然把"意识"当作先验哲学和绝对唯心论的标题，那么，就可以把另外一种立场和"此在"这个标题联系在一起。这另一种立场常常遭到忽视，或者没有得到足够的注意。当人们
203 谈论《存在与时间》时，人们首先想到的是"常人"或者"畏"。我们从"意识"这个标题开始。难道它真的不是一个令人奇怪的词吗？

芬克：意识真正地与实事相关联。就实事是被表象的而言，它是一种被意识的存在，而不是一种认识着的存在。但是我们用意识来指认识之实行。

海德格尔：真正说来，被意识的是对象。那么，意识的意思就如同

对象性，而在康德那里，对象性就等同于一切先天综合判断的最高原理：一般经验的可能性条件同时是经验对象的可能性条件。在意识中重要的是一种认识，而认识被思为表象，诸如在康德那里。现在在此在那里情况如何？如果我们想要以教学法的方式向前推进，那么我们必须从何处出发呢？

参与者：在此我们可以从这个词出发。“此在”这个概念在康德那里意味着现实性。

海德格尔：康德的现实性概念是一个漆黑一团的难题。但是，此在的概念在18世纪是如何形成的呢？

参与者：作为对于 existentia[实存]的翻译。

海德格尔：那么，此在的意思就是：当前在场。但是现在从《存在与时间》的此在解释学出发，应当如何来理解“此在”这个词？

参与者：《存在与时间》中的解释学是从此在出发的，在那里，不能以约定俗成的方式把此在理解为现成存在。

海德格尔：在法语中，此在(Dasein)被译为 être-là，例如在萨特那 204
里就是这样。但由于这种翻译，一切在《存在与时间》中作为新的立场而赢得的东西，都消失殆尽了。人是像椅子一样在此存在的吗？

参与者:《存在与时间》中的“此在”不是指人的纯粹实际存在(Faktischsein)。

海德格尔:此在不是指在那里存在或者这里存在。“Da”(此)是什么意思呢?

参与者:它的意思是在自身中被澄明的存在(das in sich Gelichtetsein)。作为此在的人的存在不是纯粹的现成存在,而是被澄明的存在。

海德格尔:在《存在与时间》中,此在以如下方式被写下来:Da-sein(此－在)。这个此(Da)是人忍受的存在者之澄明和敞开状态。意识的认识,即表象,是某种完全不同的东西。意识,即作为表象的认识,如何与此在发生关系?您在这里不可以沉思,相反地,您必须观看。芬克先生已经指明,意识根本上是关于对象的认识。对象性和被表象者是在何处奠基的呢?

参与者:在表象中。

海德格尔:康德会满意于这个回答,和他一起的关于绝对理念的绝对观念论也会满意于此。但是在此被压制的是什么呢?

芬克:是意识和对象得以在其中游戏的那个东西。

海德格尔：也就是澄明（Lichtung），在其中在场者和其他在场者迎面而遇。对……而言的对象性是以澄明为前提的，即在其中在场者和人相遇的澄明。意识只有在此的（Da）的基础上作为从此 205
（Da）中派生出来的模式才是可能的。人们必须由此出发来理解在《存在与时间》中以与意识相对立的此在为开端而迈出的历史性步伐。这是人们必须看到的实事。我已经暗示了这一点，因为除了ἕν［一］和πάντα［一切、万物］的其他关系，这种关系对我们来说依然起着某种作用。两种关系共属一体。在赫拉克利特那里，即使不是直接讨论这一点的地方，这个ἀλήθεια［无蔽、真理］，即无蔽状态，也处于背景之中。他谈到他不能进一步思考之物的基础。由此出发，我在上次讨论班上所说的东西就可以得到理解了：ἕν［一］是πάντα［一切、万物］的关－系（Ver-hältnis）。这种行－为和保持在这里首先意味着更宽广意义上的保护、保存和提供。① 这种保持对我们来说，是在时间的进程中，也就是在贯穿赫拉克利特残篇的进程中，从内容上得到充实的。芬克先生已经三番五次地提到一个事实，即ἕν［一］的所有规定，如闪电、太阳、季节和火，绝不是什么比喻和形象，而是一些标识，这些标识把保持（Halten）、πάντα［一切、万物］就ἕν［一］而言的存在类型与方式，以及ἕν［一］自身的特征刻画为统一者、聚集者

芬克：以及释放者（Entlassende）。我们必须把ἕν［一］与πάντα

---

① 注意这里的“关－系”（Ver-hältnis）、“行－为”（Ver-halten）和保持（Halten）有词根联系，但在译文中难以传达。——校注

[一切、万物]的这种关系同那种素朴的理解对立起来,依照这种理解,ἕν[一]就像贮藏室或者一个罐子一样被思考,一切πάντα[一切、万物]都存在于其中。人们不能把这种存在者状态上的众所周知的包含关系运用于ἕν[一]和πάντα[一切、万物]的关联上。

海德格尔:在南部德语中,罐(Topf)的意思是:港口(Hafen)。这是一个和ἅπτεσθαι[点燃、触动]相同的词。“鹰”(Habicht)这个词也属于此类,就是一种会抓取东西的鸟。语言比我们更富有思想性和更开放。但是很可能在接下来的几百年里,这将会遭人遗忘。没有人知道,人们是否会再次回到这一点。

芬克:上次讨论班时,我们是从思考残篇 26 开始的,并且强调了某
206 些要素:作为一种存在者的人的特有处境,这种存在者作为点燃的火厕身于黑夜与光之间。

海德格尔:在我看来,克莱芒斯引用残篇的方式就已经引发了一种困难。当我们解读克莱芒斯的语境时,我们对于他在何种关联中以及出于何种动机援引残篇 26 仍是一头雾水。那里的说法是:ὅσα δ᾽ αὖ περὶ ὕπνου λέγουσι, τὰ αὐτὰ χρὴ καὶ περὶ θανάτου ἐξακούειν. ἑκάτερος γὰρ δηλοῖ τὴν ἀπόστασιν τῆς ψυχῆς, ὃ μὲν μᾶλλον, δ᾽ δὲ ἧττον, ὅπερ ἐστὶ καὶ παρὰ Ἡρακλείτου λαβεῖν。第一个句子的译文作:“人们关于死所听到的,必定也是和他们关于睡所说的相同的。”这个文本和残篇 26 之间究竟有什么联系,对我来说是不可理喻的。我本人没有发现[它

们之间的]任何联系。与残篇26联系在一起的克莱芒斯的文本对我来说是不可理喻的，因为在残篇中没有任何地方发现是关于ἀπόστασις τῆς ψυχῆς[灵魂的分离]的。克莱芒的文本完全不同于残篇。在我看来另一个困难如下。赫拉克利特说：当他的眼光熄灭的时候，人在夜里为自己点燃一盏灯。这事只能这样来思考吗——人在黑暗中点燃了一盏灯，不是用火柴棍，就是按了一个按钮？

芬克：我会以为，残篇由之出发而被说出的那个基本处境，是在黑夜和光明之间的人的处境性。人不仅像在黑暗与光明之间的其他有生命物一样出现，而且他是这样一个生命体，他处于与黑暗和光明的关系之中，而又不被黑暗和黑夜所袭击。如果他的ὄψις[眼睛、视力]熄灭了，他作为与火有亲缘关系的存在者有能力生产火和光。人的行止关联于黑夜与白天。

海德格尔：我们首先与黑夜和白天待在一起。

芬克：人的处境不同于其他完全听任黑夜与白天摆布的生命体的处境。如果对人来说黑夜来临了，那么，光就熄灭了。的确存在着 207
一种黑暗中的观看。在这里，ὄψις[眼睛、视力]不是意味着观看的能力，而是意味着实际的(in actu)观看能力。如果他的ὄψις[眼睛、视力]熄灭了，这就意味着：这时他的观看能力不再是实际的(in actu)了。观看能力本身不会随着黑暗状态的闯入而熄灭的。我们也不可以说，人只有在他听见声音的时候才听。因为他也听见寂静。

海德格尔：在黑暗之中，人什么也看不见。

芬克：但每个人都能在黑暗中看见什么。

海德格尔：我恰恰是想要了解熄灭是什么意思。

芬克：熄灭可能有双重的含义；一方面，它与黑暗中的不看（Nicht-sehen）相关，另一方面，它与睡眠中的不看相关。

海德格尔：让我们暂时把睡眠放到一边。在现象中，我们区分“在黑暗中看不见”和“不看”。如果我们现在谈论视力的消失，那么，这对我来说还是不够清楚的。不看的意思是

芬克：看的能力关闭了。在使用看的敞开的能力之时，我们在黑暗中看不见任何确定的东西。但那仍旧是一种看。

海德格尔：我现在关心的事情是确定，由于ὄψις[眼睛、视力]的熄灭，什么被否定了。

芬克：人们可能会这样来解读残篇 26，人在梦中点燃了一盏灯。但是这种解读方式在我看来会疑窦丛生。如果我们说，人被熄灭
208 了是和ὄψις[眼睛、视力]相关，那么，它的意思可能要么是看的能力的关闭，要么是由于黑暗状态而没有发现可见物。后一种情况

意味着,看的能力是敞开着的,但是我们在黑暗状态中不能识别任何特定的东西。

海德格尔:在黑暗中我什么都看不见,但我仍然在看。

芬克:听也存在类似的情况。例如,一个哨兵在聚精会神地听进寂静之中,但他没有听见任何确定的东西。即便他没有听见任何确定的声音,他也仍然在听。他的谛听是迫不及待地想要听见的清醒状态。谛听是听的可能性条件。它是可听见之物的空间的开放状态,而听是遭遇确定的可听见之物。

海德格尔:如果我们在这种境遇下——人对于光明(例如蜡烛)很感兴趣——审思明辨“什么都看不见”(nichts sehen)和“不看”(nicht sehen)所说的东西,那么,出自残篇 26 的ἑαυτῷ[自己]应该如何来理解?我关心的是拯救ἑαυτῷ[自己]。

芬克:我不认为这是堆砌辞藻。人有类似于白天的照亮能力,即便是以和白天相比脆弱的方式。人的澄明能力是不同于和白天一起到来的光的。人所点燃的灯光在无边的黑夜里只是一灯如豆。

海德格尔:如果人在黑夜中点燃了一盏小灯,他之这样做,是因为黑暗中的灯光依然把某种东西给予他了。

芬克:一盏小灯站出来抵抗白天的那盏有节律地袭击我们的、周边

209 没有一丝黑暗的大灯。人是类似于光的存在者，他的确能够点燃灯光，但是他从来没有能够做到把黑暗彻底祛除。这盏由他点燃的光，只是黑夜的黑暗中的一座孤岛，由于这盏灯，它的位置被清楚地标画为在白天与黑夜之间。

海德格尔：您着重指出了黑夜，并以思辨的方式理解它。但如果我们首先停留在黑暗那儿：在黑暗中，在黄昏，人点燃了一盏灯。他在其中点燃一盏灯的黑暗就和您谈论的灯无关吗？

芬克：人点燃的这盏灯已经是后代了。一切大地上的火，和通过火点燃存在者而开始的东西，都是子孙后代，就像在柏拉图那里一样。诸神并不以和凡人一样的方式与光明和黑夜发生行止关系。凡人有一张雅努斯般的脸孔：他既朝向白天也一样朝向黑夜。

海德格尔：熄灭了看的能力的凡人点燃了一盏灯。现在，ἀποσβεσθεὶς ὄψεις［视力的熄灭］变得更加清楚了。其意思就是：如果他由于黑暗而什么都看不见，而不是：如果他不能看。

芬克：我把ὄψεις翻译成视见的可能性。

海德格尔：我不能完全理解这一点。

芬克：如果以大灯为衡量，凡人在黑暗中为自己点燃了一盏小灯。

海德格尔：我还想在小灯这里稍作停留，以便我们阐明和拯救ἑαυτῷ[自己]。

芬克：我把ἑαυτῷ翻译为：自为（für sich）

海德格尔：但什么叫自为呢？

参与者：意思是，小灯是一盏私人的灯 210

芬克：与大灯相比较。

海德格尔：ἅπτεται ἑαθτῷ：为什么我要为自己[①]点燃一支蜡烛呢？之所以这样，显然是为了让它显示给我什么东西。这个维度必须连带涵括进来。

芬克：我想强调一下小灯的孤岛特征，在这个小岛上，某些物还能显示给我。黑夜的黑暗中的小灯是一种残缺不全的、孤岛性质的光。因为人不居住在大灯中，他像夜猫子（νυκτερίδες），也就是说，他现身于白天与黑夜之间的边界上。作为类似于光的存在者，他赫然醒目，但他同时又置身于与黑暗之关联中。

海德格尔：这种与黑夜的关系通过什么显示出来？

---

① “为自己”（für mich）即上文的“自为地”。——校注

芬克:首先是说:人在黑夜中为自己点燃一盏灯。接下来进一步说:在睡眠中,他触动了死者,而在清醒中,他触动了睡眠者。睡是生命的黄昏。人并非实存于生命的完全丰富性中,因为他越过睡眠而触动了死亡。死者处于与黑夜的关联之中。

海德格尔:"触动"是什么意思?

芬克:在这里,触动(Rühren)不是指触摸(Betasten),而是指向某种交界关系。而且在这里重要的是注意到:其中并不关涉一种单纯的邻接(Angrenzen),而是关涉一种交界(Angrenzung)关系。

海德格尔:如果我在这张桌子上把粉笔放在玻璃杯旁,我们就说两个物相互间一种单纯的交界。

211 **芬克**:但是如果人通过睡眠触动死者,那么,他就不是像粉笔在玻璃杯旁那样与死者交界。他在睡眠中有所作为,触动了黑暗。

海德格尔:可见这里涉及的也是一种持久敞开的触动。这一点与下面这种情形相联系,即:被点燃的灯也是为一间被一支蜡烛照亮的屋子的小小范围保持敞开状态。我更喜欢,残篇 26 和首要地 ἅπτεται ἑαυτῷ[为自己点燃]进入持久敞开的关联的维度之中。您过于急躁地跨进了思辨的维度。

芬克:因为人与被限定的光之空间发生关系,他同时也和冲出持久敞开状态者发生关系。为了不仅能够在语言上把握人与敞开域的关联,而且也能够把握人与包含着敞开域的黑夜的关联,人们必须找到一个词。

海德格尔:如果灯光是在黑暗中被点燃的,那么,黑暗在某种程度上也是一种敞开状态。这种黑暗的敞开域只有在此(Da)之意义上的澄明中才是可能的。

芬克:我愿意认为,我们不仅可以根据此(Da)之澄明的关系来思考黑暗的遮蔽状态。存在着这样一种危险,即:人们仅仅把黑暗理解为持久敞开的界限,理解为敞开域的外在变化。我首先想要指明的是,人自身同时与敞开域和具有限界作用的黑暗发生关系。

海德格尔:您说的这一点或许是真的,但首先它没有在残篇中被道出。您看到的这个维度,我并不想否认。

芬克:让我们从黑夜中的光的处境出发。有人在黑夜中点燃了一把火炬。它把某种闪耀投在路上,使得人们能够在路上找到方向。212
由于他在光亮中运动,并和火炬发生关系,所以他就同时和造成威胁的黑暗发生关系,对黑暗而言他是敞开的,即使不是以持久敞开状态的方式。在有所庇护的黑暗中的澄明有自己的界限。ἀλήθεια[无蔽、真理]是被λήθη[遮蔽]包围着的。

海德格尔:在残篇 26 中,我恰好把重点放在持久敞开状态的关系上。

芬克:这条残篇并没有谈论光亮性(Helligkeit),而是在谈论黑夜中的光。它谈论在光与黑夜之间的人的奇怪位置,而人越过睡眠对死亡保持敞开和与死亡保持关联。与死的关联性也属于清醒着的理解。因为醒者触动了睡者,而睡者触动了死者。

海德格尔:首先我仍然要来谈黑夜中的光。ἀποθανών[死亡]已经被维拉莫维奇当作旁注删掉了。

参与者:如果人们保留ἀποθανών[死亡],那么这条残篇的意义已经临近俄尔浦斯－厄琉息斯的世界观点了。这样的话,εὐψρόνη[黑夜]的意义也发生了改变。

海德格尔:您如何理解ζῶν[生、生命]? 从ζῶν δὲ[但是生、生命]出发,人们真的需要把ἀποθανών[死亡]删去吗?

参与者:ἀποθανών[死亡]是ἀποσβεσθεὶς ὄψεις[视力的熄灭]的旁注。

海德格尔:那么,和ἀποθανών[死亡]联在一起,ἀποσβεσθεὶς ὄψεις[视力的熄灭]的意思是:在看的可能性被剥夺之后。

芬克:但这样的话,这条残篇就进入了一个神秘主张的领域,而对于这个主张我却不敢苟同。

海德格尔:这条残篇中ἑαυτῷ[自己]后面的一切,对我而言都是扑朔迷离的。我看不出这条残篇的春秋笔法(Duktus)。这个文本 213
主要讨论什么问题呢?ἅπτεται[点燃、触动]这个词提到了三次,而每一次都是在不同的关联之中。首先说的是:人在黑夜中点燃了一盏灯。然后说:生者在睡中触动了死者,醒者触动了睡者。我们把ἅπτεται[点燃、触动]安置在哪里呢?

芬克:首先,赫拉克利特谈论的是与φάος[火光、光线]相关联的ἅπτεται[点燃、触动]。触动也是在点火中被意指的。如果人是在光明与黑夜之间的中间存在者,那么,他也是在生与死之间的中间存在者,这种存在者在生中已经与死为邻了。在生中,他在睡眠时触动了死,在醒中触动了睡者。这个ἅπτομαι[点燃、触动]指的是仅仅作为抽象表象的更紧密的方式。睡构成了生与死之间的中心。睡者具有死者的被动无为(Tätigkeitslose)和生者的气息。

海德格尔:“醒”是什么意思呢?

芬克:醒者就是处于完全的持久敞开状态中的人。

海德格尔:醒和“唤醒”相联系。

参与者:在醒来时人们触动了睡眠。醒来(Aufwachen)是入睡

(Einschlafen)的对应物。

海德格尔:那么您是认为:在醒来时,我们恰好还处在睡的边缘?但残篇讨论的是醒和睡、生和死的本质关联

芬克:而不是讨论某种偶然的被给定状态。在这里它关心的是介于黑夜与白天之间的人。

海德格尔:对我而言,这个之间(das Zwischen)尚不在此(da)。我
214 们也把一个醒着的人称为聪明的、活泼的人。他的注意力在朝向某物。他实存着,是由于他把他的关联指向某物。

芬克:醒和睡之间的关系类似于诸神与凡人之间的关系。与渗透到清醒状态每一个角落的睡眠的关系属于清醒存在的自我理解。

海德格尔:被唤醒存在自身之中包括与沉睡状态(Schläfrigkeit)的关联。这自然不是在残篇 26 中提到的。在这里关涉的并不是外在的关系,而是一种内在的关联。正如神的自身理解包含着与凡人的有死存在的有所理解的关系,与睡的理解性关联也属于醒的自身理解。在这里,具有凡人生命中睡眠的意义的某物显示出自身。

芬克:与睡眠的反向张力属于清醒存在。但是睡眠者触动了死亡。睡是一切的多和分环勾连之物的沉迷状态(Versunkenseins)和无

拘无束状态的方式。这样看来，睡者进入到死者的附近，这个死者逃离了πάντα[一切、万物]的千差万别的领域。

海德格尔：对于印度人而言，睡是最高的生命。

芬克：这可能是一种印度经验。睡是一种生命存在的方式，就如同醒是生命存在的全神贯注的和本真的方式。醒者不会直接触动死者，而只是以睡为中介。睡是清醒和死亡状态的中间部分。死亡状态是从睡眠角度被收入眼帘的。

海德格尔：您是说，睡的经验是死亡经验的可能性条件吗？

芬克：这或许说得过了些。睡是一种与死亡存在相类似的存在方 215
式，但这种存在方式不仅仅是客观地在生物学意义上出现的。因为我们在对于睡眠的理解中有一种隐隐约约的对于死亡状态的理解。在某种程度上要紧的是，同通过同而得到认识，异通过异而得到认识。

海德格尔：睡和死的对应难道不是一种外部的看法吗？人们能够经验作为睡眠的睡眠吗？

芬克：我想对这个问题作出肯定的回答，正如人们所说的，人能够内在地体验死亡。存在着某种晦暗理解的方式，通过这些方式，人们可以知道自己熟悉某些未被澄明的存在。我们并非首先从醒来的环节中才知悉睡眠。我们睡过[①]时间。

海德格尔:根据亚里士多德的看法,我们对睡眠一无所知。

芬克:这一点是我想否定的。亚里士多德以这种方式关于睡眠所说的,并不是源出于一种关于睡眠的现象学分析,依本人愚见,这种分析直到今天仍未进行。

海德格尔:我不会否认关于睡眠之为睡眠的经验的可能性,但是我看不到任何通道。

芬克:如果赫拉克利特说到与睡者相关的醒者的ἅπτεσθαι[点燃、触动],那么,这不可能意味着外在的观点。对于……的触动是一种进入切近处(ἀγχιβασίη[接近]),一种接近形式,它不仅客观地发生,而且它包含着一种晦暗的理解模式。

海德格尔:如果我们现在来概括一下整体:您已经预示了,您把它
216 安顿在何处。ἅπτεσθαι[点燃、触动]的三种方式是人所遭遇的关系,

芬克:但人是基本关联的赫然醒目的阐明。正如诸神与凡人的相互关联是之前的课题,现在在这些对立面当中的人成了专题。人

---

① 此处“睡过”原文为及物动词 durchschlafen,意为:一连睡了(若干时间)。——校注

是白天与黑夜的对立游戏中难以看透的、把火点燃的存在者。这就是人的基本处境，他以赫然醒目的方式被置入白天与黑夜的对立游戏之中。他不仅作为这种对立游戏中另一种生命体而出现，而，他自身与这种游戏发生关系，他是与火为邻的并与σοφόν[智慧]同源的。残篇26中关于这些关联所说的，属于对于这些对立面的相互游戏的探讨。ἕν[一]使之分崩离析而又使之共属一体的东西，只有在神的形象中，在弓和里拉琴的形象中以及在ἁρμονία ἀφανής[看不见的和谐]中才能得到思考。在那里，反转性（Gegenwendigkeit）被收入眼帘。但在这里，在残篇26中，重要的并不是反转性，而是对立者，

海德格尔：共属一体者。

芬克：人不仅遭受了白天与黑夜的相互游戏，而且能够以一种特殊的方式理解它。但是并非多数人都能理解它，而只有理解了ἕν[一]和πάντα[一切、万物]之关系的人才能理解它。

海德格尔：残篇26给我造成的这个困难，只有当我把残篇10考虑在内时，我才能解决之——首先是为了澄清ἅπτεται[点燃、触动]。残篇10说的是：συνάψιες ὅλα καὶ οὐχ ὅλα συμφερόμενον διαφερόμενον, συνᾷδον διᾷδον, καὶ ἐκ πάντων ἓν καὶ ἐξ ἑνὸς πάντα。[①] 在这里，决定性的词是：συνάψιες[结合物]。这是

① 第尔斯的译文作：“结合物：既是整体的，又不是整体的，既是协调的，又不是协调的，既是和谐的，又不是和谐的，从一切产生一，从一产生一切。”——原注

一个与ἅπτω[点燃、触动]相同的词,但由于συν[一起、一同]而更
217 加剧了。我们德语中的单词 heften(粘牢)、Haft(监禁)与ἅπτω[点燃、触动]联系在一起。我们可以在συνάψιες[结合物]后面放一个分号。我不是把它翻译为"联合者",而是把它翻译为"让共属一体"。在残篇中没有说出的是,这个多重的συνάψιες[结合物]是从哪里得到规定的。它只是单纯地站在那里。

芬克:我会说,συνάψιες[结合物]的前两个解说,ὅλα καὶ οὐχ ὅλα[既是整体的又不是整体的]阻碍了σύν[一起、一同]在通常的整体性的意义上得到理解。通常的整体性的观念是指向联系在一起的。但在残篇中说的是:既是整体的,又不是整体的。所以,这里关于συνάψιες[结合物]的讨论就不仅仅是从简单的环节到一个整体,而是从整体和非整体,同样地是从和谐和不和谐。

海德格尔:在ὅλα[整体]和οὐχ ὅλα[不是整体]之间的这个καί[和],我们可以把它放进括号中。

芬克:这个残篇进一步说:ἐκ πάντων ἓν καὶ ἐξ ἑνὸς πάντα[从一切产生一,从一产生一切]。

海德格尔:令人惊异的是,πάντα[一切、万物]和ὅλα[整体]居然同时出现。

芬克:ὅλα[整体]存在于πάντα[一切、万物]之中。

海德格尔:这么说,τὸ ὅλον[整体]不是指世界。

芬克:这个残篇是以复数形式谈到诸整体性,

海德格尔:但诸整体性不能物性地理解。

芬克:首先我们认为,这里讨论的是在同一层面上的对立之物。但是残篇的结尾处却说,重要的不光是对立面的统一,而不如说,一切只能从ἕν[一]和πάντα[一切、万物]的关系出发来理解。

海德格尔:您如何理解ἐκ[从、自]呢? 218

芬克:要从συνάψιες[结合物]出发来理解。这是一种形式。

海德格尔:您是指一种形式,还是这种形式(eine oder die Form)?

芬克:这种形式。您已经把ἕν[一]和πάντα[一切、万物]的关系阐释为事态(Verhalt)了。

海德格尔:这个ἐκ πάντων[从一切]和ἐξ ἑνός[从一]是同一回事吗?

芬克:在这里,συνάψιες[结合物]是从两方面被收入眼帘的,一方面作为πάντα[一切、万物]和ἕν[一]的关系,另一方面作为ἕν[一]

和πάντα[一切、万物]的关系。

海德格尔:但是我们必须更准确地规定它,因为ἕν[一]和πάντα[一切、万物]的基本关系在一个缩小的规模上奠基于残篇26之上。

芬克:在那里我可不能看见它。

海德格尔:如果人们直接来解读ἐκ πάντων ἓν[从一切产生一],就好像它站在那里一样,那么,它说的是:一是由一切构成的。

芬克:这是一个在残篇中没有提到的存在者状态上的过程。

海德格尔:但是,ἐκ[从、自]以及接下来的ἐξ[从、自]是什么意思呢? 很可能ἕν[一]是πάντα[一切、万物]的关－系(Ver-hältnis),而πάντα[一切、万物]本身却不是ἕν[一]的关－系(Ver-hältnis)。

芬克:这个ἐκ[从、自]必须在每一种情况下得到不同的思考。πάντα[一切、万物]是在与ἕν[一]有关联的συνάψιες[结合物]之中。它们是从ἕν[一]方面出发得到保持的,它们是συναπτόμενα[被系缚一起者]。

219 **海德格尔:保持出自被系缚在一起者**

芬克:从保持者而来

海德格尔:可见的。这个残篇没有说,一是从结合在一起的一切中发展而来的,而是说,在总体中,从总体而来,ἕν[一]的统一作用是可见的。这里讨论的只是 ratio cognoscendi[认识理由]还是 ratio essendi[存在理由]?

芬克:ratio essendi[存在理由]。

海德格尔:但是如何?我们理解ἐξ ἑνὸς πάντα[从一产生一切],而ἐκ πάντων ἓν[从一切产生一]迄今为止还没有出现过。

芬克:ἐκ πάντων ἓν[从一切产生一]已经在货物与黄金的关系中和我们相遭遇了。πάντα[一切、万物]作为总集在一起的多,处于ἕν[一]的系缚之中,直接和一相关联。一切ὄντα[存在者]都已经从一开始就被保持在ἕν[一]的庇护之中,在ἕν[一]的保护(Wahrnis)之中。

海德格尔:我还不能游刃有余地跟上这一思路。

芬克:这个词组συμφερόμενον διαφερόμενον[既是协调的,又不是协调的]听起来非常费解。这个词组让我们突然不知所云,而这也是它明确想要达到的结果。但同时它又被收回到συνάψιες[结合物]中。

海德格尔:πάντα[一切、万物]和ἕν[一]的关联必须被规定为不同于ἕν[一]和πάντα[一切、万物]的关联。很可能两种关联是共属一体的,但它们是有差异的。这个ἐξ ἑνὸς πάντα[从一产生一切]不能等同于ἐκ πάντων ἓν[从一切产生一],但是共属一体意义上的同一者(dasselbe)。在讨论班进程中一而再再而三地显示出来的困难,存在于它的方法论起点中,不过我并不想否认其正当
220 性。只要人们不把λόγος[逻各斯]收入眼帘,那他就很难成功地渡过难关,解读赫拉克利特就会困难重重。因此之故,在我看来,人们必须把被认为是赫拉克利特的著作之起点的残篇1当作赫拉克利特解释的开端的基础。在这个词组ἐκ πάντων ἓν[从一切产生一]中,我们曾经着眼于ἕν[一]和πάντα[一切、万物]的关系而提出的问题又一次发挥作用了:如果这种关系既不涉及制作也不涉及光照(Belichten),则这种关系该如何来规定?作为ἕν[一]中的πάντα[一切、万物]以及作为被ἕν[一]所抑制住的πάντα[一切、万物],πάντα[一切、万物]的基本特征是什么?只有在人们看见了这个特征时,人们才能规定ἐκ πάντων ἓν[从一切产生一]。συνάψιες[结合物]可能就是理解这一点的钥匙。

参与者:即使我们可以考虑残篇10的语境,我们也会发现其中有συνῆψεν[结合物]这个词。

海德格尔:在那里说的是,自然生产出对立面的统一的最初和谐。但这条残篇没有说,ἕν[一]从多中产生。

芬克：我会从字面上理解 συνάψιες[结合物]。

海德格尔：我更重视与残篇 26 处于关联中的συνάψιες[结合物]一词。在这里，一切都还处于晦暗不明中。而我只关心看见实事中成问题之处，如果人们不是从一开始就物性地操作的话。

参与者：συνάψιες[结合物]这个词也是受争论的。

参与者：代替συνάψιες[结合物]，συλλάψιες[联合物]作为一种解读方式也是可能的，后者要从 συλλαβή[抓住]出发来理解。

海德格尔：συλλαμβάνειν[抓住]和 συνάπτειν[系缚]相隔并不那么遥远。

参与者：συλλάψιες[联合物]理解起来就更加简单明了，意思是： 221
结合在一起。这个语境为此给了例证。

海德格尔：令人疑惑不解的是σύν[一起、一同]，我们是否现在还保持在συνάψιες[结合物]或συλλάψιες[联合物]之中。这个σύν[一起、一同]要排在συμφερόμενον[协调者]διαφερόμενον[不协调者]的前面。συνάψιες[结合物]是指συμφερόμενον[协调者]与διαφερόμενον[不协调者]的共属一体。

芬克：συνάψιες[结合物]绝不意味着简单的缝合，而倒是被缝合在一起之物和没有缝合在一起之物的缝合。但这就只有从ἕν πάντα[一/一切]的关系来理解了。从字面上得到思考的συνάψιες[结合物]不仅是指被缝合者的状态,而且也是指一种发生,一种持续的相互游戏,

海德格尔:一种持续不断的相互带来(Einanderzubringen)。以希腊的方式思考,我们可以说:在这里一切都在无蔽状态和遮蔽状态之中游戏。我们必须从一开始就连带看到这一点,因为否则的话一切都会变得晦暗不明。

第十二次：睡与梦。——ἅπτεσθαι[点燃、触动]的模棱两可（相关残篇：26,99,55）。 222

芬克：当我们说睡眠是死亡的兄弟时，我们活动于一种隐喻式的言说方式中。某人从一场沉睡中醒来，回想起这场睡眠说：我睡得像个死人一样。这种隐喻式的解释是让人起疑的。

海德格尔：第二个困难被表述为这样一个问题：是否所有的睡眠都是做梦？睡眠可以等同于做梦吗？今天的心理学主张，所有的睡眠也是做梦。

芬克：在梦中，我们必须区分做梦者和被梦见的我。如果我们谈论梦中的一束光，那么，这束光不是对做梦者来说的，毋宁说是对于梦境中被梦见的我而言的。睡者，或者说睡着的我，也是做着梦的我，这个我不是梦境的我，那个在梦中醒着并且观看的我。在梦境中，梦境的我与醒着的我举止相似。做梦的我睡着了，而梦境中被梦见的我却身处清醒的状态之中。然而，重要的是，梦境的那束光并不是对正在做梦或睡着的我而言的，而是对被梦见的我而言的。梦境的我可以拥有不同的角色，且根据自身关系而变化无定。对梦的现象学分析显示，不是睡眠者，而是被梦见的我点燃那盏灯。尽管睡者一无所见，然而，作为一个做梦者，他有一个具有自己体验的被梦见的我。

海德格尔：因此，人们不能将睡眠和做梦等同起来。

223 **芬克**：睡眠是一种强烈的人类沉迷形式。它是实在的我的一个模式，而梦境中的清醒状态则是意向的我的一个模式。睡着的我和被梦见的我的关系，或者实在的我和意向的我的关系，我们可以将之与重新回忆做比较。重新回忆者并非被重新回忆起来的世界的主体。在这里，我们也必须区分重新回忆的我和被重新回忆的我。重新回忆的我隶属于实际的周遭环境，而被重新回忆的我或者说处在回忆世界中的我则被回忆的世界相关联。只是因为我们通常并不区分睡觉－做梦的我和梦境的我，人们才会说，是睡觉者在梦中点燃了一盏灯。然而，这从现象学的角度来看是不正确的。不是睡眠者，而是梦境的人为自己点燃了一盏灯。倘若有人想把燃灯阐释为一种梦幻式的火光的制造，那么，一方面，在睡着的我和被梦见的我之间的现象学差异将被忽视，另一方面，残篇所指向的——在我看来——那种位于光明与黑夜之间的人的特殊处境将会消失。做梦不是人相对于动物而言的本质优越性之所在。动物也做梦，例如猎狗，它们会在睡觉中发出响亮吠声。也存在某种类似于一个被梦见的狗世界之类东西。我本人拒绝一种阐释，根据这种阐释，在黑夜与光明之间的人的位置是一个梦的问题。这可能是一种阐释的可能性，但人们同时必须追问，这样一种解说在残篇的整体关联中具有什么样的哲学相关性。

海德格尔:我们必须注意,"无梦不成眠"这样一个论点是一个存在者层次上的论断,它避而不谈在睡着的我与被梦见的我之间的实存论差异,而仅仅断言一切睡眠都是做梦。

芬克:这个论点也敉平了在现实世界中的醒着与在梦境中被梦见 224
的醒着之间的区分。

海德格尔:在那个把睡眠与做梦等同起来的论点中,是没有睡眠与做梦之间的现象学差异的。拯救文本的统一性始终有一个优点,它在语文学上也一直是一个被积极珍视的原则。在语文学的一些阶段中,人们把一切都作废和一笔勾销,而在其他一些阶段中,人们试图把拯救一切。我1923年去马堡的时候,我的朋友布尔特曼大量地删除《新约》内容,几乎不再什么东西留下来了。而就在那时,情况又发生了变化。——整个残篇26都是难懂的,尤其是因为这个ἅπτεται[点燃、触动]。如果我们现在继续向前,也许会获得更多的明晰性。

芬克:我想要先说几句,我现在就残篇26给出的整体阐释只是一种解说尝试。如果我们从下面这个事实出发,即人在黑夜中点燃一盏灯,那么,这个人会被称为燃灯者,也即是支配着点火之ποίησις[制作]的人。让我们回想一下,在人类文化发展过程中,一个决定性的步骤是获得对火的权力——不然,火只被视为例如闪电一样的东西——,并且控制和利用这种对火的权力。由于普罗米修斯的遗产,人类从一切动物中卓立出来。任何动物都不会点火。惟有人能够在黑夜中点燃一盏灯。但人不能够像赫利俄斯一样点起永不熄灭的充满世界的火光而把黑夜驱散。残篇99说:如果赫利俄斯不在了,即使群星仍闪耀也将变为黑夜。月亮和群星是黑夜中的光亮。赫利俄斯独自驱散了黑夜。赫利俄斯不是黑夜中的
225 岛屿,而是克服了岛屿般的自然。人不可能像赫利俄斯那样点燃照亮着τὰ πάντα[一切、万物]的火。在黑夜中,只要黑暗使看见变得不可能,观看的可能性就消失了,尽管ὄψις[眼睛、视力]是睁开的。如果人在黑夜中处于一种想看却不能够看的处境中,他运用他点燃火的能力,那么他触动了光的权力。点火也是一种触动。触动光的权力是一种点燃。与之相反,触动夜晚则有另一种特征。人点燃火是光明的投射(Entwerfen),在光明中,多亦即πολλά[多]的多样性,得以闪闪发光。在这里,我故意说πολλά[多]而不说πάντα[一切、万物]。人之火的有限的、细微的光芒也是一种光亮意义上的ἕν[一],在其中多显示出自己。在这里ἕν[一]和πάντα[一切、万物]的关系作为ἕν[一](在由人点燃的火的光亮意义上)和πολλά[多](即在每一个有限的光亮中显现自身的物)的关系以一种简化的方式重复自身。

海德格尔:当您谈论点火时,您只是指光亮意义上的火,而与温暖无关。

芬克:赫利俄斯把季节带向显露,而季节带来一切(πάντα)。作

为太阳之光亮的ἕν[一]和作为在太阳光亮中进入显露的总合的多的πάντα[一切、万物],两者的结构,在作为被人所点燃的火的光亮的ἕν[一]和在这种有限的光亮中显示自身的πολλά[多]之间的关系中,有一个以一种简化的方式重复的环节。凡人的火不能照亮一切(πάντα),而只能照亮多(πολλά)。与此相反,太阳火的光亮则包围一切(πάντα)。

海德格尔:被凡人所投射的火的光亮和赫利俄斯的光亮之间的差异是否在于这个事实,即前者是被限制的,而后者则关涉一切?

芬克:是的。

海德格尔:如果没有赫利俄斯的光,还会有火的光亮吗? 226

芬克:不会有。相反,被人所投射的火的光亮源自于太阳的光亮。

海德格尔:所以我们必须强调,烛光并不为自己显示什么东西,而人也不只是为自己成为一个观看者。烛光只显示某种东西,而人则在蜡烛的光照中看到那自行显示之物,只有因为他总是已经是站立于被澄明之境中。一般光的敞开状态是他能够在烛光中看到某物的条件。

芬克:在黑夜中,烛光是一种岛屿般的光,使得我们能区分光亮与黑暗。蜡烛的光亮在黑暗中逐渐消散,而赫利俄斯的光亮不再被经验为黑夜中的光亮。一般太阳的光亮使人的看以及与自行显示者之间的观看关系得以可能，并承担起它们。在人在由他点燃的光芒里生产出来的光亮中，觉知着的人（vernehmenden Menschen）和被觉知的实事（vernommenen Sache）之间的关系在它的周围世界中显示自身，而它的周围世界具有疏离化特征。看是一种与事物保持距离的存在。作为一种远距离感觉能力，看需要与被看者保持最佳的切近。在那种照亮和使可见的主导性的光的统一性中，在看和被看者之间有一种构成性的距离。

海德格尔：在这里我们参照残篇 55：ὅσων ὄψις ἀκοὴ μάθησις, ταῦτα ἐγὼ προτιμέω。

芬克：ὄψις和ἀκοή，即视力和听力，两者都是远距离感觉能力。一种是与光空间（Lichtraum）的关系，另一种是与声音空间（Raum der Laute）的关系。

海德格尔：第尔斯将ὄψις[眼睛、视力]，ἀκοή[听力]和μάθησις[学
227 问]等同起来，而没有将ὄψις[眼睛、视力]和ἀκοή[听力]理解为μάθησις[学问]，所以他的翻译就是颠倒的，他的译文是："一切具有视力、听力和学问的事物，都是我所偏爱的"。因此我们必须说：一切从看和听中获得学问的事物，都是我所偏爱的。人能看和听到的东西能产生学问。

芬克：所以这里关涉的是通过看和听而μανθάνειν[学、产生学问]

的问题。所有其他感官也能产生学问。然而，视觉和听觉产生的学问受到偏爱。视觉和听觉都是远程感官，其基本特征在于觉知者和被觉知者之间的距离关系。

海德格尔：ὄψις[眼睛、视力]和ἀκοή[听力]具有的某种优先性，这可以从残篇 55 中看到。

芬克：看是在视觉空间中的觉知，听是在听觉空间中的觉知。通过听，我们不是太容易看到一个联结听者和被听之物的ζυγόν[联结、轭]，有如通过看，光把眼睛与所看之物联结起来。虽然如此，我愿意认为，在这里也存在着某个类似于ζυγόν[联结、轭]的东西。在这里，我们必须形成一个关于原始寂静的概念，寂静之于听，就如同光之于看一样。每个声音都打破寂静，必须被理解为打破寂静者。也存在着一种寂静，我们在其中倾听，而听不到某个确定的事物。原始的寂静是一种构成性的、形成听觉空间之距离的听之要素。

海德格尔：也许寂静还进一步深入到收集和聚集的方向之中。

芬克：您想到寂静之音[1]。

① 此处"寂静之音"(das Geläut der Stille)是海德格尔后期的语言理解，是"存在/本有"(Sein/Ereignis)意义上的"道说"(Sage)。可参看海德格尔：《在通向语言的途中》，中译本，孙周兴译，北京：商务印书馆，2015 年。——校注

海德格尔:我相信,我们可以把残篇55引为您强调远距离感觉能力的证据。

芬克:与那种在光或光亮中被距离所决定的觉知者与被觉知者的
228 关系相对立,还存在着另一种在触觉(im Tasten)中显示自身的触动(Rühren)。在这里,在触摸者和被触摸者之间有一种直接的切近,这种切近不是通过那种远距离的中介来传递的,就像在彼此分离的看者与被看物或听者与被听物之间那样。在看时,在光中的觉知者与被觉知之物是分离的。在把觉知者与被觉知者连接在一起的光的统一性中,πολλά[多]的多样性显示自己。在通过看而觉知者与被觉知者之间起支配作用的是某种有距离的远。这种有距离的远是一种基本的理解方式。与之相反的是这样一种理解,它奠基于直接触动的意义上的"在-切近中-存在"(In-der-Nähe-Sein)。触动是一种理解,它不是出自被觉知者的概观、大小或者地带。

海德格尔:但如果我现在把手给您,会怎么样呢?

芬克:这是一种手的直接接触。在《论灵魂》(περὶ ψυχῆς)中,亚里士多德称肉体为触觉的媒介。但在此必须提出一个现象学的异议,因为在真正意义上,肉体不是触摸者和被触摸者之间的媒介。看关联于一个可见的物,一个可见的对象——后者却是从某个地带与我们照面的。在那种被光亮所澄明的敞开的区域中的照面,对于那种存在于觉知者和被觉知者之间的距离中的特殊类型的觉知来说是标志性的。

海德格尔:这与握手有什么关系吗?

芬克:握手是相互接触的手的互相抵达对方。在相互触摸的手之间存在着一种直接的切近。但同时,这两只手也能被我们所看到。触摸自己也是一种特殊的现象。在自我触摸中起支配作用的是最 229
小距离。触觉和触摸是一种切近感觉(Nahsinn),本身就是直接的紧贴和相邻的方式,是一种直接的临近。人们必须从触摸的邻近的直接性出发,来理解醒与睡和睡与死的关系。

参与者:在对看和听这两种远距离感觉的现象学分析中,您已经首先弄清了等同于看和听的空间或看和听的领域的那个地带的现象学结构。然后,您进一步指出,与那两种远距离感觉不同,接触和触摸作为切近感觉,不应归于地带的现象学结构,而应归于直接切近的现象学结构。现在对我来说重要的只是指出,在两种远距离感觉领域中以现象学方式获得的地带结构,与在在场者与人照面的敞开域和澄明的意义上存在学地被理解的地带并不具有同样的意义。因为不仅被看者和被听者,而且被触摸者,都是从存在学地被理解的地带而来照面的。如果我正确地理解了您的话,那么,您是利用了远距离感觉和切近感觉之间的现象学区分,即在看者遭遇被看者和听者遭遇被听者都出自其中的地带,与作为某种思辨的思想的起跳基础的触摸者与被触摸者的直接接近之间的差异,根据这种差异,您区分了不同方式的存在理解。从触摸者和被触摸者的直接接触出发,你过渡到醒者对睡者的触动和睡者对死者的触动。

芬克:我必须对此做一个小小的修正。与其说我是从对看的现象
230 学研究出发的,不如说我的着眼点是光亮的结构。一把有限的、微小的火,也是一个并非与物并存的单元。人点燃的火之光亮不仅是物身上的光辉,也是充满空间和时间的光,在这种光亮中,不仅许多物,而且多种多样的物显示自己。觉知者在光亮中的存在方式是远程知觉的方式。如果从语言上看,ἅπτεται ἑαυτῷ[点燃自己]是赘语,那么,我不会拒绝赘语主义(Pleonasmus)。因为人们可以说:人为自己点燃了一把火,那是为他自己而点燃的,对立于为所有人的火,在后者那里,所有人自始都犹如居留于白日星辰(Tagesgestirn)的光亮中。人为自己点亮一把火,照亮自己周边以免于在黑夜里迷路与不知所措。我从这个现象出发,然后我不仅描述了ἕν[一](在人所投射的光亮意义上)与πολλά[多]的关系特征,而且把人光亮中的居留描述为一种有距离的关联。火的点燃取消了触动的直接性环节,因为火在自身中是能投射距离的。

海德格尔:有人点燃一支蜡烛或一把火炬。伴随火炬的点燃而产生出来的东西,即火焰,是某种物,

芬克:它的特性在于闪耀,

海德格尔:不只是闪耀,而且也让看。

芬克:它散布一种闪耀,投下一道光亮,让在其中自行显示者被看到。

海德格尔:这种物同时具有这样一个特征,即它将自己嵌入到人站立于其中的敞开域中。光与澄明的关系很难把握。

芬克:光源首先在它自己的光中被看见。值得注意的是,火炬使它 231
自己的被看见成为可能。

海德格尔:在这里我们遇到了闪耀(Schein)的歧义性。比如我们说:太阳闪耀。

芬克:如果我们以物理学方式思考,那么,我们谈论的是太阳作为光源和太阳光线的发射。然后我们这样来规定澄明与光的关系,即:使太阳本身在其中被看见的那种澄明是从作为太阳的光中衍生出来的。然则这种衍生关系恰恰是我们必须质疑的。光不在澄明之先,而是相反,澄明先于光。一束光只有作为个别才是可能的,因为在澄明中才有个别。太阳在它自己的光中被看到,因而澄明是更本源的东西。如果我们仅仅顺着光亮回溯到光源,那么,我们就跳过了澄明的基本特征。

海德格尔:只要人们以物理学方式思考,就不会看到澄明的基本特征,即:澄明先于光。

芬克:作为盗火者的继承人,人在某种意义上具有带来光的可能性,但这只是因为有了澄明,

海德格尔:是因为人置身于澄明之中,

芬克:而且本来就是如此。不仅物的出现,而且人的觉知着的出现,都属于在澄明中的内立(das Innestehen in der Lichtung);然而人的觉知着的出现多半只是适应于物,而没有思及物在其中被
232 觉知的光。觉知确实是在光中进行的,但它并没有特别地觉知光,而只是转向被觉知的物。因而,思想者的任务是去亲自去思考使一切闪耀和觉知得以可能的东西,

海德格尔:以及光之于澄明的归属方式,以及光如何是一种别具一格的物。

芬克:这表明,对于人在τὰ πάντα[一切、万物]中间的特殊位置而言,最好的对应关系莫过于:不同于其他生命体,人是近光的(lichtnah)。触动火的权力就是点火的方式。现在,我们可以把上面在现象上被提及的特征作存在学上的阐释,做法是:人不仅要将光理解为感官可感知的光,并且要将之理解为光或者说那种使一切变得σαφές[清楚的、真实的]的σοφόν[智慧]的光本性(Lichtnatur)。人对于σοφόν[智慧]的这样一种姿态就是人内立于本源性的澄明中,以在其本质中理解着解释物的方式有所触及地接近于(ein anrührendes Nahsein) σοφόν[智慧]——这里存在的危险

是，澄明或者光亮本身没有得到思考。在光亮中很多存在物和很多类型的存在物显示自身。不存在其中只有一个物的光亮。在光亮中许多物形成自己的边界。在光中，它们的界限轮廓分明，它们有彼此的界限。观看者看到自己有别于他站立于其上的地面，有别于地面上的和包围着他的物。但是也绝不会有一种光亮，其中只有一种存在物。在光亮中不仅显示出大量的物，而且显示出形形色色、各种各样的存在物，例如石头、植物、动物、人，自然物之外也有人工制造的物，等等。我们不仅看到相同种类的物，也看到不同种类的物。人处于他自己取得的光亮中，这种光亮是对于分环勾连地嵌合着的整体性中的σοφόν[智慧]的有限反射。人在光中的理解发生为一种对πολλά[多]的理解，这种理解同时按照不同的种类而得到了不同的明确表达。πολλά[多]不仅是数量上的多 233
样性，也是种类上的多样性。与这种在光亮中分环勾连的理解相反，也许还存在着一种不是分环勾连的晦暗的理解，这种理解不发生在那能拆卸和结合的光亮的闪耀中，而是一种黑夜的触及，其特征可以被描画为存在者层次上的亲缘联系的邻近。在《存在与时间》的立场上，人被看作是这样一种存在者，他在其存在状况中是独一无二的。尽管他在存在者层次上殊异于一切存在者，而且通常将自己理解为与其他存在者相疏离的，但他具有对一切物领域的存在方式的理解，

海德格尔：而且恰恰是基于存在者层次上的差别。

芬克：非人的存在者的存在者层次上的差别并不是人对存在方式

的理解的障碍,相反恰恰是与之如影随形的。但是人不仅是一个被澄明的存在者;他也是一个自然存在者,本身以晦暗的方式埋入到自然之中。现在也有一种晦暗的理解,它不是以存在者层次上的差异为前提,而是以存在者层次上的切近为前提,但它缺乏明晰性和历史学上的细致考察。这样一种对于黑夜般根据的晦暗理解也意味着那与εὐφρόνῃ[夜、夜间]相关联的ἅπτεται[点燃、触动],而且是以那种醒触及睡和睡触及死的方式。这种晦暗的理解不是那种远距离的理解方式,而是一种以存在者层次上的切近为基础的内立的理解,但它绝不会展示存在学上的丰富性。人主要是一个燃灯者,是与光之本性结伴的。然而与此同时,他也依赖于那种我们只能作为封闭着的东西提及的黑夜般的根据。睡者与死者是这样一种形象,他们显示出人如何归属于那个活生生的与僵死的自然。

234 **海德格尔**:关于存在者层次上的切近的概念是困难的。在这张桌子上的玻璃杯和书之间,也有一种存在者层次上的切近。

芬克:在玻璃杯和书之间有一种空间上的切近,但不是存在方式上的切近。

海德格尔:所以您其实指的是一种存在学上的切近,而不是一种存在者层次上的切近。

芬克:是的,这里恰恰关涉一种存在者层次上的切近。我们能够在相反的结构上搞清楚存在者层次上的切近的含义。作为此在(Dasein),人殊异于一切其他存在者,但同时,他又具有对于一切存在者的存在学上的理解。亚里士多德说:ἡ ψυχὴ τὰ ὄντα πώς ἐστι πάντα。灵魂在某种意义上就是一切存在者(《论灵魂》(τερὶ ψυχῆς),第三卷,第八章 431b21)。这是人接近σοφόν[智慧]、λόγος[逻各斯]、κόσμος[世界、宇宙]分环节接合的方式。因为人归属于澄明自身,所以他具有一种有限发光的能力。作为能够点火者,人切近于太阳性质的东西、智慧性质的东西。

海德格尔:但您是如何理解存在者层次上的切近的?当您说切近时,您并不是指一段小距离。

芬克:古人知道两种理解原则:通过同认识同和通过异认识异[①]。人殊异于一切存在者。但这并不排除,他能够在自己的存在中理解和规定一切其他存在者。在这里起作用的原则是,异被异所认识。但只要人是一个生命体,他就也还具有另一个存在特征,以此特征,他得以抵达黑夜般的根据。他具有双重特征:一方面他将自己置于澄明之中,另一方面他被拘系于一切澄明的地下。

海德格尔:这首先通过身体现象而变成可以理解的, 235

芬克:例如在关于性爱(Eros)的理解方式中。

---

① 或可译为:同类相知和异类相知。——译注

海德格尔:身体在这里不是在存在者层次上被意指的

芬克:而且也不是在胡塞尔意义上,

海德格尔:而毋宁更像尼采对身体的思考,尽管对尼采来说身体真正意味着什么也还是晦暗不明的。

芬克:在"身体的蔑视者"一节中,查拉图斯特拉说:"我完完全全地是身体,此外什么也不是;……"通过身体和感官,人切近于大地。

海德格尔:但存在者层次上的切近是什么呢?

芬克:人与其他存在者的那种存在方面的非亲和性,与对他自己的存在方式的存在学上的理解是共属一体的。但如果人实存于光明与黑夜之间,那么他与黑夜的关系就不同于他与光明与敞开域的关系,后者具有区分着和聚合着的结构。就他以身体方式归属于大地和生命之流动而言,他自己和黑夜或者说黑夜般的基础发生关系。晦暗的理解基于另一个理解原则,即通过同认识同,或者说同类相知。

海德格尔:人们能把那种晦暗的理解(它规定着对于大地的身体性归属),从进入澄明之中的被摆置状态中孤立出来吗?

芬克:很可能晦暗的理解只有从澄明而来才是可称呼的,但是,它不再能以分环勾连地结合的方式被带入语言。

海德格尔:如果您说的是存在者层次上的切近,那么,您所谓的切近就不是指一段小距离,而是指一种敞开状态, 236

芬克:但却是一种微光的、晦暗的、被轻视的敞开状态,在这种敞开状态背后没有我们也许首先必须达到的概念史。人在天与地之间、在ἀλήθεια[无蔽、真理]的敞开和λήθη[遮蔽]的锁闭之间有其位置。然而我们必须说,如果存在着一种澄明的剩余,那么,所有对于晦暗基础的行止关系也都只能被经验为行止关系,因为在绝对的黑夜中,不仅所有的牛都是黑的,而且所有的理解都被取消了。

海德格尔:只有当人活着(lebt)时,人才身体地存在(leibt)。[1] 因此身体(Leib)是在您的意义上来理解的。在此"生活"(leben)的意思是实存论意义上的。存在者层次上的切近并不意味着两个物之间的空间上的邻近,而是意味着一种被轻视的敞开状态,因而是人身上的一个存在学环节。可尽管如此,您说的还是存在者层次上的切近。

芬克:您当时来弗莱堡,曾经在一场讲座课中说:动物是缺乏世界

① 请注意海德格尔特别拈出的 leben(生活)、leiben(身体地存在)和 Leib(身体)之间的词源上的关联。——译注

的(weltarm)。那时您在走向人与自然的亲缘关系的途中。

海德格尔:身体现象是最困难的问题。对语音的恰当理解也属于此。语音学的思考太物理学了,它没有以正确的方式来看待作为声音的φωνή[声音、音调]。

参与者:维特根斯坦在《逻辑哲学论》中说了一个令人震惊的句子:语言是有机体的延长。

芬克:唯一的问题是,"有机体"在这里该如何被理解,是要在生物学意义上来理解,还是要以这种方式来理解,即:在存在者中逗留着的人本质上是通过身体性(Leiblichkeit)而得到规定的。

237 **海德格尔**:人们要么可以在于克斯屈尔[①]的意义上理解有机体,要么也可以将有机体理解为生命系统的作用。在您提及的我做的那次演讲中,我曾经说过:石头是无世界的(weltlos),动物是缺乏世界的(weltarm),人是构成世界的(weltbildend)。

芬克:这里的一个问题是,动物的世界贫乏是不是那构成世界的超越性(Transzendenz)的一种匮乏模式。成问题的是,如果我们从动物的视角来看的话,人之动物性能否根本上被理解,抑或,人与晦暗基础的关系是否并不是一种本己的方式。

---

① 于克斯屈尔(Jakob von Uexküll):德国生物学家、比较心理学家。——校注

海德格尔：人的身体性并不是某种动物性的东西。与之如影随形般的理解方式是某种迄今为止的形而上学尚未触及的东西。存在者层次上的切近也适用于许多您想要由之出发来把握ἅπτεται[点燃、触动]的现象。

芬克：ἅπτεται[点燃、触动]似乎首先是从一种黏附和触及的角度，从触觉的角度出发来说的。在触及晦暗的力量时，起支配作用的是一种邻近的邻近状态（Nachbarschaft der Nähe）；而对光的触及则是一种在澄明中的站立。在澄明中的存在者自在地具有间距性之环节（das Moment der Abständigkeit），然而这一点丝毫不对以下事实持有异议，即：人也触及σοφόν[智慧]的光之权力（Lichtmacht）。

海德格尔：您现在如何理解"触及"呢？

芬克：触及σοφόν[智慧]的光之权力是一种被间距化的触及。与之相反，触及晦暗权力则是一种无间距的触及。这样一种无间距的触及是清醒者对睡眠者的触及和睡眠者对死亡者的触及。如何来规定清醒者与睡眠者的关系呢？清醒者对睡眠有一种认识，这种认识不仅是对睡着、入睡和醒来的回忆。清醒者关于睡眠的认 238
识是一种晦暗的生命之流的方式，在那里，"我"（das Ich）自为地以一种被轻视的方式消失了。有生命者在睡眠中触及了未被澄明的逗留的方式。属于光之领域并且倾听着光之领域的人，在睡眠中有一种返回到晦暗基础之中的经验，但不是在无意识状态中，而是进入某个无区别的东西之中。如果说作为思想使命,ἓν καὶ πάντα[一与一切]被看作一种在光之领域中的关系,那么,对生命的晦暗基础的经验就是对ἓν καὶ πᾶν[一与一切]的经验。我们必须在ἓν καὶ πᾶν[一与一切]中思考一切差异的耦合。对ἓν καὶ πᾶν[一与一切]的经验是一种在个体化状态中的人和没有个体化,但正在个体化的基础之间的关系。但这里存在的危险是,我们太容易谈论形而上学的实体了。

海德格尔:当您说到未被澄明之物时,它是被理解为褫夺性的(privativ)呢,还是被理解为否定(Negation)?

芬克:未被澄明之物不能褫夺性地在与已被澄明之物的关联中被理解。我们可能从已被澄明之物的角度来理解未被澄明之物,但这里关涉的是一种与λήθη[遮蔽]的本源性关系。出于一个被ἀλήθεια[无蔽、真理]所规定的本质的处境,人同时也有一种与λήθη[遮蔽]的关系。人并非总是处于ἀλήθεια[无蔽、真理]之中,而是处于醒与睡之间的有节律的轮替中。人在睡眠中所触动的黑夜不仅被理解为褫夺性的,而且被理解为他在清醒时与之发生关系的白天或者光亮之外的一个独立环节。作为φιλόσοφος[爱智者],人不仅是一个σοφόν[智慧]的φίλος[热爱者],也是一个λήθη[遮蔽]的热爱者。

海德格尔:λήθη[遮蔽]可以与夜相等同吗?

芬克：夜是λήθη[遮蔽]的一种方式。

海德格尔：您如何理解未被澄明之物呢？当您说到被轻视的敞开 239
状态时，它听起来像是στέρησις[褫夺、剥夺]。

芬克：在其张力中，清醒状态充满着重新陷入紧张的可能性和一切兴趣消失的可能性。睡眠是我们进入死亡状态之邻近的方式，而不只是一个死亡的隐喻。也许人们有时也必须在存在学上讨论诸如死亡这样的现象。

参与者：我认为，我们必须区分晦暗理解的被轻视的被澄明状态（比如在睡眠中对晦暗基础的理解）与晦暗基础自身，后者是绝对未被澄明之物。对晦暗基础的理解，而非晦暗基础自身，是半澄明的。

芬克：人作为黑夜中的一支火炬表明，他可以跻身于白天之光亮以及消弭一切差异和视觉可能性的黑夜的行列之中。

海德格尔：睡眠经验并不表示一种单纯的回忆，即关于我已经入睡的回忆。它并不指向作为单纯事件的睡眠

芬克：意识生活中的单纯事件，

海德格尔：而是意味着一种我被允许进入其中的我的一种存在

方式

芬克：而且这种存在方式仍然在清醒状态中规定着我。清醒状态的光亮总是保持在晦暗的基础上。

海德格尔：您是在现实的意义上说的吗？

芬克：类似于诸神在理解中与他们自己的生命发生关系，同时与终
240 有一死者的朝生暮死的存在发生关系，同样地，我们自己清醒地与品类繁多、秩序井然、浑然一体的宇宙发生关系，而且同时以一种晦暗的方式认识睡眠中的消灭能力。

海德格尔：但这种认识未必是现实的。

芬克：是的。也许这种认识可以从被抛状态的问题出发被刻画为一种托付，即托付给人们不得不成为、又不属于理性的东西。一旦人们把对于晦暗基础的理解称为一种关系，人们就已经是指一种间距化的关系了。用一个譬喻来说，睡眠就是一种对晦暗基础的直接触动。

海德格尔：如果我们说与睡眠的关系，那就是一种不适当的说法。睡眠是一种对晦暗基础的真正理解吗？

芬克：不是睡眠者，而是清醒者与睡眠发生关系。

海德格尔:超出这种关联,还有另一种存在上的可能性吗?

芬克:如果清醒状态是生命实行的强度,那么张力状态就带有这样一种可能性,即:能够在与物和光亮的关系中释放一切固定、区分和对照的张力。有人可能会说,这里关涉到一种观察,据此观察,生命之于死亡的关系,正如醒之于睡或者正如睡之于死,而这些类比关系是从外部被谈论的。但由此,人们便错失了我们真正的问题,后者关乎清醒者如何触及睡眠和活着的睡眠者如何触及死者。触动是我们的问题,而非日常观察或日常哲学——根据这种哲学, 241
睡眠是死亡的兄弟,而生与死被认为是通过睡眠的中间环节促成的。在莱布尼茨那里,我们发现了一种哲学思想,它试图通过无梦的睡眠、无能和死亡(对他来说并非严格意义上的死亡)来理解低等单子的存在。对莱布尼茨来说,上述三种现象代表了理解之多样化的下降等级。因为单子不能真正死去,所以对莱布尼茨来说,死亡依然是一种生命的方式,也即无区别的表象的方式。借此,他对死亡的严重性作了重新解释,使之进入一种极端的意识微弱性之中。他对睡眠、无能和死亡的解释,着眼于低等单子之表象生命的多样化的一个衰败刻度。然而,赫拉克利特在残篇 26 中并不关心对生与死的考察以及醒与睡对生与死的促成,而是关乎一种关于人之本质的陈述。作为能够点火者和作为能够触及光之权力者,人同时也是在睡眠和死亡中能够触及黑暗者。但是,如果触及黑暗并不具有在光亮范围内觉知者与被觉知者的间距性,那么,这种触及黑暗指的是什么呢?在这里我们采取了存在者层次上的切近这个棘手表达。我们关心的是人的双重关系这个哲学问题,一方面是人与光和火的关系,这种关系就是与被觉知者相关的觉知者的一种间距化的理解,另一方面是以ἅψις［接触、触动］的直接性为定向的关系,在此关系中,觉知者和被觉知者的差异逃离了我们。在这里,我们只有逃避和沉迷的模式,我们不再能多说什么了,因为否则的话,我们很容易堕入一种思辨神秘主义之中。

海德格尔:与死亡的关系包括了关于生命和睡眠现象的问题。我
242 们不能规避死亡的问题,因为死亡在残篇本身中出现了。我们不能仅仅根据睡眠的独立性而把这个问题收入眼帘。

第十三次:死亡关联,等待-希望(相关残篇:27,28)。——各种“对立”及其“转变”(相关残篇:111,126,8,48,51)。——结尾的问题:希腊人之为挑战。

芬克:到目前为止,我们只是在与诸神的关系中遇到凡人(残篇62)。残篇26讨论的是这样一个东西,它单独把人纳入眼帘,但没有把人从这些关联中移离出去。ἅπτεται[点燃、触动]是这个残篇中的基本词语。然而,在与光相关的ἅπτεται[点燃、触动]和作为醒者触动睡者和睡者触动死者的ἅπτεται[点燃、触动]之间存在着一个差异。残篇26没有讲述故事,也没有报道什么正在发生的事件;相反,我们看到的是人与光之权力以及与锁闭状态的权力的基本关系,人以不同的方式触及这些权力。ἅπτεται[点燃、触动]一方面关涉着光,另一方面关涉那睡眠者的黑暗状态和死者更大的黑暗状态。在所有三种关联中,ἅπτεται[点燃、触动]是共同的东西。如果我们不把火当作元素,而是把它当作投射光芒并且在光芒中使觉知者和被觉知者之间的间距性得以可能的东西,那么,随着可能把点火翻译为“接触”(Kontakt),说出来的东西是太少了。我们必须追问的是,接触必须在哪种关联中被规定。一方面，这里涉及与澄明着的而不仅仅是燃烧和取暖的火的接触；另一方面，这里涉及与某种触及的接触，或者说涉及一种对并不闪耀而是锁闭着从人那里隐匿的东西的触及。

海德格尔：那锁闭着隐匿自身者，并非为了随后锁闭自己而首先是敞开的。它没有锁闭自己，因为它也不是敞开的。

244 **芬克**：自身锁闭不是指一种已经闭合状态。在这里，触及是对不可把握之物的一种把握，是一种对不可触及者的一种触及。在睡眠之黑暗中，人触及了死亡状态，触及了他自身的可能性。但这不意味着，他死了。因为残篇说的是：ζῶν δὲ ἅπτεται τεθνεῶτος［活着却触及死亡］。

海德格尔：在我看来，全部赫拉克利特之阐释的困窘都可以在以下事实中看到，即：我们称之为残篇的东西并非残篇，而是从一个并不包含它们的文本中摘引出来的。问题就在于出于不同文本段落的引文，

芬克：这些引文通过上下文得不到澄清。

海德格尔：芬克先生现在将就接下来的解释尝试的途径为我们做一个前瞻性介绍，而紧接着，我将对前面的讨论做几点评论。

芬克：我转到残篇 27 上来，我想把它与残篇 26 联系起来。原文

作:ἀνθρώπους μένει ἀποθανόντας ἅσσα οὐκ ἔλπονται οὐδὲ δοκέουσιν。第尔斯的译文作:“人死之后,等待着他们的,既不是他们希望的东西,也不是他们想象的东西。”我们可以从这样一个问题开始我们的解释,即ἐλπίζω[希望]或者ἐλπίς[期待]是什么意思。人不仅与直接当前化的东西相关联,与那在他们觉知着的允诺中呈现于他们面前的东西相关联。人不仅依赖于对可感知的周围世界之物的掌握(Beikommen);而且人作为行动的存在者,在与当前事物的照面中被先行抛投入对未来的期望中。这种先行抛投(Vorentwurf)也在希望中发生。在《礼法篇》(Νόμοι)(I644c10—644d1)中,柏拉图区分了两种形式的ἐλπίς[期待]:恐惧(φόβος)和信心(θάρρος)。他将恐惧规定为对悲痛事物的期待(φόβος μὲν ἡ πρὸ λύπης ἐλπίς),信心则是对相反事物的期待(θάρρος
δὲ ἡ πρὸ τοῦ ἐναντίου)。人由于期待未来的愉悦,故面向未来 245
之时言行举止信心百倍,如果期待迫在眉睫的有威胁之物,则言行举止诚惶诚恐。除此之外,人不仅触及死者;他也与死亡发生关系。只要他将自己先行抛投给将来,他就站在对将来的筹划之行为中,这种筹划部分地由他自己形成和掌控,但绝大部分是由天命所决定的。

海德格尔:期待和希望的关系该如何得到规定呢?

芬克:在希望中,我听到的是对某种肯定物的期待;与之相反,在恐惧中,则是对某种否定物的期待。个别的人的生活超越了直接的当前而先行把握到了在可塑形的将来中出位而立者(das Ausstehende)。因此,例如雅典人,他们在先行看到某件事情可能结局时即思考,他们是否应该与斯巴达开战。人所具有的这种与将来的关系也超越了死亡的门槛。他不仅与他的正在到来的生活之将来发生关系,而且超越了他的将来而与死亡发生关系。所有人都试图在思想上移民并安居在阴间(Acheron)后面的土地上。他们心惊胆战而又满怀着期望地向死亡靠近。

海德格尔:希望和期待之间的关系对我来说尚未得到澄清。在希望中总是存在对某物的一种指望,相反,在期待中——从这个词的本义说——则存在着某种听天由命的态度。

芬克:诚然,人们可以以这种方式来规定希望和期待,但希望无须成为一种对某物的指望。当人们在死者的坟墓前树立起希望,那么是他们相信,能够借此以某种方式期望不可期望之物的领域。

246 **海德格尔**:希望意味着"自己强烈地关心某物",而在期待中含有某种听天由命,某种镇定自若。希望可以说包含了一个积极行动的环节;相反,期待则包含了克制环节。在这里我看到了两种现象的差异。

芬克:在希腊语中,ἐλπίς[希望、期待]包含了上述两种含义。在《礼法篇》(Νόμοι)中,人是被λύπη[痛苦]和ἡδονή[愉悦]所规定的。对λύπη[痛苦]的期待(ἐλπίς)是φόβος[恐惧];对ἡδονή[愉悦]的期待(ἐλπίς)是θάρρος[信心]。

海德格尔:两种态度都将自身紧紧固定在他们所关联的东西上。但期待是克制和听天由命的态度。

芬克:期待是哲学的态度。人不仅与他的生活的将来发生关系,而且满怀希望地超越死亡的门槛。但死亡是某种锁闭之物、不确定之物和不可理解之物。因此问题是,在阴间后面是否存在着一片土地,抑或是一个乌何有之乡。

海德格尔:在去死前三个月,莫扎特说:"未知之物对我说话"。

芬克:未知之物也在他那里订购了《安魂曲》。里尔克的墓志铭也属此列:"玫瑰,噢纯粹的矛盾,/在如此多的眼睑之下/成为无人的睡眠的欢乐。"玫瑰是这个诗人的譬喻,在他的很多诗篇里或者在他的眼里,他不再是那个写了很多诗篇的诗人,而毋宁说,他自身迷失于无人的睡眠中。在把死的特征刻画为无人的睡眠时,存在着一种静候的态度,一种对阴间背后的筹划之拒绝。在ἐλπίζ[希望、期待]中,人的行止是先行的和具有规定作用的,而且要么是对
自己生命的将来的先行视见,要么是着眼于死后的生命而超越死 247
亡的门槛。然而,赫拉克利特说,当凡人死了的时候,等待着他们的不是他们希望的事物。第尔斯将 δοκέουσιν翻译为"臆想"(wähnen)。在臆想中含有一种错误意见的贬义。但我相信,δοκεῖν在这里并不意味着"臆想",而是意味着"觉知"(vernehmen)。当凡人死了的时候,等待着他们的是这样一个东西,它不是通过先行的希望或者通过觉知可以达到的。死亡领域排斥任何一种关于它

自身的鲁莽灭裂的占有和认识。

海德格尔：我们仍然必须更进一步地解释δοκεῖν[觉知、臆想]。

参与者：δέχομαι意味着：接受(annehmen)。

海德格尔：然而，"接受"在这里不能在假定(Annahme)意义上被理解，就像我们说的：我假定(annehmen)早上要下雨。"接受"在这里意味着：我容忍(hinnehmen)。我接受被给予我的东西。可见这里关系到容忍环节，否则的话，δοκεῖν就意味着一种并非真正有效的意见。因此我们必须将δοκέουσιν译作：接受和觉知。接受(Annehmen)在这里并不意指那种假定(Annahme)，例如，假定被迈农(Meinong)搞成课题了，而胡塞尔则与之作了激烈的争辩。δοκεῖν[觉知、臆想]在这里不是纯粹的臆想，而是有所接受的觉知。

芬克：进而在柏拉图那里，δόξα[意见、荣誉]主要具有意见的意义。但我们也可以在柏拉图那里发现并不强调其否定性意义的ὀρθὴ δόξα[正确的意见]。

海德格尔：在巴门尼德谈论δοκοῦντα的时候，我们在他那里也遇到了在残篇27中采用的那个意义上的δοκεῖν[觉知、臆想]。

芬克：因此，综上所述，我们可以把残篇27翻译为："当凡人死去的
248 时候，等待他们的事物不是他们通过希望和接受着的觉知所达到

的。”这就意味着，人被死亡领域的不可接近性所排斥。——最后，我们转到残篇 28 上来：δοκέοντα γὰρ ὁ δοκιμώτατος γινώσκει, φυλάσσει· καὶ μέντοι καὶ Δίκη καταλήψεται ψευδῶν τέκτονας καὶ μάρτυρας。在这里，我们也不能在臆想的否定意义上去理解δοκέοντα。

海德格尔：斯纳尔（Snell）将δοκέοντα理解为只是一个观点（Ansicht）。以此翻译，我不能把任何意义与这个残篇联系起来。

芬克：我愿意提供一种阐释，作为对残篇 27 中非臆想的δοκεῖν[觉知、臆想]的一个支持。δοκιμώτατος[最可信的人]是觉知最多者，是在觉知中具有最大强办的人。

参与者：δοκιμώτατος[最可信的人]也是最能经受考验者。也许我们必须将这两种含义一起收入眼帘。

海德格尔：第尔斯是如何翻译残篇 28 的？

芬克：“（因为）最可信的见证人所认识，所坚持的事情是唯一可信的。但是狄克（正义女神）当然会知晓并且抓住谎言和证据的制造者。”人们期待的不是“可信之物”，而是“不可信之物”。我不认为，δοκέοντα[可信之物]具有只是被设定，而未被证明的东西的意义。δόξα[意见、荣誉]在希腊语中根本就不只意味着纯粹意见。也有一个英雄和统帅的δόξα[意见、荣誉]。在这里，δόξα[意见、荣誉]说的是处于声望中、而绝不在一种臆想理解中的方式。

参与者:δοκιμώτατος[最可信的见证人]也是声望最大的人,

芬克:但不是与众人杂然相处,而朝着思想者来说的。δοκιμώτα-
249 τος[最可信的见证人]觉知了δοκέοντα[可信之物],也即作为众多存在者的πάντα[一切、万物],它们闪闪发光、显现着,并且在显现中成为可觉知的。最能觉知者觉知着事物及其闪耀。我不把φυλάσσει不是译作"坚持它们",而是把它译作"把它们联合在一起"。觉知最多者接受众多存在者,并且把它们联合在一起。πολλοί[多]也在觉知中与δοκέοντα[可信之物]相关联,但它们被委托给δοκέοντα[可信之物]并且迷失于其中。他们不能看见统一,看不到δοκέοντα[可信之物]在其中得以闪耀的光。δοκιμώτατος[最可信的见证人]与显现着的物相关联,并把他们联合在一起。他监视着δοκέοντα[可信之物],因为他将它们与ἕν[一]联系起来了。他不仅被导向那在光之闪耀中显示自己的众多,而且同时作为与光有亲缘关系者,他也有把它们联合在一起的力量,看到了使δοκέοντα[可信之物]成为可能的东西。

海德格尔:因此,您把φυλάσσειν阐释为:集合、结合在一起(Zusammenhalten)。

芬克:把事物集合到结合上,或者正如您所说的,把它们集合到关-系(Ver-hältnis)上。最能觉知者觉知在一个联结着的关系中的闪耀者。在普通人中间,δοκιμώτατος[最可信的见证人]类似于光本身。这个残篇的第二句话是这样翻译的:但是狄克(Dike)当然会知晓并且抓住谎言和证据的制造者。谎言的制造者是那些将δοκέοντα[可信之物]从聚集着的统一性的接合(Fuge)中取出来的人,只是觉知δοκέοντα[可信之物]本身,而不去觉知那在ἕν[一]之光中的显现者。狄克监视着正确的觉知行为,监视着那将δοκέοντα[可信之物]集合在一起的δοκιμώτατος[最可信的见证人]的守护。

海德格尔:καταλαμβάνω[抓住]也意味着吸收(vereinnahmen)。

芬克:然而,这个残篇还有更多的意思。狄克会证明那些撒谎者是
有罪的。她是一种监视性的权力,δοκιμώτατος[最可信的见证 250
人]依此来行动,将作为多的ὄντα[存在者]集合为一。δοκιμώτατος[最可信的见证人]的对立概念是πολλοί[众人],后者一味迷失于多之中,而看不到具有联结作用的光之权力。他们可能看到了光中的闪闪发光者,但没有看到光的统一性。就他们错失了人的基本可能性而言,他们是谎言制造者。他们的谎言或者他们的欺诈在于他们仅仅着眼于δοκέοντα[可信之物],而没有着眼于统一着的一把它们集合在一起。狄克是对思想者有激励作用的权力,这种权力监视着在ἕν[一]中聚集的πάντα[一切、万物]的统一性。人们是否也还能够把μάρτυρας[证据]和ψευδῶν[假]联系起来,这是一个语文学的问题。μάρτυρες[证人]是觉知到δοκέοντα[可信之物]的证人,但仅此而已,还不是火的光亮自身。

海德格尔：这个解说在语文学上更优雅别致。

芬克：证人或许是指众人，他们诉诸他们直接看到和觉知的东西。那些被从ἕν[一]的统一性中疏离出来的人们在他们觉知物时所注意到的东西，在它转变为臆想之物的意义上并不是虚假的。他们是现实的物的见证者，但他们没有像δοκιμώτατος[最可信的见证人]那样回溯性地把δοκέοντα[可信之物]和聚集着的接合关联起来。我已经援引残篇28来支持残篇27。在这里，δοκεῖν[设想、假想]不是在贬义的臆想意义上说的。与我们周围的东西相关联，我们也会产生虚幻的和虚假的理解。如果赫拉克利特只是说，面对在死亡中等待着我们的事物，我们并没有臆想地行为，这或许没有什么特别之处。但如果他是在与向我们隐匿自身的死亡领域的关联中谈论οὐκ ἔλπονται οὐδὲ δοκέουσιν[既不是他们希望也不是他们想象的事物]，而且如果δοκεῖν[设想、假想]在这里没有臆想的含义，那么，他的陈述就有一个更艰难的规定性。即便在尘世
251 间，我们也不是有觉知就足够了。我们总是在正确的和错误的觉知之间游移不定。生活中总有错误和假象。然而，赫拉克利特却说，那些为我们所熟悉和为我们的生活服务的行为，对于我们死后的领域是不够的。没有那种能够深入到乌何有之乡的觉知能力。——我转向残篇111：νοῦσος ὑγιείην ἐποίησεν ἡδὺ καὶ ἀγαθόν, λιμὸς κόρον, κάματος ἀνάπαυσιν。第尔斯的译文作："疾病使健康变得愉悦和善好，饥饿使满足变得愉悦和善好，疲劳使休息变得愉悦和善好。"这个残篇看起来简单明了。人们可能会奇怪，一个如此日常的经验会以警句的表达方式出现在赫拉克利

特的箴言之中。但我们可以把它当作以一种非同寻常的方式思考对立者关系的那些残篇的一个入口。当它说疾病使健康变得愉悦的时候，它是否如同《斐多》中苏格拉底说的那样简单，即在他从痛苦的枷锁中摆脱出来之后，他感受到了令人愉悦的搔到痒处的感觉？在这里，愉悦的感觉来自过去的不适。赫拉克利特说：疾病使健康变得善好和甜蜜。因此，它在这里既可以指过去的健康，也可以指未来的健康。疾病－健康不是一种固定的对立意义上的区分，而是这样一种对比现象，即健康能从疾病发展而来。这一点同样适用于饥饿与饱足、疲劳与休息。这里涉及对立双方过渡为它们的对立面的过程，涉及过渡中互相对立者在现象上的固定。ἡδύ［愉快］和ἀγαθόν［善好］不能被规定为性质自身，而是源于一种否定状态、从它们被甩在后面和克服了的对立面出发而得到规定的东西。过去的富有使后来的贫穷变得苦涩，反过来，过去的贫穷使后来的富有变得惬意。对立双方的这种关系是我们司空见惯的。这里唯一重要的是，ἀγαθόν［善好］和ἡδύ［愉快］仅仅出自这种对照而得到规定。——借此我转到残篇 126：τὰ ψυχρὰ θέρεται， 252
θερμὸν ψύχεται， ὑγρὸν αὐαίνεται， καρφαλέον νοτίζεται。第尔斯的译文作："冷的事物变暖，暖变冷，湿变干，燥变润。"第尔斯用冷、暖、湿、燥来翻译ψυχρά，θερμόν，ὑγρὸν，καρφαλέον。但这是什么意思呢？这里涉及一些有疑问的中性词，因为一方面它们表达了某物的一种特定的状态，另一方面它们也能直接表示冷、暖、湿、燥。如果是指某物的一种特殊状态，那就是说：冷的事物变热是从冷的状态出来，而进入暖的状态。物从一种状态向其对立状态的转变不同于冷直接变为热的转变。某物从冷的状态向暖的状态的转变是一种众所周知的现象上的运动变化。借此而说出的东西比πυρὸς τροπαί[火的转变]说出的东西更少。因为在这里重要的是火自身向其他事物的变形。值得注意的是，赫拉克利特说了一次复数(τὰ ψυχρά[冷的事物])和三次单数(θερμόν[暖]，ὑγρόν[湿]，καρφαλέον[燥])。我们必须弄清楚以下两者之间的差异：一方面是一个事物由冷向暖的转变，另一方面是冷本身直接向暖本身的转变。如果有人说，一个人可以由生命状态转变为死亡状态，那么，借此没有说出任何令人激动的东西。但断言生命自身转变为死亡，以及反过来，死亡转变为生命，那就会是更成问题的、令我们更难以接受的陈述。这或许就类似于从冷到暖的转变和从暖到冷的转变。

海德格尔：τὰ ψυχρά[冷的事物]是冷的物吗？

芬克：问题正在这里，它①所指的到底是冷的物，还是冷本身。至于冷的物，有按其本性自身就是冷的，比如冰，也有自身偶然是冷
253 的，比如水，可以是冷的但也可以变暖。但水也能从液体状态变为蒸汽形式。因此就有暂时的转变和出于本质的转变。然而，一个更加困难的问题是冷和暖的关系本身。如果τὰ ψυχρά[冷的事物]是τὰ ὄντα[存在者]，那么，τὰ ὄντα[存在者]是处于存在者状态中并且能够转化为非存在状态的物吗？是否τὸ ὄν[存在者]指的是某种基质般地作为基础而存在的东西的暂时状态吗？或

① 指τὰ ψυχρά[冷的事物]。——译注

者,是否τὸ ὄν[存在者]并不是指某物或某事,而是指存在者状态?对黑格尔来说,存在可转变为无,无可转变为存在。存在和无对他来说是同一的。但这种同一性是何意思,却是模棱两可的。存在者状态和虚无状态的关系是一种类似于冷和暖之间的关系吗?当赫拉克利特说冷和暖的时候,他是否只是指冷的物和暖的物?冷的物可以变暖,反之亦然,这是一个屑屑不足道的平庸陈述。但情形可能倒是,如果这个残篇说的是作为固定对立面的冷和暖可以互相转变,那么它就包含着一个超越了这种平庸性的疑难。

参与者:我们必须如此理解冷和暖之间的对立,即:变暖已经包含在冷之中了。

芬克:这样,您就重新回到对于残篇的无关紧要的解读方式上了。冷便是会变暖的冷的物。然而,这根本就不是冷本身向暖本身的转变,而只是某物上热的状态之转变。这种想法没有引发任何困难。但是,如果冷和暖不是冷的物和暖的物,而是冷本身和暖本身,关于它们我们才说它们相互转化,那就会出现一个更大的问题。我们必须尝试着像柏拉图理解τὸ καλόν[美]、τὸ δίκαιον 254
[正义]那样来解读θερμόν[暖]或ὑγρόν[湿]。τὸ καλόν[美]不是美的东西,而是使καλά[美的东西]变成美的东西。对我们来说,问题在于,是否对形成鲜明对照的对立面的固定只不过是指日常熟知的现象,或者是否有一个背景包含于以下事实中,即通常不变的对立性的一种现象上鲜为人知的转变和相互之间的流动被收

入眼帘了。残篇 126 是模棱两可的。一方面它有一个庸常的意义，另一方面它有一个成问题的意义，在后一种意义上，它不关乎冷的物和暖的物之间的关系，而是关乎冷本身和暖本身之间的相互转变。在由冷向暖的转变过程中所发生的情况，类似于在由生向死的转变和由死向生的转变中所发生的。现在在这种转变中所意指的，不是一个正在向死亡转变的人的生命。这个残篇的真正挑战可见于对立面的一定程度的等同中，而不是在某个物的各种状态的转变中。

海德格尔：这种挑战在于转变本身，

芬克：在于那通常作为对立面站立的东西的转变。也许生和死之间的对立也像冷和暖的对立一样，是一种恒定不变的对立。在这个对立的关联空间中，物的运动能够以这种方式发生，即某物开始是冷的，随后变为暖的，反之亦然。但是我们面临的问题是，这个残篇是否比那种庸常的理解说出了更多东西，或者，这个残篇是否包含着一个挑衅性的论题，它让恒定不变的对立面相互转变。

参与者：暖和冷的关系是一种交织转变。

海德格尔：您想想亚里士多德的ἀλλοίωσις[变异、奇异]。

255 **芬克**：ἀλλοίωσις[变异、奇异]预设了μεταβολή[变化]发生于其上的一个ὑπομένον[基底]。这样我们就有了某个事物上对立状态的一个转变。一个导体可能首先处于气温为零度时的状态中,随后伴随着度数的提高而变暖。在此我们可以问,冷去哪里了,而暖又从哪里来。只要我们把这些转变现象和一个基础性的实体联系起来,这些转变就不成其为问题了。

海德格尔:但ἀλλοίωσις[变异、奇异]竟是一个哲学问题?

芬克:我同意。它之所以是成问题的,主要是因为亚里士多德最终也从ἀλλοίωσις[变异、奇异]来解释生成和消亡。

海德格尔:他的运动哲学被划定于一个特定的领域里。因此,我们必须区分三种物:第一,一个冷的物是如何变成暖的;第二,我们必须将这种变成阐释为ἀλλοίωσις[变异、奇异],这已经是一个存在学问题了,因为在这里存在者的存在得到了规定;第三,

芬克:一般的冷向一般的暖转变。由此,冷和暖的差异在思想中被扬弃了。一物从冷的状态转变入暖的状态,这样的转变只是一种在物性基质上的运动。冷和暖的成问题的耦合是另一回事。一个更加困难的问题是哈德斯[①]和狄奥尼索斯的同一性(ὡυτὸς δὲ 'Αίδης καὶ Διόνυσος)。

---

① 哈德斯(Hades):又译“哈迪斯”,古希腊神话中的冥界之王,众神之王宙斯和海王波塞冬的兄长,是冥界和死人的统治者。——校注

海德格尔:人们能把冷和暖的差异带入与生和死的差异的联系之中吗?

芬克:生与死是一个要艰难得多的差异,

256 **海德格尔**:没有什么可以与之相提并论。

芬克:冷和暖之间的差异是一种仅仅源于生命的差异。

海德格尔:冷和暖的差异属于热力学的领域,

芬克:而生与死的差异是不能在这样一种从冷到暖的转变中被把握到的。冷和暖是实体化了的质。冷可以同时意味着冷的物或者冷自身。τὸ ὄν[存在者]的情况与之类似。一方面,τὸ ὄν意味着存在者,应归于存在的存在者,另一方面,它意味着存在者的存在状态(das Seiendsein des Seienden)。这种模棱两可适用于冷、暖、湿、干。如果人们阅读残篇 126 而不去探寻一种更深的意义,那么,就冷的物向暖的物的转变以及相反的情况而言,它所讨论的只不过是一个热力学的现象。人们遇到了关于ἀλλοίωσις[变异、奇异]的难题,但它那表面上并不包含挑衅性的意义,即我们通常在赫拉克利特关于恒定不变的对立面的困扰中认识到的意义。如果我们以这种方式来解读这个残篇,即它考察的是冷本身向暖本身的转变,那么它就可能不是把对立(通常作为现象世界的固定结构保持在物的全部变化中)带入ἁρμονίη φανερή[看得见的和谐]

中,而是带入ἁρμονίη ἀφανής[看不见的和谐]中了。

海德格尔:我看困难在于,人们不知道残篇126在赫拉克利特那里处于何种语境中。因而,您不是指我们司空见惯的一个冷的存在者向一个暖的存在者的转变,也不是指这种转变的存在特征的规定,而是

芬克:被称为挑衅的冷和暖的同一性。

海德格尔:人们能从冷和暖的差异出发,而不仅是从生与死的对立 257
出发,来达到这种同一性吗?

芬克:我还想要深入探讨一下残篇8:τὸ ἀντίξουν συμφέρον καὶ ἐκ τῶν διαφερόντων καλλίστην ἁρμονίαν。第尔斯把它译为:"相互排斥的东西结合在一起;最美的结合源于分裂者。"τὸ ἀντίξουν[相互排斥者]是一个中性名词。

海德格尔:这个词在赫拉克利特那里只出现了一次。我从来没有恰当地理解τὸ ἀντίξουν[相互排斥者]的真正意思。这个词更要回过头去,从συμφέρον[结合、相一致]出发去理解。

芬克:τὸ ἀντίξουν[相互排斥者]意味着纷争者、互相排斥者,但不像两个生命体,而是像某种抗拒暴力的叛逆者。互相排斥者是叛逆性的自我违抗者。纷争者同时是被收集者或者被召集者。如

果我们从这个残篇的后半部分开始,则前半部分也变得可读解了。最美的和谐也源于分裂者。与通常认为排斥是某种否定物的观点相反,在这里,对立斗争者同时是带来结合者。相互斗争者以这样一种方式相互配合,即从作为天生的分裂者的相互排斥的分裂者中产生出最美的和谐。借此,赫拉克利特提纲挈领地思考了那超越了我们先前在残篇 111 中遇到的直接现象:冷的物能够变为暖的物,反之亦然。

海德格尔:但是"最美的和谐"属于哪里呢?它是可见的和谐还是不可见的和谐?

258 **芬克**:这不是一下子说得上来的。残篇 48 也属于这个讨论对立面的残篇群:τῷ οὖν τόξῳ ὄνομα βίος, ἔργον δὲ θάνατος。"弓的名字是生,但它的作用是死。"这个残篇不仅指这种荒唐的想法,即:在实与名(Sache und Namen)之间有一种错误关系。

参与者:残篇 51 也属于这个语境:"他们不理解,生而分裂者如何在这样的意义上互相配合:相互排斥者统一在一起,就像弓和琴一样。"

芬克:为了能够解释这个残篇,人们必须首先读懂了残篇 48。弓在自身中统一了斗争者和死亡领域的对立。琴是庆祝节日的乐器。它也是那起初相互排斥者的统一者。它统一了节日的共同体。残篇 51 不仅把琴与共同体节日的关系收入眼帘,而且也把与死亡的关系收入眼帘。弓的作用是死，一个有别于节日的基本处境。死亡和节日是联系在一起的，但不仅仅是像弓的两端被弦拉紧那样，而且是以多样的对立关系的方式。然而在这里我们不得不中止，因为这些残篇要求某种根本性的沉思。

海德格尔：在临近结束之时，我不想发表长篇大论，而是想提一个问题。芬克先生，您在第一次讨论班开始时说："希腊人对我们意味着一个非同寻常的挑战。"我问：在何种程度上？您进一步说，这里关系到"向前推进到实事本身，也就是说，推进到"必须站立"在赫拉克利特的精神目光前的实事"。

芬克：问题是，出于我们的承载着两千五百年的思想进路的历史处境，我们是否已经一般地使我们疏远了希腊人和他们的存在理解 259
与世界理解，但仍然在一切行为中保持为希腊存在学的继承人。

海德格尔：当您说到希腊人的挑战时，您指的当是思想上的挑战。但是那挑战者是什么呢？

芬克：我们受到挑战，要去扭转我们思想的整个方向。这不是指对一个历史性传统的清理。

海德格尔：对黑格尔来说，古人是否也是一个挑战呢？

芬克：只有在扬弃和进一步思考希腊人已经思考过的东西的意义

上。然而问题是,我们是否只是希腊人的延续,并且遇见了新的难题,必须对这三千年作出一个解释,抑或我们是否已经以一种灾难性的方式,失去了关于希腊人如何逗留于真理之中的知识。

海德格尔:我们关心的只是赫拉克利特的某种重演吗?

芬克:我们关心的是有意识地与赫拉克利特对质。

海德格尔:但其实在黑格尔那里我们也发现了这一点。他也站在希腊人的挑战之下。能够受到挑战的,只有那个本身……

芬克:做好了思想准备的人。

海德格尔:对黑格尔来说,希腊人在哪个方面是一个挑战呢?

260 **芬克**:黑格尔有了那种可能性,即以自己的概念语言来接受、扬弃和改变传统。

海德格尔:什么叫他的概念语言?黑格尔的思想是关于绝对者的思想。从这个思想出发,从中介化的基本趋势出发,希腊人为他显现出来

芬克:显现为巨人,但也显现先行者,

海德格尔:显现为直接的东西,尚未被中介化的东西。所有的直接性都取决于中介化。直接性总是已经从中介化出发被看待的。对现象学来说,这里存在着一个难题。这个难题是,在现象学所谓直接现象背后,是否也隐藏着一种中介化。在较早的一次讨论班上,我们说过,需要(Bedürfnis)在黑格尔那里是一个基本的标题。对黑格尔的思想来说——这里不是在个人的意义上而是在历史性的意义上说——存在着满足所思之物的需要,在此,满足在字面上必须被理解为直接物与被中介物的和解。但是对我们来说呢?我们也有一种需要吗?

芬克:我们可能也有一种需要,但有一个不同于黑格尔的基础。我们没有一个可供我们支配的概念世界,我们

海德格尔:可以把希腊人纳入这个概念世界中,

芬克:相反,我们必须将这个传统的脚手架置于一边。

海德格尔:然后呢?

芬克:我们必须在新的意义上开始。

海德格尔:对您来说挑战何在?

芬克:在于下面这一点,即:在思想史的进程中,我们已经走到了终 261

结处，在那里，传统的丰富性对于我们来说变成值得追问了。我们的问题是，我们是否不在一种向希腊人已经思考过的东西的新转向中，我们是否能够凭借我们新的存在经验去面对希腊世界。我们必须自问，我们是否已经有了一种未被形而上学打上烙印的存在经验。

海德格尔:这是不是要这样来思考，即我们的存在经验与希腊人相符?

芬克:这里重要的是我们由之得以追问和言说的那种处境的真理。我们只能作为虚无主义者与希腊人交谈。

海德格尔:您这样认为吗?

芬克:但是这并不意味着，在虚无主义中有一个完成了的规划。

海德格尔:倘若在希腊人那里有某种未被思考的东西，而它恰恰规定了您的思想以及整个历史中被思考的东西，那又如何呢?

芬克:但是我们如何获得对于这种未被思考的东西的洞察呢?也许这种洞察只能从我们晚近的处境中产生出来。

海德格尔:这个未被思考的东西或许是只对我们的洞察显示自己的东西。但是在此问题是，我们对自己的理解达到什么程度。我提出一个建议：这个未被思考的东西是ἀλήθεια[无蔽、真理]。全部希腊哲学都丝毫没有超出ἀλήθεια[无蔽、真理]之为ἀλήθεια[无蔽、真理]。在《存在与时间》第44节b部分中，关于ἀ-λήθεια[无－蔽、真－理]，我说过："用'真理'这个词来翻译ἀλήθεια[无蔽、真理]，尤其从理论上对这个词进行概念规定，就会遮蔽希腊人先于 262
哲学而领会到的东西的意义，希腊人在使用ἀλήθεια[无蔽、真理]这一术语的时候，是'不言而喻地'把那种东西作为基础的。"（《存在与时间》，第七版未修订版，1953年，第219页）[①]。作为ἀλήθεια[无蔽、真理]被思——这种ἀλήθεια[无蔽、真理]与"真理"（Wahrheit）没有任何关系，而是意味着无蔽状态（Unverborgenheit）。当时我在《存在与时间》中关于ἀλήθεια[无蔽、真理]所说的话已经朝这个方向挺进了。我一直都在考虑作为无蔽状态的ἀλήθεια[无蔽、真理]的问题，但同时"真理"（Wahrheit）也挤了进来。ἀλήθεια[无蔽、真理]作为无蔽状态朝向澄明之所是的那个方向。澄明（Lichtung）的情形如何呢？您上次说，澄明不是以光为前提的，情况倒是相反。澄明和光相互之间根本上有什么关系吗？显然没有。"澄明"说的是：照亮和疏明（lichten）、起锚开航（Anker freimachen）、开垦（roden）。这并不意味着，在澄明澄明之处（wo die Lichtung lichtet）就是明亮的。被澄明者乃是自由域、敞开域，同时也是某个自行遮蔽者的被澄明者。我们不能从光的角度来理解澄明，而毋宁说，我们必须从希腊精神出发来理解它。光和

① 参看海德格尔：《存在与时间》，中译本，陈嘉映等译，北京：商务印书馆，2016年，第305页。——校注

火只能在澄明中找到它们的位置。在那个《论真理的本质》[①]的演讲中，当我谈到"自由"时，我已经把澄明收入眼帘了，只不过在那里，真理也总是亦步亦趋地伴随而来。黑暗虽然是无光的，但却是被澄明的。对我们来说，重要的是将无蔽状态经验为澄明。这就是在全部思想史所思之物中未被思考的东西。在黑格尔那里存在着满足所思之物的需要。与之相反，对我们来说，起作用的则是所思之物中未被思考的东西的窘境。

芬克：海德格尔教授已经用他的话正式结束了我们的讨论班。当我怀着热情和敬意感谢海德格尔教授的时候，我相信我也能代表所有参与者发言。思想的事业可能就像一座轮廓鲜明、高耸入云的山脉，就像"稳靠地建造起来的阿尔卑斯山"。但我们在这里已
263 经经验了某种类似于流动的岩浆的东西，作为地下催逼的力量，它可以增高思想之山脉。

海德格尔：最后我想对希腊人表示敬意，并且返回到希腊七贤那里。有一句话来自科林斯的佩里安德[②]，是他用一种预言的方式说出来的：μελέτα τὸ πᾶν，"去关心全体之为全体吧。"另一句话也是他说的：φύσεως κατηγορία ，"暗示自然、使自然变成可见的。"

① 参看海德格尔：《路标》，中译本，孙周兴译，北京：商务印书馆，2014 年，第 208 页以下。——校注

② 佩里安德（Periander aus Korinth，前 665 – 前 585 年）：古希腊政治家、哲学家，"古希腊七贤"之一。——校注

编 者 后 记

在欧根·芬克(Eugen Fink)频繁造访海德格尔的寓所期间,有一次,他们做了一个决定,共同主持一学期关于赫拉克利特的专题讨论班。开设讨论班是由芬克倡议的,他一直怀有一个愿望,在与海德格尔一道主持的讨论班对话中,检验他自己对于赫拉克利特的解释。

在1966/1967年冬季学期的课程表中,早已协商好的作为"哲学练习课"的讨论班所预告的标题是"赫拉克利特和巴门尼德",并有一附注:"私人讨论班"。因为它原本计划在解释赫拉克利特之后紧接着解释巴门尼德。这个总共举办了十三场活动的讨论班是在每周三17点到19点,在弗莱堡大学的第二教学楼里由欧根·芬克发起的哲学与教育科学讨论班的图书室里举行的。每次讨论班开始之前,芬克本人开他自己的车把海德格尔从寓所里接来。讨论班结束之后,俄贡·许茨(Egon Schütz)博士,芬克教育科学的助教,开着他的车将海德格尔送回家。在讨论班的三十名参与者之中,除了跟随芬克学习的学生和他的三名助教之外,还有特邀嘉宾格哈尔特·鲍曼教授(Gerhart Baumann)和约翰纳斯·洛曼教授(Johannes Lohmann),此外还有海德格尔共事多年的女同事希尔德伽特·菲克博士夫人(Hildegard Feick),以及与海德格尔有金兰之契的弗莱堡艺术协会劳苦功高的主席,退职县长西格夫里特・波罗斯(Siegfried Bröse)。

在他们的预先商讨中,海德格尔和芬克决定,弗里德里希-威廉姆・冯・海尔曼博士(Friedrich-Wilhelm von Herrmann)作为欧根・芬克教授的助手应该负责讨论班活动的记录事宜。同是芬克助手的吉安那拉斯(Anastasios Giannaras)博士应在此事上提
266 供协助。在记录方式方面,海德格尔和芬克达成一致,每一场讨论班活动的对话都要原原本本逐字逐句地边听边记——而无须借助于录音带。海德格尔还嘱咐记录员,每周三上午十点钟左右把用打字机打好并经过整理的以课时计的记录稿送到他的寓所。每次活动记录,海德格尔都会细心翻阅,有两次以手写的方式做了微不足道的校订且后来得到了他的认可。芬克和参与者们使用第尔斯关于前苏格拉底的著作作为他们解说工作的基础,而海德格尔使用他的意大利文版的赫拉克利特残篇:《赫拉克利特》,由 R. 瓦尔泽辑录残篇并译成意大利文,佛罗伦萨 1939 年。

在有一次让・波弗勒(Jean Beaufret)到弗莱堡拜谒海德格尔时,海德格尔向他出示了赫拉克利特讨论班的完整的记录稿文本,于是,波弗勒提议出版这个讨论班文本。因此,海德格尔委托欧根・芬克和弗里德里希-威廉姆・冯・海尔曼准备付印稿样并且操心出版事宜。准备性的工作包括,一方面出于著作权的理由而划掉讨论班参与者的主要是语文学方面的详细阐述,但为数并不多,如第 11 页上注释所说的那样,另一方面则是为全部十三次讨论班活动各拟定一个标题。

赫拉克利特讨论班是海德格尔在弗莱堡大学所开设的最后一

次课程。

弗里德里希－威廉姆·冯·海尔曼

弗莱堡,1985年7月

译 后 记

虽然依照国别来判定哲学的性质的做法值得怀疑，但是，近代以来的哲学史上有一个非常奇特的现象，那就是德国哲学和赫拉克利特思想之间的特殊渊源和特殊关联。我们没有在任何其他国家的哲学家或哲学思想中发现类似的现象。

西方哲学史上最大的思辨哲学家黑格尔曾经这样叙述自己和赫拉克利特之间的关联，“因此在赫拉克利特那里，哲学的理念第一次以他的思辨形式出现了，……没有一个赫拉克利特的命题，我没有纳入到我的逻辑学中”（《哲学史讲演录》第一卷，贺麟、王太庆译，商务印书馆，1997 年，第 295 页）。

与此相映成趣的是，西方传统哲学最大的批判者尼采如此评价赫拉克利特，“因为世界永远需要真理，因而永远需要赫拉克利特，尽管赫拉克利特并不需要世界。他的声誉与他何干？正如他嘲笑着宣布，声誉依存于‘不断流逝的易朽之物’。他的声誉和人类有关，而不是和他有关，人类的不朽依照他，而不是他需要赫拉克利特这个人不朽。”（《希腊悲剧时代的哲学》，周国平译，商务印书馆，1996 年，第 83 页）

而在 20 世纪宣布“哲学终结，思想兴起”的海德格尔在一封书信中自述自己和赫拉克利特之间的关系时说：“本人虽然不敢说对传统意义上的哲学有一种特别的理解，但从青年时代起，赫拉克利特就对我具有决定性的意义。”(引自《演讲与论文集》“编者后记”，孙周兴译，三联书店，2005 年，318 页)

在可以作为海德格尔思想渊源的众多哲学家那里，古希腊哲学家具有特别的意义，在某种意义上，我们甚至可以说，所谓海德格尔思想的早期和晚期不过是与海德格尔进行对话的希腊主角，或者说给与海德格尔以思想灵感的哲学家，从亚里士多德换成了前苏格拉底哲学家而已。早期海德格尔通过解读原始基督教和亚里士多德的实践哲学而找到了他自己的哲学的基本词语，但是随着他在 1920 年代晚期陷入到思想危机之中，他的思想工作的一个重心是和前苏格拉底哲学展开对话。而在那些前苏格拉底哲学家那里，赫拉克利特无疑具有特殊的地位。

这样看来，“赫拉克利特讨论班是海德格尔在弗莱堡大学所开设的最后一次课程”，就不难理解了。令人惊奇的是，这本被纳入到海德格尔生前自己出版的著作并不是他本人的著述，而只是他和欧根·芬克共同主持的一个讨论班的记录稿，而且仅从发言所占篇幅而言，海德格尔也不是主角。但是启人深思的是，这是真正的思想对话，是对思想对话现场的再现，而不同于海德格尔做过大量删改的《从一次关于语言的对话而来》等文章。这场对话似乎并不在意得出一个结论，而只是揭示希腊人对于我们而言何以是一个挑战。

着手翻译《讨论班》是近四年之前的事情了，期间杂事丛生，反复中辍，直到去年暑假才下定决心一鼓作气把它完全译出。首先要感谢同济大学孙周兴教授和商务印书馆陈小文兄的美意，使我有机会承担这项译事。在翻译期间，赫拉克利特的残篇汉译除了参考《讨论班》一书中的翻译，也大量查考了英文本和各种中译本，尤其是北京大学哲学系外国哲学史教研室编译的《古希腊罗马哲学》中的译文。

海德格尔的著作素以几不可译著称，译者才疏学浅，德语水平有限，而有时又想笨拙地传达原文之神韵，常常“画虎不成反类犬”，译作之中错讹定当不少，还望方家不吝赐教，以待亡羊补牢云尔。

王志宏

2017 年 3 月

四个讨论班

勒·托尔(Le Thor)1966年、1968年、1969年

策林根(Zähringen)1973年

石磊　译

杨光　校译

268 由库尔特·奥赫瓦特从法语讨论记录翻译而来。

À M.H.

（致马丁·海德格尔）

L'automne va plus vite, en avant, en arrière, que
le râteau du jardinier. L'automne ne se précipite pas
sur le Cœur qui exige la branche avec son ombre.

[秋天更加敏捷，忽进，忽退，甚于
园丁的耙子。秋天并不忽然落到
心上，而心则需要枝条及其阴影。]

布斯克拉兹，1966年9月11日

勒内·夏尔[①]

勒内·夏尔：《作品全集》，"七星丛书"，第308卷，巴黎，1983年，第452页。译文为：

---

① 勒内·夏尔（René Char，1907－1988年）：法国诗人，第二次世界大战期间曾领导游击队。除了后文中提到的著作之外，他的重要作品还有诗集《愤怒与神秘》《伊普诺斯的书页》等。他的家在普罗旺斯。第二次世界大战后，出于多种原因，海德格尔与法国联络增多，从而识得夏尔。此后二人多有交游，互有诗文相赠。海德格尔赠夏尔的诗文收于全集第13卷中。另外可参阅本卷编者写的"德文本译后记"，其中对两人的交往有一些记载。——译注

给 M.H.

秋天比园丁的耙子更敏捷地逡巡游走。

秋天并不袭上心头；心不能没有枝条的阴影。

布斯克拉兹(Les Busclats)，参见第 417 页后。

1966年勒·托尔讨论班

1966年的讨论班(在艾克斯[①]的讲演“黑格尔与希腊人”八年后)由七次谈话构成。前两次谈话讨论巴门尼德,接下来的五次谈话涉及赫拉克利特。两个年轻的意大利友人——吉内瓦拉·邦皮亚尼(Ginevra Bompiani)和乔吉奥·阿甘本(Giorgio Agamben)——加入到维赞(Vezin)、费迪耶(Fédier)和波弗勒(Beaufret)中间。那时没有进行记录。不过,从参与者总结的笔记中我们可以得到其中三次有关赫拉克利特的谈话的记录,即9月5日在勒·托尔的一个园子里、9月9日在勒·雷邦克(le Rebanqué)以及10日在布斯克拉兹进行的谈话。

9月5日

“在诗意的岩石之上,勒·托尔拔地而起。
旺度山,鹰之明镜,在视线中耸立。”[②]

在两次有关巴门尼德诗歌的谈话之后,我们接下来要寻找一个阅读赫拉克利特残篇的指导线索。对此而言,决定性的问题是:

---

① 艾克斯(Aix-en-Provence):法国普罗旺斯的前首府。——译注

② 勒内·夏尔:《共同在场》,巴黎,1964年,第72页。

我们的阐释在一开始应当指向赫拉克利特的哪个词语呢？我们面前有许多赫拉克利特的词语：逻各斯、自然、世界、争执、火、独一的一，等等。借助亚里士多德给出的提示[1]，我们能够按照传统的说
272 法，同样也把第尔斯－克兰茨[2]版本的残篇 1 看作是赫拉克利特著作的开篇。根据第欧根尼·拉尔修[3]的记载，赫拉克利特应该是把自己的著作藏在了以弗所的阿尔忒弥斯(Artemis)神庙里[4]。其他的残篇是由第尔斯－克兰茨根据曾经援引过这些残篇的作者——从阿哀提乌斯[5]到泰奥弗拉斯托斯[6]——的姓名顺序排列

---

① 《修辞学》，第二卷，第 5 章。【据英译者注释，德文本此脚注有误，应是第三卷第 5 章，而非第二卷第 5 章。在这一章最后亚里士多德谈到了赫拉克利特写作风格的问题："标点赫拉克利特的著作很费事，因为看不清某一字属于哪一个字，属于它后面的字还是它前面的字，例如，在他著作的开头，他说：'尽管这个逻各斯存在着永远人们却不了解它。'我们看不清'永远'属于哪一个词。"引自亚里士多德《修辞学》，罗念生译，上海：上海人民出版社，2006 年，第 176 页。——译注】

② 这里提到的第尔斯(Diels)和克兰茨(Kranz)，以及马上将会提到的伯奈特(Bernet)均是古典学家。前两人编有《前苏格拉底残篇》，后者著有《早期希腊哲学》。——译注

③ 第欧根尼·拉尔修(Diogenes Laërtius)：古代哲学史家，生平不详，活动于公元 3 世纪。著有《名哲言行录》，是研究古代哲学的重要史料。——译注

④ "他有一部著作传世，是关于自然的一部论文集，全书分为三个部分，即论万物、论政治和论神。据一些人讲，他将该书藏在阿尔忒弥斯神庙里，并且故意用晦涩的语言进行撰写，以便只有那些有能力的人才会前去阅读它，从而免遭大众的轻薄。"引自《名哲言行录》，第欧根尼·拉尔修著，徐开来、溥林译，桂林：广西师范大学出版社，2010 年，第 435 页。

⑤ 阿哀提乌斯(Aëtius，约公元前 2—前 1 世纪)：古希腊哲学家、学述编纂者，著作均已散佚。——译注

⑥ 泰奥弗拉斯托斯(Theophrast，公元前 371—前 287 年)：柏拉图和亚里士多德的学生，在亚氏离开雅典后接掌吕克昂(Lyceum)学园。以其植物学著作享有盛誉，另有《性格论》传世，此书有中译本，译名为《人物素描》，水建馥译，载于《古希腊散文选》，北京：商务印书馆，2013 年。——译注

的，残篇 2 除外，它是经由塞克斯都·恩披里柯[①]而流传下来的，而且他几乎直接就把这个残篇连接在残篇 1 的后面："在他继续下去之后，他补充说……"

因此我们选出逻各斯作为指导线索，残篇 1 一开头就立即谈到了它：

τοῦ δὲ λόγου τοῦδ' ἐόντος ἀεὶ ἀξύνετοι γίνονται ἄνθρωποι...

我们马上碰到了第一个困难。

在古代，亚里士多德就已经提示过，ἀεὶ[永恒的]这个词既可以修饰它前面的词，也可以修饰它后面的词。这也就是说，λόγος[逻各斯]被称为ἐὼν ἀεί[永恒存在着的]？或者是说，人们始终处于对逻各斯的无知之中？[②] 海德格尔与伯奈特以及第尔斯意见不同，与克兰茨意见一致，他认为ἀεὶ[永恒的]是与ἀεὶ[永恒的]后面的词相关联的。但他并不只是像克兰茨那样来为这个决定提供理由，即直接说ἀεί[永恒的]的意义是由下一句中的副词（καὶ πρόσθεν...καὶ τὸ πρῶτον[在[听到]之前……和初次[听到]后][③]）规定的。海德格尔这一决定的根据在于，他没有把ἐόντος[存在着

---

① 塞克斯都·恩披里柯（Sextus Empiricus，160—210 年）：古代怀疑论者，著有《皮浪学说要旨》《反数学家》等著作。——译注

② 按残篇古希腊语原文看，ἀεὶ [永恒的]这个词前面的词是ἐόντος[存在着的]，它后面的词是ἀξύνετοι[无知]。若把ἐόνοτος ἀεὶ连起来看，就是"永恒的存在者"；若把ἀεὶ ἀξύνετοι连起来看，就是"永远的无知"。但ἀεὶ [永恒的]究竟是和前面的词相连还是和后面的词相连，这是难于决断的，因此有"永恒的存在者"和"始终处于无知之中"这两种译法。——译注

③ 这两个副词的位置详见后面引述的残篇 1 全文。——译注

的]读作λόγου[逻各斯]的附属词，而是严格按字面读作ἐόν[存在着[的东西]]的第二格：在其存在中的存在者。在海德格尔的与其说是句法式的（syntaktischen）不如说是并列式的（parataktischen）读法中，τοῦ δὲ λόγου τοῦ δ'ἐόντος被当作在句法结构上**前后严格对应**的短语，另外，这种读法导致了对句子中第四个词的拆分：把τοῦδε拆为τοῦ δέ[①]。

所以我们不把这个句子读作：

现在，关于λόγος[逻各斯]，它作为总是持续着的（ἀεί[永恒的]）真实者（Wahren），人们对之无所理解；

也不读作：

273 现在，关于λόγος[逻各斯]，即那真实（wahr）存在的东西，人们总是（ἀεί[永恒的]）对之完全无所理解；

而是读作：

现在，关于λόγος[**逻各斯**]，**关于在其存在中的存在者，人们从未对之有所理解**。

在这里被道出的东西，乃是λόγος[逻各斯]与ἐόν[存在着〈的东西〉]的同一性（Selbigkeit）。巴门尼德在他的教诲诗里说的也是这个意思：

"因为思想与存在是同一者（Selbe）。"

---

① τοῦδε为中性代名词τόδε的单数第二格。τοῦ为阳性定冠词ὁ的单数第二格。δέ为连词。简言之，按照所谓"句法式"的读法，这个短语应当读作"逻各斯这个存在者"；按照"并列式"读法，应当读作"逻各斯"和"存在者"。——译注

从这种读法出发，我们起码就能够理解海德格尔在 1956 年的《根据律》（第 177 页）中说过的话了，即“λόγος[逻各斯]这个希腊词语说出了它所道说者与存在之间的归属性”，——换句话说（第 179 页）：“λόγος[逻各斯]命名了存在”，或者“存在，用西方思想早期的其他名称来表示，说的就是λόγος[逻各斯]。”（第 182 页）

我们把残篇 1 作为一个整体来阅读。

“但关于λόγος[逻各斯]，关于在其存在中的存在者，人们始终没有任何理解，在人们听到之前是这样，在他们初次听到后也是这样；因为，虽然一切都依据我所说的λόγος[逻各斯]而发生，当他们试着去理解我所陈述的话语和作品——我在其中按照万物的本质将它们区分开，并按其实情言说它们——之时，他们却好像是对此无所经验的人一般。但是，其他人忘记了在清醒时所做的事情，就像他们在睡眠中所觉之事对他们自己又重新自行遮蔽起来一样。”[①]

残篇 1，这一使得λόγος[逻各斯]成为全部基本词语中的主要基本词语的残篇，被经由马可·奥勒留[②]而传下来的残篇 72 有力地支持着：

---

① 残篇 1 通常译为：“对那永恒存在着的逻各斯，人们总是不理解，无论是在听到之前还是最初听到之时；因为尽管万物根据这逻各斯生成，他们却好像是对此全无经验的人一般，甚至在他们经验了我所讲过的那样一些话和事情时，而我已按照自然分别了每一个东西并指明了这是如何。至于其余的人，他们醒来后所做的觉不到，正像他们不觉到睡时所做的一般。”引自《前苏格拉底哲学》，基尔克、拉文、斯科菲尔德著，聂敏里译，上海：华东师范大学出版社，2014 年，第 279 页。——译注

② 马可·奥勒留（Mark Aurel，121—180 年）：罗马帝国皇帝，信奉斯多葛派哲学，著有《沉思录》。——译注

“他们最大程度地与之[逻各斯]共属一体……，他们从它那儿分裂开来，因此：他们平日里所遭遇的一切都在一种异样的光亮中对他们显现出来。”①

这个文本看起来包含着一个悖论。人们平日里遭遇到的事物
274 难道不是全然熟悉的吗？这些事物何以能够在一种异样的光亮中显示自身呢？这是因为，人们在从λόγος[逻各斯]那儿分离开来之时就只还能看见所遭遇的事物的一个侧面，那么按照同一个尺度也就可以说，人们所遭遇到的事物本身已经疏异化了。

因此对我们而言，这个残篇所指的就是这样的人，他们从存在那里脱离，从而从存在那儿掉落到了存在者那里。这在《存在与时间》中可以看到。这本书始自**从存在那里脱离**的情形，得出了这样的一种沉沦和（向着存在者的）脱-落②。不过，赫拉克利特说的东西与原罪没有任何关系，而是属于存在与存在者之区分本身，人更加本源地朝向这一区分而被聚集起来。相反，将沉沦解释为原罪，这本身就是对这一区分的消除。但由于在这里坚持了存在与存在者之区分，即使是柏拉图主义及其对单纯假象的贬低也还离这很远呢。赫拉克利特说的ξένα[陌异者]不是**存在程度较低的存在者**，而是这样一种存在者本身：对于从区分那里脱离的人们而

① 残篇72通常译为：“对于‘逻各斯’，对于他们顷刻不能离的那个东西，对于那个指导一切的东西，他们格格不入[按：海德格尔把这个词译为‘entzweien’，即分裂开来]；对于每天都要遇到的那些东西，他们显得很生疏。”引自《古希腊罗马哲学》，北京：商务印书馆，1982年。——译注

② 《存在与时间》，1949年，第175页以下。

言，这种存在者自身显示为**异样的**存在者。赫拉克利特还不像柏拉图那样对**陌异者抱有敌意**。

如果我们现在从残篇 72 回到残篇 1，我们就可以补充说，残篇 1 里面有关“无所经验”所说的一切，同样也可以通过残篇 2 而得到证实，在残篇 2 中，“无所经验”被重新称作ἀξύνετοι[无知]，“没有一道伴随者(Nichtmitgehende)”。它没有一道伴随着什么？没有一道伴随着λόγος[逻各斯]，它从λόγος[逻各斯]之上被分离下来。残篇 72 中的自行分裂者(Sichentzweienden)就是这种被分－离者。所以对我们而言，λόγος[逻各斯]必定是阅读赫拉克利特诸残篇的指导线索(主要是因为这个残篇几乎不是真正意义上的残篇，毋宁说是从某个今日已经失传的文本中抽出的引文)。

(前面的评论澄清了几个月之后海德格尔在赫拉克利特讨论 275
班中所持有的保留意见。这个讨论班由欧根·芬克[1]主持，于 1966/1967 年冬季学期在弗莱堡大学举行。讨论班的文本已在 1970 年由克劳斯特曼出版社出版。尤其参见第 179 页以下：“他的(即欧根·芬克的)赫拉克利特阐释之路从火出发走向λόγος[逻各斯]，我的赫拉克利特阐释之路从λόγος[逻各斯]出发走向火。”)

---

① 欧根·芬克(Eugen Fink，1905—1975 年)：德国哲学家，胡塞尔和海德格尔的学生，著有《作为游戏符号的世界》等著作。他曾于 1966—1967 年冬季学期与海德格尔在弗莱堡大学共同举办了赫拉克利特讨论班，这个讨论班的记录目前收于海德格尔全集第 15 卷。另外，海德格尔全集第 29/30 卷是献给他的。——译注

1966 年 9 月 8 日

“在我空空的手中睡去吧，
橄榄树，在新的大地之上，
相信吧，日子将变得美好，
这也是‘早晨’第一次发现的东西。”[①]

在我们眼前的斜坡上，橄榄树相互依偎着伸展至前面的平原。远处还看不清流淌着的罗纳河[②]。就在这些橄榄树下，我们再次开始讨论残篇 2。我们身后是神秘的群山。这就是雷邦克的景致。谁能在那边寻得道路，他就会成为诸神的客人。

“(这就是为什么必须按ξυνόν[共同者]行事，即按κοινόν[共通者]行事)：

然而，虽然大多数人从λόγος[逻各斯](它乃是ξυνόν[共同者])而来生活着，但他们每个人都有自己的意见。”[③]

此刻我们从λόγος[逻各斯]中听出了更多的东西，诚然，有关λόγος[逻各斯]，我们已经通过残篇 1 而认识到了它的名称以及它与存在者[④]的同一性(Selbigkeit)。现在，λόγος[逻各斯]将自

---

① 勒内・夏尔：《共同在场》，第 129 页。

② 罗纳河(Rhône-Strom)：亦译为“隆河”，欧洲主要河流之一。源出南阿尔卑斯山，流经瑞士和法国，注入地中海。——译注

③ 残篇 2 通常译为：“因此必须跟随那共同的东西；而逻各斯就是共同的，但大多数人却活着像是有着自己的考虑”。引自《前苏格拉底哲学》，基尔克、拉文、斯科菲尔德著，聂敏里译，上海：华东师范大学出版社，2014 年，第 279 页。——译注

④ 在前面对巴门尼德残篇的讨论中确认的是λόγος[逻各斯]与ἐόν[存在着的]的同一性；接着在对《根据律》的援引中确认的是λόγος[逻各斯]与存在(Sein)的同一性；此处又确认了λόγος[逻各斯]与存在者(Seienden)的同一性。这并非矛盾，因为海德格尔的出发点是分词ἐόν[存在着的]，分词同时指向了动态的动词和固态的名词。——译注

身呈现为ξυνόν[共同者]。塞克斯都·恩披里柯的评注说出了另一个方面：ξυνόν[共同者]说的就是κοινόν[共通者]。但是恰恰在这里，一切都是有疑问的。

海德格尔说，在赫拉克利特说的ξυνόν[共同者]背后——尽管这并不合乎语法——必定能听出ξυνιέναι[共同行走]：共同行走(zusammengehen)，一个人向另一个人走去，与之相对，κοινόν 276
[共通者]只是καθόλον[普遍者]，这种普遍者为在其他方面有差异者所共享。例如，对青蛙来说和对狗来说一样，作为生物而活着是它们的本质属性。我们可以说，ξυνόν[共同者]是对作为ξυνιόντα[共同行走的存在者]的ὄντα[存在者]的规定，而同时，从一种思想立场——这种思想致力于将普遍性与下属于它的个别特征区分开来——出发来看，κοινόν[共通者]是对ξυνόν[共同者]的规定。

相反，在赫拉克利特那里，"协调一致"，即在ξυνόν[共同者]之中的相互共属性，既不是普遍性，亦不是类属性。那么，在他眼中的是哪一种共属性呢？是那种在本质上不同的东西：τὸ διαφερόμενον[不同者]。但这种东西却能将……带到一起，即拉丁语conferre[带到一起]的意思，让自己朝向同一个方面运动、转向同一个方面，这乃是为了以这种方式归属于"协调一致"：用希腊语说就是συμφέρεσθαι[带到一起]，处在διά[分离]与σύν[共同]的同一性(Selbigkeit)中。例如，昼与夜。并不存在"单独的"白昼，不存在"自身独存的"夜晚，而是这样的：昼与夜之相互共属性即是其存在。如果我们只是说：白昼，我们就仍然不知道任何有关白昼之存在(Tag-sein)的东西。为了思考一下白昼，人们必须想到夜晚并且反过来从夜晚想到白昼。夜晚是白昼，是作为日暮西沉之后的白昼的白昼。让昼与夜相互归属，其中就有着存在，亦有着λόγος［逻各斯］。这恰恰就是赫西俄德——有关昼与夜，他只看到它们的交替——不懂得去划分的，因为他在《神谱》（第751行）里这么说：

“家决不能同时容下这两者。”①

对赫拉克利特而言，情况恰恰相反。存在之家（das Haus des Seins）正是那共同容纳昼－夜者。据此，他在残篇57里说：

“赫西俄德，大多数人的教师，人们认为他是一个拥有最高深的知识的人，他却晓不得昼与夜：事实上，昼夜是一。”②

277 由此出发，我们回到了残篇72，它是这样说的：人们平常都生活在与昼夜的关联之中。但是，就如同赫西俄德一般，他们仅仅关注了昼夜的交替和运转。他们没有看到，这表面上的交替（运转）以一种更加晦蔽的方式就是昼夜之存在本身。真正存在的东西，既非此亦非彼，而是作为彼此之被遮蔽的中心（Mitte）的这两者的相互共属性。然而，因为不认识ξυνόν［共同者］的ἀξύνετοι［无知者］从本质性地与之关联的ξυνόν［共同者］那儿转身离去，所以一

① 《神谱》第746—754行：“在那前面，伊阿佩托斯的儿子支撑着天，/他站着，不倦的头颅和双臂［托着天］，/巍然不动，黑夜和白天在此相会，/彼此问候，在青铜的门槛上交班：/一个降落进门，另一个正要出门。/她俩从不会一块儿待在家里，/总是轮番交替，一个走在宅外，/穿越大地，另一个守在家里，/等待轮到她出发的时候来临”，引自《神谱笺释》，吴雅凌撰，北京：华夏出版社，2010年，第141页。——译注

② 残篇57通常译为：“赫西俄德是多数人的老师。人们确信他知之甚多，但他却是个不知日或夜的人！其实它们是一回事。”引自《古希腊哲学》，苗力田等译，北京：中国人民大学出版社，1989年，第41页。——译注

切就都在一种异样的光亮中对ἀξύνετοι[无知者]显现出来了。λόγος[逻各斯]始终不断地给出一个不被采纳的尺度。因此：

λόγος[逻各斯]存在于现身在场者之中，所以它的在场本身给每个人都分配了一个尺度，大多数人基于这个尺度而活着，但却是以这种方式[活着]，即他们每个人都有自己的意见。他们基于这个尺度而活着，却不知道他们谈论的是什么。他们说是（*ist*），却不知道是（*ist*）究竟是什么意思。

ἰδία φρόνησις[个人的明智]的情形就是这样，对ἰδία φρόνησις[个人的明智]而言，感到口渴无非是渴了，感到饥饿无非是饿了，因为白昼不过是白昼，夜晚只是夜晚。与此相反的是ξυνόν[共同者]，赫拉克利特——他比我们还大胆，因为我们只把ξυνόν[共同者]与ξυνιέναι[共同行走]联系起来——将之理解为：ξυν νόῳ λέγειν[与努斯共同言说]（残篇 114[①]）：在与νόος[努斯]的协调一致中，即与思想[②]的协调一致中道说，或者毋宁说在这种协调一致中让……存在（seinlassen）。

那些其话语与νόος[努斯]协调一致的人，必定会通过以ξυνόν πάντων[万有的共同之处]，即一切都协调一致之处为准绳而变得愈加强大，——而且，他们不在意见之风中朝着各种方向摇摆，就好像那些不事思考而只会东打听西打听的人一样（ἱστορεῖν[探

① 残篇 114 通常译为："以心智讲话的人们必须信赖那对所有人共同的东西……"引自《前苏格拉底哲学》，基尔克、拉文、斯科菲尔德著，聂敏里译，上海：华东师范大学出版社，2014 年，第 315 页。——译注

② 此处"思想"原文为 Sinn，德语"Sinn"有"感"、"思想"、"意义"等含义。由于海德格尔在这里将之与努斯并列，所以我们译为"思想"。——译注

询],残篇 35①)。

我们以两个提示来结束:

1)在由λόγος[逻各斯]给出尺度的一切之中,虽然涉及了一种διά[分离],但λόγος[逻各斯]从没有被辩证地规定,也就是说,被规定为持久的对立面之对峙(Gegenüberstehen ständiger
278 Gegensätze)。赫拉克利特的διαφερόμενον[不同者]说的毋宁是相互对反②之展开③,并且建基于λόγος[逻各斯]这个隐而不显者(Unscheinbaren)之中。我们阐释道:

诸对立之间相互排斥,而对反则通过让彼此出场而应和,在这样的意义上:

"潮水同卵石争执,
同样争执的还有光与影"④

埃斯库罗斯也说过:"黑暗与光明是对反着(widerwendig)被分配给彼此的"⑤。对持续不断的对立之把握预设了作为陈述的

---

① 残篇 35 通常译为:"热爱智慧的人必须熟悉(ἱστορεῖν[探询])很多的事物。"引自《古希腊哲学》,苗力田等译,北京:中国人民大学出版社,1989 年,第 46 页。——译注

② 此处"相互对反"原文为"die einander Widerwendige"。英译本分别将这个词译为"contrary"。——译注

③ 参见《尼采》,1961 年,第一册,第 599 页。【全集版页码为:第 6 卷第一册,第 540 页。亦参见中译本《尼采》,孙周兴译,北京:商务印书馆,2015 年,第 625 页。中译者将"Widerwendigkeit"一词译为"对置性"。——译注】

④ 特里斯坦·莱尔米特(Tristan l'Hermite):《走廊上的两个情人》。

⑤ 《奠酒人》,第 319 行。【通常译为"你那里阳光近似黑暗",引自《罗念生全集:补卷》,上海:上海人民出版社,2007 年,第 55 页。——译注】

命题。基于命题之上，诸对立借助否定活动之运作而产生。对命题的研究是逻辑学特有的工作。逻辑学是一种技艺，它在极端不一致的矛盾面前保存着λόγος[逻各斯]，至少在逻辑学尚未颠倒其根本意图而成为辩证法的时候是这样；对于辩证法而言，正如马克思所说，矛盾构成了真理本身的“源泉”。辩证法的独特之处在于，一个关联所联系的两个概念互相争斗，意在使那个之前被这两个概念所规定的处境发生颠倒。例如，对于黑格尔来说，白昼是正题，夜晚是反题，借此可以发现一个跃向昼与夜之合题的跳板，在这个意义上，存在（*Sein*）与无（*Nichts*）的对立争执通过变易（*Werden*）的现象达致和解，而变易是从有无之碰撞中辩证地产生的。

在赫拉克利特那里却发生了相反的事情。他并不按部就班地通过使关联所联系的两个概念相互争斗来将对立面联结起来，而 279
是将διαφερόμενον[不同者]命名为συμφερόμενον[一致者]：“神？——昼－夜！”这就是φύσις[自然、涌现]的意义。换句话说，赫拉克利特命名了一种归属性，即归属于一种独一无二的在场状态，后者属于所有那些将自身从他者上分离、只为更加亲密地转向他者的东西；在这个意义上，就仿佛在“乡间路”上，“冬日风暴与丰收日子相遇，春天活跃的躁动者与秋日泰然沉着的消逝碰在一起，青年的游戏与老年的智慧相互发现。而在一种独一的齐唱中，万物已变得明朗而欢快；这种齐唱的回响，正是乡间路默然地来回携带着的……”①

---

① 《乡间路》，美茵河畔法兰克福，1953年，第6页以下。【全集版页码为：第13卷，第90页。译文引自《从思想的经验而来》，孙周兴、杨光、余明锋译，北京：商务印书馆，2017年。——译注】

2)人的思想、人的νοεῖν[思想、觉知]本身属于λόγος[逻各斯],并且从λόγος[逻各斯]出发把自己规定为ὁμολογεῖν[一致](残篇50[①])。海德格尔说,这就是我在1942年的一个为初学者举办的讨论班上借助对残篇7的阐释想要显示的东西。人们通常这样来翻译这个残篇:

"如若存在者变成烟雾,那么鼻子就能将之分辨出来。"[②]

这样的话,动词γίνεσθαι[变化]的意义就被误解了。倒不如说,它在这里说的是某物之现身在场,而不是指某物变成他物的变化。所以我们这样来翻译:

"如若存在者处处都自身显示为烟雾,那么鼻子就可以熟练地进行分辨。"

人们不能比这更加幽默地来说出这个意思了:认识能力是通过存在者的显现而被规定的。在此可以充分看出赫拉克利特与巴门尼德之间的切近(Nähe)。按照我们现在的理解,残篇7某种程度上是赫拉克利特版本的巴门尼德教诲诗残篇3:

"思想,还有存在,是同一者。"

总结一下:

280 1)赫拉克利特那里没有辩证法——尽管他的话语是辩证法的萌芽,因为,在此意义上,在他身后开始的东西按字面说就是那"早

① 残篇50通常译为:"不听从我而听从这逻各斯,同意(ὁμολογεῖν[一致])一切是一,这就是智慧。"引自《前苏格拉底哲学》,基尔克、拉文、斯科菲尔德著,聂敏里译,上海:华东师范大学出版社,2014年,第279页。——译注

② 残篇7通常译为:"如若万物都变成了烟,鼻孔也能把它们分辨出来。"引自《古希腊哲学》,苗力田等译,北京:中国人民大学出版社,1989年,第45页。——译注

晨第一次发现的东西”。[①]

2)一切思想都是“为了存在”的,这绝不是说存在只是思想的对象。

9 月 9 日

“祝蛇健康。”[②]

今天我们聚集在诗人位于薰衣草田野旁的家中。明天我们就将分离,但赫拉克利特仍离我们很近,因为我们将要一起阅读残篇 30。

“这里的这个κόσμος[世界、宇宙],如果它对所有人和物都是同一的(selbe),就没有任何神、任何人将其生产出来,它总已经曾经是、现在是、将来是无穷尽的活生生的火,按尺度燃烧,按尺度熄灭。”[③]

一个困难已经挡在了我们前面:应当如何理解我们用“总已经”来翻译的副词ἀεί[永恒的]?它指的是亚里士多德以及经院派所说的“永恒世界”吗?它的意思是 aeternitas[持续的]吗?或者

---

① 这句由箴言改编而成的夏尔的引文指出了思想在西方历史的开端(“早晨”)曾“第一次”发现的东西:形而上学的追问。

② 勒内·夏尔:诗集《祝蛇健康》的标题,巴黎,1954 年(伽里玛出版社)。

③ 残篇 30 通常译为:“这个世界[一切皆同]既不是某个神也不是某个人创造的,而一直总是并且现在是而且将来是:永恒的活火,一些分寸上点燃,一些分寸上熄灭。”引自《前苏格拉底哲学》,基尔克、拉文、斯科菲尔德著,聂敏里译,上海:华东师范大学出版社,2014 年,第 295 页。——译注

毋宁说是 sempiternitas[永远持续的]呢？我们回想一下布拉克[①]的话："永续(Immerwährende)与永恒(Ewige)相对"。还有："永续及其源头处的声响"。[②] 然而，这个副词看起来仅仅修饰的是过去式ἦν[曾经是][③]，后者只是对"未[将其]生产出来"的回应。于是这就意味着，这里的这个世界不是被创造出来的，因为它在任何
281 时候都已经在此了。据此，或许应该更多地在永恒这个方向上来寻找ἀεί[永恒的]的意义，因为永续是在后来才通过当下和随当下而来的未来，尤其是通过第二个ἀεί[永恒的](通过ἀείζωον[永恒生命]之中的ἀεί[永恒]，即无穷尽地活着)而被道出的。但是在此，永恒并未支配时间，而且，时间并未明确地被追问；它泛泛地被谈论，说是只要人们能够回到过去，就会有这个"世界"已经在那儿了。"将是"听起来与"现在是"完全相应。[④]

我们谈论过"世界"。这同时唤起了对一个宏大整体的表象，在更晚近的时候，这个整体通过一个要规定它的尝试而导向了康德的"宇宙学"及其中展开出来的二律背反——更进一步，一直导向了太空－旅行者(宇航员)的研究考察。赫拉克利特确实是在谈论这些东西吗？

---

① 布拉克(Braque，1882—1963 年)：法国画家，立体主义绘画运动的发起人之一。——译注

② 乔治·布拉克：《昼与夜：1917—1952 年笔记》，巴黎，1952 年，第 26 页、第 30 页。

③ 这个短句的原文为"ἀλλ' ἦν ἀεὶ καὶ ἔστιν καὶ ἔσται[它总已经曾经是、现在是、将来是]"，其中的"ἀεὶ [永恒的]"是跟在动词"ἦν[曾经是]"后面的，所以有此处的说法。——译注

④ 参见海德格尔－芬克，出处同上，第 93—112 页。

1)Κόσμος[世界、宇宙]所归属的动词κοσμέω[使……有秩序]的意思是:把……带到一种秩序中。而且,这毫无疑问不是在一种单纯的安排分配的意义上说的,而是说,诸事物在一种"共同在场"(commune présence)[①]中相互归属,就好比昼与夜相互契合进对方之中一样。就此而言,κόσμος[世界、宇宙]并不命名某个比其他事物要更加巨大、在其内部能够找到全部空间的东西,而是一种去存在的方式。所以第尔斯是非常正确的,他在 1897 年有关巴门尼德教诲诗的作品中指出:"自赫拉克利特起,公元前五世纪的哲学家们并不把κόσμος[世界、宇宙]叫作'世界'。"[②]

2)Κόσμος[世界、宇宙]同时也是德语词"装饰"所意指的东西:光泽,闪烁,从本源上说就是 Zeus[宙斯]这个词。这个词称呼的是天空的光亮。也是在这个意义上,克里特人[③]把那些在城邦顶部发光的东西称作:κόσμοι[装饰]。

3)还有第三个意义,是荷马常用的意义,即首饰的意义。品达 282
也很熟悉这个意义,例如当他呼唤"金色的胜利"之时。首饰,比如黄金,它不应只是为它自己发光,而是要在光泽中显示出佩戴它的人以及它的光泽所照亮的人。

这三个意义的隐秘统一体构成了赫拉克利特所理解的"世界"的意义,——这个意义经由拉丁语还保留在法语 monde[世界]这个词中,只要 monde[世界]的对立面并非——如人们不假思索地

---

① 参见第 9 页,注释 1[译者按,此处第 9 页是原书第一版的页码;此注释在全集版第 27 页](它最开始是《没有主人的琴锤》这个集子中一首诗的标题)。

② 赫尔曼·第尔斯:《巴门尼德》,柏林,1897 年,第 66 页。

③ 克里特岛:希腊第一大岛,位于爱琴海南端。——译注

设想的那样——是某个“另外的世界”，而是形容词 immonde[不纯粹的]说的东西：不纯粹者。

——诗人说，因为赫拉克利特使用了这样的丰富含义来言说，但却用一个独一的名称来命名这种丰富含义，所以，他也是一个诗人。

——海德格尔答道，的确是这样的，因为希腊语言与自然之间根本的关联在于，自然在希腊语言的闪烁之中得到敞开，而不是像现代人会做的那样，轻易地把自然显象搞成可以计算的。所以，希腊语言把κόσμος[世界、宇宙]称为比诸神和人类还要更加古老的东西，后两者仍要与之发生关联，因为两者中的任何一者都不曾能够将其生产出来。

从某种角度看，κόσμος[世界、宇宙]为什么是火（πῦρ）也由此得到了澄清。在火中也包含了一种三重性——就其同时是上升的火焰、酝酿着的炙热和闪烁的光芒而言——以及这种多义性使之得以可能的对照的丰富性。相反，作为逻辑学的追随者，我们这些全然不同的现代人相信：一个词语在只具有一个含义（Bedeutung）的时候才是有意义的（sinnvoll）。然而对于赫拉克利特而言，这种多重的丰富性恰恰就是κόσμος[世界、宇宙]。它从不显现为某种个别者，而是难以把捉地闪耀着穿透万物。我们在阅读残篇124[①]的时候就是这样来理解它的：与充分显现为火的κόσμος[世界、宇宙]相比，“甚至连最美的秩序安排（Anordnung）都像是

① 残篇124一般译为：“最美丽的世界也好像一堆马马虎虎堆积起来的垃圾堆。”引自《古希腊罗马哲学》，北京：商务印书馆，1982年，第30页。

一堆被盲目倾倒的废物。”这说的是,κόσμος[世界、宇宙]之**隐而** 283
不显的相互契合(*unscheinbare Zueinanderfügung*)**优越于每一种可见的秩序安排**(*jeder sichtbaren Anordnung*),就算后者同时也是可能出现的最美的秩序安排(残篇54[1])。

现在,接下来要说的东西展示出了与之相对的最极端的对立面。区别于赫拉克利特式的“世界”——以其为标准,自然的丰富性对这个世界的居民呈现出来——在今日,一种世界占据了统治地位,在这种世界中决定性的问题是:我如何在显象之序列中将自然表象给我自己,借此而得以对所有事物做出可靠的预测?此问题的答案是:所以才要强制性地把自然表象为一个整体,这一整体由许许多多的能量微粒构成,其交替运动应当成为在数学上可计算的。笛卡尔已经对眼前的蜡块说过:“你不过是一个有广延的、可变的以及不稳定的东西”,因此,我可以宣称要知道关于你的我必须知道一切。我们之中有个人说,在一个这样的世界中一切事物都有其空间,就连诗也有其空间,当然,是在这个条件下:诗变成了一桩次要的事情,就如它在那个世界中被要求的一样。与现代知识的严肃性相对应的是一种对诗的理解:将诗理解为“搞笑的无关紧要的东西”。[2]

——诗人问道,现在这种转变的根源又何在呢?这种转变能

---

[1] 残篇54一般译为:“不显现的和谐胜过显现的。”引自《前苏格拉底哲学》,基尔克、拉文、斯科菲尔德著,聂敏里译,上海:华东师范大学出版社,2014年,第287页。——译注

[2] 尼采:《悲剧的诞生》,“给瓦格纳的献词”。【译文引自尼采:《悲剧的诞生》,中译本,孙周兴译,北京:商务印书馆,2012年,第18页。——译注】

够从什么样的“种子”中生长出来呢？而且，这个魔咒又以怎样的名称保持存在呢，它凭借喑哑而击入到“相互共属性”的交谈之中，在这交谈之中，借着愈发神秘的声音

“草地对我说：小溪
而小溪对我说：草地？”[①]

284 ——思想者回答道，这既不是不可想象的，也不是不可实行的，即：人不再为了与那显现的东西(was erscheint)相应和而在此存在，而只是要支配那对他而言在一开始就已经是显象(Erscheinung)的东西。在世界贫瘠化的过程中，面对花朵的开放，植物学家只看见了化学过程的结果。笛卡尔其实还没有参与到世界的贫瘠化中。他看到的那个如闪电闪耀的东西，在他之前很久就已经预备好了。笛卡尔第一次看到了这个闪电。决定性的事情是：它被看到了。为何以如此方式而不以另外的方式发生，这在这个意义上——即在知识(Wissen)是对科学规律的定义的意义上——诚然是我们不知道的。为此，我已经冒险谈论过“存在的天命(Geschick des Seins)”了——就如它在我们的世界开端之时第一次召呼希腊思想的那样。希腊人，就像我们一样，立于这一天命之

---

① 勒内·夏尔：《群岛上的谈话》，巴黎，1962年，第119页。夏尔所命名的“相互共属性”(Les Attenants)是荷尔德林所熟悉的，当他写道：

“岩石需要裂缝
大地需要沟壑……”

(《作品集》，大斯图加特版，第二卷，1951年，第192页)“裂缝”和“岩石”、“沟壑”和“大地”按夏尔的意思“是”“相互共属者”，用希腊语说就是：ἀλλήλωνἐξόμενα[彼此拥有]。

中。是否会有这么一天，我们能够就其本身来思想这一天命，而非把历史(Geschichte)呈现为发生之事(Geschehnissen)的前后序列？此中就有着思想的任务，对于思想而言，诗乃是“有益的危险”[①]。因为诗未曾背弃涌－现(Auf-gehens)的本源地位，与之相对的是，思想变成哲学的过程——还有世界变成哲学的过程——规定了我们今日处于其上的道路，用索福克勒斯的话来说即“失去位置”，如同荷尔德林说的，“充满劳绩(虽然)”[②]，[但]我们还要将自己置身其中。

向友好的、将他称呼为友人的东道主道别后，海德格尔结束了讨论班，并带着诚挚的关切对我们所有人说：“本质性的东西始终是——像[我们]在这里一样——沿着同一条道路走下去，不用担心周围的公众。”

---

① 《从思想的经验而来》，弗林根，第15页。【全集版页码为：第13卷，第80页。——译注】

② “充满劳绩(虽然)”：参见演讲“……人诗意的栖居”，《演讲与论文集》，1954年，第191页以下。【全集版页码为：第7卷，第195页以下。另外，按中文语序，应译为“(虽然)充满劳绩，但……”而非“充满劳绩(虽然)，但……”。——译注】

1968 年勒・托尔讨论班

8 月 30 日

这是讨论班的第一次讨论。所以海德格尔在开始的时候简要说明了讨论班要做的工作。在这里不能有任何权威，因为我们是在一起共同讨论的。我们讨论，是为了走向问题之中的事情本身。因此，事情本身是唯一的权威。我们要做的是：在手头这个有待于被问及的文本中去遭遇事情本身并且为事情本身所触及。这样一来，文本就始终只是一个中介而不是目的。

我们这次讨论的是黑格尔：我们必须展开一个与黑格尔的争辩，从而让黑格尔对我们**说话**。我们必须让黑格尔说话，让他自己说话，而非用我们的知识去矫正黑格尔要说的东西。如此，而且唯有如此，才能抵制个人的片面解释的危险。

这就是为什么在一个真正的讨论班中教授者是那个从中学到最多东西的人的原因。为此，教师并不需要向其他人传授文本所说的内容；但他必须要把他们带进对文本的恰切倾听之中。

在讨论班中，我们要谨慎地发问。学习者应该通过他们的问题来支撑教授者的发问。任何东西都绝不是仅仅被**相信**，一切都要求被经验。所以显然不能拿已经取得的成就来衡量我们的工作。

海德格尔提到，他在马堡的工作方式曾激起过批评。一开始学生们就说：整个学期我们竟还没走出过柏拉图的《智者》……至于我们的讨论班，海德格尔接着说，除了透彻地解读文本的几句话 287
之外，我们也不能保证什么。不过有一件事是可以保证的，即一旦我们做到了这一点，那么我们就能阅读黑格尔的整本书了。他说，这就是讨论班的秘密。

接着他就做了一个简明的描述，描述《差异》[①]写作时的历史氛围。那是黑格尔的法兰克福时期（黑格尔在法兰克福待到了1801 年 1 月）。那时，荷尔德林生活在附近的巴特霍姆堡[②]。这对朋友相遇了。然而，这种切近（Nähe）引发了问题。因为诗人在那个时候——抛开所有那些他文章里可能出现的辩证法的表面现象——已经经受并且突破了思辨唯心论，——而黑格尔那时正打算为思辨唯心论奠基呢。海德格尔提示说，这或许可以作为未来几天讨论的一个问题。

是什么引发黑格尔写了这本书？同时代人莱茵霍尔德[③]的一本书。莱茵霍尔德出生于维也纳，在耶稣会学习，接着走向哲学并转向了新教。他是一个开朗和善的人。当他被基尔[④]大学聘请之后，费希特接替了他在耶拿大学的教席。黑格尔对他很不好。

就在这书出版后不久，谢林于 1801 年 10 月 3 日写信给费

---

① G.W.F.黑格尔：《费希特与谢林哲学体系的差异》，汉堡（迈那：哲学丛书 62a），1962 年。

② 巴特霍姆堡市（Bad Homburg）：位于莱茵河畔，毗邻法兰克福。——译注

③ 莱茵霍尔德（Reinhold，1757—1823 年）：奥地利哲学家，以对康德哲学的通俗化而著称。——译注

④ 基尔（Kiel）：德国城市名，石勒苏益格-荷尔斯泰因州首府。——译注

希特:“就在这几天出现了一本书,它出自一个十分杰出的头脑……”。[①]

外部环境在这里已经被勾勒出来了,现在我们需要“跳入事情本身之中”。为此,海德格尔从黑格尔的一则笔记出发:“一只被撕裂的袜子要好过一只修补过的袜子……”[②],然后他发问道,为什么是这样呢?随后是一阵短暂的犹疑,因为听众熟悉的是这同一
288 句话的另一个版本。海德格尔解释说,这个被引述的句子已经被印刷工“修正为”人们所知道的那个样子[③]。且让我们回到黑格尔的笔记,并且问一问自己,黑格尔会怎么来写这个句子呢。因为显而易见的是,这句话的反面看起来反而更有说服力。单是从形式的角度出发,人们就已经可以说:常识在这句话中被颠倒并且被头足倒置了。

为了去理解,海德格尔说,就必须现象学地去看。所以他邀请我们做“现象学幼稚园”里的第一个练习。撕-裂的意思是:把……拉开成两部分,把……分离为两部分:把一个东西变成两个东西。如果一只袜子被撕裂了,那么这只袜子就不再是现成的(vorhanden)了,——但是请注意:现成的袜子恰恰不**作为**袜子而出现。事实上,当我把袜子穿在脚上时,我并未将这只“完好的”袜

---

① 约翰·戈特利布·费希特:《通信集》第二卷,汉斯舒尔茨(编),莱比锡,1930年第二版,第340页。

② 据英译者考证,海德格尔的引文略异于黑格尔出版的文本,后者是这样说的:“一只修补过的袜子要好过一只被撕裂的袜子;自我意识却不是这样。”这句话载于苏尔坎普出版社(Suhrkamp)出版的理论著作版黑格尔著作集第2卷:Jenaer Schriflen(1801-1807年),第558页。——译注

③ 参见全集编者为《四个讨论班》撰写的后记。——译注

子当**作为**袜子。相反,如果袜子被撕裂了,那么袜子**本身**(DER Strumpf)[①]恰恰更加有力地随着"已变成破布块的袜子"显现出来。

换句话说:被撕裂的袜子缺乏的是袜子的**统一性**(EINHEIT des Strumpfs)。然而,吊诡的是,这种缺乏又是最积极正面的,因为这种统一性在撕裂之中作为**已经失去了**的统一性而是**当下的**。这就是我们的出发点,——不可或缺的是,海德格尔坚持再次实行(即塞尚意义上的"现实化")已经做过的"分析",而不单单是以概念方式来设想这种"分析"——目的是为了去探讨黑格尔的文本。

第 12 页,第 6 行以下:"**分裂**"(被黑格尔画了下划线),"是**哲学的需要**(*Bedürfnisses der Philosophie*)的源泉。"为了强调黑格尔是从分裂(作为在一开始就可以经验的东西和被经验到的东西)出发的,需要把这个句子和第 13 页第 30 行以下的句子联系起来看:"之前以精神与物质、灵魂与身体、信仰与理解、自由与必然等等形式出现过的诸种对立,曾经在有限的范围内、以多样的方式而 289
是重要的……"一直到"绝对主体性与绝对客体性"这一根本对立的段落。

这句话以一种否定消极的方式说的是:必须放弃一切压制"撕裂状态"的尝试,——如果"撕裂状态"是那种保持在并且必须保持在根基中的东西的话。为什么是这样呢?答:因为,就像我们在前

---

① 译者以为,这里把冠词"der"大写为"DER"是为了表示下段所说的"统一性",即"DER Strumpf"是一切"Strumpf"的统一性。因此我们将之译为"袜子**本身**"而不是"**这只**袜子"。——译注

面看到的那样，只有在撕裂状态中，统一性才能够作为不在场的统一性显现。“在撕裂状态中”——海德格尔将之这样表达出来——“统一性或者必然的统一总是起着支配作用，这就叫作**活生生的**统一性。”

现在，借着“**活生生的统一性**”这个最高概念，我们可以来读一读第 14 页第 9 行的那句话了。海德格尔说，这句话贯穿并主宰着一切：“当统一的力量……”。这句话阐明了第 12 页上的那句话，那句话涉及的是：分裂作为哲学的需要的源泉。下面，我们对此提示几点：

1）分－裂处在“分－”的运作中，这说的是一种开裂，在其中，一物从另一物上**分开了**。在分－裂（Ent-zweiung）中有着二（Zwei），它彼此**分离**为二。

2）这种分－裂经由缺乏统一（Mangel an Vereinigung）而发生。

这里评论了一下对统一（Vereinigung）这个词的翻译：不能用“unification”〈“联合”（Einigung）、“成为一体”（Einswerden）〉来翻译它。那么要如何来理解它呢？首先人们要注意到，“统一的力量”展开来说就是一种对绝对者的描画。对此，海德格尔提醒我们，思想从其诸个开端起就在**统一性**的维度中思想。

他提问道，为什么是这样呢。这个问题后来被再次提起。

我们又回到统一之上，目的是要指出它与 unification 的区
290 分。如果统一是绝对者的功用，那么诸种对立就**不**会在统一之中
消失。在统一之中存在着诸种对立的统一性，而这些对立仍作为对立继续存在下去。不过，这种统一又是什么呢？它是力量，把诸

种对立彼此汇聚在一起；在这种汇聚中，并不存在对立本身的独立性，或者把对立本身分离开来的努力（而这正是分－裂的特点）。

这使得我们能够去阅读前面那句话（第 14 页，第 2 行以下），“必要的分裂”这个想法就出现在那里。事实上，在所有的设置（Setzung）都必然是对立－设置（Gegen-Setzung）并因此产生出二之特性（Zweiheit）的时候，这种分裂都是必要的。

通过对照着阅读这两句话，人们进入了黑格尔的思想：所有的一切都在一种设置性的因而是迎面－设置性的活动（entgegensetzenden Tätigkeit）所造成的相互对立之中运作，并且为一种力所伴随，这种力能够汇聚住属于二的统一性，——这要归因于统一性具有的设置功能。这种统一性本身将迎面－被设置者带上前来，后者必定也是被“统一”起来的，就这样不断继续下去……

但是，这里涉及一种“这样不断继续下去”吗？今天我们最后要讨论的主题就在这里出现了：即无限（*Unendlichen*）这个主题。

有必要看看这个情况，“无限”的意思可以是：“直到无限”，换句话说就是：有限的“没有终限”。但人们接着就把被黑格尔命名为坏无限的东西带到眼前了。真正的无限性处在与坏无限相对的位置上，它说的是：无－限，这即是说，对有限的扬弃。真正的无限性是这种无限性，在其中，有限被离弃了。这种无限不再是对终限的缺乏，而就是统一的力量本身。

8 月 31 日 291

首先，海德格尔又一次回到黑格尔这句话的意义上：“一只修补过的袜子要好过一只被撕裂的袜子，自我意识[1]却不是这样。”

为了恰切地理解这句话，人们必须回忆一下黑格尔使用的“自我意识”这个词的双重意义。一方面，这个词语描画了惯常的意识，它处于与事物的不显豁的关联之中[2]，另一方面，这个词描画了 ego cogito（“我思”）这个难题，它自笛卡尔以来就居于现代思想的中心。黑格尔会说：惯常的思维并不认为一只撕破的袜子要好过一只修补过的袜子。然而，一旦人们在反思－辩证的思维这个意义上来看待“自我意识”的话，那么，就要这样来理解了：反思－辩证的思维将常识的思维以及这种思维的真理（其哲学的主题化）聚集到一种更高的统一性中。[3]

接下来提出了两个问题：

1. 如果“分－裂”是哲学的需要的源泉，如果哲学在生命变得破碎之际产生，那么，**分裂的驱动力是什么**？

2. 如果哲学不是碎片的拼合，并且如果撕裂状态是必要的，**那么，人们能够在撕裂状态之前谈论统一性吗**？

为了寻得第二个问题的答案，海德格尔参看了亚里士多德《物理学》第一章。谁要是想进入哲学，就必须通过这本书进去，这本书可以代替一整个哲学图书馆。

292 第一个问题的答案可以通过回溯至黑格尔的一句话上而变得

---

[1] “Selbstbewußtsein”这个词本应严格译为“自身意识”，但在国内通行的黑格尔术语体系中，一般译为“自我意识”。类似的词还有“思想/思维”等。我们根据语境不同而分别翻译它们。——译注

[2] 或者，从黑格尔的句子出发：自然意识处在一种属于本质上被撕破的意识的“修补好的状态”中，但是是作为那种完全不被意识看见的自我意识之状况[而处于其中的]。同上。

[3] 参见《林中路》，全集第5卷，第144页。

更加容易被获得，那句话把分裂及其最质朴而又最本质的例子联系起来了："之前以精神与物质、灵魂与身体、信仰与理解、自由与必然等等形式出现过的诸种对立，曾经有限的范围内、以多样的方式而是重要的，并且所有的人类利益都维系于其上；在教化的进程中，这些对立已经转变为这样的形式：理性与感性之对立、智识与自然之对立；就普遍概念而言：转变为**绝对主体性**与**绝对客体性**之对立。"（第 13 页，同上。强调是我们做出的。）

如何达到主体与客体的这种分离、这种分裂呢？一（das Eine）如何突破到与他者（das Andere）的关联中呢？这个问题已经预设了一个更早先的阶段，在那个阶段中，分裂尚未发生。这个更早先的阶段对黑格尔而言就是希腊世界。

主体－客体之分裂的驱动力到底是什么？是对绝对确定性的寻求。这种寻求源自于将真理解释为确定性的做法，它在历史上出现于笛卡尔的第一个"沉思"之中。通过笛卡尔，作为 ego cogito[我思]的人成为了别具一格的ὑποκείμενον[基底]，成为了（中世纪意义上的）subjectum[基底]，——fundamentum inconsussum[不可动摇的基础]。于是对于主体来说，自然只作为客体而显现。

人们可以指出，作为这一根本变革的历史前奏，对确定性的寻求最先出现在信仰领域内，作为对救赎之确定性的寻求（路德），然后出现在物理学领域内，作为对自然的**数学**确定性的寻求（伽利略），——这种寻求在语言领域中早就由唯名论对词语和事物的区分准备好了（奥卡姆的威廉[①]）。奥卡姆的形式主义清除了实在概 293

① 奥卡姆的威廉（William of Occam，约 1285—1349 年），英国经院哲学家、逻辑学家，持唯名论观点，著有《逻辑大全》等书。——译注

念，从而使得那种以数学为线索来筹划世界的活动得以可能。

这里面出现了一个问题：是否可能在一个概念中、在一种强制的必然性中把握住数学确定性与救赎确定性之统一性？

海德格尔回答说，那就是在这两者中都被寻求的确证（可操控性、可动用性、有保障性），它将这两种显然互不依赖的东西带到了一起。在对数学确定性的寻求中，目的是要寻得人在自然中、在感性之物中的确证；在对救赎确定性的寻求中，则是要寻得人在超－感性世界中的确证。

因此，分裂起源于真理向确定性的变化之中，与这种变化相应，优先性被赋予给了 ego cogito［我思］意义上的人这种存在者，人踏入到了主体的位置上。从那时起，自然就变成了客体（objectum），因为客体无非是那“被抛到我面前的东西”[①]。一旦自我（das Ego）成为了绝对的主体，那么其他一切存在者对主体而言就都成了客体，例如：成为了感知的客体（这就是康德意义上的“对象”的缘起）。决定性的是，主体－客体的区分完全运作在主体性的维度中。在黑格尔那里，这个维度被称作意识。意识是主体性的领域；意识即“共同看到一切”，co-agere［共同－做］。在被问及的文本中，黑格尔所有的本质性概念都处在与意识的关联中。

《存在与时间》里处理笛卡尔的段落表现出了第一次试着走出意识之囚笼的尝试，或者不如说，不再回到其中的尝试。这绝不是

---

① 客体（Objeckt）的拉丁语“objectum”被海德格尔以连字符分开成为“ob-jectum”，意在分别强调这两部分的含义：介词“ob-”的意思是“在……之前”；分词“jectum”动词原形为“jacere”，它的意思是“抛掷”。这样一来其含义即是“被抛掷到……之前”。——译注

为了把实在论和观念论又一次对置起来，因为实在论局限于证明 294
世界对主体来说是现成之物的做法仍然沿袭了笛卡尔主义。毋宁说，要紧的事情是能够去思考希腊意义上的ἐγώ[我]。

话题从意识回到分裂后，海德格尔引用了黑格尔的另一句话："当统一的力量从人的生命中消失，而且诸种对立已经失去了它们活生生的关联和相互作用并获得独立性之时，哲学的需要就产生了"（第 14 页）。

这句话里的两个词需要阐明一下：需要和哲学。"哲学的需要"这一表达说的是什么？从语法上说，我们看到了一个第二格。通常，这个第二格会被理解为 genitivus objectivus[宾语第二格][①]：当统一的力量从人的生命中消失之时，人们感受到了需要，需要哲学地去思想。然而什么叫"需要"呢？这个词语具有否定的含义。当人们需要一个东西之时，人们同时经验到了这个东西不在场状态，经验到了这个东西的缺乏和必要（Notwendigkeit）；它意味着"贫乏、忍受急难（Not-leidend）"，处于与某个急需之物（etwas in Not）的关联中。但这个词语也有积极正面的意思：需要一个东西，即是说动身到那个东西那儿去，为那个东西而竭心尽力，全力以赴去获得那个东西。

所以必须将之理解为某人为了哲学而全力以赴吗，或是反过来，哲学需要某个东西？[②] 这里涉及的是一个 genitivus subjecti-

① 按此理解，应译为"哲学的需要"，"哲学的"作为形容词修饰名词"需要"，即这种需要是哲学式的。——译注

② 英译本将这句话译为"某个东西需要哲学，或者反过来，哲学需要某个东西"。——译注

vus[主语第二格][1]还是一个 genitivus objectivus[宾语第二格]？海德格尔说，这里涉及的是一个 *genitivus subjectivus*[主语第二格]。黑格尔会指出，为了去成为货真价实的哲学，哲学到底急需什么。

哲学需要什么？从哲学的开端起，自赫拉克利特的ἓν πάντα[一切是一]和巴门尼德的ἕν[一]以来，哲学就没有思考多（Vielheit），而是思考多样性（Vielfältigkeit）——被统一起来了的多样
295 性。哲学需要ἕν[一]。所以哲学能够，而且应当代表统一的力量。在“哲学的需要”这个表述中，第二格同时是 *genitivus subjectivus* 和 *objectivus*[主语第二格和宾语第二格]。唯有人们理解了哲学需要什么，——绝对的与总体的统一性——，那么人们才会明白，哲学的需要为何产生。

存在着对统一性的需要，因为统一性从未被直接地被给予；否则一切就都会隐没在谢林的“黑夜中，所有牛都是黑的”。在最高的分裂之中，统一性不断地重建起自身。所以黑格尔写道：“……必要的分裂是生命的一个因素，它以迎面设置的方式永恒地建构着自身，而且，只有通过出于最高级的分离的重建，最具生命力的总体性才是可能的”（第 14 页，同上）。

在解说过这些之后，海德格尔指出了黑格尔使用的“科学”一词的意义。黑格尔在费希特的意义上来使用这个词。由“现象学”和“逻辑学”共同呈现出来的“科学体系”就是哲学体系。“科学”就

---

① 按此理解，应译为“哲学底需要”，名词“需要”是属于“哲学”的，“哲学”需要某个东西。——译注

是哲学的名字，后者已经成为绝对的知识，即关于把自身认识为 fundamentum inconcussum［不可动摇的基础］的主体的绝对知识。

在胡塞尔那里发生的事情是：他在这个词语的流俗意义和这个词语的黑格尔式含义之间摇摆，就像人们可以从《危机》[①]中看到的那样。

接着海德格尔又提出了一些问题。如果哲学的需要是哲学为了成为哲学而需要的东西，那么，什么是哲学？回想一下赫拉克利与巴门尼德的ἕν［一］，由此出发，哲学的本质就会清晰可见了：哲学是一种对统一的尝试。同时，对哲学传统的倾听，即对形而上学的倾听教导我们：哲学处理的是存在者的存在。那么，ἕν［一］与存 296
在者的存在之间具有何种关联呢？是ἕν［一］与οὐσία［实体、在场］之间的关联吗？因为存在不是一个空洞的词语，不是可以替换的货币，而是总是具体地被把握为当下(Gegenwart)，被把握为在场性[②]，那么，在场性和统一性之间保持着何种关联呢？

让·波弗勒说道，当人们从亚里士多德哲学出发时，这个问题的困难之处就以最清晰的方式出现了。在亚里士多德那里，存在是πολλαχῶς λεγόμενον［以多种方式被言说者］，它以四重特性显现：

---

① 胡塞尔晚期作品，全称为《欧洲科学的危机与超越论的现象学》。——译注

② 海德格尔在此把“在场性”(Anwesenheit)与“统一性”(Einheit)并举。为了突出“-heit［-性］”的词根，我们把 Anwesenheit 译为“在场性”而不是“在场状态”。类似的情况在后文中不再注明。——译注

1)按照诸范畴；

2)按照δύναμις-ἐνέργεια[潜能－实现]之关联；

3)按照οὐσία-συμβεβηκός[实体－偶性]之关联；

4)作为ἀληθές[真的]和ψεῦδος[假的]。

存在，这个总是独一无二的地带(Gegend)，其统一性是什么？亚里士多德没有说。

海德格尔采纳了亚里士多德的列举，并聚焦于存在的第三个特性。什么是συμβεβηκός[偶性]与在场之间的关联呢？

为了回答这个问题，首先，人们必须试着不要以经院哲学对实体－偶性之对立的解释为出发点来思συμβεβηκός[偶性]，就像这种解释表现在语法理论中的那样：与实体联系在一起的偶性不过是在句子中与主词相关联的定语所表示的东西。

如果人们拿起一朵玫瑰，那么他们一眼便能区分开玫瑰身上必然的和偶然的συμβεβήκοτα[诸种偶性]。人们从玫瑰之存在、亦即玫瑰之在场中，并没有看到颜色构成了玫瑰的本质，而是看到多重的花瓣构成了玫瑰的本质。从玫瑰之在场出发来把握συμβεβηκός[偶性]的话，συμβεβηκός[偶性]就以某种方式基于过去而得到了理解：玫瑰花瓣**总已经**随着玫瑰之在场状态而显露出来了(这即是希腊语完成时态的含义)。

297 但这一切唯因那种别样的聚集——逻各斯所是的聚集——才得以被看到。逻各斯总是把自己抛向那些在**朝向它们自身**的聚集中显现的事物。对于**希腊**思想而言，人类之在场是开启性的开端，它开启了迎面而来的世界之在场。

然而，现身在场者与存在者——后者的在场状态的方式是自行敞开去接纳这种在场状态——在什么位置上相遇呢？如果不是在ἀλήθεια[无蔽、真理]中，又是在何处呢？因此ἀλήθεια[无蔽、真理]不能被译为“真理”。

9 月 1 日

有时讨论班采取了“周日讨论班”[①]的形式，——对之我们没有详细地记录。

海德格尔通过讲述他的老师胡塞尔的轶事来向我们唤起了胡塞尔的形象。这些轶事显示出，何种激情驱动了《逻辑研究》的作者。我们只记录下了一个评论：

对胡塞尔来说，有一样东西是完全没有被给予他的，那就是作为传统（作为那被交托给我们的东西）的历史所具有的深刻意义，就仿佛柏拉图和亚里士多德在对我们说话，他们对我们而言就当下在场而且必定当下在场。

这就又把我们引回到了黑格尔。

在前一次讨论中，海德格尔已经让我们熟悉了“哲学的需要”这个表述。那时我们的任务是，把其中的第二格理解为 genitivus objectivus 和 genitivus subjectivus[宾语第二格和主语第二格]，而 genitivus subjectivus[主语第二格]在两者之中显得更重要。

① 因为周日不是典型的工作日，“周日讨论班”指的是以一种较不正式的形式举办的讨论班，人们当然不会指望它像“工作日”讨论班那样。——英译注。

298 昨天[①]他将研讨整个地指向了“哲学”这个词。现在，为了确切地去理解“哲学”这个词，我们必须先把握并且思考一下第25页上的那句话，从某种角度看它包含了所有的一切：“哲学，作为一个经由反思而产生的知识总体，变成了一个体系，一个有机的、包含了诸多概念的整体，其最高的法则不是知性，而是理性。”

这句话中，所有的词语都是意味深长的并且需要被阐明，而且“根据”这个词在其中通过其不在场状态而闪耀着。这些有待于说明的词语是：反思（Reflexion）、产生（Produzieren）、总体（Totalität）、知识（Wissen）、体系（System）、有机的（organisch）、概念（Begriff）、法则（Gesetz）、知性（Verstand）、理性（Vernunft）。

基本的词语是：体系。这是一个从希腊语中拿过来的词，它在希腊语里说的是：

1）σύν［共同］，共同，聚集。这即是“统一的力量”。

2）τίθημι［设置、放置］，设置，——这说的即是由康德规定的设置活动，将存在设置为对象性。

当我们思考体系概念之时，我们就能估量出黑格尔与康德之间遥远的距离。康德在“方法论”[②]之中来讨论体系。不过从费希特开始，体系才变得可能；黑格尔本人把最充分的完满性赋予了这种可能性。又因为谢林在其晚年再次出离到体系之外，这就意味着：在哲学中，没有其他人比费希特和黑格尔更配得上严格意义的

① 这是在9月2日讲授的。

② 指《纯粹理性批判》的第二部分：“先验方法论”。其第三篇为“纯粹理性的建筑术”，讨论的即是体系的问题。——译注

体系概念。

在康德那里其实没有体系（在亚里士多德和托马斯那里更没有），这一点在我们思考下面这段从《纯粹理性批判》中摘出的话时就能体会到：

“我们如此不可或缺地作为一切物的最后承担者而需要的无条件的必然性，对人类理性而言是一个真正的**深渊**。甚至永恒性，无论哈勒他们将之描绘得如何森然高耸，都远不能给内心造成这种晕眩的印象；因为永恒性只**衡量**了诸物的持续性，而没有**承担**起 299
它们。我们既不能抗拒这种思想，但也不能容忍这种思想，即：有一个我们哪怕设想为一切可能的存在者中最高的存在者，仿佛在自己对自己说：我是从永恒到永恒，在我之外除了单凭我的意志而是某物的东西之外无物存在；**但我又从何而来**？在这里一切都在我们脚下下沉了，最大的完善性和最小的完善性一样都没有支撑地仅仅悬浮在思辨的理性面前，对它而言，不加任何阻碍地任凭这个和那个都失去也并不算什么。”①

在这个文本中，上帝可以说是自身显现为深渊和无根据（Abgrund）。这段话是从“论对上帝存在的宇宙学证明的不可能性”这个章节中摘录出来的。如果我们进一步向这个文本发问，被问的这个“不可能性”就会同时被表明为体系本身的不可能性。

这个文本以从句“我们如此不可或缺地作为一切物的最后承

---

① 《纯粹理性批判》，雷蒙德·施米特（编），新印本，汉堡，1956 年（哲学丛书第 37a 卷），第 582—583 页。【译文引自康德：《纯粹理性批判》，中译本，邓晓芒译、杨祖陶校，北京：人民出版社，2004 年，第 485—486 页，稍有改动。——译注】

担者而需要的无条件的必然性”中对体系的命名开始，并称之为“对人类理性而言的真正的深渊”。体系这一深渊就在于：如康德理解的那样，思辨理性并未在那种对于生产出（作为一切物的最后载体的）体系而言是本质性的领域之中发现任何可以确定的东西。因为对于思辨理性而言，体系恰恰始终只是一个“理念”（在《纯粹理性批判》意义上的“理念”，“理念”在那里与“直观”和“概念”相对）。思辨地看，体系只是理性的一个理念，因而是深不见底的（unergründlich）、没有根据的（abgründig）。我们也可以说，我们明显地在这个文本中发现了康德对思辨体系的抛弃。

然而，如果我们让历史来评说的话，恰恰在这里，一切都颠倒
300 过来了，而且这在康德生前就发生了。在他的晚年，他很吃惊地见证了那些经由费希特而开始出现的东西。人们可以说，费希特和黑格尔在那个对康德而言只能有深渊和无根据（Abgrund）的地方寻找一个根据（Grund）。在这三十年间，一切都彻底颠倒了，以至于人们可以说，黑格尔在柏林的讲话中是以一种与《纯粹理性批判》中我们读过的那段话针锋相对的口气在说话。为了明白地去理解这一状况，人们可以简明地抓住下面这两个路标：

1）费希特，他自己知道那个康德未曾解答的问题“但我又从何而来？”的答案。答案是：我＝我。

2）《差异》中的黑格尔，——我们已经开始直接地去理解这一点了，就在我们研究第17页上的这句难懂的话的时候：“如果哲学的需要被表达为前提，那么它获得的形式就提供出一个过渡，从哲学的需要过渡到**哲思的工具**，即过渡到作为理性的**反思**。”

这个句子把我们带到作为理性的反思面前。首先需要注意的

是，在黑格尔那里，反思这个词的意义在变化。这个词在这里指的是晚期的辩证思维。之后，黑格尔会把这个词仅仅保留给知性，并且会把除了他自己的哲学之外的其他哲学都称之为“反思哲学”。

如果我们向这句话发问，我们就会看到：理性，作为思辨的理性，其有限和无能已经被康德觉察到了；而在这里，它立即显得足以成为哲学工作的工具——这种工作即是产生出体系。思辨活动变得自律了。这就开发出了思辨活动的一种能力，这种能力在康德看来是不可能的。但这一切都有赖于对前面引述的那句话的说明。所以，今天（9 月 2 号）的任务就是：进一步来规定普遍意义的
反思，进而区分出作为知性的反思，并最终对反思（就其是理性而 301
言）加以刻画。

9 月 2 日

9 月 2 日的讨论班开始的时候，海德格尔又一次说道，正确地参与讨论班工作的人们应该回避单纯的历史学追问，并且避免把文本当作跳向“我们的”那些问题的跳板。

在前一次的讨论班[1]中被提出，却仍未被探讨的第二个问题现在再次被提起：“在撕裂状态之前能够谈论统一性吗？”第一个问题（追问的是分裂的驱动力）被以哲学史的方式处理过了。此刻，第二个问题要求我们以一种前哲学的方式接近之。但是，为了以我们阅读过的黑格尔的文字为出发点来处理这个问题，海德格尔

① 指 8 月 31 日的讨论。——译注

再次指向了第 14 页上的那句话:“当统一的力量……”,现在,问题是这样问的:

当统一的力量消失之际,在那种与统一性之消失相伴随的经验中,什么被共同经验到了?统一性本身。所以人们不仅可以,而且人们必须在分裂之前谈论统一性。诚然,“统一性”这个回答是一个理论性的回答。而这个问题此刻要求我们以一种前哲学的方式接近之。海德格尔邀请我们进行这样的一种更加本真意义上的现象学的准备。

我们看这个例子:“黑夜降临,白昼不再”,而且在此处这个地带(Gegend)里,黑夜紧跟着白昼,以至于这个例子将我们带到一种经验之中,经验到一种十分强烈的对立关系。白昼向黑夜的过渡在何处发生呢,它在“哪里”开始呢?什么是那统一性,其一分为二由这种过渡呈现出来?什么是那同一者(das Selbe),白昼在其
302 中过渡至黑夜?在这样的一种经验中,人们就处在与那既非白昼亦非黑夜者的关联中,尽管不是明显地以主题的方式。

那它是什么呢?世界、光、空间、时间,等等……这些过于普遍的答案证实了一个现象学的窘境。这个例子看起来太过棘手了。所以,我们换个例子:一个打碎了的罐子。人们要能看见(作为碎片的)碎片,就必须存在一种与统一性的关联。如果人们想到,这种统一性从赫拉克利特起就被称作ἕν[一],并且自那个开端以来一(das Eine)就是存在(das Sein)的别名的话,那么人们就会发现自己被指引向了《存在与时间》之中说过的“存在理解”。

这个时候海德格尔提到了在《存在与时间》出版之后出现的批

评。海德格尔被指责说,他从“是(ist)”之中推出了“存在(Sein)”[①],接着又基于这种“抽象化”之上而发展出了他的哲学。对此,海德格尔在今天仍然回应说:“存在并非是对‘是’的抽象,反倒是唯有在存在之开启状态(Offenbarkeit)中我才能够说‘是’”。

我们回到撕裂状态(Zerrissenheit)中,从撕－裂者(Zerrissenen)和裂隙(Riß)为出发点来理解;对这种状态的经验唯有在一种特定的“向着”统一性的“回溯”中才是可能的:在黑格尔那儿,这样的情况也**必定**发生了。而且事实上就在第 16 页:“在知性与理性的斗争中,只有在理性自暴自弃的情况下,知性才会处于强大地位。”[②]如果人们在康德的意义上来理解理性(将之理解为诸原则的机能,统一性的机能),那么为了知性的缘故,理性就被放弃了,统一的力量就为了知性——其特性是把种种对立确立起来——的缘故而隐退了。它并未消失,但处于幕后。如果人们过度地阐释这句话,那么就可以说:理性——作为统一性的机能,换句话说即存在之觉知(Vernehmen des Seins)——把优先性赋予了存在者的秩序。这样一来,在理性退到知性之产生活动背后的 303
过程中,就有着存在学差异在运作。

我们于是回到了第 16 页,继续读了下去:“如果要为从自身开端的哲学造一个前厅,那么,哲学的需要就**能够**被表达为哲学的**前提**。”接下去两行:“人们称之为哲学的前提的东西,无非就是**被说**

① 在此处为做出区分,我们将“sein”译为“存在”,“ist”译为“是”。后文中将酌情采用“存在”或“是”来翻译这两个词语,均在脚注里有所说明并附上原文。——译注

② 引自黑格尔:《费希特与谢林哲学体系的差别》,中译本,程志民、宋祖良译,北京:商务印书馆,1994 年,第 12 页。——译注

出来的需要。"海德格尔问，这里说的"被说出来的"是什么意思？下一句中的表述"以这种方式，需要就为了反思而被设置了"①向我们指出，"作为话语被表达出来而不是作为哲学被实行出来"原本是对"被说出来的"这个词的替换。需要只被作为话语而说了出来，但它并不满足于此。

由此出发，理性就把自己向着反思开启出来了，而反思把哲学的需要作为话语表达出来，从而得以表明哲学现在采取了何种形态。在第16页上，一切都**必然地**显现为工具或手段，以便让哲学的需要（作为"有关……的话语"）成为哲思的工具。理性为了知性而阐述出哲学的任务（这个任务是知性不能够完成的），这种阐述揭示出了缺乏工具的事实——而且也以同样的方式揭示出了通向工具的道路。

我们可以循序渐进地来理解：第一个前提自行展开，它表明了知性的反思确立起对立。现在，这些对立一方面是绝对者本身，另一方面是各种分裂的全体（die Gesamtheit der Entzweiungen）。另一个前提说的是，意识从总体性之中的出离**可能拥有**这样的形式，即分裂为存在与非存在、概念与存在、有限性与无限性。在此，"概念"被当作"对某物的普遍表象"，"存在"被当作"客体性"。这
304 些例子中，分裂从何种统一性而来才是这种分裂？对于存在和非存在而言，它们是从变易这种统一性而来的；对于概念和存在而言，从绝对者这种统一性而来；对于有限和无限而言，从生命这种统一性而来。

对知性而言，绝对的综合是它既不能掌握也不能确立的东西；

---

① 英译本把"以这种方式（hiedurch）"明确化为"以被说出来的方式"。——译注

绝对的综合对知性而言是无形式的东西，是与知性的规定对立的东西。对于从分裂的视角出发而向知性言说的理性而言，哲学(第一个“然而”就表明了这一点：然而，哲学的任务就在于……)反倒显现为对这两个前提的统一，——正如第二个“然而”(在这个句子中：然而，那是笨拙的……)显示的那样，这两个前提并未被理性分离开来。那种绝对的综合是被理性扰乱的知性在它的视域内根本看不到的东西；对知性而言，这是它能够(也只能够)“谈论一番”的“任务”。

简短地总结一下，在透彻地研究过黑格尔的这一页著作之后，我们赢获了什么呢？首先是工具的缺乏，这种缺乏是针对哲学的任务而言的；同时，在这两个前提及其统合为一中，还出现了思辨(Spekulation)主题。知性不能够理解的是：由于关联于绝对者而被消除了的、在理性核心处的诸种限定，是如何恰恰以这样的方式在这种“消除性的”关联本身中被产生出来的。因此，海德格尔在此指向了第 33 页上的那句话：“哲学的需要能够满足于渗透到那个消除了一切被固定的迎面设置的原则中，并且渗透到被限定者与绝对者的关联中……”

这里有一种“满足”(Befriedigung)(它首先说的是“平和”(Frieden))，这是因为只有固定活动消失了，而同时，诸种对立鲜活地出现了。

结束的时候，海德格尔阅读了第 17 页上的文本和翻译，后者结束了书里的那个部分[①]。他给出了两个涉及黑格尔用词的

① 指海德格尔阅读的《差异》第 17 页上的段落结束了这本书题为“哲学的需要”的部分。——译注

提示：

305 ——第一个提示涉及“反思作为哲思之工具”这个部分第二段的开头，确切地说，涉及“被孤立的反思”（Die *isolierte* Reflexion）这个表述，它最好被理解为“孤立的反思”（Die *isolierende* Reflexion）。

——第二个提示涉及“持存（Bestehen）”，就在这一段结尾处：这个概念，黑格尔始终一再地使用它，却未加任何分析，——我们仿佛撞上了黑格尔思想深处的某个界限。

9月4日

海德格尔通过对概念这一词语加以评论而开始了今天的讨论。它在16页上与“存在”这个词语一起被我们读到：“概念和存在”。他从康德所使用的表象的意义出发来阐明概念的意义；表象具有双重意义，即：

——特殊的表象（直观）——例如，这本书；

——普遍的表象（概念）——例如，书本身；

他说，这个地方涉及的是第二个含义，即所有对象的表象、对象之为对象的表象。

这之后，我们再次被引向那个在上一次讨论课开头已经被我们注意到的看法：一种不单单是历史的，而且还包括了存在问题在内的文本阐释。现在，海德格尔问道，能不能严格地说，存在问题就是形而上学问题？答案是：虽然形而上学的确追问了存在者的存在（“什么是存在者之为存在者？”），但它并没有追问存在本身。当人们提出一个问题的时候，问题的出发点和范围植根于其中的东西，即是人们着眼于其上来发问的东西[①]。不过，我们必须要以现象学的方式并借助一个例子才能看到这个东西。

我们前面的庭院里有棵树，以关于它的树叶颜色的问题为出 306
发点，我们接下来问问自己，那个给出了问题范围的出发点是什么。进一步，海德格尔不再关注这棵特定的树的颜色，而是关注作为颜色的颜色，然后他问道："什么是一切颜色所固有的东西？"他强调道，此类**如其所是地**对待事物的问题在哪一点上区别于胡塞尔的问题，后者致力于使发生于意识之中的客体之构成清晰可见，他是通过研究以感性方式被给予的东西在现象学上意味着什么来做到这一点的，——换句话说：他是通过把康德对知觉的预先推定的分析现象学化来做到这一点的。因为我们不再返回到意识之中，而是要把事情本身收入眼中，这样一来，我们就得到了这个答案："所有颜色，作为颜色都是延展开来的。"如果我们接着做一个对比试验，把注意力移到声音上，那么就会显示出，声音以两种方式存在在空间中：一方面，声音从某个位置传出来；另一方面，它震动着穿过并且度量空间。不过声音本身并非在空间中，而是只在时间中**延展开来**。

现在，海德格尔又回到了他的第一个问题，这个问题涉及形而上学的**来源**和**问题视角**。形而上学从存在者出发并且把自己提升至存在，为的是回转向存在者本身并且以存在的光亮来照亮存在者。想要阐明这种向着存在者的回转，有人建议说，从最广义的自

---

① 英译本将这句译为："当人们提出一个问题之时，人们着眼于……来发问；人们由之发问处，问题的出发点和范围都植根其中。"——译注

然出发来举一个问题作为例子吧，这个问题是："自然是什么？"自然是什么，这不能被一个从自然那里脱离开来的答案所规定。"Energeia［实现活动］"既不外在于，也不内在于存在的东西（dem, was ist），就好像是一个更高级存在物（Wesen）一样；它就**在**存在者**之中**。困难仍然只在于去规定存在者与存在的关联。

307　不过，如果人们要这样来谈论形而上学的话，那么，形而上学就是着眼于存在如何将存在者规定为存在者来追问存在的。然而在另一种意义上，存在问题变成了一个**完全不同**的问题。如果是存在将存在者规定为存在者的话，那么这个问题问的就不是存在：这个问题要问的是存在之为存在。

如果在此处浮现出来的存在学差异对于思想而言是最危险的事情的话，那么这是因为在形而上学的视域内，思想总是将存在表象为存在者；因此，现在有关存在者的问题——就存在者是存在者而言——即形而上学的问题，具有了一种与有关存在之为存在的问题不同的意义。我们可以用否定的方式表达这一点，即我们说，有关存在之为存在的问题并没有以某种方式将存在者的存在提高一个档次。

现在摆在我们面前的难题是：联系黑格尔来提出有关存在的问题。人们只能以黑格尔的文本本身为出发点来这么做，也就是从这个段落出发——如果答案没有在这个段落中被表达出来，那么至少答案的困难之处肯定被表达了出来——它尝试着去说出哲学的需要（即哲学对存在者的追问）是如何被满足的。因为，满足这种需要因此就包含着有关存在者之存在这个问题的答案。在第33页我们读到："哲学的需要能够满足于……渗透到……"这就是说，哲学（即形而上学）在绝对者被把握为绝对者之际就获得了它的问题的答案。[将绝对者把握为绝对者，]这个任务在第 17 页上被提到了："绝对者应当被反思、被设置……"

依据于"反思"这个词语最流俗的含义，我们在这个词中听出了拉丁词 re-flexere[回－转]。反思的独特之处就在于自行回转。转向什么呢？向着自我。在笛卡尔那里，cogitare[思想]的本质体现在这个式子中：cogito me cogitare[我思思想我]。这个式子让 cogito[我思]显现为 me cogitare[思想我]，而且让 ego[自我]，即 308
让 cogitans[思想着的东西]显现为 cogitatum[被思想的东西]，即显现为对象。可以用康德先验演绎的语汇这么来表述："**我思**必定能伴随着我的一切表象……"[1]这一个段落所属的第 17 节的标题是："统觉之综合统一性的基本原理是一切知性所需之物的最高原则"；因此一切 cogitare[思想]都是一种 ego cogito me cogitare[我思思想我]。

康德有关先验统觉所说的东西，都是就人的有限本质而说的，而且，思想与统一性的这种关联只被黑格尔把握到了。统一的原则在有限知性的层次上被知性绝对化了，其方式是：黑格尔转化了统一的力量这种绝对的力，于是，在人那里是有限的东西，变成了无限的绝对者。

这个时候海德格尔指出，无限不可以被理解为知性的"无－终点"，而应当被理解为对有限的扬弃。接着他又指出，迈向这种扬弃的第一步已经在费希特的命题中被实行了："自我设置出它自

---

① 《纯粹理性批判》，前揭，B 版第 140 页。

己。"自我设置出了自我(作为设置自身的自我),以此方式,自我同时设置出了作为同一性的非-自我。然而,当原则是:自我把自己设置为自我-设置着的自我而且自我同时这样地设置出非-自我的时候,[二者中]哪一个是最高的原则呢?是那第一个原则[①],抑或同一性原则?哪一个原则较之另一个而具有优先性呢,是费希特的原则还是同一性原则?形式逻辑是先验逻辑的基础,抑或先验逻辑是形式逻辑的基础?

在康德的先验统觉难题到达其顶点的地方,与统一性的关联
309 就是决定性的了。这个在康德那里处于有限知性层次上的问题贯穿了整个的先验观念论。形式逻辑与先验逻辑之间的区分和联系,即是惯常命题与思辨命题之间的区分和联系。

再回到黑格尔的句子上:"绝对者应当被反思、被设置……",海德格尔指出,反思乃是回转向自身的运动,回转向那个借由反思而是真正的思想的东西自身。由此,思想对于反思的普遍含义即是:反思是对……思想(denken über etwas),是思想一个所思(einen Gedanken denken)。反思就这样把自己设置为思者与所思这两者之间的中介:意识成为了自我-意识。海德格尔让我们注意下面这个事实,以此结束了讨论;这一事实即黑格尔没有说过:"应当对绝对者进行反思",而毋宁说是:"绝对者应当被反思"。

9月5日

9月5日那天,有关存在学差异之危险的问题引导着讨论班。

---

① 指前面提到的"自我=自我"。——译注

"危险在于形而上学视域内的差异致使存在被表象为了存在者。但在亚里士多德将存在规定为ἐνέργεια[实现活动]或柏拉图将存在规定为εἶδος[相、理念]的时候，ἐνέργεια[实现活动]和εἶδος[相、理念]都不是存在者。无论形而上学多么想要把存在规定为存在者，它一直在抗拒着这种做法。"于是，这次讨论的两个发问步骤出现了，为的是去回答：

1)"存在学差异"说的是什么？

2)何种基本经验规定了亚里士多德将存在者(在其存在中)经验为ἐνέργεια[实现活动]；柏拉图：经验为εἶδος[相、理念]；康德：经验为对象？

"存在学差异"说的是什么？

人们可以按两种方式来理解：a)乍看上去，"存在学的差异"这 310
个表述被组合为诸如"绿的树"这样的短语；这样一来，"存在学的"就会是主词"差异"的形容词了。从这第一种视角出发，存在与存在者之间的差异本身就会是"存在学的"差异，这就像人们谈论树，说树是绿的一样。b)然而——这是第二种理解方式——如果是某种介于存在与存在者之间的差异本身支撑着作为形而上学基本学科的存在学并使之可能的呢？

第二种理解被后面的事实所证实，即一切形而上学虽然都活动于差异之中(始终要强调这一点，尤其是在托马斯·阿奎那那里)，但没有任何形而上学在差异自身展开为差异的这个维度上来认识这种差异。

现在的问题是：存在与存在者之差异和存在学之间的关联是

何种关联？由于作为存在学的形而上学建基于差异本身之上，形而上学能够回答这个问题吗？形而上学的基本科目（即存在学）能够把差异——它使形而上学作为形而上学得以可能——纳入到思考之中吗？用逻辑学的概念来说就是：结果（Folge）能够将支配性的开端（Anfang）收入眼中吗？不能，我能够从原因出发得出结果，但反过来是不可能的。处理存在学差异的视域不可能成为存在学明确的主题。

举个例子：在亚里士多德那里并且对于亚里士多德而言，存在学差异指向的是θεῖον-ἐνέργεια[神性者－实现活动]的关联。但是τὸ θεῖον[神性者]不可能是一个差异概念。它被称为τὸ τιμιώτατον ὄν[最尊贵的存在者]，地位最高的存在者。因此τὸ θεῖον[神性者]显然是一个存在者层次的（ontische）规定。在τὸ[1] θεῖον[神性者]和ἡ ἐνέργεια[实现活动]这两个概念中，只有后者与存
311 在学差异有关。就是这一概念命名了存在（τὸ εἶναι[存在、是]），并且，亚里士多德的存在学就建基于将εἶναι[存在、是]理解为ἐνέργεια[实现活动]之上。

为了理解那种对亚里士多德的（在众多阐释中间的）错误阐释——依据这种阐释，τὸ θεῖον[神性者]是一个差异概念，存在学就建基于其上——怎么会产生，我们必须跳越过这些搅缠的问题，跳入中世纪的神学中。上帝在神学中被设置为 Summum Ens[最高存在者]，而 Summum Ens[最高存在者]又被解释为 actus pu-

---

① 德文本此处冠词没有重音，但应当有，英译本也加上了重音符号，改为“τὸ”。——译注

rus essendi[纯粹的存在活动]。这种解释是如何可能的？如何将Summum Ens[最高存在者]与 actus purus[纯粹的活动]之关联和亚里士多德那里的τὸ θεῖον[神性者]与ἐνέργεια[实现活动]之关联连接起来？为什么ἐνέργεια[实现活动]变成了 actualitas[实现活动]？因为罗马人从 AGERE[做]、即“做事(tun)”出发在存在者层次的意义上来理解了ἔργον[活动]和ἐνέργεια[实现活动]。这种存在者层次上的“做事”的名称就是 CREATIO[创造]。这就给出了一个基础，使得 Summum Ens[最高存在者]成为了 CREATOR[创造者]，于是一切 ENS[存在者]就都是 ENS CREATUM[被创造的存在者](或者 INCREATUM[非创造物])了。因为，存在学一方面已经将ἐνέργεια[实现活动]限定在了 actualitas[实现活动]这一存在者层次的规定之上，另一方面又经由托马斯·阿奎那而使 Summum Ens[最高存在者]成为 Ipsum esse[存在本身]，恰恰就以这种方式，存在学压制了存在问题所有的可能性。整个的现代哲学都负担着这个从中世纪的基督教存在学那里继承过来的存在者层次的重负。将哲学再次设置入它本己的本质之中，这说的就是要哲学卸下基督教成分的负担；全力以赴向着希腊性(das Geriechische)：这并非是为了希腊性本身，而是因为它是哲学的开端。

现在，在ἐνέργεια[实现活动]之中，对存在学而言真正起奠基作用的东西是什么呢？ἐνέργεια[实现活动]与存在学差异在哪一点上有关联呢？亚里士多德是通过何种基本经验而经验到ἐνέργεια[实现活动]的呢？

基本经验乃是去经验存在者的方式。于是，康德将存在者经

312 验为牛顿意义上的自然。而自然在此就是那存在着的东西(das, was ist),因为在笛卡尔式思想的领域中,真理就是确定性。

对在其存在(作为ἐνέργεια[实现活动])中的存在者的经验规定了亚里士多德相对于柏拉图的位置。例如,对于柏拉图来说,一个椅子是什么?是一个μὴ ὄν[非存在者],一个"非-存在者(Un-Seiendes)"(区别于οὐκ ὄν[不存在],即不-存在(Nicht-sein))。那么这个μὴ ὄν[非存在者]的存在学特性又何在呢?柏拉图将这种派生的存在方式称作εἴδωλον[影像],即幻象,从而将εἴδωλον[影像]和εἶδος[相、理念]区分开,而同时又把εἴδωλον[影像]推进到εἶδος[相、理念]。Εἶδος[相、理念]是那自身显现者,是人们看到的东西。而εἴδωλον[影像]——没有它我却无法达到桌子的εἶδος[相、理念]——显示出,桌子的εἶδος[相、理念]变得模糊了(*getrübt*)(在这里是因为木头才变得模糊的);并非通过木头(就其是木头而言),而是通过这个制作成桌子的木头。基本经验——柏拉图出于这种基本经验而将ὄν[存在者]规定为εἶδος[相、理念]——,即对ὄντως ὄν[存在着的存在者]的经验,乃是对纯粹在场状态的经验,这种经验的独特之处在于,它自身敞开显现。

在与柏拉图的基本经验的关联中,亚里士多德的基本经验获得了规定。流俗的解释断言说,柏拉图把现实性限定在高高的理念区域内,而亚里士多德把现实性拉回到大地之上并且可以说是让现实性进入到事物之中。观念论[1]和实在论。然而在亚里士多

---

① 相、理念(εἶδος),理念(Idee),观念(Idea),观念论、唯心论(Idealismus),这些词之间的字面联系难以在翻译中尽传。——译注

德这里,不一样的地方是:εἶδος[相、理念]变成了在运动与静止中的τόδε τι[这一个]的μορφή[外形]。亚里士多德将事物把握为κινούμενα[运动者]而非μὴ ὄντα[非存在者],因此,他是基于对κίνησις[运动]的经验来把握事物的。参见《物理学》,Γ 卷 1 章,201a 10—11:ἡ τοῦ δυνάμει ὄντος ἐντελέχεια, ᾗ τοιοῦτον, κίνησις ἐστιν。[潜在的存在者之成全①,这个成全,就是运动。]

因为κίνησις[运动]本身被规定为ἐνέργεια[实现活动](或者不如说是ἐντελέξεια[成全]),所以,亚里士多德那里的ἐνέργεια[实现活动]就显现为对存在本身的最高规定。

9 月 6 日 313

宣读过 9 月 5 日的讨论记录之后,海德格尔再一次说道,把ἐνέργεια[实现活动]翻译为拉丁语的 actus[活动]已经为将做事(Tun)解释为 creatio[创造]做好了准备,这种解释的源泉显然是《圣经》里的创世故事。

真正的讨论是从后面这个想法开始的,即每一种形而上学都基于一种对存在者的基本经验之上,这种基本经验对思想者而言每每是独特的:例如,在康德那里,基本经验就是将存在者经验为"自然"。"经验"——《纯粹理性批判》的关键词语——事实上绝不包含这种未经规定的意义,即人们感受到的东西;在康德那里,经验是科学意义上的经验,即那种最特出意义上的科学的经验。从

---

① 将"ἐντελέχεια"译为"成全"的做法取自李猛,参见"亚里士多德的运动定义:一个存在的解释",载于《世界哲学》,2011 年第 2 期。——译注

现代的开始直到我们今日，这种最特出的科学就是数学物理学（die mathematische Physik）。例如在当今，属于现代科学的完全普遍的方法论把数学物理学的决定性特性显示在了这一事实中：生物学（Biologie）变成了一种生物物理学（Biophysik），并且，唯有作为生物物理学，当前时代的生物学才能够为控制人类的γένεσις［创生］做出预测和准备。在社会科学中，这种转变也在进行着：人类学（Anthropologie）变成了一种人类物理学（Anthropophysik），其主要的方法是用数学的－量化的方式来处理被给予的素材。更加普遍地来看，我们还可以观察到一个现象：控制论（Kybernetik）成为了当今科学的中心。如果想要在本真维度之中理解我们眼前的黑格尔的文本，而不是把它仅仅理解为借以施展聪明才智的对象的话，我们就必须把这一现象保持在眼界之中。

对每一种哲学思想来说，对存在者之存在的基本经验规定了
314 什么是给出尺度的存在者。康德那里是“自然”，对黑格尔来说就是“精神”，在绝对意识这个意义上的精神。这个时候就可以指出，从笛卡尔开始的哲学——用黑格尔自己的话说——第一次踏上了那“稳固的陆地”，即“意识”。笛卡尔与黑格尔的区别在于，笛卡尔只是第一次踏上了这块大陆，而黑格尔穿过并用脚丈量了（durchmißt）整片陆地。笛卡尔在《第一哲学的沉思》中发现了这块大陆。黑格尔用整个的“科学体系”详尽地测量了（vermißt）它，也即是说，这种测量既发生在《精神现象学》之中，也发生在《逻辑学》三个部分之中：存在的逻辑，本质的逻辑作为存在的真理，还有概念的逻辑作为本质的真理，后者［即本质］把存在囊括入其中。

这种对陆地的测量，这种黑格尔式的土地-测量（Geo-metrie[①]）在意识的总体性中测量出了（ausmißt）意识这块陆地的面积。这种测量显然与数学测量（Messen）没有什么关系；尺度（das Maß）是形而上学的和总体的，这也就是说，是“绝对的”。[②]

一旦人们自问，对意识这块土地的绝对的测量被何种方法所规定，那么人们最终就离开了数学的模式。这种方法即是辩证法，它自身完成于理性的机能中。在《费希特与谢林哲学体系的差异》中，对黑格尔而言的唯一任务第一次出现了：去规定理性与绝对者的关联。现在我们读下一句话（第 35 页）：

“那既不能说是综合的、也不能说是分析的属于体系的方法，在它显现为理性本身的展开之时，最纯粹地给出自身；理性并不总是一再地把它的显象之流溢作为一种二重性唤回自身之内——[这样的话]它只会消除这种流溢；而是在这种流溢中把自己构造为一种以二重性为条件的同一性，这种相对的同一性再一次与自身相对置，如此，体系得以不断进展至那完成了的客观总体性中，后者与对置的主观总体性统一起来而成为无限的世界观。凭借这 315
种统一，这种世界观的延伸同时自身收缩为最丰富和最单纯的同一性。”

---

① “Geometrie”是几何学，但海德格尔以连字符将它分为两段。前一半“Geo-”是地、地形的意思，后一半“-metrie”是测量的意思，所以“Geo-metrie”就是“测量土地”，而测量土地正是几何学的起源所在。——译注

② 在本段中，海德格尔运用了大量以动词“messen（测量）”为根的动词、名词和分词：“maßgebend（给出尺度的、决定性的）”、“durchmessen（穿过、从头到尾测量）”、“vermessen（测量）”、“ausmessen（测量出……的面积）”、“messen（测量）”、“das Maß（尺度）”。我们尽量在文中体现出来。——译注

我们开始阐释这句话（就此而言，海德格尔指出，我们这个讨论班的目的应当是：在理解了这句奠基性的话之后，我们就能够阅读黑格尔的一切文本了），首先阐释其中心表述："无限的世界观"。

——"世界观"中的"世界"说的是什么？正如康德的二律背反已经说过的那样，世界的意思是存在者的总体。

——"直观"说的是什么？这里也从康德的用语出发——正如人们也必须对黑格尔、费希特和谢林这么做一样——"直观"必须被理解为对个别者本身的表象，它的反面是概念，即对普遍者的表象。

——那么"世界观"现在说的是什么？世界观的意思是：对在其总体性之中的存在者的直观①，而且因为此处涉及的是直观，所以这种总体性乃是某种个别者、唯一者。

——那么"无限的世界观"现在说的是什么？"无限的直观"是什么意思？对于黑格尔来说，有限的特性是固定化。固定是将某物分离开来而设置，继而将某物带进迎面设置之中。设置将某个被设置者相对于他物来个别化。所以对有限性而言，每种规定、每种被规定的某物都被无－规定者（Nicht-bestimmtem）和无（Nichts）所环绕。Omnis determinatio negatio est[一切规定都是否定]。如果有限是这种类型的有限，那么，无－限就是那种设置，它反过来并不让诸种对立消失，而是在对立之亲密"统一"的迎面设置中保存着诸种对立。

① 德语"世界观"（Weltanschauung）从字面上看就是"世界（Welt）"加"直观（Anschauung）"。——译注

同时，就这种统一本身恰是如此被设置的而言，它本身就与另 316
一种统一性对立起来了，并且，这两种统一性都要求新的、它们特有的统一：这就是属于辩证法的、奠基性的内在法则。

现在，随之而来的问题就是：去经验一下，辩证运动本身是否以及如何能够避免退回到那种以虚假的无限性和无－终限性的形态出现的有限的支配(die Herrschaft des Endlichen)中？许多答案，尤其是那涉及循环的答案，与其说是已经解决了困难，不如说是指出了困难。同样徒劳的是，从外部援引来绝对者的不变性。重要的事情也不是去找出虚假的无限性到底是在哪个点上偶然地静止下来了。不如让我们来问一问，在眼下的困难中，何种同一性事先就已经被忽视了：即那种被黑格尔在他的文本中称为“最无分裂的同一性”(die unentzweiteste Identität)的同一性(第 34 页)。

为什么它被称为“最无分裂的”？因为这种统一性是那种从本源上就不知何为分裂的东西。无－分裂要比无－限更加确切。无－分裂同时命名了两个被固定下来的迎面设置的概念，为的是先行于它们(先行于它们的被确立的分裂)。如此被表达出来的乃是这样一种“设置”，它不再是迎面被设置的双方的单纯对立，也不是后来才被设置出来的迎面被设置的双方的单纯统一性本身。与这种设置迎面相对，一种新的迎面设置出现了。它要求一种新的统一性，而且是这样一种统一性：它把一切迎面设置包含在自身中。说到底，这就是思辨的中心表述“无限的世界观”的意义。

如果我们以这句现在已经被阐明的话为出发点而转向第 14
页上的那句话(“当统一的力量……”)的话，这句话的内容的丰富 317

性和准确性最终就向我们敞开了。

因此，绝对者是“最无分裂的同一性”。如果绝对者应当是哲学的主题、绝对者的运动应当是辩证法的话，那么在辩证法的每一个步骤中，绝对者（但还是尚未展开的绝对者）必须处于眼界之中。理性的任务正是其展开活动，这即是说，在最无分裂的同一性——在任何情况下它都不再是相对的——的光照下将一切迎面设置连接起来。所以黑格尔在某个地方写道，理性唯一的兴趣就是“去扬弃”被确立了的对立。

讨论的最后一部分致力于阐明“扬弃”这个概念。扬弃说的是：

1）“把某物放到……上面”，例如，把一本书放到桌子上面，这样就可以看见它。事实上，辩证法最基本的活动首先就是让对立出现，这样就可以看见对立。“扬弃”的第一个含义就是拉丁语的tollere[拿起]，即通常意义上的拿起（Tolle[拿起]，lege[读]）[①]。

2）如果对立双方的迎面设置因此而被收入眼界之中，那么扬弃说的就是：把对立双方提升到它们的统一性中。它们的统一性就像是一张中间比彼此对立的两端更突出的弓。在这个意义上，扬弃就是拉丁语的elevare[提起、举起]。

3）扬弃说的是保存、保持、带到安全的地方（比如说“好好保管（aufheben）礼物”）。这种保存完成于绝对的同一性之中，在这种

---

① 奥勒留·奥古斯丁：《忏悔录》，第8卷，第12章。【这个段落描述的是奥古斯丁听到一个声音反复对他说：“拿起来（tolle）读吧（lege）！”然后他随手翻开圣经读到了《马太福音》中的话：“去变卖你所有的，分给穷人；你积财于天，然后来跟随我。”——译注】

同一性中，诸种对立仍保持着对立而非消失不见，就像谢林的同一性让牛消失在黑夜中一样。

让·波弗勒指出，这三个在“扬弃”中始终同时存在的含义中的任何一个含义都没有丝毫的否定特性，所以，十分草率地用 318
suppression（“压制”）或 abolition（“消除”）来翻译“扬弃”的做法常常是荒谬的。着眼于康德的名言来看，波弗勒的提示的历史广度就显出来了。这句名言即：“因此我必须扬弃知识，从而为信仰留出地盘。”这说的可不是“消除”知识，而是在知识的界限之内（或者不如说是在知识的位置（Ort）上）把知识提升至其统一性（经验之可能性）中，以此方式才第一次正确地将知识据为己有。这即是批判性划界的真正意义，它必须被积极地理解。恰恰是这种将理论知识带到－它的－位置－之上的活动让我们看清了实践理性的相应的地方（Ortschaft）。

9 月 8 日

这次是最后一次讨论了。海德格尔强调说，讨论班进行得没有他之前想要引导的那样深入。但是这既不是在表示遗憾也不是在指责谁。他本想深入到这种程度，即让对立的两个基本概念都获得其规定性。这种对立将形而上学的基本经验与在《存在与时间》之中第一次被展开的有关存在意义的问题区分开来。

在这番评论之后，我们再一次来讨论那些标题。黑格尔用这些标题表达出了理性把握绝对者的方式。它们是：反思（Reflexion）－建构（Konstruktion）－生产（Produktion）－收缩（Kontraktion）。首先提出的是涉及领域的问题，在这领域中，所有这几个要素都通过理性而把握住了绝对者。这个领域就是“意识”。

1.第一个要素:反思。黑格尔怎样来理解“反思”的呢？要得
319 到答案,就必须回过头去理解第17页上的这句话:“绝对者应当被反思……”在此处,让我们注意一下黑格尔的措辞,他没有说:“应当对绝对者进行反思”,而是说“绝对者应当被反思”。“反思某物”与“对某物进行反思”是有区别的。例如,我可以对一本书进行反思,对它的装帧进行反思,也可以对阅读它的困难进行反思,等等……每次这本书都“在某个角度中”显现,——在一个被规定的视角之中显现。所以,有一种被精确规定了的视域归属于“对……进行反思”,我在这种视域中对这本书进行反思。然而,“反思”本身现在意味着什么呢？这里不再有任何我在其中预先去把握事物的视角,不再有任何被规定的先行-把握。“绝对者应当被反思……”:这也是就跳出了所有的“视角”而言的。事实上,绝对者于其中被把握的每一种视角都错失了绝对者,因为一切视角作为视角都是有限的。而绝对者与之相反,它是“最无-分裂的同一性”,即统一性,这种统一性乃是一切可能的迎面设置的最终根据。所以,“绝对者应当被反思”就意味着:绝对者应当以它自身为出发点被反思,亦即从最单纯的也是最完善的统一性出发被反思。它还意味着:绝对者应当把自身显现给意识,即绝对者应当为了意识而将自己反映[1](映现(spiegeln))出来。把“自行映现”这种说法

① “reflektieren”一词我们一直译为“反思”,但它也有“反射、反映”的意思。此处取的就是后一层意思。——译注

应用到绝对者上，这说的就是“绝对者自己把自身带向显现”。这种“映现”让理性的把握活动有理由被称作是“思辨的”。在莱布尼茨（一个参与者在这当儿提到了他）那里发生的是另一回事：人类的理性在他那儿就是一个镜子（Spiegel）。

所以绝对者就这样对理性、对意识显现出来，——对绝对者而言，这就是“被反思”的意思。不过，理性如何接收到绝对者的显象呢（因为理性并不接受显象，理由是它并没有“接受性”）？理性以何种方式让绝对者为它显现呢？理性与统一性之间有着何种关 320
联？这同时也是在问：理性与存在之间有着何种关联？在与存在的关联中，观念论的基本特征就是“设置”，即 positio[设置]。

那么“设置”说的又是什么呢？“我设置了一棵树”，这说的是我栽种下了一棵树。即便这棵树后来自发地生长，也仍是我首先把它种下的。如果现在要像栽种一棵树一样来栽种绝对者呢？不可以，而且显然不可以，因为绝对者已经“被设置”、“被给予”了，我发现它事先已经－在场了。那么，为了厘清把握绝对者的活动，“设置”到底是什么意思呢？

绝对者对意识显现，这一事实说的不是绝对者像突入一个笼子那样突入意识之中。绝对者已经在与意识之基本特性（即“设置”）的关联之中为意识而显现了。问题重新变为：何种“设置”呢？这首先是一个对解释希腊思想而言具有重要意义的问题。在希腊语中，设置叫作θέσις[设置]，它显现在ἀποθήκη[存放物品的地方]之中，后者指的就是ἀπόφανσις[展示、陈述]所指的东西：让一个事物从自身出发如其所是地——亦即如其现身在场的那样——站立起来。但是现代的“设置”完全是另一回事；拉丁语的 repraesentatio[表象]是对它最好的阐释。Re-在现代思想家那里(Re-praesentatio[再次－呈现])回指向了 Ego cogito[我思]。Re-在这里的意思是:"回到我自己"。这个"我"让某物被对置,这同时就意味着,这个某物变成了"对象"。这一切尽管是如此的清楚明了,却被观念论的狂妄自负又一次掩盖起来了。

现在,如此这般被提出的有关"表象"的问题为我们提供了一个机会,可以在"现象学的幼稚园"中做一种练习。在这里,一切突然变得困难了,因为它们过于简单了,而且在这里,每个人都会发
321 现自己是最笨的人。这个漫长而有益的过程进行的步骤如下:

——Repraesentatio[表象],即表象。例如,巴黎的卢浮宫。它在眼下的这一时刻对我们而言就是一个"表象"。这个表象在哪儿呢?在脑袋里吗?如何避免接着以更加科学的方式去问:是在大脑里吗?然而,把大脑解剖了却并没有发现任何的"表象"。

——接下来说的东西涉及到一种图像。有一个问题出现了:当我们表象卢浮宫之时,我们使之当下化的东西是一个图像吗?不是的,毋宁说就是卢浮宫。甚至在"当下化"中,当我们自己仅仅是想到某物并以这种方式和它发生关联之时,我也总是处在与事物本身的关联之中,就像我现在处在与这里这本书、这本我看着并与之打交道的书的关联之中一样。然而,除去这种直接性,这里还是有一些区别的,现象学必须研究这些区别的特征。即便现在对我而言卢浮宫不是一个图像,我也还是不能穿过它的大门进入其中,而与此同时我却可以打开这里在桌子上的这本书。当书以这种方式是现成在手边的,那么人们必定会说,它把自己置放在了我面前(sich mir vorstellt)。"表象(Vorstellung)"在此意味着:书本

身“把它自己置放在了我面前”。与“当下化”相对，这种[与书的]联系乃是“感知”的联系。

——感知的独特之处是什么？一个参加讨论班的人说：αἴσθησις[感觉]，他得到了这个回答：“打从希腊人区分了αἴσθησις[感觉]与νόησις[思想]起，灾难就开始了”。[感知的]独特之处是“亲身性(Leibhaftigkeit)”：在感知中，在场者“亲身地”在此。这一个答案复又是一个新的问题：构成形容词“亲身的(leibhaftig)”的“[肉]身(Leib)”究竟是什么？其法语翻译是：La chair[肉身]，肉体(das Fleisch)。然而，la chair[肉身]、即作为肉体的肉身，乃是我自己所是的东西，是我的身体(Körper)，是我的肉身[①]。我以某种方式把我的(作为肉体的)肉身伸展到卢浮宫了吗？没有，而这恰恰就是为什么卢浮宫只是单纯的当下化行为(不过，这个行为已 322
经包括了未被实行出来的亲身感知的可能性)的对象的原因。因此可以说，肉身才是感知的独特特征。这样的肉身就好像是人类身体的伸展范围(在昨天晚上，月亮比卢浮宫还要切近)。

——刚才出现的词语“身体”带来了一个新的危险，会使前面说过的一切都失效。必须把握到“肉身”与“身体”的区分。例如，如果人们站在一个秤上面，那么人们不是在测量他的肉身，而只是在测量他的身体的重量。或者，进一步来看：肉身的界限并不同时是身体的界限。身体的界限是皮肤。与之相比，肉身的界限更加难以界定。它的界限不是“世界”，但或许至少是“周围世界”。

---

① 我们始终将 Leib 译为“肉身”，Körper 译为“身体”，Fleisch 译为“肉体”。——译注

世界只在有语言的地方存在，这即是存在理解。紧接此处，我们来思考一下卡尔·冯·弗里施[①]的工作，他试图去规定蜜蜂看见了什么。在此，如果人们抛开一个非常古老的法国传闻并承认，牛从来都不能看见火车从它旁边开过，那么，“看见”说的是什么意思，这是有争议的。[②]

就上述内容来说，我们所有人都觉得我们离黑格尔已经有点遥远了。但海德格尔提醒说，“现象学的练习要比黑格尔课程更重要”。它绝不会阻碍我们回到黑格尔那里。

所以我们再次回顾一下截至目前所说的东西：

1)绝对者应当对人——对意识——显现出来。

2)在现代，人的意识具有“设置”这个基本特征。

323 3)“设置”(或 positio[设定])是多义的。与“栽种一棵树”这个意义的“设置”相区分，存在着“有某物立于前面”这个意义上的 θέσις[设置]。

从此处开始，我们来理解那通过理性把握绝对者的第二个要素：“建构”。

2.绝对者应当为了意识而被“建构”。此外，这种建构也被称

---

① 卡尔·冯·弗里施(Karl von Frisch，1886—1982 年)：奥地利生态学家，由于开创了蜜蜂的感觉生理和行为解析方面的研究，1973 年获诺贝尔生理学医学奖。——译注

② 暗指法语里的一个玩笑，这个玩笑说的是：牛的麻木表现在，它长时间地“呆呆看着”驶过身旁的火车。

为“生产”。让我们详细地关注一下这两个概念。

当马克思说：“人自己生产出自己……”的时候，这是在说：“人是一个工厂。他像制造他的鞋一样制作出他自己。”然而，黑格尔那里的“生产”意味着什么呢？绝非意味着：人制作出绝对者。生产乃是反思之实行的形态。绝对者在让显现（Erscheinenlassen）之中被带到了意识之前、被置于意识之旁，这即是说被生－产出来。这涉及的并不是一种制作活动，而是“让……显现”。

就建构这个概念本身来看，它指向建筑师。这种表象出绝对者的理性（在带到……之前（Vor-führen）意义上的表象）就是一种建构性的理性（在建筑师意义上的理性）。这个想法可以回溯至康德：理性是“出自原则的认识”，依据其本性，它是“建筑性的”[①]。这说的是：理性把一切认识都看作是归属于一个可能体系的认识。

总结一下：理性“反思”绝对者。这种反思是一种自行－带到－面前（sich-vor-führen），即生－产（Pro-duktion）[②]。这种生－产是一种建构，建构在此说的是：在绝对者的自行－显现中共属一体，这种共属一体乃是作为共属一体着的共同建造（共同摆置）的共属一体。[③]

3.最后一个要素：“收缩”。现在我们可以轻易地理解它了。324
Cum-trahere[共同－牵引]，即汇聚到一起。收缩就是把所有的对立“一起汇聚到”到属于绝对者的最高统一性之中。

---

① 《纯粹理性批判》，前揭，B 358，B 875。

② “Produktion”的前缀“pro-”有“在前面”的意义，无法在“生产”译法中表示出来。——译注

③ 有关体系，请再次参看康德《纯粹理性批判》，前揭，A 645，B 673。

现在，（第 17 页上谈论的）理性之反思通过这些彼此交织着的规定被阐明了。我们再来读一次题为“反思作为哲思的工具”这一节的第一段，一直读到这句话：“所以这是一个矛盾”，并且特别强调一下最后这几句话。理性自相矛盾；它禁止自己所意愿的东西。这种“矛盾”源出于这一事实，即“每种生产都具有θέσις［设置］和σύνθεσις［共同设置、综合］之特性；所以理性的整个活动是设置性的，是某种被限定者”。因此黑格尔谨慎地说：绝对者**应当**被反思。[1]

这种矛盾必须被强调，因为不然的话，绝对者就不是被“设置”而是被扬弃了。第 17 页这个地方的“扬弃”不具有积极的意义，我们之前曾经认为这种［积极的］意义关涉到黑格尔辩证法的本质特征。“被扬弃”在此（第 17 页）意味着，如果绝对者没有“被抑制了显现”的话，那么至少通达显现的路径没有被允许。

这一节的结尾因为引入了“没有意识”（Bewußtloses）而特别引人注目。说起没有意识，人们立即就想到了弗洛伊德。但是，这之间的差别是极其巨大的。这不只是因为弗洛伊德说的是“无意识（Unbewußtes）”而非“没有意识”。区别在于，弗洛伊德的“无意
325 识”并不归属于“意识之中”，而在黑格尔这里，“有意识”和“没有意识”都归属于“意识”：“……**在意识中被建构**的绝对者作为有意识的和没有意识的绝对者……”。对于现代的思想者而言，如果意识的本质特性是“设置”的话，那么现在也必须被这样来理解，即这个

[1] “绝对者应当被反思……”：在此应当意指“哲学的任务”。黑格尔说：“绝对者应当为了意识而被建构，这即是哲学的任务；但因为生产以及反思之产物都只是限定，所以这是一个矛盾。”

句子中的“作为有意识的[绝对者]”说的是:“作为被设置的[绝对者]”,所以“作为没有意识的[绝对者]”意味着:“尚未被设置、尚未被扬弃的[绝对者]”。总的说来,总是应当把黑格尔的用语理解为思辨的而非“通常的”用语。

什么是思辨命题?思辨命题与惯常命题之间的区分何在?海德格尔举了这个命题作为例子:Deus est ipsum esse[神是存在本身];上帝是存在本身。这是一个通常的形而上学命题,并不是思辨命题(与这个“崇高”主题可能给人的感觉相反)。由这一命题出发,当这个句子的谓语(存在)被当作主语、变成主语的时候,人们就到达了思辨的东西,即:存在是上帝。但这并不仅仅是颠倒了通常命题的语法结构。这里有某种东西已经改变了。也就是说,“是(ist)”的意义也已经改变了。仅仅颠倒一下,这个句子会是这样的:存在是上帝,就如同仅仅颠倒一下“玫瑰是一种植物”:“植物是一株玫瑰”一样。然而这里不止涉及一种颠倒,而且涉及一种反冲(*Gegenstoß*),一种后一句中的“是”作用于前一句中的“是”之上的反向运动。那么现在这个被冲击的“是”意味着什么呢?埃克哈特大师[①]说:Istic-heit[使是-性]。存在是上帝——现在被思辨地理解了——意味着:存在“istet[使……是]”上帝,这说的即是,存在让上帝是上帝。在这里,“是”以及物和主动的方式言说。展开了的是(Sein)本身(就像它在黑格尔的《逻辑学》之中被展开的那样)第一次(在一种思辨的反冲之中)使是-上帝(das Gott-

① 埃克哈特大师(Meister Eckehart,1260—1328 年):德意志神秘主义代表人物,著有《教诲录》《讲道录》等。——译注

sein)[①]得以可能。

思辨之风吹来一阵沉默，讨论班就此结束。

① 或译“上帝之存在”。——译注

1969年勒·托尔讨论班 326

9月2日

康德的文本“证明上帝存在(Dasein)的唯一可能的证据”(1763年),更具体地说是“第一个考察:论存在一般”,为我们的讨论工作奠定了基础。

这次的讨论班的目的是**间接地**阐释康德的文本。事实上人们一定要记住,康德本人在二十年之后已经改变了他对存在的解释。

我们的间接阐释将要试着踏上的那条道路,即是存在问题,有关存在的问题,就如同这个问题自《存在与时间》以来开展出来的那样。

于是我们提出了这个问题:“有关存在的问题”说的是什么意思?因为有关存在的问题,它作为问题已经提供出许多种误解的可能性,——《存在与时间》这本书总是不被人理解已经证明了这一事实。

什么叫:“有关存在的问题”?如果人们说“存在”,那么人们事先就以形而上学的方式来理解这个词了,这即是说,从形而上学而来理解这个词。然而,“存在”在形而上学及其传统中说的是:将存在者规定为存在者的东西;因此,以形而上学方式被理解的有关存在的问题意味着:有关存在者**之为**存在者的问题,或者换句话说:

有关存在者之根据的问题。

形而上学的历史已经给出了一系列对这一问题的回答。一个例子是：ἐνέργεια[实现活动]。我们在此指出：亚里士多德对“什么是存在者之为存在者？”这一问题的回答是ἐνέργεια[实现活动]而不是诸如ὑποκείμενον[基底]这样的东西。因为ὑποκείμενον
327 [基底]是对存在者的解释，而根本不是对存在的解释。用最具体的话来说：ὑποκείμενον[基底]是一座小岛或者一片山脉的在场。当人们身处希腊之时，这种在场就会跃入眼帘。Ὑποκείμενον[基底]事实上是那种能够让自己被看到的存在者，也即：那在眼前存在的东西，它从其自身出发将自己拉到了我们眼前。山脉就是这样地在陆地上，小岛就是这样地在海中。

对存在者的希腊式经验就是这样的。

对我们来说，存在者整体——τὰ ὄντα[诸种存在者]——还只是一个空洞的词语。对我们来说，已经不再有那种希腊意义上的对存在者的经验。相反，在维特根斯坦那里：“现实地存在着的东西，乃是实际的情况”①(这意味着：那处于某种规定性之下的东西、那被确立的东西，即是可规定的东西)。实在是一句诡异的话。

与之相反，希腊人对存在者的经验是丰富多彩的。其依据是，这种经验是如此地具体而且如此强烈地**打动着**希腊人，以至于存

① 原文为：“Wirklich ist，was der Fall ist”。据英译者注释，海德格尔不知出于何种原因错引了《逻辑哲学论》开头的那个命题。维特根斯坦的原文是“世界是所有实际的情况(Die Welt ist alles，was der Fall ist)”。但英译者也指出，就维特根斯坦也把世界当作是一切实际情况的总体而言，海德格尔在这里的说法仍是正确的。其实原因在于，海德格尔没有引错后半句“was der Fall ist”。——译注

在着极其特别的[用来指存在者的]同义词(亚里士多德,《形而上学》A 卷):τὰ φαινόμενα[现象]、τὰ ἀληθέα[真相]。因此,我们决不会死贴着字面,用**存在者**来翻译τὰ ὄντα[存在者]。[由于人们把这个词翻译成了存在者,]所以他们并没有理解那对希腊人而言是存在者的东西。这种东西本真地就是:τὰ ἀληθέα[真相],无蔽之中的敞开者,那一度拒绝了遮蔽状态的东西;它是τὰ φαινόμενα[现象],即那从其自身而来显现的东西。

这里再提一个有关ὑποκείμενον[基底]的补充性的问题。当存在者被理解为ὑποκείμενον[基底]以及当存在者被理解为φαινόμενον[现象]之时,如何区分开对这两者的经验?假设,我们看着一个特定的存在者,比如看着吕贝隆山脉①。如果它被当作为ὑποκείμενον[基底],那么ὑπό[在……之下]指的就是一种κατά[就……],更准确地说是λέγειν τι κατὰ τινός[就一物来言说另一物]之中的κατά[就……]。无疑的是,吕贝隆不会因为被称呼为ὑποκείμενον[基底]就去到下面而隐没消失(geht unter),但它 328
已不再作为**现象**而立在那里,——已不再从其自身出发而让自己被看见。它不再从其自身出发而现身在场。它作为ὑποκείμενον[基底]乃是**那个**我们言说的**何所关于**(*wovon*)。在此,重要的事情是:着眼于言说(das Sprechen)来做出一个根本性的区分,即区分开纯粹的命名(ὀνομάζειν[命名])和陈述(λέγειν τι κατὰ τινός[就一物来言说另一物])。

---

① 吕贝隆山脉(Luberon-Gebirge):勒·托尔附近的山脉。【位于普罗旺斯中部。——译注】

在质朴的命名中，我让在场者是其所是。命名无疑包含了命名者，——但是命名的独特之处恰恰在于，命名者之所以进行命名，只是为了自己*在面对*存在者时*退居到幕后*。这样一来，存在者就是纯粹的现象了。

陈述的情况则与之相反，陈述者通过介入陈述活动中来参与进陈述中去，——而且他这样来介入其中，即他为了*对*存在者进行言说而扭曲了存在者。这种事情一旦发生，存在者就只能被理解为ὑποκείμενον[基底]，并且名称只能被理解为ἀπόφανσις[展示、陈述]的一个剩余物。

在事先就已经从陈述出发来理解一切语言的今日，我们很难脱离一切κατάφασις[肯定句]，并以让存在者作为纯粹现象而现身在场的方式来将命名活动经验为纯粹的命名。

而什么又是希腊意义上的*现象*呢？依据现代哲学的表述方式，希腊的现象恰恰就是在现代不能成为现象的东西；它就是事物本身，[事]物自身。在亚里士多德和康德之间横着一道深渊。在这里，人们必须提防一切以今度古的解释。于是，人们必须端出这个决定性的问题：对希腊人来说，τὰ ὄντα[存在者]和τὰ φαινόμενα[现象]是如何成为同义词的？在场者与那从其自身而来的显示者(显现者)就哪一点而言是同一个东西呢？对康德而言，这样的一种统一性简直就是不可能的。

329 对希腊人而言，诸事物显现着。

对康德而言，诸事物向我显现着。

在他们之间的时代中所发生的事情是：存在者变成了对－象(obiectum[被抛到面前的东西]或者更恰当地说：res obstans[站

在对面的东西])。在希腊人那里,没有任何表述与对象这一表述相应。

在黑格尔那里,希腊哲学被解释为"仅仅是客观的(objektiv)",这展示出了现代的与黑格尔的对希腊哲学之真相[1]的解释。黑格尔这话实际上说的是,希腊人尚未把主体(das Subjecktive)作为中介活动,并因此作为客体性(Objektivität)的核心来思考。然而,当黑格尔以这种方式说出某些与希腊哲学相对应的东西时,他就从根本上阻断了通向存在者的希腊含义的道路,因为黑格尔的解释隐含了下述事实,即希腊哲学未曾思想过辩证的中介活动(Vermittlung),这说的即是意识未曾被思考为使现象成为现象的关键因素。当黑格尔如此思考之时(并且他的确这么思考了),黑格尔最终把将存在者经验为现象的希腊经验锁闭在外了。

他进一步说,希腊人拥有对直接之物的经验。但这对黑格尔而言意味着某种否定的东西,意味着开端者的贫乏:这些人尚没有经验到辩证的中介活动。

在希腊人和黑格尔之间发生过什么?

笛卡尔的思想。黑格尔说,思想凭借笛卡尔而第一次达到了"一个稳固的基础"[2]。事实上,笛卡尔做的事情乃是用**稳固性**来规定这一基础,——因此一个基础不再被允许如其从自身而来所是的那样去存在。实际上,笛卡尔放弃了基础。他为了稳固性的

① 原文为"was die griechische Philosophie in Wahrheit war",按字面应译为"希腊哲学实际上所是的东西",我们采取较为简洁的意译。——译注

② 在第 314 页上海德格尔也曾引用过这句话,但那时他说的是"陆地(Land)"而非"基础(Boden)"。"Boden"同时兼有大地和基底的意思。——译注

缘故而抛弃了它。这是什么样的稳固性呢？在笛卡尔那里，firmum[稳固的]的稳固性从何而来呢？他自己这样说：从 punctum firmum et inconcussum[稳固而不可动摇的基点]而来。Incon-
330 cussum[不可动摇的]，不可动摇的，即对认识而言、对意识而言、对 perceptio[感知]（笛卡尔使认识变成了 perceptio[感知]）而言不可动摇的。从这时起，人就被置入他作为**表象者**的位置中了。

当我们由此重又回到现象之上时，这个问题出现了：φαινόμενα[现象]通过什么而得以**可能**？答：通过ἀλήθεια[无蔽、真理]。希腊人是这样的人，他们直接地活在现象的敞开状态中，——通过这种被现象召呼的外显的、绽－出的本领而直接地活在现象的敞开状态中（现代的人、笛卡尔式的人，se solum alloquendo[独自与自己交谈]，只是自言自语）。

没有人曾再次达到希腊经验这样的高度，即把存在者经验为现象。为了对这种经验略知一二，人们只要想想这一点就够了：并不存在任何能够道说出在ἀλήθεια[无蔽、真理]之中的人之存在的希腊词语。也不存在与之类似的词语。在希腊诗歌中也不存在这样的词语；虽然在希腊诗歌中，人之存在达到了其最高峰。对此，人的这种存在被命名为**实存**（*existieren*）：这个词已经变得如此流俗，以至于它也蒙受了万般误解。如果不存在用以称呼这种绽出的实存的希腊词语，那么这并不是出于缺乏，而是出于过度。希腊人在其存在中归属于ἀλήθεια[无蔽、真理]，在这种ἀλήθεια[无蔽、真理]之中，存在者在其现象性（Phänomenalität）中把自身揭示出来。这就是他们的天命：Μοῖρα[命运]。

因为我们现在面对着**存在者**与**现象**之间含义的相似性，所以我们发问：哲学是如何从希腊人逗留在现象中间的激情中产生的呢？在何种程度上哲学只能并且确实只能[①]在希腊人那里诞生呢？哲学从何处获得那将它带上道路的第一股推动力呢？简言之：什么是哲学的开端？这些问题又回到了一个主要的问题上：在希腊人与无蔽之物意义上的存在者之关联中，存在着某种必然产 331
生出哲学（作为对存在者之存在的研究）的东西吗？

希腊人曾把存在者思为出于遮蔽状态的显象、思为从－遮蔽状态－中－出来（在φύσις[自然、涌现]的意义上）。尽管我们很难重新去实行他们的所作所为，但我们还是要问：在涌现－入-ἀλήθεια[无蔽、真理]这一事实中发生了什么？继而在φύειν[生长]这个词语中被一道命名的东西是什么？

是在场者的充盈与过度。在此人们可以回想一下泰勒斯的轶事：他是一个被群星世界之充盈深深打动的人，后者迫使他只把目光指向天空。在希腊的气候中[②]，人们被在场者之在场所征服，这种在场迫使人们提出有关在场者之为在场者的问题。希腊人把这种与在场状态之逼迫的关联命名为θαυμάζειν[惊奇]。[③]

最极端地与此相对，人们可以说，当宇航员踏上月球之时[④]，

---

① 原文为"kann und konnte… nur…"，意思是只在希腊人那里有产生出哲学的可能性(kann)，并且事实上哲学也只从希腊人那里产生出来了(konnte)。——译注

② 荷尔德林：致博伦多夫的第二封信，《作品集》，大斯图加特本，第六卷，第432—433页。

③ 参见柏拉图：《泰阿泰德篇》，155d。【"……因为'惊奇'这种经验确实是爱智者(哲学家)特有的。除了惊奇之外，哲学没有别的开端……"，引自《泰阿泰德》，詹文杰译，北京：商务印书馆，2015年，第34页。——译注】

④ 就在举办此次讨论班的同年(1969年)7月21日，美国宇航员登上了月球。——译注

月亮*之为*月亮消隐不见了。月亮不再升起，也不再落下。它只不过是人类技术事业的一个计算量。

我们可以清楚地看到，在所有这一切中起决定性作用的是：褫夺（Privation）——即ἀλήθεια［无蔽、真理］的α［褫夺性前缀］——与过度相应和。褫夺并非否定。φύειν［生长］这个词所描画的东西越强大，则它所从出的源泉，即无蔽中的遮蔽，也就越强大有力。

所以，总是需要强调一下哲学所从出的全然过度（gänzlich Übermäßigen）的维度。事实上，哲学即是被在场状态之过度所打动的人的回应，——一个本身就是过度的回应，它引向了一个更加
332 确切的刻画：哲学之为哲学并不是希腊式的，而是绽出之实存的一种*超希腊*的方式。这么一来，泰勒斯轶事的第二部分就可以被理解了，他被他所看到的东西深深打动，以至于他不再注意脚下的寻常事物从而掉到了井里。我们总结一下：希腊人依据一种方式让自己进入ἀλήθεια［无蔽、真理］之中，这种方式即：他们通常都忙碌于ἀλήθεια［无蔽、真理］*之中*。与此相对，那些更加希腊的希腊人，那些是哲学家的希腊人，则*与*ἀλήθεια［无蔽、真理］打交道，诚然，这些人也还没有走得够远从而提出*有关*ἀλήθεια［无蔽、真理］（本身）的*问题*。

于是我们提出了这个问题：ἀλήθεια［无蔽、真理］在何种形态中以及在多大程度上对希腊人而言是可见的？答：在νοεῖν［思想、觉知］与εἶναι［存在］之τὸ αὐτό［同一者］的形态中，就像巴门尼德的教诲诗所表达的那样。

这个答案导向了有关希腊意义上的*认识*的问题。在希腊语中，认识被称作νοεῖν［思想、觉知］和ἰδεῖν［观看］，——因为这两者

都描画出了那种向着从自身而来给出自身者的敞开(Offensein)。从这点出发,就可以理解巴门尼德的τὸ αὐτό[同一者]与赫拉克利特的λόγος[逻各斯]之间的应和关系了:这两者都命名了那种存在在其中允诺(zuspricht)的聚集。

因此[这个问题[①]的]答案必定是:对于希腊人而言,ἀλήθεια[无蔽、真理]作为λόγος[逻各斯]是可见的,——而λόγος[逻各斯]的意思比"言说"要本源得多:让在场(Anwesen *lassen*)。

我们曾经从这个问题出发:"存在问题"的意思是什么?如果人们以形而上学的方式把这个问题理解为有关存在者之存在的问题的话,那么,这个问题甚至就会导致:有关存在之为存在的问题根本不会被提出来。

为了与上述观点对比参照,我们来做一个研究。我们研究的是对有关存在者之存在的形而上学问题做出的一个出众的回答:柏拉图的回答。

Εἶδος[相、理念]是存在者之存在,就像在现代,理念(die *Idee*)在笛卡尔式的含义中也是如此。Εἶδος[相、理念]——作为对"什么是存在者之存在"这个希腊问题的第一个回答——是什么?从我们迄今为止的所思虑的东西出发,要怎样来理解这个回 333
答呢?

这本书的存在竟然是"理念",这完全是不可理解的!对柏拉图而言,这本书是一个μὴ ὄν[非存在者]。然而它并非οὐκὄν[不存在],并非虚无,并非不存在者,因为它就在此处。不过,因为它

① 指再前一段的问题。——译注

不是那个让它作为它所是的这个存在者而存在的东西，所以它并不是一个存在者。

这本书只是一种特定的让书之本质可被感知的方式。在此，我们必须区分开οὐκὄν[不存在]与μὴ ὄν[非存在者]，区分开否定与褫夺。褫夺通过一种缺乏而表现出来，而这种缺乏显露在εἶδος[相、理念]与εἴδωλον[影像]的区分之中。这本特定的书并不是εἶδος[相、理念]，而是εἴδωλον[影像]。

诚然，有着许许多多的书，这些书都不是这本特定的书，但仍然还是书。什么是书的纯粹本质？在何种意义上可以说，εἶδος[相、理念]是ὄντως ὄν[存在着的存在者]？在眼下这本书的情况中，最极端的过度何在？柏拉图的理念在哪一点上与希腊人称为在场状态、称为οὐσία[实体、在场]的东西精确相应呢？

屈从于变化，发生改变，这就是自行远离于更早先的东西：离场而去(abwesen)。理念本身是纯粹的在场状态，是从不离场的在场状态，是一种持续地自身当下化。这即是在过度之中在此的东西：现身在场着的在场状态，——这就是ὄντως ὄν[存在着的存在者]。对此，尼采有着强烈的感受，尤其是在"'真实世界'最终如何变成寓言"(《偶像的黄昏》)这个文本中①。

接下来要注意，在柏拉图那里，"存在着的东西"(das Seiende)倒不如说必须始终在动词意义上被理解：存在着(das Seiend)，而不是在名词意义上来理解：存在者(das Seiende)。

我们绝不可以丧失这一洞察，即对φαίνεσθαι[显现]与ἀληθές

① 尼采：《作品集》(大八开本)，第八卷，第82—83页。

[真的]的种种规定充分展现在柏拉图的εἶδος[相、理念]之中。人 334
们总是被诱惑着要在ἰδέα[相、理念]之中听出ἰδεῖν[观看]，而同时，拥有优先性的是外观(Aussehen)——这种标识出事物的样式和方式——而非人们对事物持有的以及只能从事物中构作出来的观点(Ansicht)，——因为，外观才首先给出观点。没有什么东西比叔本华对柏拉图的谈论(指的是那句有关荒漠的话：荒漠实存只归因于我思想它)更加非希腊的了；亚里士多德说的与叔本华相反：即便没有人看到星星，它们也并不因此就不再发光。[①]

现在，《存在与时间》里的存在问题[②]说的是什么呢？《存在与时间》问的不是：什么是存在者[是者]？而是：什么是"存在[是]"？

人们马上就碰到困难了。事实上，当"存在"是着[存在着]的时候，它就会是一个存在者[是者]了！而另一方面，当它不是[不存在]的时候，它就会是单纯的、空洞的判断系词了吗？

人们必须走出这个疑难。从纯粹的语法角度来看，"Sein"不只是一个动词，它还是一个助动词。但人们若不拘泥于语法层面来思考的话，人们必定会问：存在(*Sein*)，作为动词不定式，只是从"是(ist)"中推出来的一个抽象物吗，——或者，只有当存在事先

① 《形而上学》，Z卷，1041a。【"即便我们没有见过星辰，我们也应会想象它们是一类永存本体"，参见《形而上学》，吴寿彭译，北京：商务印书馆，2011年，第177页。——译注】

② 在这里，海德格尔举出"was *ist*…？[什么是……？]"这一句式为例，并主要就"sein"这个词的系词用法来讨论，所以我们即便在采用"存在"译法的时候也会在方括号内补上"是"的译法，或是相反。而且，海德格尔在此处还强调了"sein"和"ist"、即动词不定式和动词第三人称单数的差别，因此我们有时不得不将前者译为"存在"，后者译为"是"，以突出这一差别。——译注

就已经展开而且成为敞开可通达的之时，人们才能说“是”？

所以《存在与时间》才从是存在之意义的角度来开展这个问题。

在《存在与时间》中，意义具有一个完全明确的含义，尽管它在今日已变得不够明确了。“存在意义”说的是什么？它以“存在理解”所展开的“开抛领域（Entwurfsbereich）”为出发点而得到理解。另一方面，“理解（Verständnis）”必须在本源的意义上被把握为站在……前面（*Vorstehen*）[①]：在……之前停留，停留在与人们处身其前的事物相同的高度，并且变得足够强大去承受这种停留。[②]

335 “意义”要从“开抛”出发来理解，而“开抛”又是被“理解”说明的。

这句话的不恰当之处在于，它很可能使得“开抛”被理解为人的成就；相应地，开抛就只能被当作主体性的结构，——这就是萨特依靠笛卡尔所做的事情（在笛卡尔那里，ἀλήθεια[无蔽、真理]不再显露为ἀλήθεια[无蔽、真理]）。

为了应对这种错误的把握方式，并且为了保持住“开抛”一词所秉有的含义（即开启性的展开活动这种含义），《存在与时间》之后的思想已经用“存在之真理”来替换“存在之意义”这一表述了。为了避免一切对真理之意义的扭曲，为了排除将真理理解为正确

① 这是一个文字游戏，名词“理解（Verständnis）”的动词是“Verstehen[理解]”，海德格尔将之解为“Vorstehen[站在……前面]”。这两个词只有一个字母不同。——译注

② 参见《存在与时间》，第143页。

性的做法，我们必须用“存在之地方（Ortschaft）”来阐释“存在之真理”，——真理作为存在之地方性（Örtlichkeit）。这当然已经预设了一种对位置之位置存在（Ortseins des Ortes）的理解。由之而来，存有之地形学（*Topologie des Seyns*）这一表述就应运而生了，比方说，可以在《从思想的经验而来》之中发现这一表述；也参看由弗朗茨·拉勒泽（Franz Lareze）编辑的文本：“艺术与空间”①。

9 月 4 日

首先，我们对 9 月 2 日的记录进行了一些补充。

我们过于草率地掠过了ὑποκείμενον［基底］与φαινόμενον［现象］之区分。那个时候我们没有足够地强调这两者在彼此偏离之中的关联：

a）φαινόμενον［现象］事实上已经与ἀλήθεια［无蔽、真理］有关联，并且总是预先把ἀλήθεια［无蔽、真理］设置为它的视域了，而ἀλήθεια［无蔽、真理］总是事先已经以λέγειν［言说］为出发点而被理解了（甚至在荷马那里也是这样；对此请参见“黑格尔和希腊人”②）。对希腊人自己而言，第一次并且决定性地将ἀλήθεια［无 336
蔽、真理］理解为λόγος［逻各斯］之ἀλήθεια［无蔽、真理］的经验封堵住了将ἀλήθεια［无蔽、真理］思为ἀ-λήθεια［去－蔽］（作为无蔽状态）的可能性；即［思为］澄明的可能性。在此处重要的事情是，

---

① 目前收录于全集第 13 卷《从思想的经验而来》；亦有克罗斯特曼出版社出版的德－法双语对照单行本行世。——译注

② 《路标》，1976 年，第 271 页。【这是《路标》初版时的页码，现在通行的《路标》较初版有所增补，页码随之改变。全集版页码为：第 9 卷，第 443 页。——译注】

只有存在之澄明这一想法能够带来那为了让λόγος[逻各斯]本身得以被理解所必须的清晰性。

b)ὑποκείμενον[基底]是存在者(因而是φαινόμενον[现象]),然而只在它明显地在一种λέγειν τι κατὰ τινός[就一物来言说另一物](一种“就……来言说……(etwas über etwas sagens)”)之中被把握时才是存在者。这提示了我们:亚里士多德有关语言的研究以某种方式完成了对语言的最具开端意味的解释,这种解释早就已经支配着荷马的诗歌(作为史诗(als *epische* Dichtung))了。命名在希腊语中总是事先就已经意味着陈述;而陈述说的即是让某物作为某物来为人知晓。这种对语言的理解预先就确定出了荷马的诗歌运作于其中的区域(对此,我们仔细思索一下马拉美说过的一句话,它出自亨利·蒙多的《马拉美传》第683页:“诗歌自伟大的荷马时代以来就已经彻底地远离正轨并走上歧途了。”)。

所以海德格尔强调说,命名对荷尔德林而言则相反,它是一种呼唤,这样一来,那种从根本上说是非诗性的对语言的希腊解释就被确定下来了。但尽管如此,没有任何诗歌比希腊诗歌更加伟大!

然而有一件事是确定的:将道说(Sagen)把握为陈述(Aussagen)的做法阻断了我们去理解诗之本质的道路。读读亚里士多德的《诗学》就可以知道这一点了。

第二点:我们再一次进入εἶδος[相、理念]和εἴδωλον[影像]的区分之中,并且关注一下:在εἴδωλον[影像]之中现身在场的缺乏,其本质即是去改变εἶδος[相、理念]的在场状态。对柏拉图而言,制作出拐杖的木头与其说是承担了εἶδος[相、理念],不如说是

模糊了εἶδος[相、理念]。举个例子会更加清楚。如果我——继续 337
压制拐杖的εἶδος[相、理念]——把这个特定的拐杖浸入水中：那么拐杖就“毁坏了”。这样一来人们就可以说，对柏拉图而言，拐杖的木头毁坏了拐杖的εἶδος[相、理念]；这一毁坏的结果就是这里的这个特定的拐杖，一个拐杖的影像：μὴ ὄν[非存在]。——在这些补充[①]的最后，我们还提到：εἶδος[相、理念]在亚里士多德那里变成了μορφή[外形]（μορφή[外形]包含了ποίησις[制作]）；以及：ὕλη[质料]对于μορφή[外形]而言就是其何所从出（比如，木头对于拐杖-εἶδος[相、理念]而言）——在此我们可以清楚地看到，亚里士多德在对存在者的分析中强调了制作性的特征（poietischen Gepräges）。

重新接上讨论班：

上次讨论结束的时候，我们正在回顾《存在与时间》之中的存在问题是如何被带上道路的。现在海德格尔要展示出通向这部作品之产生的思想过程。

讨论开始，他提到了下面这种方法的本真名称：“拆解（Destruktion）”，它必须被严格理解为 de-struere[解－建构]、“解－建构（Ab-bauen）”而不是毁掉。

然而什么要被解建构呢？答：那掩盖了存在意义的东西，那使存在意义不可认识的相互叠加的诸种结构（Strukturen）。

进一步，拆解致力于开放出开端性的存在意义。这种开端性

---

① 指这一天记录开头说的“对 9 月 2 日记录的补充”。——译注

的意义即是在场状态。这种意义贯通支配了一切希腊式的对存在的理解，但后者却不知道这一点。当柏拉图把ἰδέα[相、理念]规定为ὄντως ὄν[存在着的存在者]的时候，他以一种决定性的方式将存在者之存在确立为现身在场着的在场状态（anwesende Anwesenheit）。

但这种用在场状态来规定存在意义的做法遮蔽了一种**时间性**
338 **的**要素。这就要求那种追问存在意义的思想明确地去提出有关存在**与**（UND）时间之联系的问题。

到了问题的这一步，又出现了一个新的困难：这里涉及的是何种时间，要如何去思这种时间？现在的情况是：亚里士多德写下了《物理学》（卷四）这个对于一切有关时间的哲学思考来说都是奠基性的篇章。人们能够把《存在与时间》的问题提法与亚里士多德的研究关联起来吗？不能。因为亚里士多德是以希腊式的存在解释**为出发点**来思考时间的，——而这个出发点早就（作为在场状态）以一种时间规定为基础了。换句话说，亚里士多德提出了关于时间的问题：什么是时间？——而以这种方式真正要问的是：什么是在时间中存在着？而他没有考虑到这一情况：在这种[对问题的]限定中①，早就已经有一种时间性的先行规定悄悄地一道起着作用了。

一切截至黑格尔的形而上学都坚持，每次都以对存在者之存在的主导性解释为出发点来思考时间。例如在康德那里就是这

① “限定”指的是将“什么是时间”这个问题限定为“什么是在时间中存在着”。——译注

样，时间在对－立性（Gegen-*ständ*lichkeit）[①]的视域中被把握为：那种在持续不断的现在之流变中始终停驻的东西（*was sich ständig hält*）[②]。

所以在形而上学中，首先是在亚里士多德那里，确实存在着一种有关时间之沉思的短路（Kurzschluß），后者呈现出了被《存在与时间》称为存在意义之掩盖的东西。于是思想必须尝试着以一种新的——非－形而上学的——方式去思考时间并将之带上道路。这种方式不再被时间的存在性这一存在学前提（die ontologische Voraussetzung der Seiendheit der Zeit）暗中引导。这一存在学前提影响了形而上学的时间概念，其后果是：这种时间概念完全以在场者为中心（事实上，只有在场者存在（*ist*）；在在场者的两边，曾在性与将来性被规定为对存在的缺乏，因此它们是μὴ ὄντα［非存在］）。

一种有关时间的非－形而上学思想是如何可能的？凭借对此在之时间性的分析而得以可能。时间性的本质特性就居于绽出（Ek-stase）之中，这即是说，居于此在对ἀλήθεια［无蔽、真理］的奠基性的展开状态中。事实上，绽出无非是此在与ἀλήθεια［无蔽、真理］的关联，而一切时间性都源出于这种关联。 339

这样的话，时间就不再被看作是现在瞬间的延续，而本身就是存在理解的视域。此在分析论就这样提供出了必要的手段，让我

---

① 即“对象性”。——译注

② 从字面上看，“对－立性”和“始终停驻的东西”这两个词里都含有“ständ”这个部分，就因为它们字面上的重合，所以海德格尔在此处顺理成章地说形而上学是以“存在（即对象性）”来解“时间（在变化中始终停驻的东西）”的。——译注

们能够把存在意义限于其非－形而上学的含义中。借此，拆解就达到了它的目的。不过现在可以看到，种种对开端性的存在意义的掩盖与它所掩盖起来的东西之间保持着一种本质性的关联。形而上学的历史因此获得了一种彻底不同的含义。从现在开始，形而上学史上的各个基本立场就能够被积极地理解为彼此相续的、每次都是全新的对开端性意义的转换，这些转换共同归属于一种独一无二的天命统一性中，——由此而来就有了存在之天命这个名称，用来指存在之世代(die Epochen des Seins)。

在形而上学史呈现出来的存在遮蔽史中，思想能够跟随着存在本身的历史，并借着路途中的下一步——即把存在之为存在收－入－眼－中——而踏出一个新的开端。

9月6日

这天早上罗杰·穆尼耶才来到了我们这里。海德格尔想要讨论他1966年9月11日[1]曾在这里提出的七个有关技术的问题。

340 这七个问题是：

1)在“泰然任之”一文中，您谈到了“隐蔽在现代技术中的力量”[2]。什么是这种我们尚不知应该冠以何种名称的力量，这种“并非由人类产生的力量”[3]？它在其起源处是积极的吗？

---

① 在1966年勒·托尔讨论班的过程中。

② 《泰然任之》，1959年，第20页。【全集版页码为：第16卷，第523页。——译注】

③ 《泰然任之》，前揭，第21页。【全集版页码为：第16卷，第524页。——译注】

2)您似乎承认了一种必然性,如果不归属于这种力量,那么至少要以某种方式应和之,要把一种被这力量引入到人与世界之间的新的联系接受到人性之中。

在这个语境里,您说过的有关"黑贝尔,家之友"的话就显得意味深长了:"我们今日在一个缺乏家之友的世界之家中迷误了——也就是那种家之友,他们以同样的方式和强度倾心于那以技术方式被扩建的世界建筑,以及那适合于更加本源的居住的作为家的世界。我们缺乏的正是这种家之友,他们能够让自然的可计算性与技术重又庇护到敞开的神秘中,后者属于一种重新被经验的自然之自然状态。"[①]什么样的思想者才可以帮助我们,使这两个互相变得陌生的"领域"——它们"越来越远地分道扬镳":"可以用技术来加以支配的科学的自然,以及人类居住的……自自然然的自然"——和解?[②]

一句话,谁可以去规定一种新的立足本土之状态[③]的条件呢?

3)"泰然任之"这种顺应自身的态度首先包含着一种小心翼翼的警觉。它是向着神秘的敞开,对着未知者的敞开,这未知者为我

---

① "黑贝尔,家之友",1957 年,第 31 页。【全集版页码为:第 13 卷,第 146 页。译文引自《从思想的经验而来》,孙周兴、杨光、余明锋译,北京:商务印书馆,2017 年,有改动。——译注】

② "黑贝尔,家之友",前揭,第 30 页。【全集版页码为:第 13 卷,第 146 页。译文引自《从思想的经验而来》,前揭,有改动。——译注】

③ "立足本土之状态"原文为"Bodenständigkeit",该词难以移译,有多种译法:"扎根/扎根状态",见于巴姆巴赫著《海德格尔的根》,张志和译,上海:上海书店出版社,2008 年;"乡土情结",见于全集第 13 卷《从思想的经验而来》;本书英译本将之译为"rootedness"。——译注

们呈现出被技术支配的世界，而我们正向着这世界走去。泰然任
341 之首先是拒绝去谴责这个世界。不过，它还不止于此。您明确说过，这种“另一种与物的关系”是技术世界[以及]“对机器的制造和利用向我们要求的……尽管如此，它也不是毫无意义的。”[①]您怎么理解这一点？

4）换句话说，应当如何去规定那种被归于技术对象的含义？其意义已经不限于在提高我们的物质生活条件，并且进而以此方式使我们向更高的使命保持开放这两个方面为我们带来改善了吗？这些技术对象本身拥有含义吗，何种含义呢？

5）如果人们只是想要将那种（展现出不断扩散的趋势的）危险收入眼中：那么人们是不是就不可以说，正是这种过度了的扩散本身把我们带回到对质朴者的关注中？

技术物的迅速传播是不是最终将不会带来一种本质性的贫乏，从这种贫乏出发，即便处于迷途弯路上，人类也将会转回到其本质的真理中？

6）或者我们将接受这一事实：从人凭借其对自然施加的强力所造成的经验出发，人之本质的一个新的维度将被揭示出来？对世界和对自然现象的科学解释让人类日渐失去已经无法忆及的自然本性。但是，在这种本质使我们去注意到那现在和将来都被支

---

① 《泰然任之》，前揭，第 25 页。【全集版页码为：第 16 卷，第 527 页。这里的文字与 GA16 中的原文有些许不同，原因是穆尼耶在引用的时候只引用了原文的部分字词，然后把这些片语插入自己的话中间，导致句子结构发生改变。按全集版翻译，这一句应为：“对机器的制造和利用虽然向我们要求另一种与物的关系，但这种关系并不是毫无意义的。”——译注】

配的世界之显象所显示的东西之际，——在另一些更加本源的表达出神秘(Geheimnis)的方式由此被展开之际(这种神秘同样也由这些更加本源的方式所见证)，这又有什么害处呢？我们会把何种含义赋予那种对我们生活于其中的世界的全新而且非诗性的直观呢？

7)前面提及的一切，事实上还都基于猜度之上。我们并不比 342
第一次追问其强力与日俱增的技术世界的意义之时走得更远。我们是否可以希望，这种意义在与人之本质的协调一致中明亮起来，或者它必定通过其自身而对我们保持锁闭？如何去理解这句话："技术世界的意义自行遮蔽起来"？①

在宣读过这些问题之后，海德格尔回忆道，这些问题三年之前就以书面的方式被提交给他并且至今还尚未被回答。

自那以后流逝的时间足以刻画这些问题所抛出来的困难了。这些问题不是轻易就能够被回答的。也许要紧的事情首先是：为这些问题所预设的正确的问题提法做出准备；换句话说：去展开有关技术之本质的问题。

由于幸运的偶然，前两次已经在勒・托尔开始了的讨论工作现在在"康德的存在论题"②这个文本的主题中得到了深化；这个文本研究了一种存在解释，这种存在解释(即使是以一种不为人知的方式)为一切现代科学及其技术特性奠定了基础。

---

① 《泰然任之》，前揭，第 26 页。【全集版页码为：第 16 卷，第 527 页。——译注】

② "康德的存在论题"，载《路标》，1967 年，第 273—307 页。【全集版页码为：第 9 卷，第 445—480 页。——译注】

因此，我们在一开始就立即拥有了一个问题－统一体（Frage-Einheit），一方面，将存在解释为设置的现代做法在其中被表达了出来，另一方面，全部自明的前提也在其中被表达了出来，这两者可以说是为现代技术之思提供了温床。

这种统一体明确地显现在康德的一个文本中：《自然科学的首要形而上学基础》[①]的前言，——其标题就已经显示出了对两个领域的统一。

343 海德格尔附带评论道，康德的这个导言，对于一个讨论班来说可能是一个别具一格的文本：事实上，它已经着手讨论了动变的难题（das Problem der Bewegtheit），——这个难题在亚里士多德的《物理学》中就已经居于中心位置了，——但这个难题在康德的范畴表中却再没有被处理。这是值得一思的事情，是现代的标志。这再次说明，动变与存在之关联在康德那里还是未被展开的。

所以，在这里的这个突出的例子中，人们看到了同时去思技术问题和存在问题的困难，或者不如说看到了在其相互关联中去思这两个问题的困难，——尽管如此，这两个问题还是密不可分地相互纠缠在一起。

于是在宣读过上一次的讨论记录之后，真正的讨论从阐释“存在之被遗忘状态”开始了。

人们通常在某人忘掉了某个东西这个意义上来理解“遗忘”，就好像他们把伞落在了某个地方一样。遗忘存在并不是这个意思。

---

① 有邓晓芒中译本，书名被译为《自然科学的形而上学基础》。——译注

“遗忘”和“被遗忘状态”必须始终从Λήθη[遮蔽]和ἐπιλανθάνεσθαι[忘记]出发来理解，——这两个词都不包含任何的否定特性[1]。

例如，当赫拉克利特说：Φύσις κρύπτεσθαι φιλεῖ[自然喜欢隐藏]，“自行遮蔽是显现之运动的最内在本质”之时，就是这样。趁这个机会我们来评论一下翻译：φιλεῖ[喜欢]不能用“喜爱”来复述(如果“喜爱”在存在者层次上被理解为偶然的倾向的话)。Φιλεῖ[喜欢]在此说的是：“对……而言是本质性的，从而得以展开其固有的存在”。

所以这个残篇说的是：“涌现拥有遮蔽状态作为归属于它的必然性。(das Aufgehen hat als zugehörige Notwendigkeit die Verborgenheit)”。在让·波弗勒的翻译中是这样的：Rien n'est plus propre à l'éclosion que le retrait [对涌现而言，没有什么比遮蔽更为本己的了]。或者这样译更好：Rien n'est plus *cher* à l'éclosion que le retrait[对涌现而言，没有什么比遮蔽更为**亲密**的了]。

这就是有关赫拉克利特那里的Φύσις[自然、涌现]的别具一 344
格的认识。然而什么叫Φύσις[自然、涌现]？它的意思什么？

Φύσις[自然、涌现]的意思不仅仅是 Natura[自然]，——尽管在 Natura[自然]中 nasci[诞生]明显地被强调了出来，但其中还完全缺乏遮蔽状态，——它的意思是ἀλήθεια[无蔽、真理]本身。

---

① 指从构词上看，这两个希腊词本身均不包含有否定性的语法成分。相反的例子即是ἀλήθεια[无蔽、真理]，它有一个否定性或褫夺性的前缀“α-”。——译注

在赫拉克利特的这句话中，“被遗忘状态”的全然积极的意义仍然还充分地闪现出来。这让我们看到：存在并不“甘于落到－注意力－之外”，而是自行把自身遮蔽到如此的程度，以至于它变得昭然可见了。在我们重申了这一点之后，就可以再次着手对“有关存在的问题”进行研究了。

“有关存在的问题”依传统而言就意味着有关存在者之存在的问题，换句话说：有关存在者之存在性的问题——存在者在这种存在性中着眼于它是存在着的（hinsichtlich seines Seiendseins）而得到规定。这个问题就是形而上学的唯一（*die*）问题。

然而，《存在与时间》让“有关存在的问题”获得了一个完全不同的意义。在那本书中涉及的是有关存在之为存在的问题。这个问题在《存在与时间》中被主题性地冠以“有关存在意义的问题”这个名称。

后来这个表达被放弃了，这乃是为了“有关存在之真理的问题”这一表达的缘故，——最终是为了“有关存在之位置（Ort）或地方（Ortschaft）的问题”这一表达的缘故，——“存在之地形学”这个名称就源出于最后这个表达。

这三个相互接替的词语同时描画出了思想道路的三个步伐：

意义（SINN）－**真理**（WAHRHEIT）－**位置**（ORT）（τόπος［位置］）

如果要澄清有关存在的问题的话，那么，那个将这三个相续的表达连接起来的东西以及将它们区分开来的东西就必须以必然的方式被展开。

首先是真理。

要注意，当真理被理解为一个陈述的正确性的时候，“存在之 345
真理”这一表述就是无意义的。相反，真理在此被理解为“无蔽”，更确切地说，如果人们把自己置于此在的观看方式中的话，那么真理在此就被理解为澄明。存在之真理说的就是存在之澄明。

这种变化让真理替代了意义，那么，什么在这种变化中以及经由这种变化而发生了？

“意义”首先究竟意味着什么？意义在《存在与时间》中通过开抛领域而被规定；而开抛乃是此在之实行，即在存在之敞开状态中绽－出的内立状态[①]。在绽出之实存中，此在开启出意义。从《存在与时间》中产生出来的思想——它为了存在之真理的缘故而放弃了存在之意义这个词语——在后来强调的是存在本身的敞开状态，而非面对存在之敞开状态的此在之敞开状态。

这就意味着“转向(die Kehre)”。在其中，思想总是更加坚决地转向存在之为存在。

那么现在，什么是那种把意义与真理(作为无蔽状态)统一起来并让它们相互关联的连接者呢？

意义在流俗的理解中叫作：含义。例如，在弗朗茨·冯·布伦

---

① 我们按“Inständigkeit”这个词的字面取“在里面－站着的”(in-ständig)的意思；同时，ständig 亦有“持续不断地”的意思，于是也有“在里面－持续不断地”(in-ständig)的意思。合起来说，即“持续不断地”“站在”敞开状态(澄明)“之中”。我们没有取这个词的本义：“急迫、紧急状态”；英译本则选择了后一种译法，译为“instancy”。——译注

塔诺[1]的著作标题中就是这样的:《根据亚里士多德论存在者的多重含义》。在此,意义被理解为给予意义,这即是说被理解为赋予含义。胡塞尔《逻辑研究》的"表达与含义"一章也处理了"给予意义"的行为。

然而,《存在与时间》的目的并不在于阐释一种全新的存在之含义,而是去敞开对存在这个语词的倾听,——让自身被存在征用。为了去是此(das Da zu *sein*),关键的事情就在于:去被存在征用。

346 不过这里出现了一个问题:存在会言说(*spricht*)[2]吗?而且我们不是已经在冒着把存在降格为一种会言说的存在者的危险了吗?然而,谁决定了只有存在者能够言说?谁估量过语词的本质?显然,这些考虑会把我们径直引向一种新的沉思,去沉思这句话:"在通向语言的途中"。

不过,有一件事已经在这些提示中自发地显露出来了:我们全部的考虑都是从一个基本区分出发的,它可以被这样表达:存在不是存在着的(das Sein ist nicht seiend)。

这即是存在学差异。

---

① 弗朗茨·冯·布伦塔诺(Franz von Brentano,1838—1917年):德国哲学家、心理学家,著有《经验立场的心理学》《根据亚里士多德论存在者的多重含义》等著作。他的学生中人才辈出,胡塞尔、弗洛伊德、迈农、施通普夫等人均直接受教于他,海德格尔则是通过其著作而间接受教。——译注

② "被存在征用"(vom Sein im Anspruch nehmen werden)中的"要求"(Anspruch)一词其动词原型为"称呼、召呼"(ansprechen),后者词根为"言说"(sprechen),故有此处一说。——译注

要如何理解它呢？在差异之中，即在διαφορά[差异]之中，有着：某物从另一物上分离，保持在它自己的那一边。存在学差异让存在与存在者在彼此的间距中保持在一起。

这种差异不是由形而上学创造出来的，它反而维持并担负着形而上学。用康德的话说，存在学差异是存在学的可能性条件。

为什么存在学差异没能成为形而上学的主题？因为，如果存在学差异成为了形而上学的主题的话，那么它就会是一个存在者而不再是存在与存在者之间的区分了。于是这就很明显了：狄尔泰的对一种形而上学之形而上学的筹划是不可能的。

人们可以简短地总结说：存在与存在者之间的差异，以一种根本上被遮蔽着并且从未被主题化的方式，贯穿并支配着一切哲学。然而，自从思想试着借助《存在与时间》去获得对存在之为存在的倾听以来，自从存在学差异由此明确地成为主题以来，我们难道不应该说出这句奇特的话："存在不是(ist nicht)存在着的"，即："存在是(ist)无(Nichts)"？

这个句子从这个角度来看是奇特的：存在被说及，说存在"是 347
(ist)"[怎么怎么样的]，然而同时又只有存在者是(ist)[怎么怎么样的]。差异不屈不挠地抵抗着将差异作为差异来道说的尝试；存在则抵抗着将存在作为存在来道说的尝试。

海德格尔指出，在此最好不要使用"是(ist)"[1]这个词——并且简单地写下：

---

① 这两段里海德格尔再次强调了"sein"或"ist"的系词用法，所以中译也尽量强调出系词用法，包括添加出"[怎么怎么样的]"来表示德文系词后面省去了的表语。但我们依然折中了一下，并没有做出"是不是是着的"这类的句子，而宁愿采取不一致的译名(译为"存在不是存在着的")，为的是使译文读起来顺畅一些。——译注

是 ［存在］（Sein）：无（Nichts）

但是人们难道不会反驳说，这些表达（我们刚才已经强调过其奇特性）事实上已经出现在形而上学中了？例如，黑格尔不是在《逻辑学》[1]的开头说过："因此，纯存在和纯无是一回事"？这里首要的任务是正确地去理解这句话。然后更加深入地去发问：在黑格尔和这种表达这里，存在与无之间能够有着何种关联，并且那种以外在于形而上学的方式来研究存在学差异——作为形而上学之被遮蔽的源泉——的做法已经导向了这种表达？为了探讨这一问题，讨论班现在来追问一下上面提到的那句话在黑格尔思想中的**位置**。

这句话在《逻辑学》的开端处。这个标题真正说的是《逻辑的科学》。这个表述是从一种认识的视域出发而言说的（黑格尔说这种认识涉及的是上帝在创造之前的思想，从而使这种认识更加直观了）。

这种认识拥有一个确切的哲学含义。它不是自然科学意义上的认识。毋宁说它关联于那样的一种认识，在其《知识学》（1794年）中，费希特从这种认识得出了其思想的中心与关节点。

它是比一切有关对象的认识更加本源的认识，是一种**自身**认
348 识。在费希特那里，对笛卡尔的 cogito［我思］（它只在被扩展为 cogito me cogitare［我思思想我］的时候才是 cogito［我思］）的绝对化导致了**绝对认识**。

绝对认识是绝对确定性所在的位置，绝对认识在这个位置上认

[1] 第一册，第一部分，第一章，C 1。

识它自己本身。只有这样,有关认识的“科学”或者对认识的认识才能够被理解,——现在,后者变成“哲学”恰如其分的同义词了。

所以,黑格尔的陈述所出现的位置就能够被精确地确定了:它即是意识,即意识到其自身的存在的位置(der Ort des seiner selbst bewußten Seins)。意识到其自身的存在的建制(Verfassung)包括了这一点,即:就意识在更加本源的层面上是意识到其自身的存在而言,只存在关于对象的意识。更确切地说,——在此我们可以认识到康德对笛卡尔的课题的贡献——:一切确定性都源出于自身-确定性这个中介。换句话说,一切有关对象性的认识首先都是一种关于自己本身的认识。

现在就清楚了,为什么在黑格尔那里存在是未被规定的无中介者(Unmittelbare)[1]。与那种仅仅是对……的意识(就其首先和本源地是意识对其自身的反思而言)相对,存在是那种对于意识来说径直**被迎面设置的东西**。着眼于作为中介活动的意识来看,存在就是无中介者。着眼于作为规定活动的意识来看,存在就是未被规定者。所以在黑格尔那里,存在就是绝对者之绝对异化的环节。因此,无就是与存在同一的东西(das Selbe)。这应当这样来理解,即无完全就像存在一样本源地从意识出发而得到把握。

而讲演“什么是形而上学?”从一开始就有着一个完全不同的出发点。事实上,那个讲演谈论的并不是意识这种意识到其自身的存在,而是在谈论此-在。

最后还剩下最困难的一步,在两个多小时的讨论之后,大家都 349

① 或译为“直接者”。——译注

已经没有力气继续讨论下去了，即继续去追问对不存在者（Nicht-seienden）、即对无（Nichts）的经验在“什么是形而上学？”和在黑格尔的命题中的区分。

讨论以一个对“究竟为什么存在者存在而无反倒不在？”这句话的提示结束。这个第一次由莱布尼茨说出的句子，它第二次被谢林、第三次被“什么是形而上学？”这个讲演接过来并着手讨论了。

思考一下这个被三次说出的句子每一次说的都是什么，此即踏上一条通向新的存在理解的道路，——毫无疑问我们能借此去充分地探讨技术问题，而后者已经被我们这个讨论班的工作开启了。

9月7日

黑格尔的命题“因此，纯存在和纯无是一回事”使用了存在与无这两个词语，就像讲演“形而上学是什么？”也使用了它们一样。问题由此出现了：在多大程度上能够在形而上学之内和之外来使用相同的名称？对此，海德格尔翻到了《在通向语言的途中》的最后一页：

“一种萌发的语言转换的可能性已经进入了威廉姆·冯·洪堡的思想范围之内。洪堡的论著《论人类语言结构的差异……》的一些话证实了这一点。正如他弟弟在前言中所说的，为了这部论著，洪堡‘孤独地，在一座坟墓的边缘’思殚力竭，直至去世。

我们不得不敬佩威廉姆·冯·洪堡对语言之本质的探幽入微
350 的洞见。洪堡说：‘把已经现成的语音形式应用到语言的内在目的……这在语言形成的中间阶段被认为是可能的。通过内心领悟和对外部环境的改善，一个民族也许能够赋予它所传承的语言以一个如此不同的形式，以致语言因此就会成为一种完全不同的新语言。'(第 10 节，第 84 页)在稍后的一段文字中(第 11 节，第 100 页)，洪堡写道：

'并没有改变语言的语音，更没有改变语言的形式和规则，时代通过不断增长的观念发展了，增强了思维力和不断深化的感受能力，往往把它以前所不具有的东西引入语言中。进而把某个不同的意义置入相同的外壳中，把某种不同的事物置于同一标志之下，根据相同的连结法则来说明不同层次上的观念过程。这乃是一个民族的文学的永恒成果，而在文学中，首要的乃是诗歌和哲学。'"①

这一文本显示出这样的一种可能性，即一种形而上学语言不用变换表述就能够成为一种非形而上学的语言。由此，讨论班从研究这一改变的两个条件开始：

1)"内心领悟。"

2)"有利的外部环境。"

第一个条件：为了使这样一种内心领悟发生，需要什么东西？答：存在把自身传达出来，换句话说：此在要形成一种在《存在与时间》中被称作"存在理解"的东西。在《存在与时间》之中，有关存在之为存在的问题作为问题被提出来了。这种做法是一种对存在理

① 译文引自海德格尔：《在通向语言的途中》，中译本，孙周兴译，北京：商务印书馆，2015 年，第 270—271 页，有微小改动。

解的变革，由此，这种变革同时呼唤一种对语言的更新。然而海德格尔说，《存在与时间》的语言缺少可靠性（Sicherheit）。大多数时
351 候这种语言还凭借从形而上学中借来的表述在说话，并且借助造词这种新铸词语的方法来寻找那想要被道说出来的东西。让·波弗勒提到，汉斯－格奥尔格·伽达默尔[1]在 1959 年谈论他的老师说：“荷尔德林才让他开口说话。”现在海德格尔更准确地说，他通过荷尔德林才明白铸造新词是多么的无用；在《存在与时间》之后他才明白了回转向语言的本质质朴性（wesentlichen Einfachheit der Sprache）的必要性。

第二个条件：就“有利的环境”来看，现在我们必须关注两个重大的过程：

a）语言本身的堕落与贫乏化。如果人们将今日我们说的语言的贫瘠性与一个世纪前还被格林兄弟记录下来的语言的丰富性相比较的话，这个过程就完全明显了。

b）这又引发了一种反向的运动，它的目的在于把计算机中的计算之可能性设定为语言的标准。外在于语言之自然生息的可能性而将语言固定下来，这里边就有着一种危险。

罗杰·穆尼耶指出，事实上，信息语言的一个基本特征就是：在简化的分析中用所有的材料建立起一个新颖然而十分简陋的构架，这个构架将来可能会作为语言的本质而运作在一切技术产业中。这样一来，语言就被剥夺了其本源的固有法则，并且被直接弄

① 汉斯－格奥尔格·伽达默尔（Hans-Georg Gadamer，1900—2002 年）：德国哲学家，海德格尔的学生。著有《真理与方法》等著作。——译注

得和机械一模一样了。使上述过程成为可能的那种与语言的联系显然是被一种理解规定了的,即把语言理解为单纯的信息工具。

就可以预见的范围来看,当今的外部环境并不有利。在哲学与这种对语言的解释之间,已不再存在任何共同的对话基础了。

这一事态导致了什么实践上的后果呢?换句话说:留待思想 352
者去做的是什么呢?

当前的讨论班已经展现出了一种答案,"而且这就是我在这儿的原因",海德格尔说。重要的事情是,处身全部公众之外的一小撮人不倦地致力于使一种关注存在的思想保持其生机。在这件事上他们知道,这种工作的意图必定在于:为遥远的未来奠立下一种传承之可能性,——因为,人们显然不可能在十年或二十年内就将两千年来的遗产看作已经被完成了的东西。

与之不同,今日的"哲学"满足于跟着科学跑,它误认了属于这一时代的两种独一无二的现实:经济发展及其所要求的军备。

马克思主义识得这些现实。但它也提出了另一些任务:"哲学家们只是以不同的方式解释世界,而问题在于改变世界。"[①]

我们来考察一下这个提纲:在对世界的解释和改变之间存在着一种真正的对立吗?难道不是每一种解释都已经是对世界的改变了吗,——假设解释乃是一种真正的思想的功用的话?并且从另一方面来看,每一种对世界的改变不都预设了一种理论前见作为其工具吗?

---

① 《德意志意识形态》,"关于费尔巴哈的提纲",第 11 条。参见《路标》,1967 年,第 274—275 页。【全集版页码为:全集第 9 卷,第 447 页。——译注】

那么马克思讲的是**何种**对世界的改变呢？讲的是一种在生产关系之中的改变。然而生产在哪儿发生呢？在实践中。实践被什么所规定呢？被一种特定的理论所规定，这种理论把生产概念规定为：通过人自己而实行的对人的生产。因此，马克思拥有一种关
353 于人的理论观念，——一种十分确切的观念，它把黑格尔哲学作为其基础而包含在内①。

马克思用他的方式将黑格尔的观念论颠倒了过来，以此来要求赋予存在对意识的优先性。因为《存在与时间》里并没有讲到意识，人们就会说，在[马克思]这里读出了一些海德格尔的东西！至少马尔库塞②是这样理解《存在与时间》的。

对马克思而言，存在就是生产过程。这就是他以黑格尔将生命阐释为过程为出发点从形而上学中接受下来的观念。这个实践的生产概念只能够以一个源出自形而上学的存在概念为基础而成立。

在这里，人们又碰上了理论与实践的紧密关联，奥古斯特·孔德③将这两者看作是一对姐妹。海德格尔说，也许是一对姐妹，然而是一对来路不明的姐妹！

当今的人们把理论理解为什么了？它指的是制订计划的过程

① “如果没有黑格尔，马克思就不能改变世界了”，海德格尔强调说。

② 赫伯特·马尔库塞（Marcuse，1898—1979 年）：德国哲学家，法兰克福学派代表人物之一，海德格尔早期的学生。著有《单向度的人》《爱欲与文明》等。第二次世界大战后曾致信海德格尔，劝其为纳粹德国时期的言论与行为道歉，被海德格尔回绝。——译注

③ 孔德（Auguste Comte，1798—1857 年）：法国哲学家、社会学家，实证主义创始人。著有《实证哲学教程》等。——译注

吗？计划(Programm)：指示、预先确定、一个方案的实施手段。但是，一个音乐节目(Konzertprogramm)并不是任何有关音乐的理论。理论，用希腊语说就是θεωρία[观看、理论]。Θεωρία[观看、理论]指的是：停留在对存在的观看中。

在《尼各马可伦理学》(第十卷，5—6 节)中，理论是人类活动最高级的方式；由此可以延伸出：它是最高级的人类实践。让·波弗勒详细解释道，θεωρία[观看、理论]的独特之处事实上在于它分化为三种πραγματείαι[做事](活动)。

后来，理论是在何处以一种奠基性的意义出现的呢？在开普勒[1]的《宇宙观察者》(Cosmotheoros)[2]中，然后是在伽利略的《物理学》和牛顿的《原理》中。这里边涉及的是什么？伽利略十分清晰地说了出来：subjecto vetustissimo novam promovemus scienti- 354
am [使最古老的课题成为新的知识]。要问的东西是运动，亚里士多德第一次使它本身成为了课题：ή τοῦ δυνάμει ὄντος ἐντελέχεια ᾗ τοιοῦτον κίνησίς ἐστιν[潜在的存在者之成全，这个成全，就是运动][3]。

这个规定在经院哲学中变成了 motus est actus entis in potentia prout in potentia[运动是就其潜力而言的、在潜能之中的

---

① 开普勒(Kepler，1557—1630 年)：德国天文学家、物理学家，发现了行星运动的三大定律。——译注

② 据查，此书应为荷兰天文学家惠更斯(Huygens，1629—1695 年)所著，出版于 1698 年。——译注

③ 《物理学》，Γ 卷，第一章，201a 10—11。

存在者的活动]①，它招来了笛卡尔和帕斯卡的嘲笑。他们俩嘲笑这个规定，然而这是因为他们俩不再能看到那反而十分清晰地显现给亚里士多德的东西：κίνησις[运动]，作为现象的动变。这说的是：ἀλήθεια[无蔽、真理]已经消隐不见。曾经，在ἀλήθεια[无蔽、真理]中，亚里士多德说的多种运动方式能够依据其被遮蔽的统一性而显现，但自伽利略以来，只有这多种方式中的一种支配了整个的区域：φορά[移动、位移]。但φορά[移动、位移]的含义本身也经历了改变，这是因为，与φορά[移动、位移]相关联的位置（τόπος[位置]）概念本身在面对物体被设置入其中的几何均质的空间概念（希腊人未曾赋予这种东西一个名称）的时候就已经消失了。所以，这里涉及的是一种基于空间同质性之上的对自然的数学筹划。

这种奇特的筹划为的是什么？因为自然应当成为可计算的，而这又是因为这种可计算性本身已经被设立为支配自然的原则了。

我们是从何处走到这里的呢？我们是被有关理论与实践的问题引到此处的。以伽利略的方式将自然设置为可计算的和可支配的，这就是新的理论，其特别之处在于，它使实验方法成为了可能。

但是，伽利略与牛顿的同质性、空间三维性和位移运动等概念具有何种存在学含义呢？具有这种存在学含义：空间及其特性被看作是现实地存在着的。这即是假设（Hypothese）一词在牛顿那

① 译文参考过管震湖译文（《探求真理的指导原则》，北京：商务印书馆，1991年，第73页）以及英译本译文（The philosophical writings of Descartes（vol. 1），Cambridge，1985年，第49页）。——译注

里的含义:我并未编造我的这些假设,他说;它们之中没有任何虚 355
构成分。

然而之后,又有什么经由尼尔斯·玻尔[1]和现代物理学家而发生了?他们一点也不相信他们所筹划出来的原子模型呈现出了存在者本身。"假设"这个词——还有"理论"本身——的意义已经改变了。假设现在只是一种"假定……"了,它[省略的部分]可以被展开出来。假设在当今具有纯粹方法论的意义,而不再具有存在学含义。而这一事实完全没有阻止海森堡[2]进一步强调这一要求:他是在描述自然。那么对他来说,什么叫"描述"呢?事实上,描述这条路已经被实验堵死了;自然,在被套上了数学形式的时候,就叫作"被描述了"。这种数学形式的以实验为指向的功能带来了精确性。那么"精确性"又被理解为什么呢?理解为这样的一种可能性:在"如果 X,那么 Y"这样的格式中[每次都]完全一致地去重复一个实验。所以,实验关心的是效果。如果效果没有出现,那么理论就要被修改。理论因此在本质上是可修改的,所以纯粹是方法论层面的东西。在根本上,它只是研究中的一个变量而已。

所有这一切都导向了马克斯·普朗克[3]有关存在的论题:"现实存在的东西,就是可测量的东西。"因此存在的意义就是可测量性,这样一来,目的差不多就不在于确定出一个"多少(Wieviel)"

---

① 尼尔斯·玻尔(Niels Bohr ,1885—1962 年):丹麦人,量子物理学家。——译注

② 海森堡(Heisenberg ,1901—1976 年):德国人,量子物理学家。——译注

③ 马克斯·普朗克(Max Planck,1858—1947 年):德国物理学家,量子力学重要创始人。——译注

的量了，而最终只在于创造出便利，从而掌控和利用作为对象的存在者。这种想法在伽利略的思想中就已经有了，甚至还要先于《谈谈方法》。

我们开始看到，技术在何种程度上并不建基于物理学之上，物理学反倒要建基于技术的本质之上。

356 对**效果**的补充阐释：

效果说的是：1）在理论上“事先被设定好”的东西的后果。

2）基于实验的随意可重复性之上，以对象性的方式建立起现实。

康德对“第二个经验类比”的陈述阐释了科学上的效果概念：“一切发生的东西（开始存在的东西）都预设了某个依据规律而跟随其后的东西。”①这个“其后的东西”显然是在一种简单的相互接续的意义上，而非一种**从何处而来**（*Von wo aus*）的意义上被理解的。对现代物理学而言，雷声紧随着闪电，这就是全部的事情。这种物理学只是把自然观察为前后相继的事物，而不再像亚里士多德那样，把自然观察为从一物中**产生出**另一物的事物序列。

亚里士多德所说的一物出自另一物的序列（Auseinanderfolge）（即通过从……中产生出来而构成的序列；ἐκ·εἰς［源自－朝向］）现在已经变成了前后相继的序列（Aufeinanderfolge）（通过后继（Nacheinander）而被规定的序列），——因为，第一种想法只还是一种“不清楚的性质”。笛卡尔主义者使这种想法声名狼藉，

① 《纯粹理性批判》，前揭，第241页。

而莱布尼茨已经以某种方式重新更新了它。

9月9日

海德格尔对上次讨论班已经开始讨论的理论概念做了一些补充规定，以此开始了今天的讨论。他指出，由牛顿和伽利略制定出的理论概念居于希腊意义上的θεωρία[观看、理论]和这个词的当代含义之间。从希腊解释出发，这个概念确立起了一种观察自然的存在学视角，把自然观察为处于空间与时间之中的运动的总体。与之相反，当代的理论放弃了这种存在学的倾向；它仅仅建立起实 357
验所需的个别数据，或者，如果人们想这么说的话，它只是为了做成一个实验而必须的操作说明。

让·波弗勒把这一点与《演讲与论文集》联系到了一起："诸种现象不再显现，而是自行呈报出来"[①]。海德格尔说，这种"自行呈报"要这样来理解：当代物理学的理论尽管如此有效地运作着，却不能成为一种被完整地建立起来的体系，而是总是必须做出对自然的报告。只是，这些报告并非是对自然的描述。它完全是以对象之可计算性为定向的。倘若这里存在一种描述，那么这种描述并不存在于将对象的外观带至眼前的活动中；而是这样的：这种描述局限于在一种体现出运动规律的数学公式中确立出某些与自然有关的东西。

---

① 《演讲与论文集》，1954年，第30—31页。【据英译者注释，波弗勒此处的引文并非直接引自他给出的页码，而是他对《演讲与论文集》单行本第26—27页内容的总结；这部分内容在全集版中的页码是：全集第7卷，第23—25页。——译注】

海德格尔举出普遍的世界公式[①]作为例子，海森堡长期以来都在研究它。倘若这个公式是可能的，那它也不能成为对世界的描述；它只能是一个基本方程（Hauptgleichung）：人们必须借助它来进行计算；有了它，人们在任何情况下都能对某物进行计算。然而在物理学中，什么是对自然的根本规定呢？是可计算性吗？这样一来我们就还要问一问，什么是可计算的东西。某种能量（Energie）？我们首先又必须对这个词语的含义有所理解。事实上，与亚里士多德相似，现代的实验物理学一直在寻求运动的规律。只要奠基性的普遍公式能够让我们从无限的多样性中推导出运动的一切可能性，那么，寻求运动的规律就会是这个公式的意义。现在，海德格尔问，这个公式所揭示出来的东西对于物理学而言将会意味着什么。答案是：物理学的终结[②]。
358 这样的一种终结可能会彻彻底底地改变人类的处境。它可能会把下面这个决断置于人类面前：

——或者打开一种完全不同的与自然的关系；

——或者，在研究工作完成之后，根本就不假思索地对研究成果的进行开采利用。

在此，比征服宇宙还要使人不安的事情是，生物学向着**生物物**

---

① 此处“普遍的世界公式”原文为 die universale Weltformel。“普遍的（universal）”在物理学术语中一般被译为“万有[的]”。“世界公式（Weltformel）”是彻底的字面翻译，为的仅仅是与后文中出现的“Formel[公式]”、“Gleichung[方程]”等词保持照应。但这种译法是错误的，因为（以下内容据德文版维基百科）：“Weltformel”指就是物理学中的“万有理论（Theorie von Allem）”或“统一场论（Einheitliche Feldtheorie）”。在汉译物理学术语中，仿佛并没有“世界公式”这样的说法。——译注

② “终结”（Ende）亦有“完成”之意。——译注

理学的转变正浮出水面。这一转变意味着：按照一种特定的方案，人类可以像任何一种技术对象那样被制造出来。在这个语境中，没有什么比这个问题更加自然了：科学能否及时地停止下来。诚然，这种停止从根本上说是不可能的。因为它所涉及的事情并不是为人类的求知欲（亚里士多德讨论过它）划定界限。毋宁说，发生的这件事情的根据乃是一种现代的与权力的关系，一种政治的关系。着眼于此，我们在此必须透彻地思考一下国家主义的一种新形式的诞生，它建基于技术权力之上，而不再（例如）建基于民众的独特性之上。

因为我们眼中的这两个假设：物理学的终结，或建立一种新的与自然之关系，都假定了对奠基性的普遍公式的发现。于是与之相反，当代的物理学家都转向了这种看法：这种公式的理念已经十分古老了，人们在十九世纪末的时候就已经开始相信这一理念了（麦克斯韦[①]），并且相对论已经为这一理念之发现设置了新的障碍。

让·波弗勒回应说：这里涉及的与其说是一个存在者层次上的发现，不如说是一个存在学上的先行－发现。从存在学上说，物理学已经完成了。

海德格尔继续说，决定性的事情是要去理解：物理学不可能从它自身中源发出来（herausspringen）。政治学也不可能完成这种跳跃（Sprung），即便它在今日基于科学并且为了科学而存活于科学的维度中。最危险的事情是：人类通过自己制造自己的方式，在 359

① 麦克斯韦（Maxwell，1831—1879 年）：英国物理学家。——译注

要他制造自身这一要求之外不再能感受到任何其他的必然性了。由此，我们又来到了有关计算机语言的问题这里。

在上述推测中，可以同时看到语言的终结与传统的终结。然而，恐怖的事情与其说是一切都不复存在，不如说是一切都不再本真地达乎显现。信息的挤迫掩盖了曾在之物的消逝，而预先的规划不过是封堵住将来的名目罢了。

至于谈到美国人对“存在问题”的兴趣，这种兴趣已经向对此感兴趣之人遮挡起了这块大陆上的现实：工业与军队之间的勾结（经济发展及其所要求的军备）。

但这不是人能决定的。如果在这一点上要看得清楚一些的话，那么最重要的乃是这一洞见：人不是自己制作自己的存在者，——没有这种洞见的话，人们就仍停留在市民社会与工业社会之间似是而非的政治对立中，并且忘记了社会这个概念只是主体性的另一个名称、一种反映或者一种扩展而已。

希腊人既没有文化，没有宗教，也没有社会关系。希腊历史只持续了三个世纪。然而，本质性的限定，即有限性，也许是真正实存（echten Existenz）的条件。对于真实地活着的人们而言，总是存在着时间的。

360 在这些有关时代的思考之后，海德格尔回到了上一次讨论班抛出的问题之上：如何区分“因此，纯存在与纯无是一回事”这个黑格尔的命题与“形而上学是什么？”中有关存在与无之关系的论题？存在，同时还有无，对黑格尔而言都是在最极端的异化过程中的绝对者。然而，对海德格尔而言呢？

要以存在学差异为出发点来思考存在与无之同一性

(Identität)。然而,从存在学差异出发来看,黑格尔的规定运作于何种维度中呢?黑格尔的陈述并未涉及存在学差异:这个陈述是一个存在学命题,黑格尔作品的标题已经指示出这一点了。作为存在学命题,他的陈述被存在学差异所担负着。事实上,整部《逻辑学》就是诸多存在学命题的统一体,这些命题被以一种辩证的-思辨的形式说了出来,由此可以理解:《逻辑学》展示出了上帝在创造之前的思想。但什么叫"创造"呢?创造即是创制出世界。用德语说:制造(Herstellung);用希腊语说:ποίησις[制作]。存在者是被创制的。但是这种对存在者的制造要求谁来制造呢?为此,我们需要来思考一下亚里士多德举的建筑师的例子。建筑师从εἶδος[理念、相]出发来进行制作。上帝在创造之前思考世界的εἶδος[理念、相],即诸范畴的全体。这即是黑格尔的存在学或《逻辑学》的意义。《逻辑学》就像这样端呈出存在学,上帝就是从存在学之中获取其创造的标尺的。用康德的概念来表达,即是 intuitus originarius[源初直观]的意义。

从存在学差异出发来看,黑格尔的这个命题运作于差异的一个面向中:运作于存在学面向之中。这个命题说了出存在者之存在,——自康德以来,存在者之存在就是对象之对象性。

那么,什么随着"形而上学是什么?"中的无而发生了呢?从何种位置出发海德格尔才能说:

存在(Sein):无(Nichts):同一者(Selbes)? 361

从一个有关形而上学之本质的问题出发,这种做法本身并不是形而上学的。海德格尔的话既不归属于存在者这边,也不简单地属于存在这边,——他的话所从出之处,乃是差异这一视域本身得以被视见之地。如果人们这么来想的话，那么存在学差异就是形而上学的可能性条件，形而上学就建基于这一位置之上。

那么，海德格尔的陈述的主题是什么呢？就是差异本身。海德格尔谈论差异，却并不停留于差异——他就是在差异中抛弃了形而上学的——之上。现在人们可以来问一问，我们谈论的无(Nichts)被什么东西所刻画？如果无不是否定消极的，那么，它通过什么而被标识出来呢？海德格尔说：无是无化着的无(nichtendes Nichts)。无之本质在于从存在者那里转头离去，在于与存在者保持距离。唯有在这种距离中，存在者才能够作为存在者而公开出来。无并不是对存在者的单纯否定。相反，在无化之中的无把我们指引向那在开启状态之中的存在者。无之无化"是"存在(Das Nichten des Nichts "ist"das Sein)。

因此，这个在诸多科学家与院系面前举行的讲演[①]的目的是：让科学家们看到，存在着不同于他们独有的研究对象的东西，而且恰恰是这种不同者才第一次使得他们所研究的东西存在。

讲演的最后一句话由此而得到澄清，这句话提出了形而上学的基本问题："究竟为什么存在者存在而无反倒不在？"

这个句子正是莱布尼茨所提出的问题。但莱布尼茨的回答是神学的。这种回答局限于指引出最高存在者，后者是一切可能世界中最好的世界的创造者。

362 与之相反，海德格尔的问题并不是要去探究第一因，而是要试

① 指海德格尔的就职演说"形而上学是什么？"。——译注

着走出存在之被遗忘状态。它真正问的是：什么导致了你们如此热衷于研究存在者却又如此少地研究存在？

为何存在者挤到了人类思想的前台？被遗忘状态从何而来，无化的无从何而来？换句话说：什么决定了"沉沦于存在者"的支配地位？"沉沦"不能被理解为存在者层次上的从……跌落（或理解为跌倒），而应当在存在学上被理解为对日常此在的本质性规定。在存在学上被理解的"沉沦"甚至就是此在的自然状态——如果此在不能让自己进入到存在之中从而只能忙碌于事物的话。然而，唯有从存在出发，对存在者的研究才是可能的和可理解的。如果存在必然对人之生命保持为非主题的东西，换句话说，如果《存在与时间》的目标不是把日常此在引导向对存在的主题化（存在并不构成此在之本己性（Eigenheit）），那么尽管如此，情况仍会是："人之生命"（就它是这样的一种生命而言）①不可能脱离那个先于它并且没有被意识到的存在之澄明。

这即是《存在与时间》中那个著名却备受误解的用具结构分析的意义。事物之用具特性要去存在，它并不需要被主题化；尽管如此，我仍坐在这把椅子上，就它是椅子而言。

9 月 11 日

关于无化（Nichten）与否认（Verneinen）之间的区别：这个区别与希腊语的οὐκ［不］与μή［非］之间的区别相符合吗？如果无化

① 英译本直接译为"'人之生命'本身"。——译注

属于希腊的οὐκ[不]，那么无(*nicht*)就意味着完完全全的无之状
363 态(Nichtigkeit)(nihil negativum[否定的无])；存在者就被简单彻底地否认了：没有存在者。反之，如果人们根据μή[非]的意义来理解无化中的无，那么它就可能指示出一种特定的与存在之关联的缺乏。但如果存在与无是同一者，那么这个成问题的无就不能意指任何的短缺了。也就是说我们不能够谈论那种被以褫夺的-否定的方式来理解的无化。这里谈的是某种不同的东西，是彻彻底底的独特之物与独一无二之物。

我们要时时刻刻将这个主导命题保持在眼界中：

存在：无：同一者

无是对存在的刻画。存在不是存在者(Es ist nicht das Seiende)，——但这是在这种意义上说的，它始终要和这个命题区分开：存在者不存在(Das Seiende ist nicht)(这就会是一个存在者层次上的陈述了)。如果人们反过来说：无刻画了存在，那么这就是一个存在学的陈述。从存在者层次(Ontischen)的视域出发来看，存在根本就不是某种存在者；从诸范畴出发来看，存在[是]不存在[是](*ist*)。换句话说，如果不以否定消极的方式来理解无及其无化，那么存在就是某种彻底不同于存在者的东西。在无的分词形式无化着(*nichtend*)这里，本质性的东西乃是：分词指示出了一种特定的存在之"活动"，存在者唯有通过这种活动才存在(*ist*)。如果一切存在者层次上的-因果的杂质[①]都被排除了的

① 此处"杂质"(Beiklang)本义为"不纯的音、杂音"。——译注

话，人们就可以把它[①]命名为本源：它是存在之本有(das Ereignis des Seins)，是存在者之到来的条件：存在让存在者现身在场。

在此处，关键的事情是去理解：存在的最深层意义乃是让(*Lassen*)。让存在者存在。这是"时间与存在"之中的"让"的非-因果意义。这种"让"是某种在根本上与"做(Machen)"不同的东西。"时间与存在"这个文本进行了尝试，试着比思考"给(Geben)"还要更加本源地去思考"让"。

这里所指的给在它给予[②]这一表达中言说着(这个表达按通常做法被翻译为"Il y a[有、存在]"，海德格尔对此说明道，"Il y a 364
[有、存在]"这个说法过于偏向存在者了(zu ontisch)，因为它指的是存在者的一种在场状态)。

"它给予"：

它给予，用拉丁语说就是：habet[有]。再加上一个第四格，它表达的就是一种存在者层次上的关联。[③]

在此，人们必须尽力去排除可能出现的错误。因为，就像我们刚才已经看到的那样，"它给予"这个表述无法规避一种存在者层

① 指这种作为存在之活动的"无化着"。——译注

② 此处"它给予"(Es gibt)也可译为"有"。"es gibt"为德语中的无人称句，类似于英语中的"there is"，意义为"有/存在"。从字面上看，"es gibt"即是它(es)给予(gibt)，但实际上在一般用法中，"es"并无实指，并非真的指示出某个"它"，所以也有人(陈嘉映)将其译为"兹予"。不过，海德格尔有时(例如在下文中)又会说这个"es"是本有(Ereignis)，所以从某种程度上说，"es"在海德格尔的用法中确有所指。基于这个理由，我们跟随通行译法将之译作"它给予"。名词"Geben"我们译为单字"给"，以和"Lassen"("让")相对应。——译注

③ 德文本此处为逗号，疑为排版错误，我们从英译，使用句号。——译注

次上的理解。所以我们要注意：

1）人们被诱惑着在“它让……现身在场”这个含义上来理解“它给予”。而且，通过对让－在场的强调，它给予之中的给就在存在者层次上被理解把握了。因此，当我用法语说“这条小溪里有鳟鱼[①]”的时候，其中“Il y a［有、存在］”就着眼于存在者之在场状态、着眼于存在者之现身在场而被理解了，——并且“让……在场”几乎已经被理解为“使……在场”了。如此听来，“它给予”就在存在者层次上被把握了，以至于这种［对让－在场的］强调就遮挡住了存在之事实。

2）但如果着眼于一种对让本身（Lassen selbst）的解释来思考“它给予”的话，那么这种强调就会发生改变了。

被强调的不再是在场状态，而是让本身。这么一来，“它给予”就拥有了确切的含义：“让在场”。现在，存在者之在场根本就不再把目光放在自己身上，而是放在那个东西上，基于其上并通过将其掩盖起来，存在者之在场才变得独立了，——这个东西即是让本身，它是礼物（Gabe），由“给（Geben）送出，这种给只给出它的礼物，而它本身则在这种给之中把自己遮蔽起来并抽身离去了。”[②]

也许，现在出现了一种可能性，从中我们可以找到办法来解决那无法解决的困难，这种困难诱惑着我们去说“不可能的事情”：

---

① 全集版中这一句其实使用的是德语：“es gibt Forellen in diesem Bach”。据英译增补，这句话的法语为“il y a des truites dans ce ruisseau”，所以下一句马上谈到了“其中的 il y a”。——译注

② “时间与存在”，载《面向思的事情》，1969年，第8页。【全集版页码为：全集第14卷，第12页。——译注】

“存在存在(das Sein ist)”。也许,人们宁愿在“它让存在(Es 365
läßt Sein)”的意义上来说“它给予存在(Es gibt Sein)”。

我们可以总结一下说[①],“让存在”能够在三种含义上被强调:

第一个含义指向那存在的东西(das,was ist)(指存在者)。与第一种含义相对的是这种含义,在这个含义中,我们的注意力不是朝向那给出来的东西(*das*,was es gibt)(存在的东西),而是朝向在场本身。这于是就关涉到一种由形而上学提出的对存在的解释。

然而,在这第二种强调的最内在之处,第三种含义具有其位置。在这一位置上,强调点被决定性地放在了让本身之上,后者让在场。因为它让在场(让出来?),即因为它让存在,所以这第三种强调意指着存在之ἐποχή[中断、中止]。在这第三种强调中,人面对存在之为存在而立,而不再面对存在之天命的其中一种形态而立。

如果强调的是:让在场,那么存在这个名称甚至不再有立足之地。于是,让就是纯粹的给,给本身回指向那给予着的它(Es),它就被理解为本有(Ereignis)。

行至此处,讨论班试图去理解本有这个词语。

第一个提示澄清的是:法语词 avènement[降临]完全不适合用来翻译本有。于是,[法文版的][②]“时间与存在”之中的尝试性的翻译重又被接受了;本有:appropriement[据为己有]。

---

① 参看《面向思的事情》,前揭,第 40 页。

② 据英译增补。——译注

有人问：本有与存在学差异有何关联？如何去道说本有？它如何嵌入到存在历史之中？对希腊人来说，存在应当是本有之面容(das Antlitz des Ereignisses)吗？最后，能否这么说："存在通过本有被居有"(Sein ist durch das Ereignis ereignet)？回答是：可以这么说。

366 为了将这些困难的问题(只要对这些问题的理解还没有充分被准备好，那么这些问题仍会是十分困难的)往前推进几步，我们首先要采纳一系列的提示，这些提示有助于我们去察觉那些各不相同却相互交错的通向有关本有的问题的道路。

——最适合于用来探究这一问题的文本是"同一律"演讲，人们最好倾听[①]而不是阅读它。

——如果集－置是从形而上学到另一种思(anderen Denken)的一条通道的话(它在《面向思的事情》第57页上被叫作"雅努斯的头"[②])，那么，一条接近本有的别具一格的道路或许是观入集－置之本质，因为集－置在本质上具有双重含义。在"同一律"中已经说过：集－置(一切摆置方式的聚集性统一)是形而上学的完成与实现，同时也是以去蔽的方式为本有所做的准备。所以，把技术之进步看作否定负面的事件，这根本是题中未有之义(但同样

---

① 刻录在$33^{1/3}$转/分钟的慢转唱片上，弗林恩，1957年。

② 这里给出的页码是单行本的页码。这句话现载于全集第14卷第63页："在时代性的存在形态和入于本有的存在转换之间，便有集－置。这个集－置仿佛是一个中转站，它呈现出双重的景象，可以说是一个雅努斯的头。"(引自《面向思的事情(修订增补版)》，陈小文、孙周兴译，北京：商务印书馆，2014年，第74页，稍有改动。)雅努斯(Janus)为罗马人的神，他的头上有两张脸，分别望向始与终、过去和未来。——译注

也不能把技术之进步看作是在人间实现天堂这个意义上的积极正面的事件)。

——集－置就好像是本有的底片(photographische Negativ des Ereignisses)。

——对人们而言,借助存在和存在历史的概念来思本有的做法是不会成功的;即便有希腊的助力,也是不会成功的(毋宁说恰好是要“超出”希腊)。存在学差异也随着存在一道消失了。回顾以往,人们同样也必须把1927到1936年间对存在学差异持续不断的提及看作是一段必经的迷途(Holzweg)。

——完全不再以希腊的方式来思本有;在这一点上,最令人惊奇的事情是:希腊语继续保有其本质性的含义,而同时却根本不再 367
作为一门语言来言说。也许困难源自于:语言言说得过于迅疾了。所以要试着保持在“通向语言的途中”。

——在本有中,存在历史与其说已经达到了其终结,不如说存在历史现在作为存在历史而显现。不存在任何属于本有的天命世代(geschickliche Epoche)。发送(Schicken)源自本有(Ereignen)。

——人们能够确定无疑地说:本有居有存在(das Ereignis ereignet das Sein),但在此要注意:存在既不被希腊人思为存在,亦不被作为问题提出来。回转向希腊只有作为回转向存在才具有意义。

——“回退步伐”(在形而上学之前回退的步伐)只具有唯一一个意义,即:在思想聚集到其自身的活动中,使一种对将来者的前瞻得以可能。“回退步伐”意味着:思想重新开端,由此得以在技术之本质中看出本有本身的预示性的前兆、掩盖性的前－像以及遮蔽性的前－显象。

现在,让我们试着把处于集－置面纱之下的本有之前－显象公开出来。

开端必须通过一种向存在历史的回溯而得到完成。存在历史的诸多世代——在存在之天命中的各不相同并且彼此接续的存在之自行隐匿——是诸多方式的世代,**在场状态**以这些方式把自己发送给西方人。如果人们思考一下诸种发送中的其中一种——如在场状态在19和20世纪把自己发送给人们的那样——那么,这种发送由什么构成呢?

这种发送的样式是**对象性**(作为对象之对象存在)。现在,现代技术越是发展,对象性(Gegenständlichkeit)就越是转化为**持存性**(*Beständlichkeit*)(转化为一种自身－为了－动用－而保持)。
368 在当今,已经不再有对象了(即不再有那种相对于主体之把握而站立的存在者了),——只还有持存物(即预备好要被耗用[①]的存在者);用法语说的话,也许人们能够这么说:不再有任何**实体**(*Substanzen*)了,而只还有“贮存”这个意义上的**存**储物(*Subsistenz*mittel)[②]。由之而来的是能源政治和有关土地管理的政治,事实上,它们已不再与种种对象有关,而是在一个普遍的规划中系

① “Verbrauchen”我们根据语境不同而译为“耗用”或“消费”,后面这种译法主要出现在讨论马克思的语境中。——译注

② 英译本在这两处保留了原来的法语词“substances[实体]”和“subsistances[存储物]”。——译注

统地着眼于将来的开采活动来安排空间。万有(存在者整体)无一例外地排列在可利用性和支配活动的视域中,或者不如说排列在有待于被侵占之物的**可订制性**(*Bestellbarkeit*)的视域中。树木不再是一个对象了(对于 18、19 世纪搞科学的人而言,树木还是对象),并且对于那些终于获得了技术人(Techniker)这种真实形态的人而言,即对于那些先天地在把……利用起来的视域内来观看存在者的人而言变成了"绿色空间"。存在者不再能够在一种面对……而立(Gegenüber)的对象中立性之中显现。除持存物外一无所有:仓库、贮存、工具。

持存物(作为物质贮存的存在者)的存在学规定并不是持续性(Beständigkeit)①(持续的绵延),而是可订制性,即持续地被征集与被订制的可能性,这说的就是:绵延不断的为了-动用-而立。存在者在可订制状态之中被**设置**为从根本上而言**可动用**的并且只是**可动用的**,——在整体规划中可以为了耗用而动用之。

属于这一时代的存在者(它为了计划内的耗用而处于可动用状态中),它的存在方式的其中一个本质要素是可替换性,即这一事实:在一个已经变得普遍的运作游戏(Spiel)中——在其中,一切都能够被一切所代替——每一个存在者都从本质上变成**可替换的**了。"耗用"品的工业,还有替换品的统治地位,这两者使得前面 369
说的这一点在经验上变得无比明显了。

在今日,存在是可替换存在(Ersetzbarsein)。"修补"的观念

---

① 我们把"Beständlichkeit"译为"持存性","Beständigkeit"译为"持续性",它们都源自"Bestand[持存物]"。后文还出现了"Bestandhaftigkeit"一词,我们权且译为"持立性"。——译注

已经变成了一种“反经济”的想法。在本质上属于每一个耗用的存在者的是:它是已经被耗用了的,并因此大声疾呼着要被替换。在此处,我们面对着传统衰退的其中一种形式,即代代相传者之衰退的其中一种形式。甚至在时尚现象中,本质性的东西也不再是装饰和饰品(因此,作为装饰的时尚也像修修补补的活动一样变成了不合时宜的东西),而是季节轮替时款式的可替换性。一旦一件衣裳被穿坏,它就不再被更换了。这不是因为它被穿坏了,而是因为它拥有了一种本质特性:它“现在等着被下一件衣服替换”。

这种与时间相关联的特性结出了现实。绵延不再是传承的持续,而是持续不断的变更的总是新颖的状态。1968 年反对消费社会的口号是否已经走得如此之远,以至于让我们在耗用中认出了这一时代的存在之面容?

唯有现代技术才使制造出所有这一切经济持存物的活动得以可能。技术不只是它自己的根本条件,它就是它自己的根据本身并因此是它的视域。由此而来,它生产出了人造物,而这些人造物变本加厉地替换了“自然”物。也就是在这里,自然之为自然隐匿起来了……

但是在存在者层次上来规定这些现实的做法还不够。成问题的是:在将来,现代人将会处身于一种从根本上说全新的与存在的联系之中,——**而且:他们对此一无所知**。

人在集-置中被促逼着以一种应和的姿态来对待开采和耗
370 用;与开采和耗用的关联迫使着人们在这种关联之中去存在。人并未把技术掌控在手中。他是技术的玩具。在这种境况中,完全的存在之被遗忘状态和存在之被遮蔽状态占据着支配地位。控制论取代了哲学与诗歌。政治学、社会学以及心理学变得具有优先性，而这些学科与其本己基础之间却不再具有哪怕一丁点的关联。从这个方面看来，现代人不过是存在之被遗忘状态的奴隶罢了。

由此我们可以（在能够看见的限度内）看清这一事态：人“为存在所需用”（utilisé）。在需用（Brauchen）这个词语中，我们听到了巴门尼德与阿纳克西曼德那里的χρή[需用]之回声。它彻底地与“utilisé”相应，不过，是在这个意义上与之相应：人们需要那“使用（gebraucht）”人们的东西。

因此，人必然归属于存在之敞开状态，并且在这一敞开状态中（而现在是在存在之被遗忘状态中）拥有其位置。然而，为了能够自行敞开，存在需用人作为其开启状态的敞开域（das Da）。

所以，在给让·波弗勒的信[①]中谈到了作为存在之牧人（*Hirten*）的人，——我们要注意，这一次，法语在这里要比德语说得更加清楚：berger[牧人]（牧人）是这样的人，他 beherbergt [héberge][②]（提供庇护）[③]。人乃是占据无之位置者（der Platzhalter des Nichts）。

如果存在为了去存在而需用人这样的东西的话，那么，据此我

---

① “论人道主义的信”。载《路标》，1967 年，第 172 页。【全集版页码为：全集第 9 卷，第 342 页。——译注】

② 全集本又一次只留下了德语词“beherbergt”而省掉了法语词“héberge”，在此我们据英译本补上。在中译文中我们没有翻译这个德语词，为的是显出这几个词字面上的联系。——译注

③ 讨论班里的法国参与者的愿望是在法语词 *berger*[牧人]中听出德语动词 *bergen*[遮蔽]。这一愿望没有词源学上的依据（berger[牧人]源出于拉丁语 berbicarius [berbix[母羊]，*brebis*[母羊]，Hammel[羊]]，它在字面上也意味着牧人）。但是，*héberger*[留宿]很可能与德语词 Herbergen[旅店、客栈]源出自同一个词根。

们就必须接受**存在之有限性**；如此一来存在就不是自为地绝对的，
这种说法是黑格尔最尖锐的对立面。因为，即便在黑格尔说绝对
371 者“没有我们”便不存在的时候，他也只是就基督教的“上帝需要人
类”这一点来说的。与之相反，对于海德格尔的思想而言，没有与
此在之关联，存在便不存在。[①]

无(Nichts)远离于黑格尔以及一切观念论。

---

① 参见《康德与形而上学疑难》，美茵河畔法兰克福，1973 年："比人更加本源的是处于人之中的此在之有限性。"(第 41 节，第 222 页)【全集版页码为：全集第 3 卷，第 229 页。——译注】

1973年策林根讨论班 272

I

9月6日

在勒·托尔讨论班之后,策林根讨论班开始了。就像我们在1968和1969年曾经尝试过的、从黑格尔和康德出发去赢获通向存在问题的道路那样,现在我们要从胡塞尔出发来寻找这条通达之路。

讨论的出发点是让·波弗勒的一封信,其中提出了两个问题:

1)在何种程度上可以说,在胡塞尔那里没有存在问题?

2)海德格尔本人可以将周围世界分析①称之为"本质性的收获"②,这一事实意味着什么?因为他确实在另一处说过,周围世界分析"仍只具有次要含义"。③

讨论班的工作从讨论这第二个问题开始。

---

① 《存在与时间》,第14—24节。

② 《存在与时间》,1949年,第352页。

③ "论根据的本质",载《路标》,1967年,第52页。【全集版页码为:全集第9卷,第155页。——译注】

对世界之世界性的分析始终是一个“本质性的收获”，因为在此，在－世界－中－存在第一次在哲学史上作为与存在者照面的源始方式而出现；确切地说：在－世界－中－存在是作为源始的、不是被推出的、总是已经被给予的、因而从本源上先行于一切“意识把握”的事实（*Faktum*）被揭示出来的。

但这种分析“仍”“只具有次要含义”。为了去理解为什么会如此，需要回想一下《存在与时间》的“主导目标”：“重新提出有关存在之意义的问题”。[①] 因此，想必可以十分清楚地说：对世界之世
373 界性的分析在海德格尔的计划中只是接近计划本身的“具体的”方式；计划本身包括了这种仅仅是作为手段的分析，后者就计划本身来看仍只是次要的。换句话说，着眼于海德格尔整体的思想尝试来看，单独地来阅读《存在与时间》的 14 至 24 节（脱离于总体构架来阅读）可能是一种对其意义的根本违背。

所以我们需要不断地回到这种思想的核心处，回到有关存在的问题之上。让·波弗勒的第一个问题直接就导向了存在问题：在何种程度上可以说，在胡塞尔那里没有有关存在的问题？“有关存在的问题”是什么意思？它说的是：有关存在之意义的问题。海德格尔更加确切地说：在《存在与时间》之后，“真理”取代了“意义”的位置，——以至于现在有关存在的问题——被理解为有关存在之真理的问题——根本不会再被把握为形而上学的问题。

形而上学事实上研究的是存在者的存在。海德格尔的问题的独特之处在于，如果可以这么说的话，它目光搜寻的是存在的存在

① 《存在与时间》，第 1 页。

(Sein des Seins);更好的表达是:搜寻存在的真理。在此,真理必须从保存出发而得到理解,存在之为存在就在这种保存中被保护(gewahrt)着。[①] 在这种严格的意义上说,胡塞尔那里没有存在问题。毋宁说,胡塞尔探讨的是决定性的形而上学问题,比如范畴问题。

然而,海德格尔指出,胡塞尔在第六个《逻辑研究》的第六章讨论"范畴直观"的地方确实触碰到了存在问题。于是,我们讨论班的第一个步骤就是去弄清楚,为什么"范畴直观"的概念对海德格尔而言是胡塞尔思想的核心。

作为起点的问题是:胡塞尔是怎么达到"范畴直观"的? 为了 374
描摹出胡塞尔通往范畴直观的道路,就必须准确地确定范畴直观所处的位置。第六个《逻辑研究》的第二篇的题目是:"感性与知性[②]"。第二篇开头的第六章的标题是:"感性直观与范畴直观"。这么一来人们就可以说,胡塞尔是从感性直观出发而达到范畴直观的。

然而什么是感性直观呢? 在胡塞尔分析感性直观的时候,他的出发点是什么呢? 这个时候,让·波弗勒提起了胡塞尔著名的例子:"墨水瓶"。海德格尔说:"这是一个墨水瓶吗?"不,这不是墨水瓶;在胡塞尔思想的脉络中,墨水瓶只能够被把握为某种别的东西。确切地说:墨水瓶在此仅仅作为感性对象的一个例子而起作

---

① "真理(Wahrheit)"、"保存(bewahren)"、"保护(wahren)"词干中都有"真的(wahr)"。——译注

② 海德格尔在此处误将"知性(Verstand)"引为"理解(Verstehen)",我们据《逻辑研究》修改了这里的误引。——译注

用。墨水瓶是感性感知的对象。

那么，什么为感性感知奠定了基础呢？如果感性对象是感性的，那么感性对象建基在什么之上呢？

感性之物的基础是胡塞尔称为质料[①]的东西，这说的即是以感性方式产生刺激的东西，简单说就是感性的被给予性（蓝色、黑色、空间性的广延，等等）。什么东西被感性地感知到了？［被感性地感知到的是］感性的被给予性本身。不过，**对象**确实**随着**这些被给予性**一道**而在感知中变得可见了。对象并未在感性印象中被给予。对象之对象性不能以感性的方式被感知。总括而言：对象是对象这一事实并不是从感性直观中得出来的。

尽管如此，这种对象还是被感知到了。以哲学传统的语言来
375 说，这种对象被称作物。物是**实体**。实体在康德那里是知性范畴之一。这就意味着（如果人们想到“哥白尼革命”的话），**物**事先就取决于认知机能了，或者意味着，“实体”这一范畴事先就把多种多样的质料材料带入到某种形式之中了。这样一来，对象就经由认知而被设置为直观与概念之综合了，而这种认知对康德而言即是由知性所实行的带到－形式－之中（in-Forms-bringens）的活动。

对康德而言，带到－形式－之中作为概念把握（Begriff）乃是知性的一种功能。与康德不同，胡塞尔想要把那种康德满足于以形式概念去加以刻画的东西展示出来。现在，康德的直观概念直接导向了这种想法：向着直观**被给予的东西**。真正恰当地说，**范畴**

① 在汉语的胡塞尔现象学译名中，“质料”（Hyle）也被译为“原素”，泛指宽泛意义上的感觉。参见倪梁康《胡塞尔现象学概念通释》，北京：三联书店，2007 年，第 222 页。——译注

直观这一表述说的正是：范畴不只是形式。严格说来，范畴直观说的即是：一种让范畴得以被看到的直观；或者说：一种直接指向范畴的直观（对于……的当下存在）。

借助于范畴直观这一表述，胡塞尔得以把范畴思为被给予者。

我看着眼前的这本书。这本书里的实体此刻在何处呢？我绝不是用看书的方式来看实体的。然而，一本书确实是一个实体，一个我必须以某种方式"看"到的实体，因为若不然，我就不可能看到任何东西。在这个地方，我们碰到了"多余"（Überschusses）这个胡塞尔的概念[①]。海德格尔解释道："存在（ist）"——通过它我才察觉到作为对象或实体的墨水瓶的在场状态——在感受（sinnlichen Affektionen）[②]中是"多余的"。但是在某种角度看来，它完全如感性受动一样［被给予了］[③]："存在（ist）"并没有附加在感性 376
受动之上；它被"看到"了——即便它是作为一种不同于感性可见者的东西而被看到的。为了以这样的方式被"看到"，它必须被给予。

对胡塞尔而言，范畴（即康德说的形式）就像感性之物一样被给予了。所以一定有**范畴直观**。

在此我们又碰到了开头的这个问题：胡塞尔是怎样达到范畴直观的？答案无疑是：因为范畴直观以同一种方式就如同是感性直观一样（因为它是给予性的），所以胡塞尔通过类比的方式达到了范畴直观。在类比中，有某种东西给出了类比项之间相互对应

---

① 《逻辑研究》，第二卷，第二部分，1921 年，第 131 页。

② 倪梁康在《胡塞尔现象学概念通释》中给出的译名为"触发（Affektion）"，北京：三联书店，2007 年，第 11—12 页。——译注

③ 据英译本添加。——译注

的标准。在这两种直观的类比之中，什么和什么相对应？答：感性的被给予性给出了标准，并且范畴就是那种与感性材料相对应的东西。范畴直观“被类比于”感性直观。

由于有这种类比，下面这回事现在变得明显并且可以用语言传达出来了：范畴（也就是诸种形式）“是”可以被发现的了，它们以可通达的方式被给予了，——然而在康德那里，范畴只能够从判断表里被推出来。对康德来说，一切都以判断（由逻辑学传统赋予它的东西）为线索而发生，而范畴之事实在任何地方都没有呈现出来，——范畴之事实即：人们能够像发现一种感性的被给予性那样发现范畴。

在此，海德格尔引用了第 130 页上的一句话：“我看到白纸并且说出白纸；这样，我便完全准确地只表达出了我所看到的东西。”

胡塞尔决定性的发现、同时还有本质性的困难又出现在哪里呢？

我看到白纸。但这是一种双重的看；这里有两种视见（Sicht-
377 en）：感性的视见与范畴的视见。困难源自于看（*Sehen*）的双重含义，——这是一种已经支配着柏拉图思想的双重含义。困难在于：当我看白纸的时候，我并不是以同一种方式、“如同”我看白纸的那样看到实体的。安提西尼（Antisthenes）就已经对柏拉图表达出了这一困难：ὦ Πλάτων, ἵππον μὲν ὁρῶ, ἱππότητα δὲ οὐχ ὁρῶ。[柏拉图哟，我已经看到马了，但我并未看到马之性（Pferdheit）。][①]

---

① 辛普里丘：《论亚里士多德的〈范畴篇〉》，scolia，66 b 45。【据英译注释，此处德文原著拼写和出处均有误，不应当为 scolia，66 b 45，而应当为注释（scholia）8 b 25。——译注】

再说一次：当我看到这本书之时，我还看到了一个实体性的东西，然而并没有因此就如同看到书一样看到实体性。尽管如此，正是这种实体性，它在其不显现之中使显现者能够显现。在这个意义上人们甚至可以说，它比显现的东西本身更具显现性。

这便是胡塞尔决定性的贡献，对海德格尔来说，这成了本质性的驱动力。这种驱动力的作用效果到底作用在何处呢？

那个一向触动着海德格尔的唯一的问题，那个我们总是必须一再强调的问题，即是有关存在的问题："存在"说的是什么？现在，在整个哲学传统中（其最早先的希腊开端是例外），对存在的唯一的基本规定乃是把它规定为判断的系词，——海德格尔评论说，这是一种正确的（richtige）但却不真的（unwahre）规定。凭借对范畴直观的分析，胡塞尔已经把存在从它与判断的粘连中解放出来了[①]。这样一来，问题的整体研究领域就获得了一种新的定向。海德格尔说，当我提出有关存在意义的问题之时，我事先必须已经超出了那种将存在作为存在者之存在的理解。更确切地说：在有关存在意义的问题中，被问及者（das Befragte）乃是存在，即存在者之存在；发问的何所向，即要问出的东西（das Erfragte），是存在 378
之意义，——后来它被称为存在之真理。[②]

为了能够展开有关存在一般之意义的问题，存在必须被给予，由此我们得以在存在那里问出其意义。胡塞尔的成就恰恰在于这

① 参见让·波弗勒：《与海德格尔对话》，第三卷，巴黎，1974 年，第 126 页。

② 海德格尔这里的说法与《存在与时间》里的说法不同。在《存在与时间》里，被问及的东西是此在这种存在者，而不是这里说的存在者的存在。对比此处与《存在与时间》里的说法，或可以看出何谓海德格尔思想的"转向"。——译注

种对存在——它在范畴中作为现象而现身在场着——的当下化。海德格尔继续说道，经由这一成就，我终于获得了一个基础："存在"不单单是概念，不单单是以推导的方式被获得的纯粹的抽象物。不过，胡塞尔尚未越过后面的这道坎：在存在仿佛作为被给予者被他赢获之后，他却并没有继续追问存在。他没有展开"存在说的是什么"这个问题。对胡塞尔而言，这根本就不是一个问题，因为这一点对他来说是自明的："存在"意味着对象-存在[①]。

对此而言，不是胡塞尔，而是海德格尔做出了一个决定性的刻画：对象性（Gegenständlichkeit）是在场性（Anwesenheit）的一种方式。完全确切地说：对象性是在主体性的维度或"空间"之中的在场存在（Anwesendsein），无论所涉及的现在是（在康德那里的）有限主体的主体性或者是（在黑格尔那里的）绝对主体的主体性——后者在自我认识之中既已经渗透到客体中也已经渗透到主体以及这两者的关联中。

而海德格尔能够从何处取得这种刻画呢？从柏拉图与亚里士多德的追问式的深思熟虑中。事实上，对于那些深知存在不是抽象概念的人来说，在柏拉图与亚里士多德的文本中出现了第一个对存在者之存在的规定，一个对全部哲学思想而言都是奠基性的规定：存在，即是在场。无论是柏拉图，还是亚里士多德，他们都没有质疑这个对他们而言简直是显而易见的规定。

379 由此出发，形而上学的全部历史就基于这个开端性的规定——它将"存在"把握为παρουσία[在场]——而把自己划分为

① 或译为："'是'意味着是对象。"——译注

存在者之存在的不同基本形态的序列。

于是形而上学的全部历史就将自身表明为存在者之存在的历史。

与之相应，人们在面对形而上学史的时候从一开始就处于一种歧义的境况之中：

——一方面，形而上学从未追问过任何异于存在的东西；

——另一方面，形而上学从未追问过存在之意义。

从这种歧义性中生出一种诱惑，要我们如此这般地来看待哲学，就仿佛哲学在其一切的世代中都提出了有关存在之意义的基本问题一样。海德格尔邀请讨论班的参与者着眼于下面这个要讨论的问题来反思一下：人们是否可以说，有关存在意义的问题一度已经在整个哲学史中被提出来过？但关键的事情并不是简单地满足于这个答案：这种事情没有发生过。

讨论班最后又回到了"感性的被给予性"这一胡塞尔的概念之上，——这次是要看看，这种被给予性在《存在与时间》中变成了什么。

《存在与时间》不再谈论意识了。意识被直截了当地放在了一边，——这明显激怒了胡塞尔！我们发现此在取代了"意识"。然而，此在指的是什么呢？而且，两者中的哪一个植基于另一个之中呢？

在此，我们必须澄清意识的含义。在意识中有着认识，认识在后面这个意义上复又与 videre［看］相关联：认识即是已经看见(Gesehenhaben)。意识运作于观看之领域中，这一领域被 lumen naturale［自然之光］所照亮。这种 lumen［光］、这种光"做"了什

么？它带来了清晰性。那么，这种清晰性使什么得以可能？首先
380 是使我能够通达到物中。法语动词 regarder［看］在此说得尤为明白。Regarder［看］在后面这个意义上意味着 garder［看护］，保存（bewahren）、集中－保护（ge-wahren）[1]：让我看着的东西靠近我。

所有意识都具有的已经看见（Gesehenhaben）建基于什么之上呢？基于一种对人之本质而言奠基性的可能性之上，这种可能性即：为了通达物而穿过一片敞开的广袤。

这种在－一片－敞开的－广袤－中－存在（in-einer-offenen-Weite-sein）恰恰就是那被《存在与时间》（对此，海德格尔甚至说：完全笨拙而且无所助益地）称为此在的东西。

此在必须被理解为澄明－存在。此（Da）即是用来表示敞开的广袤的词语。

在这里可以清楚地看到：意识植根于此在之中，而非相反。

意识（Bewußtsein）与此在（Dasein）[2]：——两者中都含有动词“存在（Sein）”。在今天的讨论班结束时，提出了一个问题：在意识与此在中，存在具有何种意义？这是明天要讨论的东西。

---

① 我们把这里的“ge-”理解为海德格尔通常使用的“聚集”的意思，如同“Ge-stell［集－置］”中的“ge-”一样。——译注

② “存在（Sein）”是这两个词共有的部分。从“Dasein”一词的中译“此在”里可以读出“［存］在”，但“Bewußtsein”一词的中译“意识”里则没有这个意思，需要略作说明：从字面上看，意识（Bewußtsein）一词就是“有意识（bewußt）”加“存在（sein）”。海德格尔在下文中会将这个词的前后两部分用连字符分开，成为“Bewußt-sein”。我们根据上下文将它译为“意识”或“意识－存在”。需要注意的是，“意识－存在”就是“意识”，它们并不是两个东西。另外，丁耘在他的译文中将“Bewußt-sein”译为“识－在”以与“此－在”对应，参见“晚期海德格尔的三天讨论班纪要”，丁耘摘译，载《哲学译丛》2001年第3期。——译注

Ⅱ

1973 年 9 月 7 日星期五。今天的讨论班从宣读记录开始。

之后海德格尔说，他本来可以为我们第一天深入讨论的内容添加上许许多多的补充。但是他在这个讨论班里打算做一些完全不同的事情。所以他只限于做两个评论，这两个评论的目的在于避免一切过于极端的简化。

有关康德，我们昨天谈论了对诸范畴的抽象推导。海德格尔问：就范畴的理解和感知方式而言，在康德的范畴学说中就没有多于并且异于抽象与推导的东西吗？让·波弗勒在此提到了“图型论”。康德在图型论中将范畴与时间联系了起来，这——海德格尔 381
顺便提到——即是康德探讨存在与时间的方式。

现在，谈到胡塞尔，海德格尔问道：《逻辑研究》是在何种脉络中来到范畴直观这里的？我们必须要注意到，这并不是发生在一个制定出范畴问题的脉络中——，这即是说：[并不是发生于一个]制定出有关存在的形而上学问题[的脉络中]。相反，该脉络是由概念机能与感性之间的类比关系构作出来的。这两者都在这样的一种统一性之中被理解，正是在这种统一性中才可能将对象构成为经验的对象。因此，这里涉及的是一个有关经验理论的难题，——通过这一难题，胡塞尔再次继承了康德的遗产。

海德格尔强调说，范畴直观是在这个脉络中出现的，无论怎么说，它都没有从一种明确的存在学主题中产生。

正如人们看到的，这两个评论校正了昨天的讨论内容，或者不如说：这两个评论防止了昨天的讨论内容被片面地理解。在康德那里范畴是被推导出来的，这绝不蕴含着，范畴之物抽象地隔绝于一切可能的"具体化"；在胡塞尔那里范畴之物是直接具体地来照面的，这根本上也不是要说，胡塞尔由此出发就能够展开出有关存在之真理的问题了。

在澄清过之后，我们就可以来回顾一下上次讨论末尾处提出的问题了。讨论班预定的进程再次继续下去：在意识－存在（Bewußt-sein）与此－在（Da-sein）之间有什么关联（或者这样说更好：在意识状态－存在与此－敞开的－广袤－在之间[①]有什么关联）？

为了对问题进行一种实质性的探讨，有必要澄清一下"存在"这个动词在这两个词语中的意义。在法语中，"存在"这个动词并没有构成 conscience［意识］这个词的一部分。尽管如此，con-
382 sience［意识］这个词的确包含有一种存在特性。这是何种特性呢？当我说："我对自己是有意识的"的时候，一道被说出的还有：我对我自己是有意识的。这种对－其－自己－是－有意识的，即意识的存在特性，是由主体性规定的。但主体性本身从未着眼于其存在而被问及；从笛卡尔开始它就是 fundamentum inconcussum［不可动摇的基础］。所以，在整个从笛卡尔发源的现代思想

① 原文为：zwischen Bewußtheit-sein und das-Da-der-offenen-Weite-sein。译者无法在保留海德格尔连字符的情况下将这个词翻译得符合中文习惯，于是索性按字面直译这个词，并稍作解说：这个长长的词由"Da-sein［此－在］"变化而来，它将"Da［此］"具体地描述为"offene Weite［敞开的广袤］"。稍作变通的话，可以译为"在敞开的广袤这里存在"。丁耘译为"此玄远之在"。——译注

中，主体性构成了一个障碍，它阻碍着我们将有关存在的问题带上道路。

如果我们追问这样一种当下性——它支配着“自身当下化”，而一切意识都是这种“自身当下化”——那么我们就必须承认：这种自身当下化发生在意识的*内在性*中。我自己意识到的东西对我而言从来都是当下的，——这意味着：它*在*主体性*之中*，*在*我的意识*之中*。

如果人们把意向性和意识连接起来，那么，意向之客体因此就仍在意识的内在性中拥有其位置。

与之相反，在《存在与时间》中，“物”的位置不再在意识之中，而*在世界之中*（另一方面，世界本身对意识而言也不是内在的）。

因此，胡塞尔与意向性背道而驰，他仍然囿于内在性之中，——《笛卡尔沉思》就是这种基本态度的一个结果。

可以肯定的是，胡塞尔的基本态度是超越出新康德主义的一步，在后者那里，客体不过是由知性概念划分的多种多样的感性材料。借由胡塞尔，对象重又获得了其本己的持立性（Bestandhaftigkeit）；胡塞尔拯救了对象，——但却是以这种方式：他把对象嵌入了意识的内在性之中。

于是在胡塞尔那里，意识的领域根本没有被置于问题之中，更 383
不要说被突破了，——海德格尔补充说：此外，只要人们从 Ego cogito［我思］出发，人们也就不能突破它；因为，Ego cogito［我思］的基本建制（Grundverfassung）就在于（同时，莱布尼茨的单子的基本建制也在于）：它没有任何可供某物能够进出的窗户。就此而言，Ego cogito［我思］是一个封闭的空间。“从”这种封闭空间中

"出来",这种想法本身就是矛盾的。由此必然得出:我们需要从不同于 Ego cogito[我思]的东西起步出发。

海德格尔的出发点完全是不同的;人们甚至一开始就能说它不那么恰当:当我观看墨水瓶的时候,他说,我把这个墨水瓶本身收入眼中,而并不附带着它与质料材料和范畴的关联。重要的事情是去形成一种对物本身的基本经验。如果人们从意识出发,他们就根本不能够形成这种基本经验。要实行这种经验,就需要一个不同于意识领域的领域。这另一个领域即是那被称为此－在的东西。

现在,当我们谈论此－在的时候,[其中的]"存在"这个词说的是什么?与意识－存在(Bewußt-*sein*)中的"存在"所表达出来的意识之内在性相反,此－在(Da-*sein*)中的"存在"指的是那种外－在－于……(Sein-außerhalb-von...)。在这个领域中,一切可以被称作物的东西,都能够作为物而来照面。这个领域是一个区域,这个区域把公开地"在外"的可能性赋予了物。此－在之中的存在必定保存着一种"在外(Draußen)"。所以《存在与时间》才以绽出来标明此－在的存在方式。因此严格说来,此－在意味着:绽出地在此(das Da ek-statisch sein)。

内在性由此被打破。

此－在从本质上说就是绽出的。人们在理解这种绽出特性的时候一定不能只看到现身在场的东西——面对我们而保持其位置
384 这个意义上的现身在场的东西——而是也要把这种绽出特性理解为关联着曾在、当下和未来的绽出。

因此,此－在这一表述中的"存在"就意味着绽出之实存的绽

出性。

重要的事情因而是：去识别出海德格尔在胡塞尔的意向性概念那里所接受的推动力。在海德格尔接受到了这种动力之后，他的工作就在于去研究本源地包含在意向性之中的东西。在这种研究的基础上来透彻地思考意向性，这说的即是：把意向性建基于此-在的绽出性之上。一言以蔽之，必须要认识到意识建基于此-在之中。

今天，海德格尔接着说，我会以另一种方式来表达这种关联。我不会再简单地谈论绽出，而是谈论澄明中的内立状态；这一表述又必须在下面两种含义的统一性中被理解：

1)内立于三种绽出格式之中；

2)通过整体此在来保护并保持存在。

意识-存在与此-在之中的"存在"所具有的根本不同的含义因此而得到了澄清。由此出发，我们可以来衡量一下，在一种以此-在为核心的思想中，有关的一切在多大程度上都发生了改变。从现在起，人就以绽出的方式面对面地立于那是自身的东西面前，而不需要再借助于一种对……的表象（依据其定义，这种表象呈现出了对存在物的影像的当下化）而立于那是自身的东西面前。海德格尔这样来阐释这一点，他说：当我回想起在布斯克拉兹的勒内·夏尔时，谁或者什么在此被给予我了？

当然是勒内·夏尔本人了！而不是天知道是什么的让我能够间接地由之而关联到他的"图像"。

这是如此地简单，以至于要让这一点在哲学上被理解，却是最 385
大的困难。对此，海德格尔说，这一点从根本上说甚至还没有被理解过。讨论班的一个参与者插嘴问道：本源地来看，从意识向此－在的过渡并不是康德谈论的“思想方式的革命”或者荷尔德林说的“一切表象方式与一切形式的颠倒”吧？海德格尔恰当地调整了提问者的说法：我们最好是谈论一种思想之地方（Ortschaft）的革命。如果能够在一种开端性的意义中质朴地将之理解为一种位置之移置（*Ortsverlegung*），而不是理解为“革命”，那就更好了；在这种开端性的意义中，肇端于《存在与时间》的思想把哲学置入意识中的东西从其位置上移置到另一个位置上。接着，我们甚至可以说，正是哲学——因为哲学把位置（Ort）放入了意识之中——移置（*ver*legt）了一切，并且是以这种方式来移置一切的：把那个锁闭于自身中的位置（即意识）设置到海德格尔称作此－在的东西的位置之上。最终在这里，意识与此－在之关联在其充分的广度中被呈现了出来。所以也就可以理解，什么叫作意识建基于此－在之中。

然后海德格尔联系到“我进入现象学之路”[①]这个文本，又回过头来谈论胡塞尔。他强调说，胡塞尔哲学的出发点是弗朗茨·布伦塔诺，《经验立场的心理学》的作者。我自己的出发点，他提点道，是同一个弗朗茨·布伦塔诺，——不过不是凭借他1874年的这部作品；毋宁说是借助《根据亚里士多德论存在者的多重含义》（弗莱堡，1862年），海德格尔就是从中学着阅读哲学的。这是在胡塞尔与海德格尔那里发生的奇特而又引人注目的相遇：他们两

---

① 《面向思的事情》，1969年，第81—90页。【全集版页码为：全集第14卷，第91—102页。——译注】

人凭借同一个哲学家而跨出了各自的第一步，但并不是凭借同一 386
部作品。海德格尔微笑着说，我的布伦塔诺是亚里士多德的布伦塔诺！

为何要强调这种区分呢？这是为了强调出希腊思想与经院-现代思想之间的区分。任何想要确切指出这种区分的尝试，都必须最小心谨慎地行事并使用明确的概念。所以，海德格尔讲述到，在罗马诺·瓜尔蒂尼[①]试着去言说希腊思想的独特性的地方，他谈论的是一种比现代思想"还要客观化的(objektiveren)"思想。但是"客观性(Objektivität)"这一概念根本不能用来刻画希腊思想。首先的一点就是，事实上在希腊语中并不存在任何用来言说对象——"客体"——的词语。对希腊思想而言不存在对象，而只有：从自身而来的在场者。

尽管如此，人们就不能在最后提到的这个意义上来理解对象吗？对于这一问题，海德格尔回答道，这是不可能的，因为对象是由表象活动构成的。而表象活动——它先于与对象之关联——把对象设置在自身面前，这样一来对象就决不能首先从自身出发而现身在场了。

据此，如果人们想要能重新-思想希腊人已经思想过的东西的话，那么人们就完全有必要离开意识领域以及属于意识的表象活动。

离开意识领域并达及此-在的领域：这是为了确切地看出，被

① 罗马诺·瓜尔蒂尼(Romano Guardini，1885—1968 年)：德国人，出生于意大利，天主教神父、学者。著有《论祈祷书的精神》《苏格拉底之死》等作品。——译注

理解为此-在(这说的是,从绽出性出发被理解)的人只有通过这种方式才存在,即:人从自身出发而走到了那个完全异于他自身的东西——即存在之澄明——那里。

这种澄明,——海德格尔指出了去道说澄明的困难——这种
387 开放域(Freie)并不是由人创造出来的,它不是属人的。相反,它是那种被指派给人的东西,因为它把自身判归给人:它是被发送给人的东西。

趁此时机,海德格尔提到了论文"艺术作品的本源"[①],还提到了对"四方域(Gevierts)"的诸多探讨,例如在演讲"物"之中的探讨,后者被收在《演讲与论文集》中。从本质上说,我们需要看到:在其全新地域中的思想从开端起就已经放弃了意识的优先性,也放弃了其后果,即人的优先性。"论人本主义的信"已经联系于萨特的命题(Précisément nous sommes sur un plan où il y a seulement des hommes[严格讲来,我们在一个其上只有人的平面上])而说过了:"从《存在与时间》的角度看,这话倒是应该这么来说:précisément nous sommes sur un plan où il y a pricipalement l'Être[严格讲来,我们在一个其上主要有存在的平面上]。"[②]

这一点将会在下一步的讨论工作中显示出来,并且是从针锋相对的立场中显示出来的。海德格尔打开了马克思的《早期著作》并读出了下面这个出自《黑格尔法哲学批判》的句子:"所谓彻底,

---

① 《林中路》,1950年,第7—68页(亦参见雷克拉姆版,万有丛书,8446/47号)。

② 《路标》,第165页。【全集版页码为:第9卷,第334页。译文引自《路标》,孙周兴译,北京:商务印书馆,2014年,第396页。——译注】

乃是抓住事情的根本。而根本对于人来说就是人本身。”①

海德格尔阐释到，整个马克思主义都基于这一论题之上。马克思主义就是从生产出发来思想的：社会的社会性生产（社会生产出其自身）以及人作为社会存在物的自身生产。在这样思想的时候，马克思主义恰恰就是今日的思想。人类与社会的自身制造就在这种思想中起着支配作用。

海德格尔说，我想要主张，或者不如说是猜测一下：人类的自身制造带来了毁灭自身的危险。

我们实际上究竟看到了什么？在今天，什么东西规定了全球的现实并以此方式起着支配作用？

是**进步强制**（*Progressionszwang*）。这种进步强制引起了一种 388
生产强制（Produktionszwang），后者与一种对总是新颖的需求的强制（Zwang）联系在一起。并且这种对总是新颖的需求的强制是这样一种强制：一切强制为新的东西，同样也直接地变得老旧而过时，被“更加新颖的东西”所排挤，然后如此继续下去。在由之而来逼迫下，尤其发生了这么一件事：与传统的每一种可能性都断裂开来了。曾在的东西不再能够现身在场，——除非以**过时之物**的形态，所以我们接下来根本不考察它。

如果一旦承认是人造成了所有这一切，那么就会有一个问题：人类自己能够在某个时候打破这些种强制所实行的支配吗？

---

① 克罗纳版，1968 年，第 216 页。【这句话中“事情（Sache）”一词的翻译参照了丁耘的译文，参见“晚期海德格尔的三天讨论班纪要”，丁耘摘译，载《哲学译丛》2001 年第 3 期。——译注】

马克思主义和社会学把今日的现实为之而强迫的东西称为“诸种强制”。

海德格尔用一个词把这些强制的共同之处命名为集－置(Ge-stell)。集－置是聚集，是所有摆置(Stellen)方式的总体集合。这些方式把人驱迫至这种程度，以至于人在当下绽出而实存(ek-sistiert)了。所以说这种集－置决不是人类谋制的产物；相反，它是形而上学史——即存在之天命——最极端的形态。在此种天命中，人已经从对象性的世代过渡到可订制性的世代：在我们即将来临的世代的可订制性中，所有的一切都凭借订制的计算活动而成为可持续动用的。严格说来，不再有对象，而只有供每一位消费者动用的“耗用品”；消费者本人则已经被摆置到生产与消费的工业运转中去了。

依据马克思，以自身为根本的人也正是生产的人以及(属于生产的)消费的人。这便是我们当下的人。

389 然而，被理解为此－在以及被理解为在存在之澄明中绽出的内立状态的人正好与马克思的命题所陈述的内容相对立。基于这一点，人们是否可以说：此－在对于海德格尔而言是人之根本？不可以。“根本”这一概念不可能表达出人与存在之关联。

我们又回到了之前争论过的问题：这一时代的人，这种把自己理解为一切现实之生产者并且据此来行动的人，这种看到自己在当今陷入了社会－经济之“诸种强制”的越发紧密强迫的网罗之中的人(从存在历史的角度来看，集－置在这些强制中显现出来了)，他们自己能够得出一种方法来从“诸种强制”所造成的逼迫中解脱出来吗？

他们怎样能够成功地做到这一点,而又不放弃自己作为生产者的规定呢? 进一步说,这种放弃在当今现实的范围内是可能的吗? 这种放弃实际上意味着什么呢? 它可能会导致:放弃进步本身并且实施一种针对消费和生产的普遍限制。一个简单而直观的例子是:从这种放弃的视角来看,任何"旅游"都不再是可能的了,取而代之的是人们将会节制一点并自己待在家里。

然而现在在这个时代中还有"自己在家里"这回事吗,还有住所吗,还有驻留之处吗? 没有了,有的是"家用电器",城市的人口稠密的中心,简言之:有的是工业化的产品,而不再有家了。

海德格尔提示说,所有这些我们谈论的问题都作用于当今的现实。我们这个有着显而易见的因而是独特的出发点的讨论班实际上看到了自己面临着最终的决定,当今的现实强制着我们去承担起这些决定。

因为,如果在这两种做法——将人在哲学上规定为意识的做法与从此-在出发来思人的尝试——被对置起来的时候,人们曾留心过这种对置显然会产生的结果的话,那么这就清楚了:相应于为了新的此-在领域而放弃意识优先性的做法,对人而言只还存在着一种的唯一的可能性,即在这一新的领域中做好准备,准备好接近并进入这个领域之中,这为的是在该领域中使人获得规定,从而保持着与非人的东西的关联。 390

进入这一领域并非通过思想而实现,就像海德格尔在著作中已经表明的那样。毋宁说,如果人们相信思想能够改变人的位置的话,那么人们就总是还按照生产的模式来设想思想的。

所以呢?

所以我们万分谨慎地说，思想开始准备着这种进入所需的种种条件。海德格尔说道，换句话说，这种思想使人首先准备好去应和这种进入的可能性。

Ⅲ

1973 年 9 月 8 日星期六。今天的讨论班从宣读记录开始。

首先，海德格尔想要为昨天的讨论做一些补充：

1）首先是为有关“强制”的谈论做出补充。在德语中，名词“强制（Zwang）”属于动词强制（zwingen）（迫使，施加暴力）。

海德格尔强调说：然而，这个社会学的或者人类学的用语，尽
391 管取得了无可怀疑的分析成果——这个用语使之得以可能[①]——但却让“强制”这一概念本身在其存在学特性方面未被规定。

海德格尔继续说，我现在在集－置中发现了对强制的存在学规定。

什么是集－置？从一种严格的语言学视角看来，它首先具有下述含义：

集－（Ge-）说的是：把一切摆置方式聚集起来、统一起来、带到一起。我们想要进一步讨论摆置。海德格尔说：在此，摆置的意义是促逼（Herausfordern）。与之相应，我们说：“自然被当作能源来摆置了”，或者：自然被强制要求提供出它的能源。［其］含义是

---

① 对此请参见，例如：罗伯特·海斯所著《乌托邦与革命》一书第七章“进步的危机”，慕尼黑（Piper 系列），1973 年。

敦促……,在这个含义上,某个被敦促的东西同时也被强制着去接受一种被规定的形态、去扮演一个角色,并且是这样一种角色——被敦促者(它将被限制于这一角色中)通过这一角色在这种被规定的形态中显现出来。被敦促着去提供出能源的自然在将来就会作为"能源储备"而出现。

但是,海德格尔马上又补充道,一旦自然被摆置着要提供出它的能源的话,那么同时人也就被摆置着要去迎合并应和这种被生产出来的能源,——甚至到了这种程度,以至于人们可以说:对自然的促逼愈强,则人自己所遭受的促逼愈烈。举个例子:已成为能源储备的煤炭导致了对作为能源的石油的发现,后者又进一步引向对原子能的动用。总有一天,甚至连原子能都会被取代。

我们回到集-置这个基本词语上来:这个词语的构词是富有启发性的。此外需要注意的事情,以及为了排除一切歧义性而需要指出的事情是:依据海德格尔所阐释的用法,这个词所指的决不 392
是一件单纯的事情。

这个词的构成是独特的。德语里有具有同样特点的词语。比如,在雅各布·格林[①]那里的词语:das Geshüh[鞋类](由词语Schuh[鞋]构成),这个词指的是"穿鞋(Beschuhung)"、"鞋具(Schuhwerk)"、"鞋袜(Fußbekleidung)"。

在著作《希腊文化史》谈论雅典人的段落中,雅各布·布克哈

---

① 雅各布·格林(Jakob Grimm,1785—1863 年):即格林兄弟中的哥哥,兄弟俩都是历史学家和语言学家。除编有《格林童话》外,还编有《德语词典》等。海德格尔此处没有说明引用的是格林的什么著作。——译注

特[①]指出：他们在很大程度上被“Gerühms［荣耀］”（由词语 Ruhm［名声］构成）的力量所支配。据此，“Gerühms［荣耀］”指的是：一切与名声相关联的东西。

以及，在描画巴勒莫（Palermo）街上的稻草堆（Strohhaufen）的时候，歌德用的词是：“das Geströhde［稻草堆］”。

所以在语言方面，集－置这个词语确实完全能够表达出一切摆置方式的聚集这个意义。

在这个地方插入了一个有关对象概念的评论。因为经院派的用语 objectum［对象］是对这个希腊语词的翻译：ἀντικείμενον［放在对面的东西］。所以，在希腊语中确实可能有某种对象［概念］存在吗？

这种做法并没有留意到本质性的区分。ἀντικείμενον［放在对面的东西］所从出的动词κεῖσθαι［姿态］[②]到底说的是什么意思呢？它说的是：已经从自身而来呈放在前面（von sich aus schon vorliegen）。现在，标识出了对象的东西是：它由表象活动产生并保持在对面。表象活动迎面摆置起对象。ἀντικείμενον［放在对面的东西］已经站立着，即呈放在前面——从其自身而来呈放在前面。在希腊经验中还没有包括这样一回事，即表象活动在设置存在者的活动中发挥着作用。希腊人是从φύσις［自然、涌现］出发来

① 雅各布·布克哈特（Jacob Burckhardt，1818—1897 年）：瑞士历史学家，除《希腊文化史》外，重要著作还有《君士坦丁大帝时代》《意大利文艺复兴时期的文化》。——译注

② 是亚里士多德十范畴其中之一。译名取自熊林，《〈范畴篇〉笺释》，上海：华东师范大学出版社，2014 年。——译注

思存在者存在这回事的，——亚里士多德由ποίησις[制作]而来将φύσις[自然、涌现]解释为带入到开启状态之中(Hervorbringen in die Offenbarkeit)。我们必须要区分开现代的生产概念和希腊的Poiesis[制作]概念，生产说的是：制造到可动用状态之中(Herstellen in die Verfügbarkeit)。

第二个补充涉及马克思。 393

海德格尔说，昨天提到过的命题——"所谓彻底，乃是抓住事情的根本。而根本对于人来说就是人本身"——不是一个政治命题，而是一个形而上学命题，它在费尔巴哈颠倒了黑格尔形而上学的这个视域中就变得十分清楚了。人们能够以这种方式来看待之：对黑格尔而言，知识的事情(die Sache des Wissens)是在其辩证变化中的绝对者。现在，费尔巴哈颠倒了黑格尔，使人(而非绝对者)成为了知识的事情。人们可以在马克思的文本中，在上面引述的那个句子之后三行，读到下面这句话(正是在费尔巴哈的批判的意义上)："对宗教的批判由这一学说完成：对人而言，人是最高级的存在者"。

海德格尔说，我的马克思解释不是政治的解释。[我的]这种解释向着存在而思想，向着存在发送自身的方式而思想。凭借这个观点、在这个视野中，我可以说：虚无主义借由马克思而达到了它的极致。①

① 海德格尔把"虚无主义"思为"西方历史的根本运动……它不只是当代的一个现象，也不只是19世纪的产物……"(《林中路》，1950年，第201页以下；亦参见"面向存在问题"，写于1955年，载《路标》，1967年，第213—253页，以及《尼采》第一册、第二册，1961年。)

这个命题无非意味着：在那个明确地说明了对人而言**人**是最高级的存在者的学说中，最终被论证和证明的是：存在之为存在对人而言**不**(nihil[无])再存在。

如果**从政治角度**来理解马克思的命题的话，那么它说的就是：把政治变成一种制造自身的方式，——这就与马克思的思想完全一致了。

394 然而，如何以别样的方式来阅读这个命题呢，如何把它读作形而上学命题呢？在这里我们应当留意那个奇特的**跳跃**，马克思就是因为这种跳跃才忽视了一个缺失的环节。这个命题事实上说了什么呢？

“所谓彻底，乃是抓住事情的根本。而根本对于人来说就是人本身。”海德格尔提示说，在此缺少一种居间的思想，它使得第一个思想能够过渡到第二个思想。**这种居间思想就是：人是那个所关涉到的事情**(*Sache*)。对于马克思来说，一开始就决定的是：人并且唯有人(而不是其他东西)才是那个事情(die Sache)。这是从何而来被决定的呢？以何种方式？凭什么？被哪个权威决定的呢？

只有回到形而上学史，人们才能够回答这些问题。因此，马克思的命题一定要被理解为形而上学命题。

在补充过昨天的讨论内容后，我们就可以转回到这个引导着整个讨论班的问题之上了：有关通达存在的问题。

海德格尔说：要进入到(昨天的讨论班最后讨论过的)此－在之本质领域中——这种进入将会使得我们能够去经验存在之澄明

中的内立状态——这只有经由回转向开端的曲折道路才能够被实行。

但这种回转不是“回转到巴门尼德那里去”。关键的事情并不是转回到巴门尼德那里去（*zu* Parmenides zurückzukehren）。我们只是要转向巴门尼德（sich Parmenides *zu*zu*kehren*）。

这种回转发生在巴门尼德的回声中，它作为那种从我们这个时代（存在之发送作为集-置的世代）出发并向着巴门尼德的话语自行敞开的倾听而发生。

在《存在与时间》中就已经有过这样的回转了，即便它还是不 395
合宜的。它在《存在与时间》中作为解构而被实施，即去松动和拆解这个自开端以来就在那未曾间断并呈现出哲学史的变化序列中作为存在而发送自身的东西。

然而，《存在与时间》尚未具备一种有关存在历史的真切知识，于是从中产生出了“存在学解构”的不合宜以及（严格说来是）幼稚。从那时起，这种难以避免的尚无经验的幼稚已经被一种知识取代了。

为了阐释有关通达存在的问题，海德格尔建议阅读一个他写于1972—1973年冬天的文本。这个文本是关于巴门尼德所谈论的“ἀλήθεια［无蔽、真理］之心脏”的。海德格尔说明到，这个主题是与此-在相一致的，因为它在这里关涉的是澄明本身。从某种程度上说，这里所涉及的是去看看这个主题是如何对巴门尼德显现出来的。同时，海德格尔做出了一个必要的修正，这个修正涉及演讲“哲学的终结和思想的任务”结尾处所讨论的东西[①]。海德格尔翻到这个地方并读了出来：

“或者，它（ἀλήθεια[无蔽、真理]作为澄明而保持着遮蔽）的发生是因为自身遮蔽和遮蔽状态，即 Λήθη[遮蔽]，本就属于ἀ-λήθεια[去除－遮蔽]，并不是一个空洞的附加，也不是仿佛阴影属于光明，相反，遮蔽乃是作为ἀλήθεια[无蔽、真理]的心脏而属于无蔽？”

他对此阐释道：这里所说的东西，是不对的；巴门尼德没有说过这样的话。

因此，重要的事情是进入到对巴门尼德的正确倾听之中。这个[写于 1972—1973 年冬天的]文本的标题是：

ἀληθείης εὐκυκλέος ἀτρεμὲς ἦτορ[浑圆的、不跳动的真理之心脏]

396 海德格尔读得很慢。下述内容[②]将尽可能地还原出文本的动变和环节，也尽可能地还原出在阅读文本的同时所做的阐释。ἀληθείη[无蔽的、真的]被翻译为无蔽。这一翻译在字面上说是恰切的。这个词语所指的东西还和真理没有什么关系；强调出这一点是很重要的。相反，这里的一切都回溯到无蔽之上，它意指人必须去是的那个此（Da）。

Εὐκυκλέος[浑圆的]通常被理解为“浑圆的”，然后就被当作物

---

① 《面向思的事情》，1969 年，第 78 页。【全集版页码为：第 14 卷，第 88 页，中译引自孙周兴译文，载《面向思的事情》（修订增补版），北京：商务印书馆，2014 年，引文略有改动。——译注】

② 请参照增补部分的两篇文章。——译注

之属性。

但是因为这个词在此所刻画的是ἀλήθεια[无蔽、真理]，而且去蔽(Entbergen)并不是物性的东西，因此它不能被这样来翻译。据此，我们必须换一种方式来理解它。所以我们把εὔκυκλος[浑圆的]思为"包围一切者、合宜地环绕者"。现在，ἀλήθεια[无蔽、真理]被理解为合宜地环绕者。'Ατρεμὲς ἦτορ[不跳动的心脏]：不跳动的心脏。这指的是什么？为了去经验它，我们来关注一下残篇8开头的两行诗句：

"……还唯一地保留着这种道路之道说，

它引导向'它存在(daß es ist)'……"

然而，确切地说，什么存在(was ist)？

显而易见，存在者存在(*ist*)，它并非无。那么，那个"它存在"(ὡς ἔστιν[它存在]，残篇8，第2行)或许就是τὰ ἐόντα[诸存在着的东西](一切存在者之相互联系的整体)？

然而，为了做出这样的一个规定——与巴门尼德所说的相反——根本就不用走不寻常的道路。因此，这里无疑涉及另外一回事情。道路是不寻常的，这一事实指示出，这里涉及是的某种更加难以去思想的东西。在此，我们虽然处身于向存在接近的境况中，简直就像胡塞尔凭借范畴直观的概念向着存在接近一样，——但此刻我们是处在巴门尼德的回声中，而非处在一种起于认识论的对感性和知性的分析之中。这里涉及的是那个"它存在"。再一次，我们的问题想要去经验：什么存在？在残篇6第1行诗里可以 397

发现巴门尼德的答案：

ἔστι γὰρ εἶναι[所以，存在存在]

不是存在者，而是存在。“所以，存在存在（*Ist* nämlich Sein）”

这句话我已经反复思考很久了；长久以来我甚至迷失于其中。因为，难道它没有把存在贬低到存在者的层次上去吗？人们只能够就存在者说：它存在。

而巴门尼德现在在这里说：存在存在。

这句闻所未闻的话是一个恰切的尺度，用来衡量巴门尼德不寻常的道路距离流俗的思想到底有多远。

现在问题是：我们是否能够凭借希腊人的耳朵去倾听这个谈及ἔστι[存在]和εἶναι[存在]的希腊语句？

被以希腊方式思想的εἶναι[存在]说的是：在场。这一点怎么强调也不过分：希腊语在此说得要比我们更具显示性（*zeigender*），因此不知道比我们确切到哪里去了。

因此必须要去思想：ἔστι γὰρ εἶναι[所以，存在存在]——“所以，在场现身在场（anwest nämlich Anwesen）”。

出现了一个新的困难：这句话显然是一个同一反复（Tautologie）！确实是！这是一个货真价实的同一反复：它只提到了一次同一者（das Selbe），也就是[提到了]同一者本身。

我们现在身处隐而不显者的领域之中：在场本身现身在场（anwest Anwesen selbst）。

在这个事态中被称呼的东西的名称是：τὸ ἐόν[那存在着

的]。它既不是存在者，也不只是存在，而是τὸ ἐόν[那存在着的]：

在场本身现身在场着(Anwesend：Anwesen selbst)。

然而，在这隐而不显者的领域中(残篇8的第2、3行说道)，

“在这条路上有着许许多多的标志(Zeignisse)……”

标志(σῆμα[符号])在此必须在希腊意义上被理解：它不是某 398
种作为指向他物的“符号”的东西，而是说：标志乃是那指引着(zeigt)……并让……被看到的东西，以此方式，它标画(zeichnet)出应当被看到的东西。

于是人们在残篇8的第29行中发现了一个这样的标志，它指引出存在：

Ταὐτόν τ'ἐν ταυτῷ τε μένον καθ' ἑαυτό τε κεῖται.

“同一者以居住在同一者之中的方式位于它自身之中。”

这行诗本身就是εὔκυκλος[浑圆的]，丰盈并且满溢出来；它在其自身中道说出完满的同一反复。

然而有一个问题：在场状态本身在何处并且以何种方式现身在场呢？

答：它在无蔽中现身在场。所以，ἀλήθεια[无蔽、真理]的不跳动的心脏就是：τὸ ἐόν[那存在着的]本身！

巴门尼德恰恰也这么说过。事实上在残篇8第4行中，他把τὸ ἐόν[那存在着的]称作ἀτρεμὲς[不动的]。

ἀλήθεια[无蔽、真理]并非空洞的敞开，并非不动的打开。它必须被思为去蔽，后者合宜地环绕着ἐόν[存在着]，即在场本身现

身在场着。

由于这个对作为起点之问题的回答，难道我们没有同时陷入到不可证实的处境中吗？确实。我们甚至必须猜测，这是唯一可能的既通达ἐόν[存在着]又通达ἀλήθεια[无蔽、真理]的道路。无论如何，巴门尼德在残篇1第28行里说过：

"必要的是，你首先要经验一切。"

巴门尼德在这里说的是πυθέσθαι[学习]。这绝不是寻常的经验，而是本真的经验，残篇6第1行①谈论过这种经验：

"必要的是道说（让－自行－显现）和觉知（随前者而发生）"——

Χρὴ τὸ λέγειν τε νοεῖν

这种经验活动及其提供出来的东西，恰恰是这同一行诗结尾处说的那个东西：

ἐόν ἔμμεναι[存在着的东西存在着]——在场现身在场着（Anwesend Anwesen）。

399 这种有关巴门尼德的思考既不是判断，也不是证实，亦不是被论证过的说明。毋宁说是自行－建基于那曾让自身被察见者之上。

① 海德格尔在此将这句完整的话"Χρὴ τὸ λέγειν τε νοεῖνἐοὺ ἔμμεναι[可被言说与被思想的存在者必然存在]"拆分为两部分："Χρὴ τὸ λέγειν τε νοεῖν"和"ἐοὺ ἔμμεναι"，这就使得我们难以合乎句法地翻译前半句，因此只能译出正文中海德格尔自己给出的对前半句的翻译。——译注

正如歌德所指出的那样，达致一种纯粹的观察或许是最困难的事情。在巴门尼德那里涉及的正好就是这个困难：要去把现身在场着：在场收入眼中。

这个东西，即现身在场着－在场本身，全然定调了那个合宜而去蔽地环绕着它的无蔽。

阅读到此完结。

海德格尔接着说：我把在此处被追问的这种思想称为同一反复的思想(das tautologische Denken)[①]。这即是现象学的本源意义。这种思想先于理论与实践之间的一切可能区分。为了去理解它，我们必须学着区分开道路与方法。在哲学中，只存在道路；相反，在各种科学中唯有方法，这些方法也叫作处理方式。

这样来理解的话，现象学就是一条道路，延伸到它被带向的那个东西之前，并且让这个东西自行显现。这种现象学是一种隐而不显者的现象学。唯有在这种现象学中我们才能明白：在希腊人那里并不存在种种概念。在概念－把握中存在着占有的对待方式。与之相对，希腊式的ὁρισμός[界限]有力而又细致地环绕着那种被观看收入眼中的东西；它并不进行概念－把握。

在这之后的沉默中，让·波弗勒开口说：我们倾听的这个文本在某种程度上完成了一种费时久长的沉思，您在这种沉思中忽而

① 在汉语学界中，另有关子尹"同一性思维"的译法，参见关子尹："黑格尔与海德格尔：两种不同形态的同一性思维"，载《同济大学学报》(社会科学版)，2014 年第一期。——译注

转向巴门尼德，忽而转向赫拉克利特。也许人们甚至可以说，您的思想以不同的方式对待了赫拉克利特和巴门尼德。在《演讲与论文集》中，情况仿佛是，赫拉克利特被赋予了一种优先性。今天，在
400 与巴门尼德的关系中，赫拉克利特又会占据何种位置呢？

海德格尔说：从一种单单是历史学的视角出发来看，赫拉克利特意味着迈向辩证法的第一步。从这种视角出发来看，巴门尼德就是更加深刻并且更加本质性的（如果确如《存在与时间》所言，辩证法是“一种真正的哲学困境”的话）。从这个角度出发来看的话，我们必须彻底承认：同一反复是唯一的可能性，让我们得以去思想那种辩证法只能将其遮掩起来的东西。

然而，如果人们能够从巴门尼德式的同一反复出发来阅读赫拉克利特的话，那么赫拉克利特本人就会出现在最靠近这同一种同一反复的切近处（Nähe），出现在唯一的一种接近（Annäherung）过程中，这种接近呈现出通达存在之道路。

补　　遗

401

思想的来源

下面这种想法《从思想的经验而来》言说着：

“一旦我们在思想的来源中变得仿佛在家一般(heimisch)，我们就可以冒险从哲学中回退一步并进入到存有之思当中”(1947年)。

我们在那儿已经像在家一般了吗？恐怕没有。什么叫：在思想的来源中变得仿佛在家一般？它说的是：获得了建基于此在之中的逗留，从那里而来，思想得到了其本质的规定。

思想的来源必须要以何种方式被追问，关于这个问题，巴门尼德给了我们第一个暗示。这个暗示被包含在下面这句箴言中：

τὸ γὰρ αὐτὸ νοεῖν ἐστίν τε καὶ εἶναι[因为思想与存在是同一的](残篇3)

“因为思想与存在(即觉知与在场)

相互共属。”

然而，这种相互共属本身是从何处被规定的呢？什么东西在此提供出相互之可能性呢？

为了能够被可觉知者所关涉，觉知本身就必须为了……而自行保持敞开。为了什么？为了现身－在场。然而，现身－在场为了能够作为一种如此这般的现身－在场而起支配作用，它就必须要能够从其自身而来把自己带入到敞开与开放之中。

这两者，即觉知和在场，为了它们自己的可能性——这同时即是说为了它们的相互性——而需要开放和敞开。在开放和敞开之内，它们彼此关涉。

这[开放和敞开]又是什么呢？巴门尼德将之命名为ἀλήθεια
402 [无蔽、真理]。它必须被经验到。还要更多地[被经验到]。不仅是[要经验到]它，还有[要经验到]它的“永不跳动的心脏”。

为了在思想的来源中变得仿佛在家一般，就需要去深思后一个文本的标题[1]所指的内容。

这种沉思就是前提条件，让我们得以充分地去刻画出“回退步伐”，并且能够在必要的清晰性中冒险“回退一步”。沉思不是一种个人的擅自行动，而是出自于一种对指令(Geheiß)的顺从，这种指令还在ἀλήθεια[无蔽、真理]本身之中保持着遮蔽并因此对思想而言还被扣留着。

[后面这个文本也还是一个尝试，尝试着重新去检验一下早先在《面向思的事情》[2]之中对'Αλήθεια[无蔽、真理]的刻画。][3]

---

① 指后一篇文章的标题“'Αληθείης εὐκυκλέος ἀτρεμὲς ἦτορ[浑圆的、不跳动的真理之心脏]”。——译注

② 《面向思的事情》，图宾根，1969年，第78—80页。

③ 方括号里的内容出现在手稿中。

Ἀληθείης εὐκυκλέος ἀτρεμὲς ἦτορ[①] 403

[浑圆的、不跳动的真理之心脏]

“属于真理的，浑圆的、不动的心脏”—— 在巴门尼德《教诲诗》中（残篇 1 第 29 行），女神在思想者面前用这句话命名了那个东西，那个他应该在漫游——发生在那条无论在时间还是次序方面都是第一位的道路上——中经验到的东西。

然而在此之前，女神在她的问候中点出了整个漫游的基本特征（残篇 1 第 27 行）：

> ἦ γὰρ ἀπ' ἀνθρώπων ἐκτὸς πάτου ἐστίν.[②]
>
> “确实，它从熟悉的
>
> 人的逗留中跑离；”

女神的话在今天也还有效，而且也许更加迫切地适用于每一种这样的尝试，即尝试着以适宜的方式去跟从巴门尼德的开端性的思想。因此，上面引述的对标题这句话的流俗翻译也许还缺少谨慎，这种谨慎来自那起要求作用的不寻常的道说。这种流俗的翻译既

① 本文的许多译名参考了张振华在《斗争与和谐》中给出的翻译。参见张振华：《斗争与和谐》，第六章，北京：商务印书馆，2016 年。——译注

② 通常译为“因为它确实远离人类的足迹”，引自《前苏格拉底哲学》，基尔克、拉文、斯科菲尔德著，聂敏里译，上海：华东师范大学出版社，2014 年，第 373 页。——译注

不听从希腊语，也不关心女神所说的那个精确深思过的规定。呈放在我们面前的这些差点失传了的文本就尝试着去接近一个这样的规定。

完整地看，女神的话是这么说的（残篇 1 第 28 行以下）：

…χρεὼ δέ σε πάντα πυθέσθαι
ἠμὲνἀληθείης εὐκυκλέος ἀτρεμὲς ἦτορ①
“……然而，对你而言必要的是去经验一切
［即踏上由我指出的全部三条道路］
首先［踏上第一条道路，主要的道路］
属于真理的、浑圆的、永不跳动的心脏。”

’Αληθείη［无蔽的、真的］所意指的东西，按字面翻译就是：无蔽。但是借助于字面的话，对于洞见到巴门尼德所思想的实情来说，仍旧无所助益。’Αληθείη［无蔽的、真的］指的不是“真理”，如果真理指的是以命题形式出现的陈述所具有的有效性的话。或许，在ἀλήθεια［无蔽、真理］中的有待思想的东西，严格地就其自身而言，
404 尚未与真理发生关系，倒是相反，一切［在无蔽中的有待思想的东西］都和无蔽有关系，每一种对“真理”的规定都要预设这种无蔽。

为了进一步认识这种在无蔽中起着支配作用的去蔽，让我们注意一下副词εὔκυκλος［浑圆的］。它的主要意思是作为物之属性的

① 通常译为“……你要学习一切，/既有圆满真理不可动摇的核心，……”，引自《前苏格拉底哲学》，基尔克、拉文、斯科菲尔德著，聂敏里译，上海：华东师范大学出版社，2014 年，第 373 页。——译注

"浑圆的"。但是去蔽、无蔽并不是物。倒不如说，当我们将εὔκυκλος[浑圆的]翻译为"合宜地环绕着的"的时候，我们更能够碰到去蔽的支配强力(Walten)。

但巴门尼德在他的第一条道路上应该不只经验到了"合宜地环绕着的无蔽"，而首先应当经验到它的ἀτρεμὲς ἦτορ，它的"永不跳动的心脏"。后者是处处激活着去蔽、处处与去蔽相协调的东西，但它自己却栖息着、延续着并且本现着。

它是什么呢？女神向我们说过它吗？当然了；而且说得还十分清楚明白——如果我们留意巴门尼德依据女神的指示在第一条道路上所发现的东西的话。

在残篇8第1行以下，女神说道：

…μόνος δ' ἔτι μῦθος ὁδοῖο

λείπεται ὡς ἔστιν.[①]

"但是，还唯一地保留着这种道路之道说，它引导向……(它指向)：ὡς ἔστιν'存在(daß ist)[②]'"

---

① 通常译为"但还有唯一一种道路的言说/留下来，即，存在；"，引自《前苏格拉底哲学》，基尔克、拉文、斯科菲尔德著，聂敏里译，上海：华东师范大学出版社，2014年，第383页。——译注

② 在讨论班正文里这句话被译为"daß es ist"，我们译为"它存在"。此处省略了"es"，是符合希腊语语法的，因为相应的希腊原文里本就没有这个"es"，"es"是体现在动词ἐστίν[它是、它存在]的变位(它是第三人称单数)之中的。但是在这两个地方我们都无法将与希腊语连词ὡς对应的德语连词"daß"翻译出来，除非很累赘地译为"它存在[这回事]"。所幸这并不会影响到文义。——译注

我们会茫然失措地问:究竟什么存在? 答案显而易见:存在者而非无(Seiendes und nicht nichts)。但是,为了要得出这么一个答案,除了人通常的想法和意见外,并不需要不寻常的道路。倒不如说,我们必须要把最难以思想的东西带入眼界之中。

巴门尼德给出了一个在字面上清楚明了的有关ὡς ἔστιν即"如此存在(daß ist)"的消息。在残篇6第1行,他说:ἔστι γὰρ εἶναι"所以,(它)存在:存在('(es)ist:nämlich sein')①"。但是这句话没有把"存在"歪曲为某种存在者吗? 只有论及存在者时,我们才能说"(它)存在"。

在我们自己过于匆忙地去固化这一太过轻易地出现的反驳之
405 前,我们必须自问,我们有没有也用希腊的方式来思想ἔστι[存在]和εἶναι[存在]这些词语的希腊道说呢;进一步,我们究竟有没有在"存在(ist)"和"存在(sein)"这些词语的使用中充分地去思想被[这些词语]规定的东西呢。

被以希腊方式思想的εἶναι[存在]道说的是:"现身在场"。这个动词说得更加确切些。它以更具显示性的方式把我们带近有待于思想的事情。据此,我们必须要把ἔστι γὰρ εἶναι[所以存在存在]翻译为:"所以现身在场现身在场(anwest nämlich anwesen)"。

不过——我们立即又碰到了一个新的困难。我们处在一个摆明了的同一反复面前。当然是这样,而且这还是一个货真价实的

① 我们把此句中同时出现的ἔστι[存在]和εἶναι[存在]、"ist"和"sein"都译为"存在",为了显示出差别特附上原文。它们之间的差别在于,每一组的前一个词语都是第三人称单数现在时形式,每一组的后一个词都是不定式形式。——译注

同一反复。这个同一反复并不是两次枚举了相同者(das Gleiche)。它只是提到了一次同一者(das Selbe),也就是提到了同一者本身:

ἔστι εἶναι:“现身在场(本身)现身在场”[①]

在巴门尼德那里,思想的事情这个事态(den Sachverhalt der Sache des Denkens)的名字是:τὸ ἐόν[那存在着的]。他思想中的这个基本词语所指的既不是“存在者”,也不单单是“存在”。Τὸ ἐόν[那存在着的]必须被思为动词的分词。这么一来,它道说的就是:“现身在场本身现身在场着”。残篇 8 第 2 行以下说的就是这种道说的唯一可能的方式:

...ταύτηι δ' ἐπὶ σήματ' ἔασι

πολλὰ μάλ'[②]

“而其上有符号(起显示作用的)

---

① 原文为:anwest anwesen(selbst)。从语言和用词上说,按海德格尔以往的做法(das Ding dingt、die Welt weltet、das Seyn west 等),他在这里实际上是把希腊语的动词原形εἶναι(相应的是德语动词原形 anwesen)看作“主词”,而把希腊语的动词的第三人称单数形式ἔστι(相应的是德语动词第三人称单数 anwest)看作“谓词”。因此若尽量符合汉语习惯,这句应当译为“现身在场(本身)现身在场”,前一个“现身在场(本身)”对应εἶναι和 anwesen,后一个“现身在场”对应ἔστι和 anwest。如果采用海德格尔的倒装结构,则应译为:“现身在场现身在场(本身)”。——译注

② 通常译为:“其上的标志/有很多”,另外,“其上”指的是“道路上”。引自《前苏格拉底哲学》,基尔克、拉文、斯科菲尔德著,聂敏里译,上海:华东师范大学出版社,2014 年,第 383 页。——译注

有非常之多[的符号]；”

至于这些起显示作用的东西，这里只消提到其中的一种。残篇 8 第 29 行道说了ἐόν[存在着]：

ταὐτόν τ' ἐν ταὐτῶι τε μένον καθ' ἑαυτό τε κεῖται①
“同一地并且以在同一中栖留的方式，它栖于它自身之中”

这行诗给出了一个对问题的暗示，这一问题自我们提议以希腊的方式去思ἔστι[存在]和εἶναι[存在]、“现身在场(anwest)”和“现身在场(anwesen)”以来就无言地驱迫着我们。这个问题说的是：现身在场(anwesen)在何处以及以何种方式现身在场(anwest)？答：“现身(an)……”于无蔽之中。如果这发生了，那么，唯一有待于思想的ἐόν[存在着]就是无蔽的“心脏”。在残篇 8 第 4 行中，巴门尼德明显地将τὸ ἐόν[那存在着的]称作是——：ἀτρεμές[不动的]，“永不跳动的”。Τὸ ἐόν[那存在着的]，“栖于其自身中，与无蔽相协调，规定着无蔽”。

406 据此，我们不能够把ἀληθείη[无蔽的、真的]设想为空洞的、僵化的敞开。毋宁说，我们必须把它思为那种合宜地环绕着τὸ ἐόν[那存在着的]，即“现身在场本身现身在场着”的去蔽。

然而，凭借之前提出的猜测和问题，我们难道不是在ἀλήθεια

① 通常译为：“它保持同一且在同一个地方而又在其自身而停留”，引自《前苏格拉底哲学》，基尔克、拉文、斯科菲尔德著，聂敏里译，上海：华东师范大学出版社，2014 年，第 388 页。——译注

［无蔽、真理］与ἐόν［存在着］之关联这一点上做出了不可证实的因而是任意的断言吗？当然是的，只要我们不再能够同样地以希腊方式去思想那种唯一可能通达这两者的方式以及那种经常被称为“思想”—— 巴门尼德活动于其中——的东西的话。

在残篇1第28行，女神说：

…χρεὼ δέ σε πάντα πυθέσθαι①

“然而，对你而言必要的是，去经验一切”。

被［女神］要求的思想是一种经验，当然，不是那种流俗的感性感知。Πυθέσθαι［学习］在相应的段落里（残篇6第1行）获得了进一步的规定：

χρὴ τὸ λέγειν τε νοεῖν τε…②

“必要的是道说［即让自行显现］和

［由之发生的］觉知……”［接受］

在此起作用的、远离惯常意见的思想是：纯粹的（非感性的）洞察。那个必须被洞察的东西，随后在这同一行诗里被提到：ἐὸν ἔμμεναι：

---

① 通常译为：“你要学习一切”，引自《前苏格拉底哲学》，基尔克、拉文、斯科菲尔德著，聂敏里译，上海：华东师范大学出版社，2014年，第373页。——译注

② 通常译为：“那对于言说和思想的存在者必定存在。”，引自《前苏格拉底哲学》，基尔克、拉文、斯科菲尔德著，聂敏里译，上海：华东师范大学出版社，2014年，第380页。——译注

“现身在场现身在场着”。

这种思想既不是一种判断，也不是一种证实，亦不是一种论证。不如说是自行建基于被洞察者之上。

纯粹的洞察：“现身在场本身现身在场着（anwesend anwesen selbst）”——或者无所－洞察，这在此处——在西方思想的开端——是个问题。

歌德写到（“柱廊导论”，最终版，第38卷，第5页）：

“然而谁不安于这一回事呢：纯粹的观察要比人们相信的还要稀有？我们过于迅速地把我们的感觉、我们的意见、我们的判断与我们所经验到的东西混在了一起……”

407 但是首先，如果观察可以保持自由的话，那么要如何去洞察 τὸ ἐόν[那存在着的]，即“现身在场本身现身在场着”呢？

“观察”——诗人用到的一个顶好的词语，它同时见证了：诗人“在相隔最远的山上”邻近于思者之思。

在巴门尼德教诲诗中的观察现在可以被洞察了：

“现身在场本身现身在场着协调于
那合宜地以去蔽的方式环绕着它的无蔽。”

ἠμὲν Ἀληθείης εὐκυκλέος ἀτρεμὲς ἦτορ①

① 这句诗即是本文标题所从出的诗句，出自残篇1第28行，通常译为：“既有圆满真理不可动摇的核心”，引自《前苏格拉底哲学》，基尔克、拉文、斯科菲尔德著，聂敏里译，上海：华东师范大学出版社，2014年，第373页。海德格尔特别的译法见于文末引号内。——译注

德译者后记[1]

I

在“通向交谈之路”这篇文章中，海德格尔第一次把法国称作“相邻民族”，与他们一起进行一个“在创造性的交互对话中实行的沉思”[2]从历史上看是必要的。他是通过提到莱布尼茨来阐释这一点的，说后者的思想“持续不断地被一种与笛卡尔的争辩所引导”[3]。“对一种在根本意义上的数学思想所作的论证和预先规划”(出处同上)要“归功于”笛卡尔的思想，即“现代法国哲学的开端”。数学物理学的自然概念就源自这种数学思想。但是，海德格尔把这种“主要由”笛卡尔和莱布尼茨“所开启的对于自然之本质

① 《四个讨论班》是由德文全集版的编者从法语记录译回德文的，故有“译者”一说。为了区别于中译，在前面加上了[德]的标识。——译注

② “通向交谈之路”，载《阿勒曼乡土》(Alemannenland)。布莱斯高的弗莱堡城市年鉴第1卷，弗兰茨·凯尔博主编，斯图加特，1937年，第135页。【这篇文章现收录于全集第十三卷《从思想的经验而来》，德译者后记里所有对这篇文章的引用，我们均引自《从思想的经验而来》，孙周兴、杨光、余明锋译，北京：商务印书馆，2017年。对译文偶有微小调整，不再一一注明。——译注】

③ 前揭，第138页。

的沉思”看作是“还远未终结的，所以，首先必须得将这种沉思重新纳入更为本源的提问方式的根基中来”（出处同上）。这个有待于更加本源地提出的问题是这么一个问题：海德格尔自己的思想想要把它制定出来，而维系着《四个讨论班》的主线就是对它的阐释，尽管它在 1966 年[的讨论班里]更多地是以间接的方式出现的。紧接着上述引文的那句话让我们理解了海德格尔早在 1937 年就已经看作是德国思想与法国思想之任务的那回事情：“只有通过这种方式[更加本源的提问方式]，我们才能获得理解技术之形而上学本质的种种前提，并由此才能将技术作为一种存在者的组织形
410 式在其诸种可能形态之中的一种中实行出来。”（出处同上）

即便在《四个讨论班》里只谈到了笛卡尔，而没有谈到莱布尼茨与笛卡尔的争辩：——在今天，向来以不同的方式反复发生的有关现代技术的时代、有关法国参与者提出的关于技术之本质与技术世界之诸种可能性的问题的思想，均显现为上面提到有关 1937 年的内容的独特回声。早先对法国的看法以及讨论班记录中记下的与法国哲学家、诗人和学者的讨论彼此相遇并汇集在了这件事情之中：对技术的追问——尽管在《讨论班》中进一步被制定并愈发迫切地成型了——还在途中，不能被看作是“已经终结了的”。

举办讨论班本身就已经是这样的一种在途中的方式了。海德格尔明显地将之与那种境况关联起来，有所思想的沉思在这种境况之中发现自己面对着语言的本质；在技术世界之统治领域中所施行的行动挑战着语言的本质（第 89—90 页）。所以简言之，这就是讨论班对海德格尔而言主要意味着的内容，但并非全部的内容。

就在 1937 年这一年，在他作品的法语译本首次出版的这一

年，海德格尔收到了去法国的邀请，邀请他参加国际笛卡尔大会以及法国哲学学会。出于多种原因，他后来没有成行[①]。在“通向交谈之路”这篇文章中，他划清了“真正哲思性的自我理解”与“各门科学研究成果的交换”之间的界限，后者“似乎停不下来地忙于一 411
种‘技术化’和‘组织化’（例如国际会议的方式和角色），从而将其久已确定的道路走到尽头……”[②]据此，虽然海德格尔肯定没有想着要把必要的“创造者本身在近邻般的相遇中进行的对话”搞成会议或者类似的集会的形式，（其实，他在 1937 年提到了“植根于此类交谈中的文献”[③][这样的形式]），但是像《四个讨论班》这样的讨论共同体还尚未进入到海德格尔的视野中。

在第二次世界大战之后，主要是让·波弗勒带动起海德格尔与法国思想的对话的。在这里，我们无法详细地展示出这是如何发生的，同样也无法展示出，许许多多的其他法国人如何尝试着与海德格尔的思想进行争辩或者以他的思想为出发点[而继续前行]。我们可以回忆一下：海德格尔已经在第一封致波弗勒的信（早于“论‘人道主义’的信”）里仿佛早早地预告了收集在本书中的这些讨论班，——这封信的日期是 1945 年 11 月 25 日，那时的局势根本不允许这种集会发生。我们在这里引用一下这封信里的话，用来补充讨论记录中所包含着的有关讨论班工作的评论：

---

① 参见让·瓦尔：《人之实存与超越》，纳沙泰尔，1944 年，其中第 134—135 页刊载了海德格尔回绝信的法语译文，在这封信里，他反对那种把他的思想解为实存哲学的错误理解。

② “通向交谈之路”，第 137 页。

③ 前揭，第 139 页。

“成果丰硕的思想不仅要求书写和阅读，而且还要求对话以及学－教（lernend-lehrend）工作的συνουσία［共同在场］……”①

开始的时候，这种工作对话发生在私下的单独会晤中②。在
412 海德格尔1955年的第一次法国之行期间，（为的是在瑟里西拉萨勒（Cerisy-la-Salle）举行讲座“这是什么——哲学？”③），他很遗憾他所期望的讨论班工作没有得到展开。但那一次他在巴黎结识了勒内·夏尔，后者对普罗旺斯的描绘使他注意到普罗旺斯的风光④。1956和1957年海德格尔头几次去普罗旺斯的艾克斯旅行。1958年他在那儿停留了四天；法文版《讨论班》的一个附注就此谈道：

“在1958年3月20日于普罗旺斯的艾克斯的大学里举行的‘黑格尔与希腊人’的讲座之后，海德格尔又接受勒内·夏尔的邀请去普罗旺斯旅行了三次。于是就有了1966年、1968年和1969年在勒·托尔的三次讨论班。”

1966年的讨论班不是事先计划好的。在共同出游中开始的谈话导向了这样一个决定：把谈话变成讨论班。讨论的主题离海德格尔很切近，因为他已经与欧根·芬克约定好要在弗莱堡大学

① 马丁·海德格尔：“关于人道主义的书信”，由罗杰·穆尼耶翻译并出版，巴黎（Aubier：Editions Montaigne），1964年，第184页。

② 参见让·波弗勒：《巴门尼德的诗》，巴黎，1955年，第Ⅷ页。

③ 目前收于海德格尔全集第11卷《同一与差异》中。——译注

④ 那个时候夏尔已经读过海德格尔的著作了；参见勒内·夏尔：《寻找基底与顶峰》，巴黎，1971年，第149页。于1950年动笔的《古代印象》就是献给海德格尔的。

接下来的冬季学期里合开赫拉克利特讨论班[1]。

三次勒·托尔讨论班都是在上午开始的；下午和勒内·夏尔（参见后文）一同漫步穿过乡村，但在讨论班全部的参与者来拜访他的时候也会谈谈话读读书（勒内·夏尔住在索尔格岛（L'Isle-sur-la-Sorgue），离勒·托尔几公里远）。1966 年海德格尔朗读了“荷尔德林的大地和天空”[2]。他也促动了一个有关兰波（Rimbaud）的谈话。他的问题涉及兰波的一句话，这句话是从兰波的第二封论诗的信中摘引出来的（1871 年 5 月 15 日）：La Poésie ne rythmera plus l'action；elle *sera en avant*［诗歌不再是行动的节 413
律，它**将先于一切**］[3]。夏尔深度回应了他的问题[4]。海德格尔在 1973 年又再次以后面这种方式提起了涉及这句话的问题：把它与《讨论班》探讨的语言之危险联系起来[5]。

就这样，诗人夏尔（他本人只在 1966 年最后一次的讨论班中现身）的“邻居关系”引发了讨论班［的举行］，同样也引发了诗与思的对话。从许多方面看，这些对话和讨论班对于海德格尔而言将

---

① 马丁·海德格尔－欧根·芬克：《赫拉克利特》：1966/1967 年冬季学期讨论班，美茵河畔法兰克福，1970 年。

② 马丁·海德格尔：《对荷尔德林诗的阐释》，第四版（扩展版），美茵河畔法兰克福，1971 年，第 156—181 页。【全集版页码为：第 4 卷，第 152—181 页。——译注】

③ 译文引自《从思想的经验而来》，孙周兴、杨光、余明锋译，北京：商务印书馆，2017 年。——译注

④ “与海德格尔商榷”，载勒内·夏尔：《寻找基底与顶峰》，巴黎，1971 年，第133—136 页。——有关与夏尔的对话，参见弗朗索瓦·维赞，《海德格尔在法国说话》，在：《新法兰西评论》，第 284 号，巴黎，八月（Août），1976 年，第 85—86 页。

⑤ 无题的论文：“今天，兰波……罗杰·穆尼耶的研究”，巴黎（米纳尔；现代文学档案。第 160 号），1976 年，第 13—17 页（德语文本及法语翻译）。

会是已经共属一体的东西。正是基于这个原因，讨论班里谈到的有关诗歌的观点和《在通向语言的途中》法译本的献词都是指向勒内·夏尔的(参见下文)。

1968年的讨论班经过了长时间深思熟虑的准备。联系到自己在马堡的时光，海德格尔十分看重这一事实：讨论工作应当是一种“典范－讨论班(séminaire modèle)”的工作。像1966和1969年一样，所有参与者都住在同一家旅店中，这个旅店现在提供了一个小型厅堂供讨论班使用。午后大家再次出游并举行谈话和阅读。在夏尔那里，海德格尔朗读了“诗歌”[①]，还讲授了这篇文章的法语译文。

1969年的讨论班本来不是预先计划好的，但是人们很快又从谈话进展到了讨论班。日程安排与往年无异：早上进行讨论工作，下午和勒内·夏尔一同出游或者去他家拜访。其中一个晚上
414 海德格尔在夏尔那里读了荷尔德林的诗。

海德格尔到底有多专注于法国参与者们唤起的问题，就此，没有什么能比一封信解说得更加漂亮了。这封信是海德格尔于1969年7月31日，在讨论班开始之前，从弗莱堡写给罗杰·穆尼耶的，因为他收到了后者为“形而上学是什么？”这个演讲新做的译本。这封信首先讨论的是：回顾并展望了迄今为止对1929年就职演讲的接受以及针对这个演讲提出的问题。接着，从“形而上学是什么？”一直谈到后来穆尼耶在讨论班里提出的那些问题中的第一

① 马丁·海德格尔：《对荷尔德林诗的阐释》，第四版(扩展版)，美茵河畔法兰克福，1971年，第182—192页。【全集版页码为：第4卷，第182—192页。——译注】

个问题（本书第 77—80 页[①]），他谈到回答那个在他思想中不断被展开的问题的唯一可能的方式。这封信这样写道：

“亲爱的穆尼耶先生，

首先我要谢谢您重新翻译了我四十年前所做的演讲‘形而上学是什么？’……

也许您知道，这个文本是第一个（在出版之后旋即于 1929 年）被翻译为您国家的语言的文本。几乎同时，在 1930 年，出版了一个日语译本，这个日译本是由我讨论班上的一个年轻而又天资聪颖的日本学生所制作的。

在欧洲，对此篇文章的反应是：虚无主义，以及对‘逻辑学’的敌意。在遥远的东方，人们借助被恰当地理解了的“无”而在这个文本中发现了这个对应于存在的词语。

这些年来，通过［为这个文本撰写］一个‘后记’和一个‘前言’，我试着在回溯至形而上学之根据这个方面来解说这个文本；因为‘形而上学是什么？’这个问题已经将形而上学推向了另一个维度。并不存在形而上学的形而上学（Metaphysik der Metaphysik）。415
然而，形而上学本身从中获得其独特性的这另一个维度，在今天也还未被规定。要去进行这项作为思想之任务的规定活动，尚还十分困难。

您的译品——不掺杂任何附件地呈放在这里——首先促使我们的法国朋友以及我自己能够重新去透彻地思考这个讲演所处理

① 这是单行本页码，全集版页码为：第 15 卷，第 340—342 页。——译注

的事情。这件事情是一个问题。它把提问者本身置入问题中,并且因此把人之此－在置入问题中。必须在这个意义上去经验此－在:人本身就是这个'此',即这个对他敞开的存在之敞开域,他承担起对这个敞开域的保存以及在保存之际对它的展开[,从而去是这个'此']。(参见《存在与时间》,第 132 页以下)。

这一演讲所包含的事情是一个问题。所寻得的答案本身就具有问题之特性。这个文本以问题结束。以此方式,它见证了思想的有限性。或者,我们甚至必须要说:[见证了]存在的有限性,人之此－在就站立在这种有限性的自行隐匿的开启状态之中?

我们必须要在思想中发现那对于思想而言值得一问的东西,经受住它并将其经验为持留之物。

在 1966 年 9 月,朋友们在普罗旺斯我们共同的朋友勒内・夏尔那里重逢之时,您交给了我一份文本,上面有七个问题。其中第一个问题是这样的:Vous parlez, dans «Gelassenheit», de la Puissance cachée dans la technique moderne. Qu'est-ce que cette Puissance, sur laquelle nous ne savons pas encore mettre de nom et qui ne procède pas de l'homme? Est-elle positive en son principe? Relève-t-elle de cette Contrée ouverte (Gegnet) où l'hommedéploie librement son essence?①

① 这个句子相较于讨论班文本第 78 页上的问题多出来的部分被译为:"它[这种力量]是否归属于那种人在其中自由地展开其本质的敞开的地带(Gegend)(地方(Gegnet)[引自'泰然任之'])?"【脚注提到的第 78 页现在是全集本第 340 页。这里用法语提到的问题与正文中提到的问题相比多出了一句话,就是此处最后的一句话。这句话的中译见本脚注。——译注】

您基于对现代技术之统治的经验而要追问的东西，与我的演 416
讲基于那时科学的处境而要追问的东西，乃是同样的东西。

期间，现代技术与现代科学的相互咬合已经变得愈发清楚和紧迫。尽管如此，在我看来，我们在今日也还未赢获一种有着充分根据的对这两者之关系的洞见。

但愿将来的某一天我还能够回答您这七个总是一再被反复思索的问题。诚然，这只能以这样的形式而发生：[提出]一个更加清楚的有关思想之规定的问题。

如果我能够充分地展开您的问题，那么，对您的译品这一赠礼的诚挚谢意就会借此而表达出来。”①

1973年的讨论班——有时被称为“弗格森②讨论班”——一开始计划在罗杰·穆尼耶位于弗格森的家中举行。后来则是在马丁·海德格尔位于策林根（布莱斯高的弗莱堡的城区）的家中举行的。一如讨论班文本之所言，讨论的主题是由让·波弗勒信中所提的问题确定的。有关讨论班预先构想的信息，我们可以从下面这封海德格尔致罗杰·穆尼耶的信中获得：

“布莱斯高的弗莱堡，16 日，8 月，73 年

……

过去的一周里，波弗勒、费迪耶和维赞都在这里。

---

① ［这封信］被译为法语，作为前言置于“形而上学是什么？”穆尼耶译本之前，载《新商业》(Le nouveau Commerce)，第 14 册，巴黎，1969 年，第 57—59 页。

② 弗格森(Vogesen)：德国西南部与法国接壤的山脉。——译注

我和费迪耶商讨了弗格森讨论班的安排与主题……主题向我
417 们浮现出来：胡塞尔《逻辑研究》中的第六研究，确切地说是其中的第二篇'感性与知性'以及其中的'范畴直观'。对我而言，它们所涉及的是，实实在在地去进行一种引导练习，从而进入到一种隐而不显者的现象学中；没有人可以只是看看书就能学会现象学的'观看'。

借助上述文本可以轻易地联系到您在我的讲座课《什么叫思想?》之中尤为关心的内容。我想提前知道一下您对之设问的段落。

……"

——至于海德格尔最后的这个讨论班，由于在大学之外举行，来参与的人都自由而友好地聚在了一起。由海德格尔不知疲倦的求"学－教工作"的意愿所推动，——他具有思想者的特征，即他总是已经准备好，或者甚至可以说总是已经被驱迫着去进行哲学沉思了——也由被他的思想吸引而朝他涌来的法国参与者所具有的热情所推动，讨论班为聚集在这里的人们带来了深深的欢乐。明快的友谊必定已经为此地的活动与相遇定下了调子。一个参与者信里的回忆见证了这一点：

"简直无法再现这些闪闪发光的日子所带有的情调（*Stimmung*）：参与者对海德格尔抑制不住的崇敬与钦佩，——他们都深深地为这种翻转一切的思想所具有的历史性广度所感染；但同样也为轻松友好并且近距离地与老师的相处[所感染]，——简言之：南方的阳光，这些难以忘怀的日子中的淡然明朗。

海德格尔与勒内·夏尔每天都看望彼此。一般都是在让·波弗勒或者全体参与者的陪同下去拜访夏尔在布斯克拉兹的小屋。在诗人的工作室里，或者在法国梧桐下的空地上，他们带着让人讶 418
异的真诚而进行着严肃而活泼的对话。

我们每天都要和海德格尔在这乡间进行美妙的出游。夏尔带我们到最遥远最幽秘的地方(Orte)。有时我们越过蓝色的吕贝隆山，从这个地点望出去，塞尚[①]的普罗旺斯，一并还有远处的圣维克多山就呈现于我们眼前。这实在是无上恩典的时刻，是幸福感情的时刻，它的返照洋溢在我们每一个人的脸上，同样也洋溢在海德格尔本人的脸上。

一众参与者——大部分都是年轻人，他们刚从学业桎梏中脱身而赶来此处；他们都是让·波弗勒的学生——极其陶醉于这一洞见：他们所参与其中的事业是珍贵无价的，——而且，他们为海德格尔的眼与心敞开了一片乡土、一块大地的面容，以此尝试着为这一事业略尽绵薄之力。”

与普罗旺斯的相遇到底多么有力地进入了海德格尔的思想，在那些日子里，近邻间的思与诗之共同协响到底多么让他开心，这

---

① 点塞尚的名并不是要附庸风雅。在 1958 年艾克斯的讲座之前，海德格尔就说过：他自己的思想道路以其方式回应着塞尚的艺术道路。参见让·波弗勒：《与海德格尔对话》，第三册，巴黎，1974 年，第 155—156 页。

这次在 1968 年讨论班期间的普罗旺斯的艾克斯之行的高峰是参观塞尚在 Lauves 路的画室，海德格尔在组诗“所思”的“塞尚”这首诗中提到了这些。《海尔内》(L'Herne)，献给勒内·夏尔的特辑，由多米尼克·福卡德主编，巴黎，1971 年，第 183 页。【这一组题为“所思”的献给勒内·夏尔的诗歌现在收录于海德格尔全集第 13 卷中。——译注】

些都传达在法译本《在通向语言的途中》里他给勒内·夏尔的献词中，以及传达在他深思熟虑地将夏尔的话语与献词并置之中。献词是这么写的：

"为了
　　勒内·夏尔
感谢勒·托尔讨论班的日子里
诗意居住
的切近。
419 带着友好敬意的
　　M. H."

他在献词背面放上了几句话，这些话呈现出了思与诗之间的一个简短对话。在这些话的后面，海德格尔以一个问题作结，这个问题或许也可以被倾听为对荷尔德林漫游穿越"法国南部"的纪念。法国使他"对希腊人真正的本质更加熟悉"（荷尔德林在颂歌"就是从深渊中……"的草稿中提到了普罗旺斯）。

"勒内·夏尔的话语，它为我们
见证了诗与思的切近：
Dans mon pays les tendres preuves
du printemps et les oiseaux mal habillés
sont préférés aux buts lointains.
....

Dans mon pays, on remercie.

*

Avec celui que nous aimons, nous avons
cessé de parler, et ce n'est pas le silence.
L' éternité à Lourmarin Albert Camus.

*

La parole soulève plus de terre
que le fossoyeur ne le peut.

*

[在我的家乡,春天
与鸟儿到来的证据
要比遥远的目标更可喜。
………………………………
在我的家乡,人们谢恩。

*

与所爱之人相伴,我们
不再言语,这并非沉默。
卢尔马兰的永恒:阿尔贝·加缪。

*

言词撬起的泥土
比掘墓人能撬起的更多。]

*

备受喜爱的普罗旺斯是
从巴门尼德早先的所思直到荷尔德林的诗歌

之间的神秘而不可见的桥梁吗？

M.H.”①

420

Ⅱ

这个译本所根据的文本载于：马丁·海德格尔，《问题四(Questions Ⅳ)》，巴黎(伽里玛，哲学经典)，1976年。

1966年讨论班的记录是从让·波弗勒的开篇说明开始的。除了他之外，参与者还有：乔吉奥·阿甘本、吉内瓦拉·邦皮亚尼、弗朗索瓦·费迪耶以及弗朗索瓦·维赞；参与过一次讨论或来了一个周末的人有：多米尼克·福卡德、罗杰·穆尼耶。

1968年讨论班的记录起初的标题是“Séminaire tenu par le Professeur Martin Heidegger sur la Differenzschrift de Hegel [由马丁·海德格尔教授举办的有关黑格尔《差异》的讨论班]”，载于罗杰·穆尼耶在1969年为讨论班参与者准备的印刷品中(印了一百份)。这些印刷品由大家共同编辑，并且(1969年也是这样)每次都由另一个[未参加此部分编辑的]参与者当面对海德格尔宣读。参与者有：让·波弗勒、弗朗索瓦·费迪耶、弗朗索瓦·维赞、米歇尔·德居、杰拉德·格拉内、戈弗莱多·伊奥米、费德里科·卡米诺、雅克·邦堂姆普斯、乔吉奥·阿甘本、帕特里克·列维和米歇尔·波德戈尔内。参与过一次或两次讨论的人有：罗杰·穆

① 马丁·海德格尔：《在通向语言的途中》，巴黎(伽里玛，哲学经典丛书)，1976年，第7—8页。——阿尔贝·加缪曾在卢尔马兰(Lourmarin)生活过并被埋葬在那里。

尼耶、罗伯·达芙罗、多米尼克·贾尼科以及皮埃尔·巴多阿尔。

1969年讨论班[的记录]的标题是“Séminaire tenu au Thor en septembre 1969 par le Professeur Martin Heidegger[1969年9月在[勒·]托尔由马丁·海德格尔教授举办的讨论班]”，同样载于罗杰·穆尼耶为参与者准备的没有年份说明的印刷品上(印了两百份)。编辑和宣读工作与1968年无异。参与者有：让·波弗勒、弗朗索瓦·费迪耶、弗朗索瓦·维赞、芭芭拉·卡桑、帕特里克·列维以及让-弗朗索瓦·格里瓦，其他参与过一次或两次讨论的有：罗杰·穆尼耶、朱利安·赫尔维尔、罗伯·达芙罗以及弗朗茨·拉勒兹。

《问题四》之中的文本都被加工过；它经常——大多数时候只是在形式上——偏离私下印刷的文本。

1973年的第一个记录是由费迪耶和维赞记下的，第二个是由蒙吉斯和塔米尼奥记下的，第三个记录以及一个在收尾处对全部 421
内容的点评是由费迪耶记下的。前两个记录曾当面对海德格尔宣读过，他也读过记录结尾处的点评。参与者有：让·波弗勒、弗朗索瓦·费迪耶、弗朗索瓦·维赞、亨利-泽维尔·蒙吉斯以及雅克·塔米尼奥。

相较于法文本，译者在德语译本中添加了一些文献出处和注释，这些内容都与马丁·海德格尔商讨过。至于排版问题，我们遵循的是海德格尔作品全集的指导方针，但也保留了一些法文文本的独特排版，例如大写字母的使用。

我诚挚地感谢让·波弗勒、弗朗索瓦·费迪耶以及弗朗索瓦·维赞，感谢他们在我翻译时给我的协助，以及在我撰写本版后记时提供的信息。感谢罗杰·穆尼耶，感谢他友好地与我分享海德格尔的德语书信。

库尔特·奥赫瓦特

附录

苏黎世讨论班[①]

1951年11月6日的谈话

① 由于这份讨论记录的原文实际上并未完全被加工到可以通畅阅读的程度(参见本书编者后记中涉及“苏黎世讨论班”的部分,全集版页码为445－446页),因此中译并没有强行在译文正文中对文脉不畅处做出过多补充,而是尝试性地添加了几个诠释性的、而非资料性的脚注,希望对阅读有所帮助。——译注

特奥菲尔·斯波埃里[①]向马丁·海德格尔表示欢迎，并感谢
他愿意主持这个讨论班。接下来，埃米尔·施泰格[②]发言：

对我而言，昨天的演讲[③]总结了在“论真理的本质”与“论根据的本质”[④]中说过的内容，并继续不断推进。我尤其相信，在“维度(Dimension)”这一概念中可以再次识别出存在者－存在学的差异。现在，为了不让讨论失于散乱并朝着某个特定的方向进行下去，我和我的同事斯波埃里与凯勒(Keller)达成了一致，要向您提出下面这个问题：为何您十分看重将您思想的呈现与对文本(哲学文本或者是诗歌文本)的阐释结合在一起？对此，首先引人注目的是，您将优先性给予了残篇文本(阿纳克西曼德、荷尔德林)。这可能已经有点引人疑虑了，尤其是在这种时候：如果人们自问，昨天您以之为演讲基础的荷尔德林文本是否真的出自荷尔德林之手；这个文本是经由荷尔德林的友人魏布林格(Waiblinger)而流传下来的。问题是：这是荷尔德林吗？如果是，荷尔德林有我们昨天听

---

① 特奥菲尔·斯波埃里(Theophil Spoerri，1890—1974 年)：瑞士作家、学者，任教于苏黎世大学，曾担任苏黎世大学校长。——译注

② 埃米尔·施泰格(Emil Staiger，1908—1987 年)：瑞士日耳曼学学者，任教于苏黎世大学。——译注

③ “……人诗意地居住……”，载《演讲与论文集》，1954 年，第 187—204 页。【全集版页码为：第 7 卷，第 189—208 页。——译注】

④ “论真理的本质”，载《路标》，全集第 9 卷，第 177—202 页；“论根据的本质”，出处同上，第 123—175 页。

到的那个意思吗？海德格尔先生事先就已经凭借后面这个句子驳倒了这一责难："一切皆可被证实"。现在我觉得，只有正确的东西能被证实，尽管我们偶尔也证实某种东西是不正确的。确实，海德格尔自己在语文学方面占有优势。他从荷尔德林文献馆取阅了手稿。他这么做为的是什么呢？为的是确保不失于任意妄为。人们如何能够确保这一点呢？恰恰是凭借语文学的手段。——因此我酝酿了两个问题：

426 1. 为何您要把对您思想的呈现与对文本的阐释结合在一起？
2. 介入到语文学的争辩中而同时又拒绝语文学的校勘（Kritik），这意味着什么？

海德格尔：也许我最好从看起来最外在的问题开始，您已经提出来了：这首诗是作为魏布林格的小说（《法厄同（Phaethon）》）中的散文片段而流传下来的，后来又被分行为诗。语文学并未证实这首诗出自荷尔德林之手。尽管如此，这是绝对不会错的；每一个字绝对都是荷尔德林的。1904 年的时候一个瑞士人就已经指出了这一点。[①]

我承认，人们可以说，它不是荷尔德林以手稿的形式流传下来的作品。但如果人们坚持以这种态度来看待一切，尤其是晚期的颂歌的话，以及，如果人们注意到许多由魏布林格传下来的作品后

① 卡尔·弗莱：《威廉·魏布林格：生活与作品》，苏黎世，博士论文，1903 年；1904 年在阿劳（Aarau）以书的形式出版。

来都依据手稿而被证明为是没有问题的作品的话，那么在我看来，这首诗也没有什么可被怀疑的地方。也可以假设，如果这首诗不是荷尔德林写的——不是因为这首诗是荷尔德林写的，它才是真的，而是相反：只是因为这首诗是真的，荷尔德林才能在作诗的意义上将其吟唱了出来。我在这里也只是截取了一个片段。并且，截取片段的做法以及您十分正确地提到的意图（即全然投身于阐释之中），本质上都源出于一个窘境：因为我不敢直接说出那我也许还能说出的话；因为在我们当今的时代，这些话马上就会变得流俗并且被歪曲，所以我不敢说。某种程度上说，这是在采取防护措施。在我 30－35 年的教学活动中，我只有一到两次谈论自己的事情。我从未举行过任何所谓的系统性的讲课，因为我不会去冒险， 427
因为我相信，我们（这是另外一个动机，更加积极并且不那么个人化的动机）——我们首先要再次学会去阅读。这件全然质朴的事情，即学会去阅读思想者与诗人的话语——，正是这种质朴的预备性训练能够在全然开阔的视野中为我想要说的东西做好准备。

所以，第一点：对文本进行阐释，目的是为了以绵薄之力去维护那件我所相信的事情，而这能在某个角落为某种[即将到来的]东西做好准备；第二点是积极的方面：学会阅读，这并不只针对那些做哲学思考的人。若不能历史性地思想，人们就不能够思想；在一种十分深入的意义上说：——学会阅读，即是再次去将词语和语言带回人类近旁。这里就产生了巨大的问题，同时也产生了[由文本的]选择所带来的差异；在选择的背后当然存在着一种全然特定的目的，存在着一种使命，也存在着全然特定的急难（Nöte）。从我的教学活动出发，我可以告诉您我的一次经历：当我解释过黑格尔《[精神]现象学》的一个片段之后，学生们说：现在他是一个黑格尔主义者了，等等。

然而现在，我们就您的问题争执了许久，并且尚未达成一致。在您觉得我是以否定消极的方式来评价语文学的时候，这里可能存在一个误解。不过，在我由此而说出了“一切皆可被证实”这句话的时候，您说：只有正确的东西(das Richtige)能被证实。在此，我不得不问问您：什么是您所理解的正确(richtig)？我觉得“一切皆可被证实”这句话想要说的是：如果任何一个事实和实情被确认了、被观察到了的话，那么就有可能设定出(ansetzen)某些与之相应的前提条件——从这些前提条件出发可以得出这些实情。自然科学(我依据西方的语言用法，把科学理解为自然科学)就是这么运转的。在这个意义上，语文学并不是科学。现代自然科学总是能够以这种方式来提出问题，从而将事情本身证实为正确的。但是：谁能够保证，科学对自然所做的设定(Ansatz)——它是否只是
428 某种全然特殊的角度呢——在任何时候都以此方式给出正确性(Richtigkeiten)吗？物理学作为物理学，它既不能提出这个问题，也不能回答这个问题，所以，在本质意义上，每门科学都是可疑的。一门科学永远不能自己证明自己的真理。这种属于科学的内在超越性就包含了科学本质上的可疑性(Fragwürdigkeit)，而且，这绝非什么否定消极的东西。这是这样的一些维度，这些维度不允许[人们]以绝对的方式去设置科学。一旦人们认识到这一点，人们就能接受语文学了。就此而言，我也搞一点语文学。

施泰格：我自己也意识到了语文学的用武之地。为了举出一个具

体的例子，我想到了颂歌片段“如当节日的时候……”。在这几行诗中：

因为我们唯有纯洁的心脏，
宛若儿童，清白无邪的是我们双手［，］[①]
天父的纯洁光芒，并没有把它烤焦[②]

海德格尔采纳了在“双手”后面有一个逗号的说法。手稿中的这个地方分明没有逗号。而且，这个逗号是不可能有的，因为散文稿里是以一个“那么(dann)”继续下去的：“那么［，并没有把……］烤焦(dann versengt)……”[③]。这就是我称为语文学证据的东西。

海德格尔：一个证据……，这是实情，我能够而且必须承认的实情。为何您长久以来都没有告诉过我呢——真是太遗憾了。然而，这并非证据(Beweis)，而是一个提示(Hinweis)，是一个指出了实情的提示。那么，问题是——我要举一个例子：雅各布·布克哈特的《希腊文化史》。语文学家们曾经指出，这本书依据了几乎没有价 429
值的，甚至是伪造的文本。尽管如此，它仍是这一领域中最优秀的著作。您现在提出来的东西，不只属于语文学，还涉及阅读(Les-

① 这个逗号是海林格拉特(Hellingraths)的补正。大斯图加特版也采纳了它。手稿在这个位置上并没有停顿符号。

② 大斯图加特版，第二册，第 120 页。【中译引自《荷尔德林诗的阐释》，孙周兴译，北京：商务印书馆，2014 年，第 57 页。——译注】

③ 所引诗歌的语序与散文稿语序不同，所以我们添加了几个字，以求与中译语序相应。——译注

en)——况且,我们都会犯错误嘛(irren);我曾写过一句话:"运伟大之思者,必有伟大之迷误"[①]。我不会自比于布克哈特,但是我可以说,我陷入过无与伦比的巨大谬误,远甚于您在您的行事活动中所陷入的谬误。这些提示失于任意了,在此我们要注意,并不存在一个自在的实情。最后,您的所言已经说服了我;尽管如此,我还是不确定必须如何去理解那个"那么"。现在,重要的事情是——"人们可以证实一切"这句话不是一个通行证,而是一个提示,提示出那种可能性:在人们由公理出发进行推导从而证明东西的地方,从某种意义上说,这[即人们可以证实一切]在任何时候都是可能的。这即是阴森谜样的东西,我至今也不能够消除哪怕是一点点它的神秘之处,这种神秘之处就在于:现代自然科学中的这种手段[即证实一切]行得通。尽管如此,我们并不知道,科学以对象性的方式向我们表象出来的东西是否就是自然。人们甚至会想:在一门导向如此这般的毁灭之可能性的科学那里,某些东西不对头了。而科学领域内较为严肃的人们,像是魏茨泽克[②]和海森堡,已经最最深入地触碰到了这一实情。我们要走出这种处境,但并不是通过这种方式,即我们还要在它背后建立一套神学;也许将来有一天,事关宏旨的事情乃是进入到一种全新的与存在之物(was ist)的基本联系之中,从而走出这种处境。我们必须去获得一种全新的与存在的联系。

并且,以思想的方式去为这种联系之转变做好准备(并不是在

---

① 《从思想的经验而来》,全集第13卷,1983年,第81页。

② 魏茨泽克(Weizsäcker,1912—2007年):德国物理学家,亦著有哲学作品。——译注

先知的意义上预言出这种联系)，这就是我全部思想的未曾明言的意义。

昨天我想向您指出这一点：人们称为人之存在的东西乃是“居住”，并且它自然而然地还把许多值得思想的东西遮蔽到这件事情后面了。这类思想的困窘就表现在：仿佛除了求助于一种如此这般的文本和话语之外，它就无能为力了。您可以相信我：每当我讲授和言传一个荷尔德林的文本的时候，我都感到十分惶恐(unheimlich)，尤其在面对公众的时候更是这样——需要极大的力量才能把倾听拉回到孤独之中，这种孤独是对此类话语的倾听向每一个人所要求的。 430

但也许，施泰格先生，我们确实没有完全达成一致。我要回到您的问题上：为何偏偏是荷尔德林？为何不是克莱斯特[①]、波德莱尔[②]或者其他什么人？——(听众里有人插嘴喊道：歌德！**海德格尔**：我故意没有说歌德。我不再像年轻时候那样怀着恶意了，而是已经认识到，这涉及的不单单是[“歌德”这个]名字而已。与一个诗人的关联也具有其历史。)——

我相信，在您提出的问题背后，或者说，在您的观察——即：我一直以来都以阐释(不只是对哲学家的阐释，还有对诗歌的阐释)的形式，而且或许越来越倚重阐释的形式来发表意见——背后，还有着另一个问题：诗与思的联系[的问题]。我昨天只是简短地提

① 克莱斯特(Kleist，1777—1811年)：德国剧作家、小说家，著有剧本《破瓮记》、中篇小说《侯爵夫人封·O》等作品。——译注

② 波德莱尔(Baudelaire，1821—1867年)：法国诗人，著有诗集《恶之花》、散文诗集《巴黎的忧郁》、艺术评论《现代生活的画家》等著作。——译注

到了这种联系，因为它首先会把我们引离[演讲的]主题，同时也因为它实在是太难以处理了。但是现在为了把事情说明白，我还是要涉及这种联系，因为我恰恰是顾及——就目前而言，顾及到听众，才在[演讲]文本里跳过了一些内容。

我已经指出过：在荷尔德林那里，虽然谈论的是居住，但是没有谈论建造。我想要提示的是：这些东西[即居住和建造]已经按照一个全然特定的方向被透彻思考过了，但在这里，我不想在这个方向上多谈。[1]

431 接上之前所谈的内容，我曾说过："因此，荷尔德林并没有像我们的思想那样来道说诗意的居住。尽管如此，我们是在思荷尔德林所诗的同一者。"[2]更多的话我没有说过。现在，我们再引一段文本：

> "无疑，这里要紧的是关注本质性的东西。这就需要做一个简短的插话。只有当诗与思明确地保持在它们的本质的区分之中，诗与思才相遇而同一。同一(das selbe)决不等于相同(das gleiche)，也不等于纯粹同一性的空洞一体。相同总是转向无区别，致使一切都在其中达到一致。相反地，同一则是从区分的聚集而来，是有区别的东西的共属一体。惟当我们思考区分之际，我们才能说同一。在区分之分解中，同一的

---

① 参见演讲"筑·居·思"，载《演讲与论文集》，1954年，第145—162页【全集版页码为：第7卷，第145—164页。】。

② 中译引自海德格尔《演讲与论文集》，孙周兴译，北京：商务印书馆，2010年，第202页。——译注

聚集着的本质才得以显露出来。同一驱除每一种始终仅仅想把有区别的东西调和为相同的热情。同一把区分聚集为一种本源统一性。相反，相同则使之消散于千篇一律的单调统一体中。”①

我还要补充说：荷尔德林知道，如果您思考一下他反思诗之本质的那个散文段落的话——（诗运作在极其深层的维度中，远甚于黑格尔美学）——荷尔德林以其自己的方式知道这种种的联系。他在一首题为“万恶之根”的警句诗中说道：

成为唯一者，
[用我的说法就是：居住于同一者中]
　　是神性的和美好的；可茫茫人海中
究竟从何处去寻得唯一的这一个和那一个呢？
　　　　（海林格拉特版，第四卷第二册，第3页）②

也就是：一切多之中的单纯相同者（das bloße Gleiche von allem Vielen）。

也许经过这些补充，您已经更加明白我通过下面这句话想要 432

① “……人诗意地居住……”，载《演讲与论文集》，1954年，第193页。【中译引自海德格尔《演讲与论文集》，孙周兴译，北京：商务印书馆，2010年，第202页。——译注】

② 大斯图加特版，第一卷，第305页。【中译引自《荷尔德林诗选》，王佐良译，北京：人民文学出版社，2015年；译文有改动。——译注】

说的东西：荷尔德林说（在他没有谈论建造而且并未把作诗说成是采取尺度的地方）——荷尔德林说的东西和我们的思想并不相同。尽管如此，我们是在思荷尔德林所诗的同一者。并且这同一者是这种东西，它现在也作为几乎不能够统一起来的多样者而提供出一切的发问、研究和思想（思想转向了历史并且以历史学的方式来表象历史）——以至于在表象活动中关键的事情是去通达那历史性的同一者。不能以柏拉图的方式去思想同一者：超越时间并且把多（das Viele）囊括于其下；因为这样一来，多就只是被贬低为相同者了。同一者是那种东西：它自行发生（sich ereignet），在历史中向人类开启或拒予其丰富的宝藏。在我尝试着去思想所谓的存在学差异（即存在者与存在之区分）的时候，如果我提示和点明出，在迄今为止的思想中区分之为区分还从未被思想过的话，那么这个陈述的意思并不是说，仿佛现在柏拉图有一个不能胜任反思的头脑一样，相反，我在其中看到了那经常被我称为存在学差异或者简短地称为“区分”的东西，——我在其中看到了，这种差异始终未被思想；不是一种为人错失的东西，而……是的……就是本有，即某种在此尚未被开启的东西，并因此对人而言（就其立于〈绽出地实存于〉与存在的关联中而言）是被储存起来的东西，并且这种为了人而被储存起来的东西、这种在对历史的回退思想（而不是某种预言）中才能再次成为领域（der Bereich）的维度，——这种维度在其自身中、在其本质中就能够是维度，在这维度中，人又更具开端性地重归于存在。那么，人们也许可以从当今的经验、从当今人性的天命出发来道说这一点，即：维度本身并不能够经由单纯的
433 整理和组合、会谈和磋商而决定；只有当存在再次切中我们之时，

世界才会发生改变。然而，对此而言必要的是：我们要抑制住这种可能性，并且，至少要自发地开辟出道路、踏上小径，即便只是走上几步，道路和小径就能把我们引向开放域；我们并不是要强迫真理，不是要把"现在它已经被发现"，"现在我们真理在握"的论断散布开来，而是要回到这种思想之中：在其中，我们让那被归于我们的东西回到我们这里来。

我相信，这也是根本的态度，它必定为一种被改变了的科学与研究之本质奠定基础。然而今日的科学却处在颠倒的态度中，即处在一种向存在本身发起进攻的态度中。在这里有一个奠基于技术之本质中的进程：在其中（如果人们能够这样说的话——在命运的意义上）——在其中发生了真正的毁灭。原子弹早就已经爆炸了；这即是说，在人们进入到反对存在的暴动（Aufstand）中并从自身出发来摆置存在并将之表象为对象的那一瞬间［原子弹就已经爆炸了］。这是从笛卡尔开始的。从笛卡尔起，主体将存在者表象为客体这件事情就已经有意识地被实行了。这种把自然促逼为对象的活动刻画出了技术的基本态度，并且一切现代科学都依据于这种态度。现代自然科学只是技术之本质所实现出来的形式，而有关这一本质，我们还所知甚少。我们不能从道德上来克服技术。技术既不单单是，也不首先只是某种与人有关的东西。技术就其本质而言是存有之开启状态的一种全然特定的样式，而当今的人们必须穿过这种存有之天命。

我是想借此为我昨天尝试着向您们讲授的内容提供一些视角——所以并不能得出这个看法：研究荷尔德林是一件美好的事情。这是另一码事了。人们可以像这里一样，仅仅在一个范围内 434

来谈论这回事，有关这个范围，我认为：个别的人要进一步在自身中承担起事物，并且在对青年的责任中负担起事物，这些青年站在时代（着眼于一场可能的战争来看，这大概是一个可怕的时代）前面，——一个这样的时代：必须准备着变革，不然，就只会有那种将地球欧洲化的可怕进程首先在其中实现出来。

这样一来，现在我多少已经把您们引向了我的讲演的反面，而且我本身又做了一个小型的讲演。但您们现在可能要提问了吧。

贝达·阿勒曼：您已经区分了诗与思。那么，当语文学本身深入到开始展现出这种区分的维度中时，您会把语文学放在哪一边呢？

海德格尔：当我谈及诗与思时，我眼中的思想的是那种掷地有声的思想，即思想者（Denker）的思想。更加广义的思想——那种将某物表象为某物的思想——：在这个意义上，不仅是日常的审慎（Umsicht）[①]，而且还有研究（Forschung）都是思想。但是，论及严格意义上的思想，即思想者的思想时，我可能会冒险说出这句话：科学不思想。不过，科学在搞研究嘛，这即是说，科学总是已经处在或多或少被思想之物的领域中了，或者——不走运的话——处在未被思想之物的领域中，我这话的意思是：研究者恰恰思想了，但却不自知；你们的老师在其学科中是在思想的人（Denkende），

---

① 海德格尔在此谈及的是“广义的、日常的”“Umsicht”，因此我们取这个词的常用意义“审慎”，而不取海德格尔赋予这个词的特殊意义“寻视、周察”。——译注

并因此以某种方式处于一个中间位置上[①]。对于一种文献历史学式的诗歌研究而言，其最后的根据和必然性究竟在哪里？——这有什么意义呢？这是我想要问您的。

我们不会冒险说：唯一的科学(*die* Wissenschaft)。科学发现的东西是正确的。但正确的东西还不是真相(das Wahre)。正确的东西只是那种与对象领域及其语言的先行筹划相对应的东西。435
对一项事情(例如诗歌、历史，等等)的本质规定是否以及在何种程度上与所涉对象领域的本质领域相对应——这即是说，一向为正确的东西所依据的真理(Wahrheit)，其情形如何，这就是另一个问题了。这在科学中是未被决定而且未被追问的，尽管如此，它是必须被思考的。重要的事情是：面对科学的技术本质，人们把自己本真的——如果您愿意这样说的话——精神的本质看作是科学研究更深层的本质领域；不存在有这样的科学，它作为一度被建立起来的运转活动会机械地停止下来。重要的是关于被考察的值得思想之物的内在知识。这样的话，这种可考察之物与值得考察之物也就属于思想的一个方面，这种思想在此情形下是对立于作诗的。——

(停顿；递上了一个写在纸上的问题。)

第一个问题：按照实情，存在学差异以前没有被思想过吗，比如在

---

① 这些研究者“思想了”却“不自知”，因此既有别于海德格尔这样的“自知”的“思想者”，又有别于那些“不思想”的人，所以处在一个中间位置上。——译注

柏拉图、普罗提诺和谢林那里？

海德格尔：存在学差异以前是在什么地方被提到的呢？谢林谈论的“无根据（Ungrund）”。在他晚年，他区分了肯定的与否定的哲学。然而：决定性的事情是，他没有把关联与统一性的问题看作是问题，或者，他没有把做出肯定与否定之区分的根据看作是问题。区分，他确实做出了。区分被做出，这证明了这一事实：在“形而上学”中，过去和现在都存在着从存在者到存在的跨越。所有这一切都在存在学差异的维度中被实行了。但形而上学本身从未能够思
436 想它本身本现于其中的维度。在柏拉图那里也是这样。形而上学实行了这种从存在者到存在的跨越，停留于其中，并以不同的方式解释之。但形而上学从来没有追问过这种从……到……的本质或本质之源；它从未把这种差异作为差异来思虑；［这都是］因为这个简单的原因：作为形而上学，依据其本质来看，它不能够这么做。差异——在谢林那里指的是：根据与实存——只涉及对每一种“存在物（Wesen）”、即对每一种存在者之为这样一个存在者的规定。这种差异还运作于根本未被思虑的存在与存在者的差异之中。

第二个问题：您觉得您说出的句子是正确的还是真的？

海德格尔：我会说，这是存有疑问的。

第三个问题：存在与上帝可以被设置为同一的吗？

海德格尔：这个问题我几乎每两周就会被问到，因为它使神学家（这是可以理解的）不安，还因为它与从中世纪就已经开始了的历史的欧洲化进程交织在一起——这一进程是这样开始的：把亚里士多德和柏拉图掺入神学中，更确切地说是掺入新约中。这是一个渐进的过程，人们甚至根本无法设想这过程有多么宏大。我曾请一个对我非常好的耶稣会士为我指出一段托马斯·阿奎那的话，那个地方谈论的是："esse[存在]"究竟意味着什么，Deus est suum esse[上帝是最高的存在]这句话说的是什么。[对于这些问题，]直至今日我仍没有答案。——

上帝和存在并不同一。（当李凯尔特[①]指出"存在"这个概念负担了太多之时，那是因为他非常狭隘地把存在理解为与价值相区分的现实性。）存在与上帝并不同一，并且，我从未尝试过通过存在来思想上帝的本质。一些人也许知道，我是从神学中走出来的， 437
对它还有一点旧情，并且理解它的一些东西。如果我还会写一部神学的话——这个念头偶尔还会闪现——那么，我不会在其中用到"存在"这个词语。

对信仰来说，存在之思并不是必要的。当信仰需要存在之思时，它就已经不再是信仰了。路德是理解这一点的。[但]甚至就在他的教派里，人们看起来已经忘记了这一点。我对存在的思考，着眼于路德以神学方式思考上帝之本质的才能来看，只是一点微小的工作。在此，我们并不是要借存在来达成什么目的。我相信，

① 李凯尔特（Rickert，1863—1936 年）：德国新康德主义哲学家，曾在弗莱堡大学做过海德格尔名义上的老师。——译注

存在绝不能被思想为上帝的根据和本质，但同时［我也相信］，对上帝及其启示（如果它降临到我们身上的话）的经验在存在之维度中自行发生——这绝不是说，存在可以作为上帝的可能谓词而起作用。这里需要从根本上说全新的区分和划界。

第四个问题：您怎么看数理逻辑（Logistik）？

海德格尔：数理逻辑跟哲学毫不相干。它是纯粹的计算、是一种更高层次的数学、是对一切表象行为的数学化，适用于一切可能的东西。它是普遍有效的，因此这意味着它是真的。它在数学研究中占据了重要的地位。与欧洲化进程纠缠在一起的是：人们把数理逻辑看作是**唯一的**哲学（*die* Philosophie），并且想要能用公式述说事物之本质的最细微之处。数理逻辑就是如此产生的，它从而在数学研究（计算机和思想机）中扮演了一个骇人的（unheimliche）角色，这即是说：从笛卡尔开始的进程在此以一种骇人的方式展开了，甚至于在当今，大概是近十年，也许是近百年以来，看起来就连中国都变得像欧洲一样了，就如同日本一样——这就是欧
438 洲化，即：现代思想的本质——不仅只通过机械，而且还通过技术的方式——从根本上规定了人性，也就是说，这样的一种与存在的基本联系从根本上规定了人性。接下来是我个人的看法：人类天命的转变，也许只能从当今地球最终的状况所源出的那个地方生长出来。实践上的考验出现在人们要和美国人打交道的时候。我并不是把这当作一个批评来说的。每一种相遇在某种程度上说都是偶然的——这些人（不考虑宗教）在人们和他们谈论现状的时候

完全不知道自己身在何处；只有我们能够知道这一点（并不是狂妄自负），不过我们尚未发觉这一点。

第五个问题：您需要给“存在学差异”另找一个名字，这样说对吗？

海德格尔：完全正确，因为这个名字和概念是从形而上学之中得来的，所以我今天要以完全不同的方式来命名，并且以不同的方式依据实事来观看存在学差异和那个处于这种差异之中的东西。

这是正确的：这种差异、dia-phora[差－异]、这种存在与存在者之分解（Austrag）与我称为澄明、真理、无蔽的东西有关；但不是以这种方式[有关的]：无蔽把遮蔽晾在一边，而是这样的：无蔽从遮蔽而来拥有其本质——无蔽从遮蔽而来获得其生命。aletheia[无蔽、真理]的 alpha privativum[褫夺性的 a]建基于 letheia[遮蔽]之中。

第六个问题：您赞同李凯尔特在个别化的与普遍化的概念构造之间所做的区分吗？

海德格尔：我是借助这一区分才成长起来的。我不想以随意的方式提及我尊敬的老师的名字。不过实际上，这个区分在现在看来是原始的（primitiv）。这种思想远远地落后于谢林、黑格尔和莱布尼茨。尽管如此——在 1900—1910 年间，对我们而言，它是一种给人解放的东西。在那个时代中，实验心理学想要成为唯一科 439
学的哲学（*die* wissenschaftliche Philosophie）。价值哲学学派在

那个时候是一种本质性的和决定性的支撑，支撑着那在伟大传统中被认识为是哲学的东西。

备注[①]

和所有的讨论班记录一样，在眼下这份记录稿中，对话的氛围没有被记录下来。一个完备的速记稿也没法做到这一点。这里的文本只是一个权宜之物，它可以使参与者的回忆清晰一些。

---

① 这个备注是海德格尔在看过讨论班记录之后写下的。

本卷编者后记 441

在海德格尔全集第15卷中汇集了他生前出版的讨论班记录。这些讨论班是他主持过或参与过的。海德格尔在世时,《四个讨论班》只出过法语版,不过,海德格尔指定要将[德语]译稿收入全集之中。

这些记录——它们各自的后记[1]提供了进一步的详情——是以不同的方式产生的;与之相应,诸个文本的特点也不尽相同。唯一的一个重现了海德格尔手稿的文本,作为增补附在了《四个讨论班》最后。这个首次出版的对巴门尼德一句格言的阐释伴有一个题为“思想的来源”的导言。海德格尔的自用本《赫拉克利特》(用首字母“H.”来指它的标题)以及“苏黎世讨论班”(名字就是用这个标题登记的),不包括任何边注。

这一卷的独特之处在于讨论班参与者对文本作出的贡献。在众多的参与者之中,欧根·芬克凭借其对赫拉克利特的阐释而获得了突出的位置。读者在这里的对话中遇到的海德格尔是作为谈话主持者和参与者的海德格尔,作为在“事情之权威(Autorität der Sache)”(第286页)中的教授者与先行-学习者的海德格尔。

---

[1] 指德文版409页的“译者后记”。——译注

这些记录常常从参与者每次的讨论中获得其固有的生命力;这就是将讨论班与讲座课以及公开出版的写作区分开来的另一个文本特点。

[德译者]后记提供了每一个讨论班举办的情况、之前的出版信息以及参与者的范围。至于赫拉克利特讨论班,弗里德里希-威廉·冯·赫尔曼已经介绍过了。下面,我们对《四个讨论班》未加改动的[德译者]后记(写于 1977 年)做一些补充,相应地,也对
442 “苏黎世讨论班”做一些说明。讨论班的文本都被从头到尾检查过,发现的错误也都被改正了。《赫拉克利特》与《四个讨论班》都添加了边码,从而能够与它们的单行本的页码关联起来。本书中所有的章节标题都出自编者之手。

I
关于《四个讨论班》

刚才在前边提到的巴门尼德阐释的手稿(连同题为“思想的来源”的前言)是海德格尔“为了怀念那些一同工作的年月”在他的弟弟弗里茨(Fritz)八十大寿时送给弟弟的礼物。这两个文本是共属一体的,因此我们在这里一并端呈出来,尽管海德格尔在 1973 年讨论班最后一次的讨论中并没有讲授“思想的来源”[这个文本]。在[与我的]谈话中,海德格尔曾考虑过将这个巴门尼德阐释放置到讨论记录中提到它的那个地方。因为,如果不凭空改写讨论班的进程的话,其前言是不能够一起被插入进去的,所以现在,整体的文本就间接地在增补中给出,它[涵盖的内容]涉及了全部

讨论。此外，这个文本在讨论班中是伴随着“阅读过程中的阐释”而被提供出来的，这些阐释穿插在讨论记录中。也是因为这个原因，我们没有改动记录的文本。对比一下文本以及对文本的阐释，人们可以在重复之外得出关于阐释的结论。——

在1968年8月30日，海德格尔讲授了一条他自己整理的取自黑格尔早期笔记的简短片段——“一只被撕裂的袜子要好过一只修补过的袜子”，多年以来，他已经十分熟悉这个笔记了。因为他同样也已经在讲座课《什么叫思想?》之中用过这条笔记了，在出版了的这个讲座课中，他本人或者编辑助理用罗森克兰茨(Rosenkranz)所使用的原始文本[①]来替换了这则笔记(《什么叫思想?》，1954年，第34页。这个简短的片段出现在手稿中。——卡尔·罗森克兰茨，《黑格尔传：对黑格尔著作的补充》，柏林，1844 443
年，第522页)。在勒·托尔，弗朗索瓦·维赞提起黑格尔文本的构成，对此，海德格尔解释说这是“印刷工”的“修改”。如果在这个以两种语言进行的讨论班中并没有产生误解的话，那么这显然指的是印刷厂中从事校对的人，用法语说就是 prote[印刷工]。奥托·珀格勒(Otto Pöggeler)在1978年告知我们说，“印刷工”的事可以回溯到[海德格尔]对一个发生于黑格尔档案馆里的谈话的有误记忆上，谈话的内容涉及黑格尔“杂记簿(Wastebook)”的出版史。这次谈话是在1964年发生的，那个时候海德格尔就在档案馆访问。我看不出这里还能有其他的解释。

---

① 即用“修补好的袜子要好过被撕裂的袜子”来替换了海德格尔自己改写的“被撕裂的袜子要好过修补好的袜子”。——译注

海德格尔在《林中路》(全集第5卷,第138页)里引用了黑格尔的原文;所以海德格尔并没有把"他的"版本当作是唯一的版本。也许海德格尔对这个版本的兴趣在于黑格尔词语达到极致的粗糙的形象性。这个版本能够向我们指示出他与黑格尔用语的紧密联系。我们不应该径直把海德格尔自造的语句说成是错误的,——否则,我们也许会使自己遭受到黑格尔对同时代"所谓的哲学家们"的指责,被指责说是"拘泥于字母的人"(黑格尔致谢林,伯尔尼郊区埃尔拉赫的丘格。《黑格尔书信集》,第一卷,约·霍夫迈斯特主编,汉堡,1966年,第33页)。因为黑格尔的这个想法——即被撕裂的东西,"为接受绝对者而敞开着"(《什么叫思想?》,前揭),要比日常的满足于自身的"修补过的意识""更好"——仍保留在海德格尔自造的语句中。他只是在1968年[的讨论班中]首次把这个语句用于"现象学幼稚园里的练习",这一事实改变不了什么。1952年和1968年的两次引用都没有讲到[这句话的]后半句[①],但它们和黑格尔带有后半句的笔记说的是同一回事,尽管它们并没有与黑格尔的字面相一致。1952年,海德格尔被大量的听众推动着从"意识的撕裂状态"走到满足于自身的"修补过的意识"。这一
444 事实是由编者的笔记告诉我们的,因为它并没有被插入到印出来的书中[②]。在这两个场合,听众都因为"撕裂了的袜子"这句话而

① 指后半句"但自我意识并不是这样"。——译注

② 这里提到的编者应当是指《什么叫思想》的单行本(初版于1954年)的编者。因此相应笔记并不见于现在的全集第8卷《什么叫思想》中。全集版的《什么叫思想》迟至2002年才出版,编者为科里昂多(Coriando)。本卷出版于1986年,不可能看到全集版的第8卷。——译注

哈哈大笑。一开始，海德格尔还带着教育的口吻回应道："我不知道您们为什么要笑。您们必须学着去忍受这样的句子——比如我引用的这个句子——所具有的广度。"但当他重复这句话并想要继续说下去时，又一次招来了笑声，海德格尔既愤怒又失望地回应道："也许您们所有人都靠修补好的意识而活着。"——如果海德格尔自造的语句加上了后半句的话，那么它就会是错的，因为这样一来，自我意识的"被撕裂状态"就会被否定[①]。

Ⅱ
"苏黎世讨论班"

应苏黎世大学学生团体演讲委员会的邀请，海德格尔于 1951 年 11 月 5 日在瑞士联邦理工学院[②]的大礼堂演讲(两个苏黎世高校的学生团体一同合办这个讲演)。当他最终确定了讲演主题时，他就已经预料会有一场讨论；1951 年 10 月 18 日，他写信给作为委员会主席向他发出了邀请的贝达·阿勒曼：

"……我想保留最后提议的那个主题：'……人诗意的居住……'。从中也能以某种方式听出语言问题，而语言为所有参与者提供了绝佳的讨论起点。此外，这个题目还一道触及了斯波埃里教授先生在他最近一本书(《实存的结构》)里处理的问题域，他

① 因为加上了后半句的话，那么海德格尔强调"撕裂状态"好过"修补好的状态"的做法就不适用于自我意识了。——译注

② "Eidgenössischen Technischen Hochshule"，另译为"[苏黎世]联邦高等工业学院"。——译注

这几天把这书寄给我了。所以我相信，讲座会十分有意思的。”

据此，11 月 6 日的谈话的动议完全是海德格尔本人发起的，
445 不过召集人们讨论的方式和时间已不再能被确切地确定；根据埃米尔·施泰格和贝达·阿勒曼两人一致的回忆，谈话的场面是相当自由、相当无拘束的。谈话发生的地点是在泰奥菲尔·斯波埃里的初级讨论班里，因为每周一次由他组织的集会就在讲座第二天举行，并且斯波埃里——由于信里提到的那本书(他在书中谈到了海德格尔的《林中路》)——对此非常感兴趣。

并没有人做记录，也没有任何的出版计划。首先为人所知的是：罗尔夫·奈格勒(Rolf Naegele)作为参与者用速记记下了谈话，“面对久久不衰的影响——不仅是前一天晚上的讲座，而且同样还有谈话所留下的影响——要出版这份笔记的想法自然而然地、几乎是必然地浮现出来……”(贝·阿勒曼，1986 年 5 月 12 日的信)。听讲速记稿由贝达·阿勒曼根据一份笔记制作——这份笔记是他在讨论班结束后做的，而且他并不知道有一份速记稿存在——并根据尚还鲜活的回忆加以补充。埃米尔·施泰格、或许还有第三个人也参加了对这份文本的编辑，它被寄给海德格尔审阅。海德格尔很可能没有做出太多修改。他只是加上了从讲演文本中抽出的、前一天晚上被遗漏的一段话，加上了“筑·居·思”即将出版的提示，并添上了结尾处的备注。

正如备注里“权宜之物”这一刻画所显示的一样，海德格尔对这个文本有一些未被进一步澄清的保留。在 1951 年 12 月 31 日写的信中——他把信和稿子一道寄回[给阿勒曼]——最后一句话是：“在风格方面，有一些生硬的地方还要再修改；但我不想在文本

上改动太多。"因为眼下这份记录获得了海德格尔的许可(尽管他有一些顾虑),所以现在也就不去尝试着抹平这些生硬之处,尤其是这些生硬之处表现出来的口语的直接性、跳跃性以及断断续续 446
的特性。这些东西在句子中保存住了思想以可见的方式自然而然地展开之际所固有的魅力。在本书中被删去的讲座委员会所做的引言中也说道:在对文本的"加工中,主导性的目的是尽可能不加变动地重现出说过的话。这种做法当然无法加工出通常意义上能够付印的文本。所以我们觉得几乎没有必要强调:以眼下这个形式出版的笔记并不适合于广大的公众。"在弗朗索瓦·费迪耶的法译本中,他也试图把这些生硬之处重现为口语,而非书面语(马丁·海德格尔,"苏黎世讨论班",1951年11月6日。由F.费迪耶从德语翻译并出版,载于:PO & SIE,第十三期,巴黎(柏林),第二季度,1980年)。

因为这份记录后来并没有再次被加工,而只在1952年使之"在很有限的程度上可供使用"(引言;225册被编号的小册子),所以,文本形式的这种粗糙性促使我们没有按时序把它放到本卷的开始,而是作为附录放到了本卷的末尾。而与此同时,[对此文本的]巨大的兴趣应当不会被削弱。由于海德格尔在那个时候——他大多数战后发表的著作都尚未出版——十分公开地评论了自己的思想,附录还是能够激起人们的兴趣的。——瑞士的正字法被替换成了德国的正字法;讨论参与者的学术头衔被拿掉了。

进行讨论时,在场的有泰奥多尔·斯波埃里教授、埃米尔·施泰格教授、弗朗茨·凯勒教授,以及他们的学生,还有贝达·阿勒曼、医学生瓦尔特·格奥尔基;根据付印的[讨论]记录的收件人名单，其他的人大概还有苏黎世的讲师唐纳德·布林克曼、理查德·迈尔（两人都是哲学讲师），马克思·维尔利（古代德语文学讲师），
447 以及梅达尔德·博斯[①]，后者在医学与精神病学领域与海德格尔进行了著名且成果丰硕的合作[②]。

我要衷心感谢勒内·夏尔先生，感谢他重新同意我们再次使用他的诗歌。感谢赫尔曼·海德格尔博士先生，感谢他的指点以及繁冗的调查。还要感谢贝达·阿勒曼教授博士先生，感谢他详细地向我讲述“苏黎世讨论班”。我也感谢弗朗索瓦·费迪耶教授先生，感谢他有关《四个讨论班》和“苏黎世讨论班”的书信。感谢弗里德里希－威廉·冯·赫尔曼教授博士先生，感谢他为《赫拉克利特》撰写后记。感谢奥托·珀格勒教授博士先生，感谢他对上述黑格尔引文的提示。

库尔特·奥赫瓦特

---

① 梅达尔德·博斯（Medard Boss，1903—1990 年），瑞士精神分析学家，创建了一种名为“此在分析（Daseinsanalyse）”的精神疗法。——译注。

② 成果现收录于《措利孔讨论班》（Zollikoner Seminare：Protokolle-Zwiegespräche-Briefe），已有单行本行世，计划作为第 89 卷收录于海德格尔全集中。——译注

译后记

《四个讨论班》依据海德格尔全集第15卷(第267-447页)德语原文译出。

译者在翻译和校对的过程中参看了由安德鲁·米切尔与弗朗索瓦·拉弗勒翻译的英译本：*Four Seminars*[四个讨论班][1]。英译本十分忠实，为译者理解德语原文提供了极大的助益。中译在个别地方参考了英译本的断句和标点。另外，英译本的译者注释里包含一些对文本的考订(因为即便是德语"原文"也是从法文本译过去的)，中译本都采纳了，并以脚注的方式作了说明。

复旦大学的丁耘教授曾译出过本书部分内容(具体是：1969年9月7日、1973年9月7日的全部内容，1973年9月8日的大部分内容)[2]。丁教授的译文十分准确，还有些颇具匠心的译法，只是由于当时(译文发表于2001年)对后期海德格尔思想的一些译名尚未定型，因此有一些与目前通行译名不同的译法，但无伤大雅。译者在翻译过程中参考过丁教授的译文，谨此致谢。

---

① *Four Seminars*, translated by Andrew Mitchell and François Raffoul, Indiana University Press, 2003.

② 海德格尔："晚期海德格尔的三天讨论班纪要"，丁耘摘译，载《哲学译丛》2001年第3期。

书中所有引文（希腊语、拉丁语、德语、法语），或引自他人已有译本，或经由英译转译，均在脚注里有所交代；未指明出处者，均为译者根据引文原文自译。德语以外的外语引文，翻译置于原文后的方括号“[ ]”中。有时海德格尔自己给出了别具一格的翻译，这时译者便在方括号或脚注里直接给出对原文的通行翻译，并把海德格尔的翻译放到了正文中，以供参照。有时原文省略了一些字词，译者为了文句通畅而将之填补了出来，添加的内容也放在方括号里。

译者在文中添加的所有资料性质的译注，均为译者根据网络和各种书籍编写而成，只是为简明计，才没有列出出处。原文中出现的一些海德格尔著作的页码，因其大多是单行本页码，查找引用不便，所以译者尽量补上了相应全集版的页码。

在译名厘定方面，译者深深受惠于业师孙周兴教授的翻译。翻译过程中，译者曾多次向孙周兴、张振华、杨光三位老师请教，感谢他们的耐心指导和帮助，也感谢他们平日里的教导。感谢杨光老师百忙之中抽空细致校阅了全文，纠正了译文中的错误，并指出了译者中文表达的不确当之处。感谢吴树博老师翻译了全集本353－354页上的一个拉丁文句子。当然，一切错漏均由译者负责，敬请读者指教。

石磊

2017年2月28日

2017年9月18日　校毕

中文版校者说明

本卷为《海德格尔全集》第15卷，是《全集》第一部分（生前出版著作）中唯一一卷以“讨论班”（Seminare）命名的，主要收录了三个讨论班的材料：1.海德格尔与欧根·芬克共同主持的1966/1967年冬季学期讨论班《赫拉克利特》记录，这个记录稿最初由让·波弗勒（Jean Beaufret）译成法文出版；2.海德格尔与法国友人共同主持的《四个讨论班》（1966—1973年），首先也以法文版出版；3.《苏黎世讨论班》，是作者在苏黎世大学做完报告之后的一次谈话的报道（1951年11月6日）。

本卷译事由云南大学哲学系王志宏博士和同济大学哲学系博士生石磊同学共同完成，王志宏承担《赫拉克利特》讨论班的翻译（本书德文版前266页）；石磊承担余下部分的译事。本书初稿已经于2016年11月前交出，当时是为了赶我主持的“重大项目”的结项评审会。但之后的修改和校订工作仍然花了将近一年的时间。我自己校订了王志宏博士的译文，所做主要工作包括：补齐文中大量古希腊文词语的中文翻译，纠正一些明显的错译、误译，增补一些必要的注释（以“校注”标明）等。石磊的译文，我请同济大学哲学系杨光博士审校。最后由我对全部译文作了统一和规范工作。

因为涉及文责，故需作以上说明。译者和校者都尽了努力，但眼下的译文中肯定还有不少问题和失误，敬请方家指正。

本卷是我主持的国家社科基金重大项目《海德格尔文集》(30卷)交出的最后一卷译文，今天对我来说大有解放之感，值得记上一笔。到今天为止，30卷文集已出版15卷，余下15卷(包括本卷在内)均已提交定稿。

孙周兴

2017年10月5日记于沪上同济

图书在版编目(CIP)数据

海德格尔文集. 讨论班/(德)海德格尔著;王志宏,石磊译. —北京:商务印书馆,2018
ISBN 978-7-100-15987-6

Ⅰ. ①海… Ⅱ. ①海… ②王… ③石… Ⅲ. ①海德格尔(Heidegger, Martin 1889-1976)—文集 Ⅳ. ①B516.54-53

中国版本图书馆 CIP 数据核字(2018)第 056174 号

海德格尔文集

讨论班

王志宏 石磊 译

孙周兴 杨光 校译

商务印书馆出版

(北京王府井大街 36 号 邮政编码 100710)

商务印书馆发行

北京通州皇家印刷厂印刷

ISBN 978-7-100-15987-6

2018 年 5 月第 1 版 开本 787×960 1/16

2018 年 5 月北京第 1 次印刷 印张 34½

定价:138.00 元